Mircea Eliade

ミルチャ・エリアーデ

奥山倫明◉監修
飯嶋秀治＋奥山史亮＋小藤朋保＋藤井修平◉訳

アルカイック宗教論集

ルーマニア・オーストラリア・南アメリカ

宗教学名著選

第1巻

国書刊行会

目次

アルカイック宗教論集——ルーマニア・オーストラリア・南アメリカ

凡例

一、収録されたそれぞれの文献の底本については、各解題において明記した。

一、収録されたそれぞれの文献のもとの表記の形式を尊重したことから、各文献の形式を統一するための過度の修正は施していない。

一、本文中のさまざまな形式による強調は、傍点、あるいはルビ等により表示した。

一、本文中、原著の注記［……］に加え、訳者による注記〔……〕を付した箇所がある。

一、引用について、既訳がある場合には参考にしたが、適宜訳し変えた箇所もある。

一、引用文中の省略は、……で表示し、「　」内の引用は、『　』でくくった。

再統合の神話

奥山史亮訳

再統合の神話　内容目次

再統合の神話

I　神の両極性

一　メフィストフェレスの「共感」

『ファウスト』の解釈者たちは、ゲーテの思想を理解するための重要な箇所として、幾分とまどいながらも神がメフィストに示した「奇妙な寛大さ」、ある解釈者たちによれば「共感のようなもの」を重視してきた。「天上の序曲」の有名な一節において「わたしは一度もお前たち一族を憎んだことがない。一切の否定を本領とする霊どものなかで、お前のような悪戯者（Schalk）が一番御しやすい」と神はメフィストフェレスに向かって告白している。否定する者である悪魔に対する神のこのような共感を記したことで、ゲーテはすぐあとの一節で次のように言いつくろわなければならなかった。「人間の活動はいとも簡単に停滞し始め、得てして無制限の休息を欲する。だからわしは彼らに仲間を喜んでつけてやって、彼らを刺激したり促したり、悪魔としての仕事をさせるのだ」。

この告白の重大性が見逃されることはなかった。というのも、キリスト教の告白では、創造主が悪魔にこのような寛大さを示すことは見られないからである。しかしながら、ゲーテが「人間の活動はいとも簡単に停滞し始め……」と言いつくろうことでつじつまをあわせた寛大さからは、合理性を超えた主題も見て取れる。すなわちここでは、創造主とメフィストのあいだにおける、必要に迫られた自然な形での共感が語られているのではない。なぜならば、神が人間の怠惰と不毛性によってやむを得ず、活力にあふれ創意に富んだ仲間を与えたと告白していないことは明らかである。神はそれを喜んでなすと認めている。「だからわしは彼らに仲間を喜んでつけてやって……」。確かに、被造物に改めて干渉することを創造主に強いることはいかなる者にも不可能であり、（人間の怠惰などの）状況によってやむを得ず干渉するように仕向けることも不可能である。神は、ゲーテの考えにおいても、完全に自由である。しかし（たとえば、人間と悪魔が仲間であると）完全な自由において決めることと、ファウストの悲劇の冒頭で告白されているように、喜んで決めることは別な事柄である。

実際、「共感」は相互的なものだ。天を追われ大天使でなくなってから孤独だったメフィストは、神と同じく心から次のように打ち明けている。「時々、あのおやじとは喜んで会うことにしよう。だから喧嘩別れしないように気をつけているのさ。悪魔を相手に、あれほど人間らしく口をきいてくれるとは、しかし大旦那として感心なものだ」。

「時々、あのおやじとは喜んで会うことにしよう」。

この節では、最初予想したように、メフィストフェレスの皮肉が見られないだけではない。メフィストの告白には、風刺以上のもの、寂しさのようなもの、創造主と会うことに対する心底からの郷愁が存在する。「時々、あのおやじとは喜んで会うことにしよう……」。創造主の告白とメフィストの告白のあいだに、おぼろげながら対称性が見えてくるだろう。というのも、メフィストも万物の支配者に対して共感を示したすぐあとに、次のように言いつくろっているからだ。「だから喧嘩別れしないように気をつけているのさ。悪魔を相手に、あれほど人間らしく口をきいてくれるとは、しかし大旦那として感心なものだ」。

この「天上の序曲」の創造主に対する「否定する精神」の位置づけに関する詩句が、深く考えられて決められたものであることは、ゲーテに関する有能な注解者でなくともわかる。これらの節の一切は思慮なく決められたものではない。したがって、創造主とメフィストがともに「喜んで」という言葉を口にしたならば、両者のこの対称性には深い意味がある。創造主が、相互的共感によって否定する悪戯者と結ばれる。一方、メフィストの最後の言葉から読み取れる寂しさは、創造主と再会するときまで経過する長い時間に向けられている。時々……。こうして時折、メフィストは世界の支配者から歓待を受ける。ゲーテのこの一節——時々……——からは、善と悪が一瞬のあいだ一致し、それからふたたび別れ両極に離れていくという、宇宙的周期に対する追憶を読み取れないだろうか。創造主とメフィストの共感のうちに、ゲーテが表現したように、人間の営為と創作が悪魔の構想に依っているということ以上のものを見て取ることはできないだろうか。すなわち、対立物の一致、存在と非存在の融合、実在の「全体化」という伝統的、かつ世界的に流布した観念を見て取れないだろうか。本研究はファウスト悲劇の解釈にとどまらず、観念的思索と言える前述の問いに取り組む。

　ゲーテの作品において、創造主と悪魔の「共感」がよい意味を有していることは確かである。前述の問いに対する答えを数多くあるゲーテ作品全体から見出すためには、『ファウスト』に関するすぐれた注解を見るだけで十分だ。メフィストは動きを止め、そのことにより刺激をもたらす悪魔である。しばしば言われるように、悪は善を促進するために必要である。それは、ゲーテが刺激をもたらす効力があると述べている過ちと同じである。「誤ることがなければ、理解することはできない」とメフィストはホムンクルスに言っている（七八四七節）。さらに、ゲーテはエッカーマンに次のように打ち明けている。「対立物は私たちを豊かにしてくれる」（一八二七年三月二八日）。「過ちは、真実と同じように、私たちを突き動かし、行動に駆り立てるということをはっきりと意識し、理解することがある」（『格言と反省』八五）。あるいはさらに明確に、「自然は過ちのことなど気にも留めない。つねに自らで修繕し、それがどのような結果をもたらすかなど考えもしない」（マナコルダの注解からのテキスト、『ファウスト』第二部）。

　したがって、人間の弁証法において有用かつ積極的な契機である過ちと同様に、メフィストは人間に活力と着想を与えるために、人間にとって必要不可欠な存在である。さらにそれだけでなく、（ゲーテの内在的観念に従って）言うところの「全・一」である宇宙においても不可欠の存在である。「全・一」というこの表現は、ゲーテ個人を離れ、彼に着想を与えた人物たち（ジョルダーノ・ブルーノ、ベーメ、スウェーデンボリ）に目を向けるとよりいっそう明らかなものとなる。本研究の目的は、『ファウスト』の主題の源泉、あるいは系譜をたどることではない。そのようなことは、ゲーテの悲劇にはるかに精通した数多くの注解者、解釈者たちによって行なわれてきた。本研究は、古来の主題における観念的一貫性を明らかにすることを目指す。この古来の主題の永続性と普遍性を示すために、詩、図像学、宇宙創成論、悪魔伝承など、さまざまな分野に言及する。しかし本研究は、『ファウスト』の数節に関する解釈から着手した。ゲーテのうちに、このワイマールの詩人の死後、ヨーロッパの作品にとって縁遠くなった思想潮流が、明示されているとまでは言えないにしても、見出すことができる。そのため、近代人にとっても大いに啓発的であるこの悲劇のうちに、アルカイックで超歴史的な伝統的観念の痕跡を読み取ることから、研究を開始することが魅力的に思えたのである。

メフィストは、ゲーテの思想において、否定し、抗い、物事を引っくり返し、動きを止める霊である。動きを止めるという最後の定義は、もっとも重要に思える。それは、メフィストの役割（否定）のみではなく、活動の方向性も示している。ゲーテが注意を喚起しているように、メフィストは神に抗っているのではなく、生の活動に抗っているのである。というのもメフィストがファウストに求めたのは、魂を彼の支配下に完全に置くことではなかったか。動きを止めること。メフィストは「あらゆる妨げの父」（六二〇五節）である。「止まれ！」という表現は、メフィストフェレスをもっともよく表わしている。ファウストが動きを止めた瞬間に彼の魂は失われるとメフィストは期待する。しかし動きを止めることは創造主を否定することではなく、生の活動を否定することである。そのためメフィストは創造主に対して直接的に抗っているのではなく、被造物に対して抗っている。生の活動の場においてメフィストは、死を、すなわち、もはや生じることも変化することも動き回ることもなく、腐敗し滅ぶものをもたらそうと試みる。この「生の活動の死」は、精神の不毛性、まさしく悪魔にふさわしい状況をもたらす。生の活動において完全に死んだ人間は、創造的活動をなすことがまったくできなくなり、否定する霊のもとへ降る。生の活動に抗する罪は、救済に抗する罪であるとゲーテは結論する。

このような主張がどの程度、キリスト教的であるのかについて検討することはしない。しかしメフィストの両義的な役割からはっきりと確認できることがある。すなわちメフィストは、生命の流れ、世界の潮流に対して、あらゆる手段をもって抗っているが、このように抗うことによって、生命を活性化しているのである。近年の注解者が強調しているように、（メフィストの天敵である生の活動は善と一致するために）メフィストは善に抗しているが、そうすることによって善をなしてもいる。否定するこの悪魔は、創造主にとって最大の協力者である。そのために神は、神的洞察をもって悪魔を「人間に喜んでつけて」やるのである。さしあたり、否定の原理、闇の皇子であるメフィストが、生の活動を活性化し、創造物を組織し、光を維持することを記憶されたい。のちほど、ゲーテのこのような考えが、きわめて多くの人間、「異教」の人間さえ有した普遍的なものであったことがわかるだろう。

一方、ゲーテは自身の作品に関する辛抱強い注解者でもあった。彼の格言、反省、日記、対話の多くは、『ファウスト』に関するきわめて明解な説明となっている。「もっとも気高いことは、さまざまなものを同一のものと見なすことであり、もっともありふれたことは、行動（万物）すなわち分離したもの（変形）を同一性において具体的に統一することである」（『格言と反省』一二〇）。ゲーテは全体化と合一の考えに取り憑かれていた。「生き生きとした調和を確実に自らのものとすること。分離し、再合一し、普遍的なものとなり、個別的なものにとどまる……。生まれて死ぬこと、創造し滅ぶこと、生と死、喜びと苦難。万物は同じ意味、同じ範囲において、織り合わさりながら作用している」（『格言と反省』一一二）。このような対立物の一致、世界の分割と細分化に取って代わる「全体化」は、創造主とメフィストという両極が示した共感の意味を指し示していないだろうか。

この問いに答えるためには、ゲーテとは別の文献に目を向ける必要がある。

二　母に到る廊下から大女神へ

一八三〇年一月一〇日、エッカーマンは有名な場面である「暗い廊下」の「母」に関してゲーテと対話したあと、次のように記している（「暗い廊下」（Finstere Galerie）、『ファウスト』六一七三―六三〇六節）。「母たちは、創造する存在であり、創造し保持する根源であり、地表に形態と生命をもつものすべて、そこから発生する。息絶えたものは、霊的存在として、彼女たちのもとに回帰する。そしてふたたび新しい生命を与えられる機会が訪れるまで、彼女たちの守護をうける……。この地上の存在の、発生、成長、破滅、再生という永遠の変態は、だから、母たちの片ときも絶えることのない営みなのである」（『ゲーテとの対話』（中）、山下肇訳、二〇一二年、岩波文庫、一九〇―一九一頁）。

ファウストが恒常的な創作をなすことになったこの「暗い廊下」、「母に到る廊下」について、ゲーテはさまざまな文献に書き記した。彼はエッカーマンとの有名な対話で、プルタルコスの「マルケルス伝」から言葉を借りたと告白している。確かにゲーテが試みた統合（試みたというのは、多くの解釈者たちの見解では、「暗い廊下」は過度に図式的であり、失敗した場面である）では、ピタゴラス、プラトン、スピノザなどのさまざまな観念的要素が混在している。

本研究では、これらの観念的要素のひとつひとつについて言及することも概観することもできない。しかし、創造主とメフィストフェレスという両極が示した「共感」の意味を丹念に研究するためには、前掲の『ファウスト』の場面ほど適切なものはない。ゲーテは「母」の宇宙的役割を「誕生と成長、変化と根絶」とまとめている。ここでは、「母」の「両極的」性質、相容れない価値を併せもつ性質、すなわち世界の生産的源泉であると同時に破壊的源泉でもある性質に着目されたい。

しかし同様の考え方に行き着くためには、ピタゴラスやプラトン、ブルーノなどのような思索が不可欠なのであろうか。伝統的なものであろうと個人的なものであろうと、さまざまな哲学体系以外のより広汎な文化領域においても、類似の考え方を見出せないだろうか。この問いに対しては、あらゆる神々よりも偉大であり、万物の創造主かつ守護者、宇宙、生命、人間社会を組織する者である「大女神《マグナ・マテル》」について検討を加えることが最適である。これは、リュディア〔アナトリア西部〕からセイロン、エジプトからイラン、インド、インドシナに到る小アジアとアフロ－アジアのアルカイックな文化において、きわめてよく知られている女神である。万物の母なるこれらの大女神が有するもっとも有名な名前、性質、儀礼、伝説について概観するだけでも、一冊の著書が必要になる。本研究では、この大女神に関する古典的研究に従って基本的特徴を示すのみとする(1)。

女系社会においてのみ、母系の子孫による女性の神に対する崇拝が至上のものとなり得たことは間違いない。そこでは、女性、母が優越的役割を担い、宇宙と生命は男性の神ではなく、女性の神によって創造された。もちろん、農耕の発見も女神・母崇拝に依るものだった。農耕は、女性の力、多産性、出産が原理的機能を担うようになった、宇宙に対する新たな直観をもたらしただけでなく、女性に優勢的役割を与えることも可能にした。遊牧民族では女性の役割はまったく些末なものだった。そこでは男性が獣の世話をして、牧草地を見つけ、群れを守るからである。

一方、農耕は人間を定住させ、人間を大地に結びつける。定住型社会では、どこであれ、女性の役割が重要なものとなった。ある研究者たちは、農耕の発見は女性たちによるとさえ主張している。女性たちが保持した、限られた範囲ではあるがきわめて正確に大地を観察する心性が、果実と種子を採取する段階から農耕の段階への移行を可能にしたのだった。女性のみが、野生の穀物の種が落ちた場所から新たな穀物が育つ様子を観察する時間と好奇心をもち得たと主張する研究者もいる。

しかし農耕社会における女性の役割はそれだけではない。種子が大地に埋められる。大地は巨大な子宮と考えられ、そこであらゆる萌芽が実を結ぶ。そのため大地そのものが女性となるのである。種蒔きの行為は神秘的意味をもつようになり、生産的行為となる。(最初は単なる鋭い棒だった)鋤は、男性生殖器の象徴となった。農耕の営みと性交の同一視は宗教史ではよく知られている。さらに大地は雨が降らなければ不毛なままなので、地の女性は天の嵐によって肥沃にされなければならない。雨を観察することは、農耕の時代になってから行なわれるようになったが、降雨は月およびその周期と密接な関係にある。月の周期は、海、雨、植物の成長、女性など、数え切れないほどの宇宙の諸層を司っている。ほかの機会に[2]、人類の心性的統合が月とその周期をめぐって初めて確立したことを示した。月は水、雨、大地、植物の生命、女性などの明確に異なる宇宙の諸層を「合一」「全体化」する。そのため人間の運命が雨によって大きく左右される農耕社会において、女性が生と死の神秘においても力をもつことは自明である。女性のみが水の効力を理解しているので、月の呪術を行ない、降雨を祈願できるのである。

そのため降雨を願う農耕儀礼は、もっぱら(巫女などの)女性のみによって行なわれる。女性が、旱魃の脅威の際に、儀礼的に裸体になることは呪力を帯びる。巫女が裸になり、海で星の男性を招く。(中国などの)いくつかの伝承において、雨雲は数匹の龍と見なされている。この神話上の怪物はまさしく天の男性性を象徴しており、裸の女性と呪術的儀礼とによって覚醒され、不毛な畝の上に呼び出される。

したがって万物がそこから生まれその体内へ還る大女神に対しては、女性が仕えることが一般的である。農耕は、この大女神崇拝をさまざまな地域に広めた。しかし歴史上、農耕に格別、携わらない民族においても大女神を見出せる。たとえば未開民族、遊牧民族、牧畜民族、あるいは海から生活の糧を得る海洋民族などである。大女神はいたるところで中核的性質を有すると見なされるようになった。農耕の周期を大女神が定めただけではない。彼女は水を司る神でもある。イランでは川の神であり、プレ・ヘレニズムとギリシアでは海の神である。オセアニアとオーストラリア、アジアの文化において、生産的原理、万物の萌芽的源、あらゆる形態の子宮は海底に存在する。それもやはり女神、水を司る女神である。そのしるしは貝、真珠、海草などの海洋のシンボリズムに属している。実在性、生命は、その根源を海底に有する。英雄と聖人、男性性と聖性は、儀礼のなかで（真珠、水の入った壺、ココヤシの実などの）海水あるいは水のシンボリズムに接触することによって聖別される。水は月によって支配されており、真珠は女性性に満ちた貝の弁において生まれた月の光の雫だからである（貝＝女性の外陰部）。

　このように農耕文化であろうと海洋文化であろうと、あらゆるアルカイックな文化は、母、大女神、宇宙の創造主かつ維持者といった形で女性原理を崇拝してきた。これらの女神の名前は無数に存在する。各部族、各民族は、固有の名前を女神に与え、地域特有の礼拝を行なった。人の往来がよりいっそう頻繁かつ緊密になったとき、旅行者は大女神がほとんどつねに同じような神的属性と聖像的象徴を伴い、いたるところで見出せることに気づいた。さらにこの大女神の周囲では、最初の「国際主義」とでも名づけられる事態が生じた。宇宙が統一性を有することが発見され、さらに人類も統一性を有することが発見されたのである。なぜならば、大女神は人間だけでなく、神々をも含んだ万物の母だったからだ。大女神は調和をもたらす組織化の役割を果たした。（きわめて多種多様である宇宙の諸層、月、水、女性、大地、死、生などのあいだに存在する直接的関係を示すことによって）宇宙に調和をもたらすだけでなく、人類にも調和をもたらす。人間のさまざまな社会は、文明であろうと未開であろうと、貧しくあろうと豊かであろうと、かの大女神崇拝のうちに意思疎通と相互理解の術を見出すのである。

　さしあたり、調和をもたらす大女神の役割に着目しよう。人間は大女神を崇拝することによって、宇宙を「拡充」し、測定し、調和のあるものとする。さらに女神の崇拝によって、諸民族間に統一性が存在することを見出す。力溢れる女性原理の周囲に生じた宇宙的調和、あるいは女性原理を通して生じた宇宙的調和が、生じる過程でさまざまな諸層を全体化していったことは重要である。この全体化を、ある神が歴史上のある時代にほかの神の性質を吸収し、結局、モザイクのようになる抽象的なシンクレティズムと混同してはならない。女性原理を核とした宇宙の「全体化」は、大いなる直観によって、つねに生き生きとした実在性において実現する。そのために諸属性がただ単に合成されるのではなく、さまざまな実在性のあいだに具体的な調和がもたらされるのである。月は具体的な現象のうちで、大地と雨をもって統合される。天と地の結婚、大地の子宮を豊かにすることなど、実例は無数に増やすことができる。

母に関するゲーテの観念も、このような生き生きとした具体的な「全体化」のうちに見出せる。しかし全体化に含まれるのは、このような事柄のみなのだろうか。ここまでは、多産性、出産、生成などの女性原理の積極的な機能のみを見てきた。しかし、「全体」には死、苦難、罪などの否定的要素も含まれる。次章では、それらの否定的要素を明らかにする。

三　大地の女神

東洋の大女神が、大地の多産性の神であると同時に戦争の神でもあることは、一見すると奇妙に思える。セム系の卓越した女神であるアシュタルテは、愛と世界の豊饒を庇護する神だが、戦時の守護者でもある。古代のメソポタミアとイランで崇拝された女神ナナイアは戦士の神であり、兵士たちは闘いの際に彼女の加護を求め、王は敵に勝利することを求める。バビロンで盛んに崇拝されたイシュタルは、アルカイックな時代から多産性と戦争の女神だった。セム族の別の神でトトメス三世時代（前一五〇一―前一四四七年）のパレスティナ一帯で広く崇拝されていたアナトも、多産性と戦争の女神だった。さらにイランの女神アナイティスもセム系のアナトと同列の女神であり、多産性と戦争を司る女神である。(3)

前述のように、世界の創成原理であり、恒常的な女性性と母性の象徴、起源にして根源《フォンス・エト・オリゴ》である至上の大女神が戦争を司る神でもあるというのは実に奇妙である。女性性の効力が戦争で発揮されることはないように思える。確かにアジアの大女神は軍事神ではない。彼女は兵士の神ではなく、戦争の神である。アジアの大女神は、平時には女性によって崇拝され、戦時には男性によって崇拝される。男性は、言うなれば、戦時においてのみ大女神のものとなる。大女神の特性は、戦争によって男性たちにも「認められ」、必要とされるようになる。戦時に不可避の運命として男性たちに現われるこの特性とは、戦い－死である。

豊饒と萌芽の神であるアジアの大女神は、このように戦争を「司っている」。戦争は死がもたらされる一番の機会であり、文字通り、死の一形態である。さらに大女神において、生命の源が死の勝利と一致し、命ある形態の源が無定形の大海－死と一致することも偶然ではまったくない。神話的思考にはつねに一貫性があり、それは「体系的」である。大女神は「万物」の神であるため、彼女のうちには生と死、善と悪、至福と苦難などの両極性が共存している。実際、大女神は道徳秩序において、「善」と「悪」を統合する。女神は乙女によって祈られると同時に、娼婦によっても祈られる。バビロニアの女神であるミュリッタは多産性の神であり、その神殿では聖なるオルギー的儀礼が行なわれた。女王から奴隷にいたるまで、あらゆる身分の女性が少なくとも一晩はミュリッタの神殿で過ごさなければならない。イシュタルは乙女によって崇拝されたが、彼女自身は「天の娼婦」であり、その祭りは聖なる娼婦たちによって行なわれた。アジアの大女神崇拝では、儀式の際に乙女と娼婦が一致し、善と悪の境界が撤廃された。

実際、このような儀礼的オルギーの深遠な意味は、あらゆる事物の融合、あらゆる境界の撤廃、あらゆる「形式」「距離」「区別」の消滅にあった。儀礼的オルギーは特定の状況においてのみ、すなわち大女神が、宇宙において永久的であったもの、形式も境界も区別もない「全体」を、地上で人間の制約のうちで実現することを求めるときにのみ行なわれた。儀礼的オルギーは、春の初めに、豊かな収穫を確保できるように行なわれる。それは大地の生産力を増大させるための呪術的行為だった。というのも、オルギーはすべての境界を撤廃することで、すべての形式が地中で大規模に融合すること、個を解体しほかのものへ変えることを象徴しているからである。オルギーと同様に地中の闇も、輪郭と境界を統合し、全体化し、溶解する。農耕に由来し、農耕的構造を有する大女神を崇拝した人々は、植物の創造的営みを呪術によって模倣することが大地の生産力を刺激すると信じていた。それは、（あらゆる農耕儀礼においてオルギーによって過剰となった）性愛を過度に解放することだけでなく、何よりも「形式」や「法則」の区別がもはやなくなる悲愴な混同を実現することも前提としている。植物を模倣した呪術の力によって大地の子宮における萌芽的溶解と豊作をもたらす営みを促進するためには、原初の状態、形式が定まる以前のカオス的状態、宇宙創成の段階で言えば創成に先立つカオスの未分化に相当する段階を、（「経験的に」）実現する必要がある。儀礼的オルギーは、植物の生命と密接な関係がある。トラキアのディオニュソス－ザグレウス崇拝では、熱狂的な乱痴気騒ぎが行なわれた。すなわち、夜、女性たちは森や山のなかを逃げ惑い、（ディオニュソスの象徴である）子山羊を儀礼によって八つ裂きにしてそれを貪り喰らい、雄山羊を生け贄に捧げ、その血を耕作地に撒き散らした。本研究にとっては、とりわけ女性の存在が意義深い。ディオニュソスの儀礼は、女性たち、すなわち植物の難解な生命の秘密を理解し心得ている女性たちでなければ受けられない密儀なのである。

女性、大地、大女神の関係は、農耕社会では現在まで継続している。イノチェンティエ派（二十世紀初頭、ロシアやルーマニアで活動した正教会の一派）は、地中、地下室で生活し、「密儀」の完成に携わる。この奇妙な異端には、とりわけ女性たちが参与していた。しかしその教義は、ほかの異端と同様に、奇怪なまでに誇張されている。イノチェンティエ派、すなわち精神上、女性原理（「融合」、闇、土の暖かさ、呪術的無道徳など）に「取り憑かれた」者たちは、できるかぎり太陽の光を逃れ、大地のなかに深く入りこまなければならない。「取り憑かれた」者を、「形式」の区別がなくなり「法則」が無効となる薄暗い通路、地中のぬくもりと闇のなかへ導き入れる精神的「メカニズム」が見えてくる。悪魔のようなもっとも卑しい形態をとった女性原理の傘下にある者たちは、気づかないうちに文字通り腐敗して、種子になること、人間の「農耕的条件」を得ることに全力を尽くす。腐敗すると言うのは、彼女らが、放蕩、残虐行為、想像を絶する不衛生、乱痴気騒ぎを行ないながら地中で生活するからである。数年経つとイノチェンティエ派は、命が尽きる前に、かけがえのないものとして愛した暖かく薄暗い大地と調和することで、種子が腐るように、最終的に腐敗することになる。

この異端について概観したのは、彼女らがその教義に従って求めた結末をよく理解するためである。異端はすべて、真実の一側面を奇妙なまでに誇張する。イノチェンティエ派の場合、彼女らが異端であるのは、女性原理に対する限度を超えた熱狂、品性を欠いた理解、幼虫のように感覚のみに頼った未熟な理解をもつためである。人間は宇宙のなかで生きており、宇宙のあらゆる諸力、そしてそれらの諸力を司る原理を理解しなければ、完全になることはできない。神話的表現を用いるならば、宇宙の周期は太陽と月というふたつの天体によって司られており、人間は経験によってこれらの「原理」を意識しなければならない。自らの経験を太陽とのみ調和させるならば、「抽象的な」時とともに、過剰な光と明晰さのうちで不毛となる。それとは対照的に、自らの経験のすべてを月の周期、あるいは女性原理（「大地」の内なる存在と女性）に従わせるならば、過剰な「水気」あるいは「闇」のうちで腐敗する。しかし次のようにも言える。すなわち、人間あるいは文化（より正確には文化を創造した民族集団）には、宇宙の均衡が崩れ、ただひとつの原理のみが司るようになった瞬間に選び取った層にとどまろうとする生－心性のメカニズムが存在する。われわれは、イノチェンティエ派がオルギーと無定形かつ未分化の状態に回帰することに熱狂し、地中の薄暗さと暖かさ、異教の考えでは郷愁の楽園とされる「状態」、また種子に変化することに、メカニズムの不可避の作用によってどれほど魅せられたかを確認した。

一般的に農耕文化の人間は、無定形の状態、種子の状態を死者にのみ許されたものと考える。死体の埋葬は、人間の肉体がそこから生まれた子宮のなかへ溶けこむこと、「魂」が幼虫の状態、復活するための休息の状態へ還ることを意味する。キリスト教以前の時代に、地獄は大地の下にあった。キリスト教の地獄も大地の下に位置する。たとえばギリシア人が「幼虫」と呼んだものは、人間の姿をもつ前の状態、(「形式」から「無形式」へ)堕落した状態であった。エジプト人たちは、死者の魂が特定の儀礼によって「種子」に変化するという「農耕的宿命」を信じていた。[4] 死者の身体は、種子と同じように、裸の状態で地中に埋められる。すなわち「形式」を脱ぎ捨て、無形式になる。東洋の大女神たちも裸体で表わされたことを想起できよう。裸体は形式をもたない状態、観念的に表現するならば潜在的な状態と言える。死体は、地中の巨大な子宮、あらゆる形式の源泉へ還されるのである。

しかし農耕文化が死者にのみ与えた事柄を、(たとえばイノチェンティエ派のような)農耕文化の異端は生きている人間にも与えた。農耕文化では(植物を活性化させるための儀礼的オルギーなどの)特定の状況下で行なわれたものが、農耕文化から派生した異端の場合には、周期とは無関係に恒常的に行なわれた。アルカイックな社会では、通常の人間の生活は宇宙的周期と緊密な関係をもつ。その宇宙的周期は、月や夜、水気、地中の闇のみによって司られているのではない。太陽、光、旱魃なども人間の生活を管理することにかかわっている。

しかし本研究を先に進める上でよりいっそう重要なことがある。「諸原理」は、即物的な意味で、つまり実在の下層で見られる範囲において理解されるならば、異端的で堕落したものとなる。実在の上層において理解された女性原理は、ゲーテの作品を豊かなものにした。それに対して、「即物的」、感覚的、表層的な意味に解されると、地中でのオルギーと腐敗へ行き着くのである。

四　「時間」と「運命」

ユーラシアとアフロ - アジアの大女神崇拝について詳しく調べれば調べるほど、相容れない価値が併存するその性質が明らかになってくる。万物の「母」は、同時に生と死の女神としても同じくらい熱心に崇拝されている。

　本研究の結論を先取りすると、人間の心性は古来、あらゆる属性を含んだ全体性、あらゆる対立物がそこで一致する総体として神性を直観してきたと言える。後述するように、ニコラウス・クザーヌスによる対立物の一致という表現は、マイスター・エックハルトやディオニシウス・アレオパギタの観念的思索、神秘的体験のみでなく、きわめて多くの文化における観念的伝統にもその源泉をもつ。宇宙の現実においては別々で敵対するものが、神性においては調和し、「全体化」する。このような対立物の一致は、人間の経験では実現不可能であるように、人間の知性においても「理解」不可能である。それは、ディオニシウス・アレオパギタが言うように神秘であり、特定の状況下においてのみ、その意味が明かされる。

　このような「神秘」は、先史時代からキリスト教が誕生する直前の時代までの大女神崇拝者たちによっても、間違いなく知られていた。もちろん、洗練された層で表現されたものではないが、崇拝者たちが知っていたのは確かに「神秘」だった。なぜならば、前述のように、大女神崇拝では「対立物」が、道徳、宗教、社会などのあらゆる状況において一致したからである。乙女たちは、農耕地を肥沃にするために、神殿において聖なる身売りを行なった。娼婦が無垢な乙女と、「聖なるもの」が「俗なるもの」と、自由人が奴隷と一致する。サトゥルヌス祭では、徹底した価値の転換が行なわれた。日常では禁止されていたものがサトゥルヌス祭の時には許されただけでなく奨励された。奴隷が主人に取って代わり、上品な貴婦人は淫らな女になった。現代的な言い方をすると、あらゆる価値が逆転したと言えよう。この価値の逆転が有する儀礼的機能と観念的基礎は明らかである。サトゥルヌス祭の基礎となった農耕儀礼が、大地の大いなる子宮において萌芽を「融合」したように、サトゥルヌス祭でも人間社会の諸要素が「全体化」された。万物は、はじめから《アブ・イニティオ》あったように、サンスクリットで言えばアグラ、すなわち初めにおいて《イン・プリンキピオ》あったようになった。「あらゆる価値の逆転」と対立物の一致によって、「全体化」が行なわれた。

このような対立物の一致は、大女神崇拝の「生物学的」と言える層においてさえ見出せる。と言うのも、大地の女神は、至福と豊かさの源泉として遍在すると考えられているが、その祭祀には流血を伴う行為や残忍な儀礼が含まれるからである。あるアジアの女神はアルドヴィ「やさしく愛らしい者」と呼ばれるにもかかわらず、その祭祀においては大地の豊かさを高めるために、穀物の束で血が出るまで鞭打つことが行なわれる。同様の残忍な儀礼は、アジアとユーラシアのいたるところで見出せるが、いずれも大女神との関係性を有する。農耕神に対する崇拝でもたらされる宗教的経験は、身体的苦痛と精神的至福を一致させる。まさしく道徳的純真さが放蕩と一致し、無価値なもの（俗なるもの）が価値あるもの（聖なるもの）と一致するように、苦難が至福と一致するのである。これらの儀礼と祝祭において、「形式」の全体化、対立物の一致が生じたことは明らかである。

イランで崇拝された別の神は、アナーヒター「純真無垢な者」という名前をもつ。しかしほかの女神と同じように、アナーヒターが善だけでなくその対立物をも調和していることは明らかである[5]。インドで人気のある女神カーリーは、「やさしく善意ある者」を意味するが、彼女の像は恐ろしい姿である。すなわちカーリーは血にまみれ、人の頭蓋骨でできた首飾りを下げ、血走った眼を開き、人の頭で作られた盃を手にしている。この女神にはアジアでもっとも流血を伴う祭儀が捧げられるが[6]、同時にもっとも人気のある女神である。この祭儀が相容れない価値を併せもつことに関しては、のちほど考察する。さしあたりヴェーダ期のインドでもっとも重要な女神が、アディティ「万物の母」という名前を有することに目を向けよう。ヴェーダでアディティという言葉は、「果てしのない」「汲み尽くせない」という意味をもつ。全体に関する、大女神に関するこの観念のもと、万物が一致し、溶け合うのである。

東洋では、大女神は紡錘を手にした姿で描かれることがある。彼女は生命の糸を紡いでいる。たとえば前二〇〇〇—前一五〇〇年の時代に属する、紡錘をもった女神がトロイアで発見された。ギリシアの貨幣には、大女神が、鳩、ライオン、臍《オムパロス》のある神殿、そして紡錘など、彼女の属性とともに描かれている。これらの女神たちは、かつてこのような属性を有していた。しかし時が経つにつれて、その機能は限られたものになり、ついには出産と人間の運命のみを司るようになった。

「生命の糸」を維持するというこの機能において、相容れない価値を併せもつ大女神の性質を見て取れる。大女神は（月、水、雨などの）宇宙的周期を司るように、人間の運命も司っている。紡ぐ糸を長くするか短くするかは彼女の一存によって決まる。彼女の「一存」には、基準や様式などは存在せず、それらによって左右されることもない。大女神の一存によって飢饉（旱魃）や戦争によって滅ぶことのある共同体の運命と同じように、人間個人の運命も非合理的なものである。人間個人の生命と種族としての生命の完全なる相応が、大女神のもとで生じる。

人間の運命は、神話では生命の糸によって、すなわち時が長いか短いかによって表わされている。多くの文化において、大女神が時間と運命を司る神としての役割を果たしたことは明らかである。たとえばインドでは、時間は大女神の名前であるカーリーにきわめて近い言葉カーラと呼ばれる。これらふたつの言葉はさらに近い意味を有していたが、ここでそのことについて検討することはしない[7]。カーラ「時間」という言葉は、「黒い」「暗い」「汚れた」という意味も有する。この言葉にはさらに多くの意味が見出せる。「時間」は非合理で、過酷で、不寛容であるために「黒い」色をしている。時間のうちを、時間の支配下を生きるものとは、多くの苦難を被る人間のことである[8]。

他方、インドの考えによると、人類はカリ・ユガ、すなわち暗黒の時代を生きるようになって久しい。カリ・ユガとは、あらゆる精神的混乱、罪が生じる時代であり、観念が退廃する時代、循環が潰える時代である。この宇宙的時代の名称において、時間、暗闇、大女神の観念がともに見られることは偶然ではない。

五　インドの神々の体系《パンテオン》

初めてインドの神話伝承に目を通した者は、驚きと恐怖の感情に圧倒される。無数の神と悪魔が存在し、それぞれが多くの名前をもっている。それらの系譜と関係図、さらに命名日は複雑でこみ入っている。また最古の古典であるヴェーダから離れるにつれて、系譜や関係図はさらに錯綜したものとなる。ヴェーダの神話伝承では、まだ大筋をたどることは可能だった。しかし、（不当にも『マハーバーラタ』の神話伝承と呼ばれたような）プラーナや「分派」の神話伝承に目を向けると、大筋をたどることすら困難になる。中世、近代インドの神々の体系《パンテオン》を形成する幾千もの神々、悪魔、英雄、神話的存在に関する際限のない物語の迷宮を導いてくれる糸を保持することは容易ではない。

本研究では、インドの神話伝承について概観する余裕はない。神の「両極の調和」、神的属性の「全体化」の主題に関してのみ検討を加える。最初に次のような問いが生じる。すべての形式が溶け合い失われる密林、植物の大海のように豊かで迷宮的なインドの神々の体系が有する精神的意味とはいかなるものなのだろうか。インドの意識にとって、神々は人間と同様に、個体としての具体的エネルギーを有する存在である。換言すると、神々は「形式を有する」存在という大類型に属しており、人間と同じようにナーマルーパ、すなわち「名前」と「形式」をもっている。人間と神々は性質によって分けられるのではなく、量によって分けられるのである。神々は、制約ある人間には許されない力を手にしている。たとえば、神々は姿を消すことができ、どのような姿にでもなれ、人間には得ることのできないこの上ない至福のうちに暮らし、人間の寿命よりもはるかに長く生きられる（しかし永遠に、ではない。永遠なるものは、精神、ブラフマンのほかに存在しない）。ある種の人間、たとえば苦行者は、呪術、神秘的実践によって神的性質を得ることができる。しかし誘惑をうけたときには、呪術の力をさらに享受し続けられるように世間から離れる。その一方で、移ろいやすく、苦難に満ちた存在である人間は、自らの制約のために、神々には許されない可能性を秘めている。すなわち人間は「救済」を得ることができる。つまり、精神の完全なる自立性、因果の盲目的な力によってたえず現世へ引き戻すカルマからの解放、幻想に隷属した状態からの解放を得ることができる。換言すると、人間は精神の絶対的自由を得ることで、人間の制約を超えることができるのである。神々は自らの制約を超えることはできない。人間は人間であるために、すなわち儚く悲劇的な存在であるために、完全なる自立性を得て、「名前と形式」を撤廃するために戦うのである。人間に固有である苦悩が、救済を得るように駆り立てる。神々はつねに至福のうちを生きているので、自立性を得る必要を感じない。この精神的自由という観点から見ると、神として存在するよりも人間として存在する方が望ましいのである。(9)

インドの神々の体系が有する精神的意味に話を戻すと、神々と神話的存在が無数に存在するということは、インドの観念体系の基礎をなす「永遠の生起」という観念によって説明できる。「自由」と「精神」をもたないあらゆるものは、絶え間なき生起、休息なき変化のうちにある。人間、植物、神は、ナーマルーパを有する「個性化」された存在であり、したがって無数に存在している。個性化する原理は、同時に複数性をもたらす。もはや「一なるもの」でなくなったものは、無数に存在するものとなる。原初の調和が破られたとき、換言すると創成、宇宙、生起が始まったとき、原初の大いなる調和に由来する諸断片に潜在している存在論的本性は、無数の諸存在のうちにありながら調和を取り戻そうとする。

そのために、生起するあらゆるもの、生命を有するあらゆるものは、飽和状態、あるいは限界に達するまで増大しようとする。種子が密林で根づくのと同様に、植物的に思われる万物は、巨大な融合のうちに繋ぎとめられている。そうして諸存在は、宇宙のあらゆる層においてひしめき合い、無数に増え、宇宙を完全に覆い尽くすほどに広まろうとする。個性化、すなわちナーマルーパのこのような悲劇的な性質は、原初的調和、創成に先立つ未分化の大いなる全体をたえず志向する。無限なるものを志向することは、個別的なものを超えようとする試みでもある。絶対的な精神的自立性を渇望する人間は、苦行や観照的技法、あるいは純粋な観念的瞑想を行なうことで「個別的なもの」を撤廃する。そうでない場合には、「個別的なもの」は、創成行為によって分化されていない原初的調和の危険なイメージであるカオスを再現することで、万物が融合するまでに無限に増大し、境界や差異のすべてを無効にしようとする自らの種としての本能に従って、撤廃されることを求める。

人間は観念的理論や苦行、観照的実践によって、自由（ムクティ、モクシャ）を得るために「ひとりで」闘う。この絶対的自由は、精神の自立性を再現すること、世界との偽りの関係を断ち切ることに等しい。「種」としての人間は、世界のほかの「種」と同様に、同一の存在論的本能に支配されている。その本能に突き動かされて、人間は意識せずとも、境界の制約を被らない「全体化」によって、「個別的なもの」（ナーマルーパ）を超えようと志向するのである。

そのためインドの芸術には、何もない空間は存在しない。空間はいかなる片隅であろうと、神々、小さな神、動植物、象徴など、無数の存在によって占められている。インドの精神は、存在と生命で空間を埋めることを志向する。泉が一度生じると、その流れは滞ることなく、万物を水に浸さなければならない。一般的にインドの芸術は、宇宙を対象とする。インドの芸術家たちは、伝統的観念に従って、絶え間なく流動するもの、命ある形態に溢れる大海、生起する万物として宇宙を描く。このためインドの芸術と聖画には、余白が存在しない。人物たちは、滞ることのない流動のうちにあるように描かれている。彼らの身体はツル植物のような曲線を描き、その腕は日常の（角ばった）動作ではなく、舞いを演じているようななめらかな動きをしている。（舞いは、創成、律動的な生起に関するもっとも動きのある象徴である。シヴァは舞いながら世界を創造した。ナータラージ「王の舞い」は、宇宙創成と宇宙の生命を説明している）。

インド芸術の代表的な場面、すなわちゆっくりとしたリズムで身体を動かす人々、緩やかな曲線で身体を描かれた女性たち、長い行列をなす（象やカモシカのような）動物たちを見ると、それらには血液ではなく活力が流れているように思える。彼らには疲れた様子は見られず、わずかな動作もひとつとして普通の血液が流れる肉体によるものとは思えない。そのリズムはゆっくりとしており、調和がとれていて、大いなる眠りのうちにあるようである。太陽の下で呼吸しているが、その生命の源は水、大地、地中の子宮などのほかの場所にある。芸術を通して人間と神々が一体化するこの植物のような生命がもつ意味は、水の象徴的価値のうちに求めなければならない。水の象徴は、原初の未分化の原理（あらゆる宇宙論に関する伝承において、カオス＝水）であると同時に、あらゆる「形式」の源泉でもある。植物のようなリズムは、水のリズムを表現したものにほかならない。インド芸術は、構造的に植物のリズムに一致した存在によって「空間を埋める」ことで、「全体化」への志向を表現しているのである。

　これまでの概観によって、のちほど詳細に検討するいくつかの結論が明らかとなった。苦難と隷属から至福と自由に対する渇望が生じる。「悪」の経験が、宿命的に「善」の渇望へと導く（これらの言葉を括弧でくくったのは、インドの思想で「善」と「悪」が存在するのは、表層の地平、ナーマルーパにおいてのみであるからである）。両極は、対立するのではなく、相互に創造しあう。しかし精神の完全なる自立性を得て救済されようとする人間の渇望のほかに、源泉、すなわち原初の未分化へ回帰しようとする潜在的傾向が、宇宙全体、生起の構造そのもののうちに存在する。この回帰しようとする意志は、前述のように、際限のない増殖、宇宙を覆い尽くそうとすることによって表わされる。その意志が行動として現われたときには、植物のようなリズム、水の象徴などを描いた聖画によって表現される。水、潜在性（「種子」）における未分化かつ豊饒なカオスは、宇宙の創成以前と最後の時に出現する。（観照を行なう）一部の人間を除いて、人間の現在の制約下では得られない「一なるもの」は、かの「全体」、形式が無限に増殖することによって行き着く「全体」において求められる。しかし、このような「全体化」の表現は、ほかの様相においても見出せる。

六　蛇、太陽の兄弟

インドの神々の体系は、神々（デーヴァ）と悪魔（アスラ）というふたつの神話的存在のグループに大別できる。これらふたつの超人間的存在同士の闘いは、インドの神話伝承においてもっとも劇的な部分のひとつである。神々は、とりわけ不死をもたらす酒（アムリタ、ギリシアの神話伝承におけるアンブロシアに相当する）を得るために「悪魔たち」と闘った。いくつかの文献によると、アスラたちは力では神々にまさっていた。しかし精神の用い方では、デーヴァの方が秀でていた。そのため不死をめぐる大きな闘いでは、神々が勝利を収めた。オリュンポスの神々がティタンたちに勝利したギリシアの神話伝説と同様である（実際、アスラたちが「ティタンのような」性質を有することは明らかである。ヴェーダの神話伝説と観念体系に精通したアーナンダ・クマーラスワーミは、デーヴァを「天使」、アスラを「ティタン」と訳している[10]）。

神々と悪魔たちは、大きな相違があるにもかかわらず、ある意味では「兄弟」である。両者とも万物の神であるプラジャーパティの子どもである。絶え間なく闘い続ける超人間的存在のふたつの集団は、同一の「源泉」に由来する。両者は、善と悪が一致していた唯一の実在、プラジャーパティあるいは全体性から分かれ出た。しかし、悪魔と神々の接点は無数に存在する。インドにおいて、二元論的観念が一元論を志向する本性に抗することは困難である。一元論的本性は、二元論的観念を絶え間なく「全体化」することで、同一の統一性に還元しようとする。したがってインドの文化圏は、本研究にとってとりわけ意義深い。さらにインドでは、対立物を超えようとする人間の精神的傾向がほかの文化圏よりも顕著である。インドにおいてのみ、〔ギリシアであれば〕「オリュンピア」の〔神に相当するほど〕すぐれた炎の神であるアグニが、同時に『リグ・ヴェーダ』（Ⅶ・30・3）で呼ばれているように、「司祭アスラ」であるようなことが可能だった。神々の模範である太陽は、「あらゆるデーヴァの司祭アスラ」（『リグ・ヴェーダ』Ⅷ・101・12）と呼ばれている。さらにある重要な文献（『パンチャヴィンシャ・ブラーフマナ』、XXV・15・4）では、「蛇は太陽である」と記されている。[11]

　このような表現には、「全体化」の教義、クザーヌスが反対の一致と呼んだ教義のすべてが凝縮されている。というのも、インドの神話伝説では、（ギリシアやイランなどの）ユーラシアのほかの神話伝説と同様に、蛇と太陽は真っ向から対立するふたつの原理を表わしているためである。蛇は、闇、地下、地中の力、死者と形をもたない幼虫の領域を象徴しており、潜在性の源、自己喪失のしるし（死者たちはもはや「人格」をもたない）、「他者」、あるいは「ほかの事物」との融合のしるしである（そのため蛇は性愛の象徴でもある。性愛によって人間は、衝動に身を任せ、他者のもとに身体を投げ出し、自らの境界を無効にする）。他方、太陽は光、形態の明確な空間を象徴している。そのような空間では、混同など生じるはずもない。光と闇、太陽と蛇というこれらふたつの原理は、「対立物」であり、「対立物」でなければならない。しかしながら、全宇宙の神秘的な秘密を宿すインドの神話的思考においては、これらの対立する原理は一致することがある。この一致については、ごくわずかな文献が記しているのみであるが、そこでは疑問の余地がないよう明確に記されている。

　他方、聖なる炎であり、太陽の本質であるアグニは、大蛇でありあらゆる潜在性の象徴であるアヒ・ブドゥニヤと同一視される。『リグ・ヴェーダ』（Ⅳ・1・11）において、アグニは次のように描かれている。曲がりくねった蛇のように「身体の両端が隠れていて、足も頭もない」。『アイタレーヤ・ブラーフマナ』（Ⅲ・36）によると、アヒ・ブドゥニヤは不可視であり、アグニは可視である。換言すると蛇は炎の潜在性に過ぎず、闇は潜在的な光であると言う。『ヴァージャネーイ・サンヒター』（Ⅴ・33）では、アヒ・ブドゥニヤは太陽と同一視されている。不死を与える飲み物ソーマは、まさしく「神のようであり」、太陽のようであるが、『リグ・ヴェーダ』（Ⅸ・86・44）では、「アグニと同じように、古くなった皮を脱ぎ捨てる」と言われる。これは、神のアンブロシアに関して蛇の性質を用いて表現したものである。実際、ソーマを蛇と結びつけることは、ほかの場所でも行なわれた。インドだけでなくあらゆる伝統で、蛇は脱皮することから不死だと考えられている[12]。

　このように、不死を与える飲み物と不死である動物のあいだには、強い関係がなければならない。そのためある文献には次のように記されている。「蛇は供犠によって死に打ち克った。蛇と同じようになす者もまた死に打ち克つ。蛇は古くなった皮を取り去り、脱ぎ捨て、死に打ち克ったのである……」。

　このように相容れない価値が併存することは、インドのあらゆる領域で見出される。アグニは善き神であると同時に悪しき神でもあり、人間の友人であると同時に敵でもある。ある箇所では、「アグニは人間を食べるので、彼から逃げなければならない」と言われる。ほかの箇所では、アグニは神々の伝令であり、人間の友人かつ客人である（ついでに言えば、神性は相反するふたつの性質が共存する様相において考えられる。荒々しくありながら柔和であり、無慈悲でありながら寛容であり、恐ろしくありながら慰めを与えるなど。ルドルフ・オットーは名著『聖なるもの』において、宗教的経験の恐ろしい様相について、とりわけ詳述している）。

　天の神であるヴァルナは、同時に大海の神でもあり、『マハーバーラタ』で呼ばれているように、「蛇たちの住まうところ」である。実際にヴァルナは、「蛇の王」であり、『アタルヴァ・ヴェーダ』（XII・3・57）では「マムシ」と呼ばれている。これらの蛇としての性質は、ヴァルナのような天空神、「千の眼」をもち、地上で起こることすべてを見ている間諜と言われる神にはそぐわない[13]。

　しかしインドの神話的思考、観念的思考は、神的な「両極の調和」、神性における両極の一致、諸属性の全体化を強調する機会を逃さなかった。太陽の神インドラに殺された巨大な怪物ヴァリトラは、蛇の姿をしている。インドラはヴァリトラを殺すことで、この怪物の支配下にあって淀んでいた水を解放した。怪物を殺して水を解放することは、宇宙を再創造することに等しい。というのも、水の欠乏は宇宙の生命全体を不毛にし、停止させるからである。インドラは水を解放することで、（植物、雨、動物と人間の食料などの）生命を存続可能にしたのである。

しかし、太陽神インドラが怪物ヴァリトラを切り裂くことには、さらに宇宙論的意味、すなわち世界の創成という意味がある。あらゆる神話伝承において、宇宙は太陽神によって殺され切り刻まれた海洋の怪物から創られる（バビロニアの神話伝説では、海洋の怪物ティアマトがマルドゥクによって殺され、切り裂かれた）。大蛇ヴァリトラを切り裂いたからこそ、宇宙が誕生したのである。ここで蛇は、言葉のスコラ学的な意味において、「質量」の役割を果たしている。蛇は潜在性、顕現可能性、形をもたないカオス的な「質量」（水）を象徴している。それが切り裂かれることによって、宇宙は「現実」の形式をもつようになったのである。

しかしインドの思想にとって、宇宙を「形づくる」汎神論的かつ内在的「質量」も神性の一部であることは明らかである。すなわちそれは、潜在的で非顕現的、蛇のような様相において概念化された神性である。したがってインドの宗教と観念体系においては、神性の（蛇のように）暗い様相も（神的な）明るい様相と同じように活動的である。これらの様相は、顕われていないものと顕われているもの、潜在的なものと実在的なもの、まどろみと覚醒、地と天といった神性のふたつの状態を表わしているにすぎない。

七　インド思想における反対の一致

このように（『リグ・ヴェーダ』〔Ⅶ・34・10〕では「千の眼」をもつと言われる）天空神ヴァルナの名前は、蛇の姿をした神話的悪魔ヴァリトラのように、「展開」「顕現」「曲がりくねること」を意味する語幹vrに由来する。神的な「両極の調和」に関するインドの考え方を知らなければ、このことは偶然の一致と思えてしまうだろう。しかし観念体系が神話によって表現されたヴェーダの時代から、ミトラヴァルナという「二名法」を確認できる。それはすなわち、「ミトラとヴァルナ」、顕現と非顕現、光と闇、可視と不可視など、神性のふたつの「様相」を含む「全体的」神格の象徴である。ヴァルナは一神だけのときには、昼と夜の神である。そして、ミトラヴァルナの二名法でミトラとの対比に置かれたときには、「闇の力」である。ここで言う闇とは、存在論的意味（不可視、非顕現）と宇宙論的意味（万物の潜在性）において理解しなければならない。ミトラは「顕現」し「生起」を担っており、ヴァルナは不可視で永遠である（『リグ・ヴェーダ』I・164・38）このヴェーダの組み合わせからは、ウパニシャッドがのちにブラフマンのふたつの様相、すなわちアパラとパラ、「劣っているもの」と「優れているもの」、可視のものと不可視のものとして表現した根本的観念を見て取れる。ふたつの表現のあいだの唯一の違いは、その「性質」である。前者（ミトラヴァルナ）は、神話による表現であり、後者（アパラパラ・ブラフマン）は、弁証法による表現である。

　この機会に、インド思想を理解する上できわめて重要な事柄を確認しておく。インドの観念体系は展開することも変わることもなく、ただその表現や用語がそれぞれの時代の仕様にあわせて修正されるだけである。ミトラヴァルナに関する神話伝承の表現において、神的な両極の調和は神話的用語で表わされ、その表現の観念的意味はヴェーダ時代のインド人であれば誰でも理解できた。同じ原理は、ウパニシャッドのアパラパラ・ブラフマンにおいては、（「劣っているもの」、「優れているもの」、下、上という）明確な観念的価値を示す具体的な用語で表現されている。言葉は発達し、思想を表現する手段も変化したが、原理に関しては変化することなく、「発展」することもついになかった。しかし人間の経験、歴史で生じるあらゆるものと同様に、それぞれの諸観念も時の流れのなかで「生かされて」いる。ある表現からほかの表現へ移行すること、たとえば神話的、建築的表現から観念的、聖画的表現へ移行することは、その層においてならば真実に接近し、理解できるに違いないという人間の意志によってなされる。つまり諸観念は、生きているのではなく、生かされているのだと言えよう。すなわち、「発展する」のではなく「展開される」のであり、さまざまな時代に示されたさまざまな結論は、最初からその観念の、核の内《イン・ヌーケ》に含まれているのである。

　あらゆる形態、あるいは神性の顕現可能性を同一の調和のうちに取り込むことで、神性の諸属性を「全体化」

しようとするインド精神の傾向は、「民間」信仰においても見出せる。少しだけ言及するならば、民間信仰とは、その由来や意味によるのではなく、民衆が直接参加することによっている。教義は民衆の意識によって「生かされ」、「脚色される」。たとえば、ほかの機会に取り上げたことだが、[14]かのヴェーダの怪物ヴァリトラは、ヴィシナヴァによる中世のある文献では、バラモン、きわめて忠実な戦士、さらに聖者にさえなった。他方、インドの民間悪魔伝承においても、同じように興味深い反対の一致の現象が見られる。ラーマの妻シータをさらってセイロン島に連れて行った悪魔ラーヴァナは、幼児を治療するための医療呪術に関する教本『クマーラタントラ』の書き手であると言われる。悪魔が、悪魔に抗するための方法や儀礼に関する教本の書き手なのである。しかしこの教本についてモノグラフを書いたフィリオザ博士が強調するように、インドにおいて善と悪は「唯一の実在における表層的対立」[15]にすぎない。実際に善と悪が混同されることは、インドにおいてしばしば見られる。中国仏教でよく知られている女神ハーリティー〔鬼子母神〕は、前世でなした「善行」により、ある領域内で子どもたちを食べる権利を得た（*Zalmoxis*, I, p. 201 を参照）。多くの悪魔たちは、かつて行なった善行の呪力によって、悪魔としての力を得たのである。

換言すれば、善は悪の誕生に貢献すると言える。悪魔的存在は、課せられた苦行の「禁欲」を行なうことによって、悪を犯す「自由」を得る。その善行は、どのような活動をも許す呪力をもっている。

しかしこのような善悪の「混同」には意味がある。なぜならば、絶対性を知り、精神的自立性を得ようと欲する者にとって、「悪」と「善」など何を意味すると言うのだろうか。「悪」と「善」という評価は、表層的世界、形式（ナーマルーパ）と個別化による境界が存在する層を生きる「無知なる者」にとってのみ、意味と効力をもつ。この表層は「実在性」を欠いている。生起して増大するものはすべて、実在性を有さず、「幻」である。そのため「対立物」の彼方にある者にとって、善と悪は主観的で幻想的な評価である。智慧ある者（インドの意味においては、文字通り事物から離れている者）は、神的調和、絶対性において、対極にある事物がいかに一致し、対立物がいかに融合するかを知っている。こうして智慧ある者は、インドの苦行、観照的技法を行なうことによって、善と悪、美と醜、快と苦、暑さと寒さなどの対立に無関心であろうとする。「救済」の道を歩み出した者、精神の完全なる自立性を得ようとする者は、真正なる精神のしるしである対立物の「全体化」を自らの経験において実現しなければならないのである。

あらゆる「変化」と対立が表層的なものであるというこのような根本的観念は、ヴェーダの文献においてすでに見出せる。『アイタレーヤ・ブラーフマナ』（Ⅲ・44）では、次のように述べられている。太陽は、「実在性においては戻ることも進むこともなく」、「旋回する」のみである。運動、生起、夜と昼は、表層的なものにすぎない。それらは制約下で（インドの表現によれば太陽の下で）生きているわれわれにのみ現われる。実在性において、（ダンテと同じく絶対的精神、「神性」を象徴している）太陽は「生じる」ことなく、変化することもなく、一ヶ所において「旋回する」〔ヴィパルヤスヤテー〕のみである。（ヴィパルヤスヤテーには、「顕現」の観念は含まれるが、宇宙における位置の変容、変化の観念は含まれない）。さらに、文献には次のようにある。このことを理解する者は、自身と宇宙の接続、相似、同一化を実現する。すなわち、太陽、神との同一化である。「西」も「東」も存在しないことを理解する者は、太陽のように同一の「世界」へ行き着く。換言すると、俗なる宇宙の層、人間の制約を超えるのである。

ヴェーダの儀礼文献は、後代に書かれたものであるにもかかわらず、インドの観念体系の全体を包有し、その基礎と出発点となっている。インドの哲学体系は、ただひとつの目的に収斂する。すなわち、多数性、生起は幻想である、あるいは、とにかく意味を欠いている。真正なる精神の絶対性は別にある（「これでない《ネティ》！　これでない《ネティ》！」とウパニシャッドの智慧ある者は叱責する）。精神的自立性を得るための唯一の方法は、善と悪、光と闇などが多様な仕方で顕現した同一の調和から派生した断片であることを理解し、対立物を超えることである。

諸属性と対立物が神性において「全体化」することは、インド文化圏においてのみ見られるものではない。たとえば中国では、対立するふたつの原理の一致が聖画や芸術においてさえ示されている。闇の象徴（フクロウ）が光の象徴（キジ）とともに描かれる。より明確なものとして、光が闇から現われることで、インドでも見られたような「両極の調和」をともに形づくっている。インド芸術で多用された主題は、鷲が爪で蛇をつかんでいる、いわゆる「ガルーダとナーガ」である。それは、太陽の象徴と地中の象徴が絡みあっている主題である。アーサー・エヴァンズ卿が示すところでは、ミノスでは蛇の頭が太陽の鳥にほかならないフェニックスにつけられている（*Palace of Minos*, vol. IV, p. 188–190）。これらの芸術的表現は、すべて明確な観念的意味、すなわち神性における対立物の一致という意味を有する。ふたつの側面は、神性の非実在性と実在性、潜在と顕現でもあり得る活動性と不活動性に由来している。

八　アフラ・マズダーとアーリマン「敵対する兄弟」

世界の宗教のなかで、ザラスシュトラの宗教ほど二元論が明確で荒々しく表現されたものはない。善と悪、光と闇の闘いは、イランの預言者によって観念体系の第一原理に据えられた。この闘いには全宇宙が、善き心身の「勢力」と悪しき心身の「勢力」、善き動植物と悪しき動植物といったようなふたつの陣営に分かれて参加する。善と悪の決戦は、人間にとって無関係ではない。その決戦は、内面的葛藤、道徳世界の衝突以上のもの、真の宇宙戦争と言えるものである。善と悪、光と闇の会戦は、どのような実在の層においても見出せる。激しく残忍な闘いがいたるところで繰り広げられる。人間が考え、感じ、行動することによって、善あるいは悪のどちらかの陣営が勝利を収める。「意味」のない行動は存在せず、「結果」を伴わない感情も存在せず、「中立」あるいは無用である思考も存在しない。すべては善と悪の天秤の皿の上に置かれる。アフラ・マズダーとアーリマン、善と悪の戦いが繰り広げられない中立の地域は、宇宙において存在しない。大地で苦労して働く人間は、彼と家族が日々の糧を得られるようにという利己的活動のみに携わっているのではない。その者は、農耕の仕事を行なっていても善の戦士であり、したがって悪に抗して戦っているのである。農耕は善行であるため、それは闇に対する光の勝利、カオスに対する文明の勝利、貧困と荒野に対する富と豊饒の勝利、放浪に対する安定の勝利をもたらす。[16]

本研究にとって、このような徹底した二元論がイランのある「宗派」において修正されたことは意味深く、きわめて興味深い。その修正は、まさに善と悪、光と闇の「全体化」の意味に関して行なわれた。たとえば、ザラスシュトラの教義から生まれた密儀宗教のひとつズルヴァン教において、アフラ・マズダーとアーリマンは兄弟であったと言われる。パクレヴァントの司教であるゴルプのエズニクは、その著書『宗派について』（五節）において、アフラ・マズダーとアーリマンがズルヴァンから生まれた双子の兄弟であると述べている。[17]

マニ教でも同様のことが信じられた。周知のようにマニ教は、預言者マニによってイランの宗教から二元論を直接、受け継いだ。[18]

アフラ・マズダーとアーリマンが共通の起源を有するという、このような信仰は重要である。善と悪は同根であるために兄弟である。全宇宙が対立し敵対するふたつの原理の闘いの舞台になる前、アフラ・マズダーとアーリマンが世界を分割する以前には、ただひとつの原理であるズルヴァンのみが存在した。この神において、あらゆる対立物が一致し、「善」も「悪」も、「光」も「闇」も存在しなかった。なぜならば、ズルヴァンは自身のうちに万物を包有しているからである。ヴェーダの存在論的用語では、アフラ・マズダーとアーリマンはズルヴァンの異なるふたつの様相、顕現と潜在であると言えよう。インドの観念体系における神的な両極の調和、ミトラヴァルナの二名法、蛇と太陽などに関して本研究で考察してきたことはすべて、アフラ・マズダーとアーリマンが共通の出自であるというイランの信仰の意味を理解する助けになってくれるだろう。

ザラスシュトラの二元論は、イランのあらゆる宗教とそれから生まれたキリスト教的教派（マニ教、ボゴミール派、パウリキアノス派など）において、さらに後代まで存続した。しかしこの二元論が、もとの状態のままでは存続できなかったことを確認することは興味深い。世界が悪の獲物となる以前、ふたつの原理の闘いが始まる前に単一で未分化の「全体的」状態が存在した。二元論は、現存する宇宙と人間に課せられた運命である。しかしはじめの時（始源から《アブ・オリギネ》、初めにおいて《イン・プリンキピウム》）、そして最後のときにも対立物はもはや存在しなくなり、「諸部分」も存在しなくなる。現在、切り裂かれており、増大しているものすべては、ふたたび全体化され、調和される。

幾世紀にもわたりさまざまな民族によって考えられ生かされてきた諸観念は、時として激動に満ちた「歴史」を有している。神的な両極の調和に関する伝統的観念も、さまざまに理解され、表現されてきたことは確認した。ほかの機会に述べたことだが、初めは象徴や観念的価値に関する言述などによって表現された原初的直観は、次第に堕落し、ついには単なる迷信や伝説、娯楽的テーマの形をとるようになる。たとえば、善と悪が共通の出自であるという観念は、堕落した形で小アジアとバルカンの民間悪魔伝承において見られる。ガステル、N・カルトージャンヌ教授、ヴァレリウ・ボロガ教授の研究によって、乳呑み児を奪う悪魔（アヴェスティツァ、悪魔の羽）と、悪魔を追いかけ赤ん坊を取り戻し、呪符によって悪魔を無力化する聖シシニエという主題の歴史的経緯が、今日ではよく知られるようになっている。[19]

もちろん、この伝説の起源は東方である。シシニエという名前さえ、イラン起源を明示している。[20]

聖シシニエは護符において、馬の脚をもって這いつくばり、裸で絡みあっている悪魔を槍で貫く騎士として表わされている。[21] 聖シソイェ（シシニエ）と聖ゲオルギウスの類似性はこの観点から明らかである。聖画に描かれた聖なる騎士の主題は、ヨーゼフ・ストジェゴーフスキーによってイランの影響とされた。しかしこの問題は未解明であり、本研究でこれ以上取り組むことはしない。

本研究にとってとりわけ重要であるのは、この伝説のもっとも古い異説において、聖シシニエが子どもたちを殺す悪魔の兄とされていることである。エチオピアの格言（op. cit, Winkler, p. 128）は、「妹を殺した」この聖人の勇気を讃えている。他方、エチオピアのキリスト教暦において、聖シシニエを祝う四月二一日には、聖人が自らの妹を槍で殺した様子がはっきりと語られる（Winkler, p. 129–130）。R・バセによって翻訳された（*La Haute Science*, vol. I, p. 351）エチオピアの偽典では、ウエルツェリアという名前の悪魔が兄であるスニヨスの子どもを殺した。ススニヨスはイエス・キリストに妹ウエルツェリアを殺す力を与えるように祈る。そしてススニヨスは、キリストの助けによって、ウエルツェリアを槍で貫いて殺すのである。

　聖人と悪魔、善と悪は同根である。妊婦と赤ん坊にとって最大の敵である悪魔ウエルツェリア（アヴェスティツァ）は、母親と新生児のもっとも勇敢な守護者シシニエ（シソイェ）の妹である。このような対立物の一致は、時が経つにつれて奇妙に思われるようになり、民衆の心性によって手を加えられた。聖シソイェに関するギリシア、スラヴ、バルカンの伝説では、悪魔アヴェスティツァはもはや聖人の妹ではなく、彼女の姉マレンティアの子どもを盗むように語り直されている。聖シソイェは、民衆の理解に沿うように、マレンティアの子どもの守護者となった。伝説は、「幻想の堕落」の法則にそって修正された。もはや理解されなくなった部分は、筋の通った逸話になるよう変えられた。悪魔と戦う聖人に関する伝説を受容して広めた、教養のない大衆が、（同根である善と悪の）対立が有する原初的意味と観念的意義を忘却したとき、その対立は大衆の心性と精神の能力にそって修正されたのである。

　原初的意味が堕落する同じような実例は、宗教と民間伝承詩の歴史において無数に見出せる。本研究にとっては、継続的に「生かされること」で堕落し、修正された意味よりも、原初的意味の方が興味深く思われる。したがって、聖シシニエに関する伝説のエチオピア異説に残された物語はきわめて興味深い。そこには、シンクレティズムとグノーシスの時代に広く流布していた古来の神話的主題を見出せる。すなわち、アダムと（彼の最初の妻である）リリトの戦い、よき英雄と悪しき英雄の戦いという主題である。悪魔ウエルツェリアとシシニエの場合には妹と兄、アダムとリリトの場合には夫と妻という違いはあるが、どちらの場合でも人間がもち得るなかでもっとも親密な間柄という点ではきわめて類似している。善と悪、聖人と悪魔は、まさにアフラ・マズダーとアーリマンのように同根である。両極のこのような「混同」は、ラーヴァナの事例をよりよく理解する助けとなる。ラーヴァナは、子どもを盗み不具にしたインドの悪魔だが、同時に子どものための医療呪術に関するきわめて人気のある教本を書いたと言われる。この場合、ふたつの「対立」は、ひとりの神話的人物のうちで溶け合っている。

初期キリスト教において、悪魔と戦う聖人という形に脚色されたこの神話の起源を探求することは興味深い。そのための先行研究も十分にある。ヴィンクラーは、前述の研究において（p. 149 sq）、元来、悪魔は暗い月の神話的表現であり、英雄（のちの聖人）は明るい月の神話的表現であり、両者の戦いが兄妹の戦いとなったことを示そうとした。しかし、この神話の原初的意味はよりいっそう深いものであると考えられる。つまり、それは観念的真実をはっきりと表わしている。月は、前述のように小アジアの民衆にとって、至上の実在性、宇宙の生命と周期の源泉を象徴する。生は死と同じように、月の周期によって価値づけられてきた。月が再生するために成長し死んでいくように、人間もふたたび生まれるために誕生し死んでいく。生と死の対立は、善と悪の場合と同じように、表層的なものにすぎない。生と死、善と悪は、人間の経験では接近し難い唯一の実在性における連続した様相にほかならない。対立物と両極性を「全体化」するこの実在性は、神話では月によって表現されたのである。

九　「存在がなかったときには非存在もなかった……」

これまで引用したり言及したりしてきた資料は、次の事実をはっきりと示している。すなわち、アルカイックな宗教や神話伝承、さらにそれらから派生した民間信仰において、神的な両極の調和、神的存在における諸属性と両極の全体化という観念が、明示されているか否かは別にして、存在するという事実である。これらの観念は、われわれに残された資料によると、純粋な状態であったり手を加えられた状態であったりするが、原初的な観念体系の表現をあるものは明確な状態で、あるものはおぼろげな状態で保持してきた。というのも、言うまでもないことだが、（たとえばヴェーダやウパニシャッドのような）インドのアルカイックな文献に記された観念体系には耐久性があるが、民間の悪魔伝承における信仰にはそのような耐久性はないからである。一般に、民衆の伝説や迷信は、最初は理論的で神話的であったものが堕落したものだ。さらにそれだけでなく、たとえばウパニシャッドが一連の観念的表現と観照的方法を「イニシエーションを経た」人々に伝えるために書かれたのに対して、前述のようなきわめて多くの民間信仰や迷信は観念的知識の取得とはまったく異なる必要性に応えている。しかしながら、概観してきた資料がきわめて多種多様であることは、神の両極性と相容れない価値が併存するという観念が普遍的であることをよりいっそう明確に示している。この観念は次のようなさまざまな仕方で表現されている。すなわち、神話による表現（ヴェーダ）、観念体系による表現（ウパニシャッド）、オルギー的儀礼による表現（大女神崇拝）、キリスト教に対する奇怪な理解から生じた異端による表現（イノチェンティエ派）、水や植物の象徴体系を用いた表現（インドの芸術）、聖画の象徴による表現（中国、クレタ）、民衆の宿命論による表現（生命の糸）、悪魔の迷信における表現（アヴェスティツァーシシニエ）、グノーシスによる見事な形式的表現（アダム－リリト、善き英雄－悪しき英雄）、二元論的宇宙論における表現（アフラ・マズダー－アーリマン）。しかし本研究にとって、このように表現が多様であることは重要ではない。前述のように、この原初的観念はさまざまに「生かされ」、とりわけ多くの次元において理解されてきた。そして、観念体系、神秘主義、神話、悪魔伝承、芸術など、あらゆる領域で効力を発揮してきた。これは世界中に流布した観念であり、間違いなく、人間が宇宙における自身の位置を自覚した瞬間に生じる、人間の根本的必要性に応じるものである。

人間の作劇と観念体系も、このように宇宙における自身の位置を自覚することから生じた。この自覚は、ある意味では「堕ちること」である。人間は何かから「離された」と感じ、この離別が苦悩、恐怖、絶望の尽きることのない源泉となる。人間は心細さと孤独を感じる。一方、かの「何か」は、その名前が何であれ、力強く全体的である（より正確には「全体化」されている。人間でないものもすべて、自身以外のあらゆるものを含んでいるからだ）。自身を何かから離され、「切り離された」と感じ、力（神性）を自己充足した完全なもの、余すところのない完璧な大いなる調和として直観するのである。人間が宇宙における自身の位置を自覚した瞬間から、一貫性をもって考え、意味をもってなした事柄はすべて、ただひとつのことを目的としている。すなわち、この離別を消し去り、原初的調和を再現し、（この「全体」が非人格的な力と考えられようと、人格的な神として考えられようと）「全体」に再統合されることである。あらゆる宗教的行為（儀礼、崇拝、典礼など）は、どれほど未開なものであっても、宇宙的調和を再現し、人間を再統合する試みである。なぜならば、どのような宗教的行為においても逆説が実現され、「反対の一致」が生じるからである。石や樹木を崇める未開人たちでさえ、その陰気な宗教的行為において、「反対の一致」を実現している。未開人たちの意識において、石や樹木は宇宙の断片でありながら全体となり、宇宙の瑣末なものでありながら聖なる事物となるからである。儀礼によって、絶対に相容れない価値が併存するという逆説が実現される。ヴェーダ時代の祭壇をなす煉瓦は、万物の神プラジャーパティでありながら単なる物体でもある。ヴェーダの儀礼において、存在（プラジャーパティ）は非存在（煉瓦）と、全体は断片と一致するのである。

　これらの宗教的行為の観念的意味を理解することは困難ではない。ヴェーダの供犠を介して、生命のない物体が創成に先立つ原初的調和を得てプラジャーパティと一致できたように、人間も自身において、さらに自身を介して、最初の完全性、分離前の未分化の「全体」を再創造することができる。前述のように、（儀礼的に）意味をもってなすことすべて、（観念的に）一貫性をもって考えることすべてにおいて、人間はつねに単一性、再統合、「全体化」を志向するのである。そのためいかなる文化であろうと、完璧な人間の類型は本研究で以下に見るように両性具有者である。人間はその性質によって、男性－女性という原初的調和を知らずに死ぬことはない。この「統一」は聖なる行為であり、儀礼にも似る。したがっていわゆる未開文化において、男性はイニシエーションの際に、呪術的に女性に変えられる。換言すると、かの反対の一致を自らにおいて得ることに努めるのである。こうしたイニシエーションによって、若者は未成熟の状態から成熟した状態へ移行し、彼自身に、つまり男性になる。まさにこのような男性性への移行において、若者は反対の極である女性性を象徴的に経験する。完全なる人間となり、男女両性が一致し、つねに共存できるように、男性性を強化すると同時に「女性性」の促進が行なわれるのである。

実際に両性具有者は、神の理念型を複写したものにほかならない。神性そのものが対立物を全体化しているので両性具有である。そもそも神性は、あらゆる形式、あらゆる可能性を包有しているために両極的である。ヤハウェは善き神であると同時に怒る神である。神は、神学者や神秘主義者などの完全性にもっとも接近した人間によって知られたように、恐ろしい存在であると同時にやさしい存在でもある。神性に接近することは、死をもたらすことも、救いをもたらすこともある。神秘体験は魅惑的であると同時に苦しみでもあり、人間の魂の底なしの苦痛と完全なる忘我状態をもたらす。宗教的体験のもっとも真正な形態、すなわちキリスト教においても、このような原初的直観は保持され、神秘主義的な神学のみが究明できるような恐ろしいまでの絶頂に達した（少しだけ言及するならば、ディオニシウス・アレオパギタやマイスター・エックハルト、クザーヌスらが記したような神的両極性に関する神学的見解は、本研究の主題を越えてしまう。虚無に関する観念的思索、たとえばレオナルド・ダ・ヴィンチ、ライプニッツ、ガリアーニ修道院長〔フェルディナンド・ガリアーニ〕、ヘーゲルなどの思索についても同様である）。

インドでは、神は柔和な姿とともに怒りの姿をもつ（クローダ・ムールティ）。ルドラーシヴァ神は、豊饒と破壊、出産と死を司るアジアの多産性の女神と同じように、破壊と創造を行なう。しかしインドの智慧ある者が、人間の制約を超えてあらゆる極性の経験と意識を撤廃しようとすること、すなわち完全なる中立性と無関心の状態を得ること、苦も楽もない自立的状態になろうとすることはすでに確認した。インドの智慧ある者が、苦行や瞑想によって求めるこのような両極の撤廃は、対立物の一致を意味する。インドの智慧ある者の意識では、彼の経験において苦と楽、欲望と嫌悪、寒さと暑さ、快と不快などの物理的対立物が存在しないように、対立はもはや存在しない。さらに智慧ある者は、神性における両極の「全体化」に相当する「全体化」を実現する。実際、ほかの機会に述べたことだが[22]、インドの考えによると、両極の「全体化」が実現されなければ完全になることは不可能である。新参者は最初、世界を司る周期（「太陽」と「月」）に同調することで自身の経験すべてを宇宙化することを試みる。しかしこのような宇宙化を実現したあとで、新参者は「太陽」と「月」を統一しようと、つまり、創成に先立つ原初的調和を再現することで全宇宙を全体化しようとする。この調和は創成以前のカオスではなく、形式を有するあらゆるものがそこへ再吸収される未分化の存在である。

あらゆる儀礼とあらゆる神秘主義的行為には、根本的逆説が存在する。すなわち断片（たとえばインドの儀礼における祭壇の煉瓦）と全体（プラジャーパティ）、取るに足らぬもの（人間）と存在（神）、無価値なもの（俗なる事物）と絶対的価値（聖なるもの）の一致が可能になる瞬間に根本的逆説が生じる。人間はこのような儀礼によって全体にふたたび組みこまれ、非存在は神的存在と一致する。このような逆説を実現するためには、いわゆる階層の突破、宇宙を粉砕して唯一の調和のうちで再創造することが必要となる。その調和において、人間はもはや神性と離れておらず、宇宙は数百万の断片と化していない。しかし、階層の突破は、わずかな頁では論じ切れないほど複雑であるため、ほかの機会に改めて取り上げたい。

さしあたり、神的な両極の調和が人間存在の根本的必要性、すなわち絶対的統一性によって人間が宇宙に再統合されることに応じていることに注目したい。この統一性において、両極は消え去り、対立物は溶け合う。非存在は存在となり、善は悪と、俗は聖と、複数は単数と一致する。これらのことに検討を加えたのは、ここから重大な観念上の問題が生じるからである。実際、いかなる観念体系もここから始まる。しかし本研究では、歴史における観念の変遷と「冒険」を示しはするが、詳しく検討し解明することはしない。

論じ足りないことは多々あるが、第一部を終えるにあたり、『ファウスト』の序章における神の言葉を理解できよう。

「一切の否定を本領とする霊どものなかで、お前のような悪戯者が一番御しやすい」。

II　両性具有の神話

十　『セラフィタ』

『セラフィタ』は、バルザックのいわゆる「幻想小説」のなかで、おそらくもっとも意義深い作品である。この奇妙な物語は、バルザック自身によって、『あら皮』『絶対の探求』『呪われた子』『ルイ・ランベール』などとともに「哲学研究」というシリーズに分類された。この分類が、あらゆる見地から見て適切なものであることは間違いない。『セラフィタ』は真実の「哲学研究」である。その理由は、哲学的な会話や解釈が豊富であるためではなく、スウェーデンボリの理論や奇妙な宇宙論について詳しく述べられているためでもなく、何よりもバルザックがこの作品において、人間に関する古来の根本的なテーマを再現したためである。すなわち『セラフィタ』において、両性具有者は完全なる人間の型、「原初の始源型」と考えられている。小説の主題と状況をはっきりと想起されたい。ストロムフィヨルド近くにあるヤルヴェス村のはずれにある城に、鬱屈した雰囲気をもつがこの上なく美しい、奇妙な人物が住んでいる。その人物はほかのバルザック作品に登場する人物たちと同じように、重大な「秘事」を、神秘的な「秘密」を抱えている。しかしこの人物の「秘密」は、ヴォートランやリュシアン・ド・リュバンプレが隠していたような秘密ではない。『セラフィタ』のこの人物が奇妙なのは、バルザック作品の社交界と相容れない、すなわちほかの登場人物たちと比べて異質であるというだけではない。その「秘密」も、ヴォートランやリュシアンの秘密のように過去における特定の事件に関係するというだけでなく、人間としての構造に関係している。この神秘的な人物は、ミンナとヴィルフリッドというふたりの男女を同時に愛し、ふたりによって同時に愛される。ミンナの目には、この人物はセラフィトゥスという男性に見え、ヴィルフリッドの目からはセラフィタという女性に見えるのである。

この完璧な両性具有者は、かつてスウェーデンボリの弟子であったという両親から生まれた。セラフィトゥス・セラフィタは、フィヨルド周辺の外に出たこともなく、本を開いたことも、教師についたことも、芸術に携わったこともないが、膨大な知識を有し、その精神的機能は死すべき人間のものを超えている。バルザックはきわめて直接的に、両性具有者の性格、その孤独な生と観照的脱我状態を描いている。これらすべては、言うまでもなく、バルザックがその本を理解できないときでさえもつねに信じていたスウェーデンボリの考えを基礎としており、完璧な人間に関する彼の理論を説明し解釈するために書かれた。バルザックの両性具有者は地上にごくわずかに属するのみであり、その精神的生活の全体は天に向かっている。セラフィトゥス・セラフィタは、自己を浄化し、愛のためだけに地上で生きている。はっきりとは描かれていないが、セラフィトゥス・セラフィタが愛を知る前にこの大地から去ることがないことは、物語全体から理解できる。真に愛するということ、キリスト教的意味では、異なる性のふたつの存在を同時に愛するということ、おそらくこれはこの上なく、もっとも価値のある完成である。もちろんこの愛情は浄らかなものだが、抽象的、一般的なものではない。バルザックの両性具有者は、現実、生活のなかにとどまりながらも人間を愛する。この両性具有者は、少なくとも地上においては天使ではなく、完全となった人間、「全体的」人間である。

バルザックの『セラフィタ』は、両性具有を主題としたヨーロッパのもっとも偉大な芸術作品である。過去数世紀のあいだ、いくつもの文学作品がこの主題を取り上げたが、凡庸なものにしかならなかった。「アッシリアの魔術師」という標題を有する全二十巻の長篇小説「ラテン的退廃」の第八巻、ペラダンの『両性具有者』という奇妙なタイトルの小説に注目したい。ペラダンは一九一〇年にも（「観念と形態」のシリーズで）『両性具有者について』という小冊子を執筆し、同じ主題にふたたび取り組んでいる。この小冊子は、下劣な関心と混乱した誤りが見られるにもかかわらずある程度の注目を集めた。今日、ペラダン卿の作品を読もうとする者はひとりとしていないが、彼の作品は両性具有の主題によって圧倒されているように思える。少なくともアナトール・フランスは以下のように理解した。「ペラダンは、彼の著書に霊感を与えた両性具有の考えに取り憑かれている」。ペラダンは、ヨーロッパ造形美術における両性具有の類型に幾度も立ち戻り、レオナルド・ダ・ヴィンチの「モナリザ」や「聖ヨハネ」の両性具有について真剣に議論した。今日ではフロイトが、それらの作品に注目している。

しかしペラダン卿の文学作品全体は、彼が模範とした同時代のスウィンバーン、ユイスマンス、ボードレールらと同様に、不純な雌雄同体嗜好を描いており、バルザックに見られたような両性具有神話を描いていない。ペラダンが描く主人公は、官能面において「完全」であるにすぎない。「完璧な人間」の観念的意味は、十九世紀後半には忘れ去られてしまった。ユイスマンスやペラダンの著書に頻繁に描かれた道徳の崩壊や犯罪、惨事に関する雰囲気からは、バルザックが描くセラフィタの天使のような面影は消え去っている。両性具有神話を、かなり曖昧にではあるが直観した最後の小説家は、おそらくテオフィル・ゴーチェであろう。『七宝とカメオ』の有名な一節を想起できよう。

抑《そ》も、若者か、さては女人《をみな》か、
女神か、はたまた男の神か。
恥辱をおそれ、恋慕の情も、
打明けかねて、ためらひ迷ふ。

〔「コントラルト」齋藤磯雄訳、世界名詩集12

『ゴーチエ　ネルヴァール』平凡社、一九六八年、四五頁〕

フランスとイギリスの文学をしばらくのあいだ席巻した退廃主義は、肉体の不健全な状態を求めるまでになった。スタニスラス・ド・ガイタの悪魔崇拝が、ユイスマンスの『彼方』における無道徳や、モローの絵画における官能的な雌雄同体嗜好と並び立った。イギリスでは、スウィンバーンの影響のもとで、退廃的なアレイスター・クロウリーが両性具有の促進を試みたが、病的な雌雄同体嗜好にしかならず失敗した。文学作品は、道徳の崩壊と悪魔崇拝の烙印を示しながら、それらの「才能あふれる文学者」たちのしるしのもとで展開した。マリオ・プラーツの研究『肉体と死と悪魔――ロマンティック・アゴニー』は、早くに忘れ去られてしまった作品に関する豊富な実例を収録している。

ヨーロッパ人たちの意識を襲った重大な「危機」として、「象徴の堕落」が挙げられる。ヨーロッパは歴史的観点から見ると、もはや幾世代も前から、象徴の観念的意味を正確に認識できる状況になかった。象徴の観念的意味が「啓示」されると、すなわち直接的な仕方で象徴が意識されると、それはよりいっそう下層の、もっとも粗野な層において認識されるようになった。実際にユイスマンスとペラダン、スウィンバーンらの両性具有は、ドイツ・ロマン派が十八世紀末に改めて普及させた「完全な人間」の観念を病的な形で、歪曲して模倣したものにすぎない。しかし両者は似て非なるものである。「退廃主義者」のあいだでは、両者具有者は造形美術的に両性が共存している雌雄同体者と見なされ、その充足は病的、魔生的でなくとも何らかの罪だった。それに対してドイツ・ロマン派は、雌雄同体者と両性具有者をはっきりと区別し、もっぱら後者にのみ関心を示してきた。雌雄同体者にあっては両性の違いが誇張されたのに対して、両性具有者は人類の新たな類型であり、そこでは両性が溶け合い、その完全な統一によって極性が撤廃された新たな意識が創られたのである。

両性具有者は、ドイツ・ロマン派にとって未来における完全なる人間の型である。有名な医師でノヴァーリスの友人でもあったリッターは、その作品『ある若き自然学者の遺稿からの断章』において、両性具有に関する哲学を素描した。リッターにとって、未来のキリストは両性具有者だった。「イヴは女性の助けを借りずに男性から生まれた。キリストは男性の助けを借りずに女性から生まれた。両性具有者は両者から生まれる。男性と女性は光輝のうちでともに溶け合う」。そのときに生まれる身体は不死となる。リッターは未来に生まれる人間の新たな型について説明するために、錬金術の用語を用いた。このことはきわめて重要である。なぜならば、これはドイツ・ロマン派が再現したような両性具有神話の本源を示しているからである。両性具有が古代や中世のヘルメス主義においてそうであったように、錬金術における中心的象徴であったことはよく知られている。

バーダーは医師であり、とりわけベーメやスウェーデンボリに学んだ人物として有名だったが、熱心に両性具有者について調べ、神学やオカルティズムによってそれを解釈した。バーダーにとって両性具有者は時のはじまりに存在し、時の終わりにふたたび存在するようになる。アダム－イヴのように、原初の人間は両性具有者だった。このような古来の観念は、グノーシスの諸派やカバラなど後代にも見出せるが、バーダーはきわめて独自な方法によって理解している。原初の人間（アダム－イヴ）は、性別の意識がなく、天上的な伴侶として観念（Idee）をもつ。両性具有者は、「内において孕むこと」を教えられなければならない。しかし原初的人間は、眠りという罪を犯し、そのときイヴがアダムから離れた。これが「原罪」である。しかしアダムとイヴは、依然として自分たちが分離したことをはっきり意識していなかった。聖書に描かれたリンゴを食べてから、裸でいることを理解して恥じるようになった。バーダーによると、これが第二の罪である。しかし人間はキリストによって、ふたたび天使のような両性具有者になるという(1)。

ヴィルヘルム・フォン・フンボルトもまた、若い頃の作品『男性および女性の形態について』において、両性具有神話に関心を示した。フンボルトは、あらゆる宗教に見られる伝説上の真実を直観することで、神性を両性具有的存在であると考えた。実際、最高存在が制約された在り方であるはずがない。神学が、性や年齢などの人間の類型で神を把握することはできないと明示したことは妥当である。一方、さまざまな時代の宗教的信仰、神学的啓示とは異質である単純な信仰は、神を具体的人格と見なしてきた。しかし、それらの信仰でも神が性によって制約されることはなく、両性具有的存在として描かれたのである。

フリードリヒ・シュレーゲルは、まだ若い頃に、『ディオティーマについて』というエッセイを著した。彼はそこで、両性具有の観念について記述し、教育や習慣が女性的特徴と男性的特徴をそれぞれ別個のものとして強調することを批判した。人類が志向すべき目的は、両性具有を獲得するまで両性を再統合することだからである。

両性具有神話は、明らかな形で示されないときでさえも、ドイツ・ロマン派のさまざまな文学作品において記されている。さらに、ニキフォル・クライニクは、示唆に富む記事で両性具有の観念を描いた。エミネスクの『宵の明星』についても同様のことが言える。[2] ドイツ・ロマン派に啓示されたこのような古来の神話の隠された源泉を、文学史上にたどることは興味深い。この「啓示」に対する十八世紀の神秘主義者とオカルティストたちの影響は、間違いなく重要である。しかし重要なのは影響関係でなく、ドイツ・ロマン派が両性具有神話に魅せられ、それによって豊かな作品を残したという事実である。両性具有神話に関する著書や観念は、芸術家たちにとって身近なものとなっていたが、ロマン主義の消滅後、それらが誰かに「影響」を与えたことはなかった。

ドイツ・ロマン派が両性具有神話に魅せられたことは、その存在そのものによって個人や人間社会に強力な光を投げかけた理論的関心による。しかし両性具有神話がロマン派の思想を支配し、バルザックやエミネスクによっても直観されたという事実は、文学史にとどまらない意義を有する。それは何よりも、哲学上のさまざまな文化が関心を抱く現象領域に関わるものであった。西欧の意識が人間の完成型を最後に直観したことの重要性をよりいっそう理解するために、過去数世紀の両性具有神話の歴史について概観しておく。

十一　両性具有者の始源型

バルザックにきわめて大きな影響を与えた神秘主義者スウェーデンボリは、十八世紀初頭、完璧な人間の型として両性具有者の観念を普及させた。この観念は、もちろんほかからの影響をまったく受けずに形づくられたのではない。スウェーデンボリは、この観念を神秘主義的な神学体系のなかに持ちこんだ。しかし彼は、バロック様式のあらゆる特徴を有しており、同時代人や啓蒙主義世代の人々が考えるほど独創的な人物ではなかった。実際にスウェーデンボリは、典型的なバロックの神秘主義者だった。彼の目新しさは、世俗的な世紀の人間、反観念的な傾向を強く帯びた人間のみを驚かせる。さらに、彼が述べたことのほとんどは、ヨーロッパの神秘主義者や神智学者たちが以前から口にしていたことだった。スウェーデンボリの大きな功績は、いくつかの哲学的主題、神秘主義的主題を再現し、同時代人たちに理解可能な言葉に翻訳したことにある。前述のように、これらの主題のひとつが、ドイツ・ロマン派とフランスのポスト・ロマン派を席巻した両性具有神話だった。

両性具有の問題は、古来、議論の対象になってこなかった。より正確に言うと、両性具有の問題は「公的なもの」として議論されたことはなく、秘密の人間学や神秘主義に属していた。それらは、キリスト教成立以後の世界において一般に開かれたものではなかった。したがって少なくとも地中海世界における三つの大きな神秘的伝統であるキリスト教、ユダヤ教、イスラームでは、両性具有神話はきわめて慎重に保持され、イニシエーションを経た人間にのみ伝えられる秘密の教義と考えられてきたのである。

実際、中世のあいだ、人間の完全なる型として考えられてきた両性具有に関する神話は、東洋（イスラーム）でも西洋（キリスト教、ユダヤ教）でも神秘主義者や神智学者たちにとって最大の秘密とされてきた。イスラームのもっとも完璧な神秘主義者たちは、神的存在を両性具有の様相を有する「天使－人間」として表わしている。

ハーフィズあるいはスフラワルディーの「友」あるいは「愛人」というのは、文法的な様式では示すことができない。このセラフ、完全な人間の聖像については、ペルシア語の代名詞によっても動詞によっても示し得ない。イスラーム神秘主義者の著作における「愛人」が両義的意味をもつことは、ヨーロッパの翻訳者や注解者たちのあいだにとんでもない混乱を引き起こした。ヨーロッパの翻訳者や注解者たちは、神秘主義と観念体系に関する基本的な知識を持ち合わせておらず、「愛人」の両極性を官能的意味、俗的な意味に解釈したのである。

両性具有神話は、同様に、カバラにおいてもしばしば用いられた。そのテキストはきわめて難解であるにもかかわらず、ユダヤの学者と神秘主義者たちで構成される限られたグループのあいだに普及していた。『ゾーハル』（Ⅲ・5a・18b等）は、両性具有神話の「夫の」解釈さえ保持してきた。人間は、地上で夫婦の結合を成し遂げなければ真の意味での人間（すなわち本来の人間）になれない。これは結婚に関する古来の神秘的な機能、すなわち全体化によって個人が完全になることを反映している。しかしカバラは人間と神の合一に基づいており、ユダヤの神秘主義者たちにとって、人間の婚礼はイスラエルと神の結合に関するおぼろげなイメージにほかならない（大部分は「雅歌」に関する秘教的注解）[3]。初期ユダヤ教においては、アダムが両性具有者と考えられており、両性具有神話がよりいっそう顕著であることがわかるだろう。

中世における「秘密の」神秘主義的潮流に関する考察を終える前に、西欧世界でフィデーリ・ダモーレたちによって保持されてきた錬金術、ヘルメス主義、オカルト的伝統についても検討しなければならない。

錬金術的ヘルメス主義における中心的象徴のひとつは、雌雄両性を有する人間の姿として聖像で表わされた宇宙的両性具有、レビス（字義的には「ふたつのもの」）だった[4]。レビスは、太陽と月の結合、あるいは錬金術の用語で言えば、「賢智の硫黄」と「賢智の水銀」の結合によって生まれる。それを得た者は、実際に賢者の石を手にする。石は、レビス、あるいは「ヘルメスの両性具有」とも呼ばれるからである。錬金術で賢者の石を調合する作業は、男性原理と女性原理を結合させることだった。このふたつの原理を結合させることで、あらゆる創、造が可能になる「奇跡」、逆説が得られる（石の効力のひとつが、金属を黄金に変えること、造り直すこと、つまり創造することだったことはよく知られている）。「ヘルメスの両性具有」は、不完全で「未熟な」金属が黄金に変わり、[5]生命と若さが無限に延長されることなどが可能であった原初的状況（すなわち、創成行為によって個別化される以前の「完全な」状況）を実現する。さらに、「ヘルメスの両性具有」を獲得する者は、智慧、万物の知識を手にする。完全なものを所有する者は、自身もまた完全になるからである。レビスを実験室で手に入れた錬金術師は、自身もまた両性具有の状態になった。結局、錬金術のあらゆる作業工程は、男性性－女性性の宇宙原理を結合させるための神秘的な準備作業に還元され、錬金術師たちが探求したのは間違いなくこの結合だった。[6]

キリスト教、ユダヤ教、イスラームの三つの伝統は、イニシエーションを経た者に伝えるための象徴、寓話、秘密の言葉の複雑な体系を作り上げ、最大の秘密を保持し、伝承してきた。東方正教会であれローマ・カトリック教会であれ、キリスト教的神秘主義の秘密と、異端と見なされた西洋の秘教的潮流の秘密には、大きな相違が存在する。前者では、すべての者に対してすべてのことが明示されたが、後者では寓意やしきたりによって一部分が知らされるだけだった。前記の三宗教の秘教的伝統は、両性具有神話に名誉ある場所を改めて与えた。それらの秘密に対する志向は、（迫害や教会と争うことに対する恐怖、異端と見なされることの罪などの）外在的状況だけでなくその起源にも依っている。なぜならば、キリスト教、ユダヤ教、イスラームの伝統はギリシア－キリスト教のグノーシスのうちに起源を有するが、用いている観念や技法はよりいっそう古く、キリスト教の出現に少なくとも千年先行するものである。

実際、グノーシスは当初から秘密かつ神秘の運動だった。キリスト教は、思索することに価値を置かず、過度の禁欲主義と古代世界の神秘・オルギー的潮流に抗していた。そのため、古代世界で信者を獲得し、そのメッセージは誰にでも理解できるものだった。一方グノーシス派は、キリスト教の勝利に抵抗し、自分たちこそ救済の真の後継者であると主張し、救済を理解しそれに参与することのみを説いた。さらに、キリスト教では従順の行為と洗礼の秘蹟によって誰でもキリスト教徒になれたのに対して、グノーシス派の場合は誰にでもなれるものではなかった。グノーシス派の数多くの宗派では、理論教育を長期間受け、厳しい禁欲的、神秘的なイニシエーションを経ることが秘義を明かされるために必要であった。グノーシス派において、東方とギリシアのさまざまな思想潮流と宗教伝統が邂逅した。それゆえに、グノーシス派の文献は断片的に伝わっているのみだが、宗教学者にとっては計り知れないほど貴重である。これらの文献はきわめて古く、難解な観念と習慣をとどめている。そしてグノーシス諸派における中心的観念のひとつが、古代ギリシア・オリエントから伝えられ、キリスト教神学に従って解釈された両性具有神話である。

アレクサンドリアのクレメンス（*Stromata*, III, 13, 92）が記録した『エジプト人の福音書』と呼ばれる正典外の文献の断片には、次のように伝えられている。救世主は、彼の王国はいつ来るのかと尋ねられたとき、以下のように答えた。「（男性と女性という）ふたつのものが外でも内でもひとつになったときに王国はやって来る。しかし女性を備えた男性は、もはや男性でも女性でもなくなる」。この文献からは、両性具有的条件を得なければ人間は完全になれないこと、完全になったときにこそ神の王国が地上で実現するという書き手の主張を明確に見て取れる。遠い未来に現われる両性具有者に関するこのような考えは、ドイツ・ロマン派のものを思い起こさせる。

聖ヒッポリュトスは数多くのグノーシス主義の証言を残し、その教義について伝えている。そのためシモン・マゴスが両性具有の「原初的精神」を、ときにアルセノテリュス（男性‐女性）と呼び、概念化していたことが知られている（*Refutatio*, VI）。この「原初的精神」は、ふたつの本質、すなわち父なるものであった上方の精神（ヌース）と、女性的で万物の創造者であった下方の思考を有すると言われる。ほかのグノーシス主義者たち、キリスト仮現論者たちは、宇宙‐人間的な姿のアイオーンは、両性具有であったと信じていた。至上の精神が両性具有であったことは、後代のヘレニズム哲学においてもグノーシス諸派の著作においても流布していたが、それはロゴスをアントローポスと同一視した基本的観念に基づいている。ロゴスとアントローポスの同一視は、グノーシス派のあらゆる文献や「ヨハネによる福音書」、パウロの書簡、「黙示録」（一九・一三）などにおいても基層となっている。聖クレメンスは、アントローポスの至上性が両性具有性を確かに有すると主張する。このようなロゴス－アントローポスの両性具有性は、その宇宙論的機能や救済論的機能を見ると明らかだが、女性の在り方の起源となった。アレクサンドリアのフィロンは、ロゴスをソフィアと同一視する。パウロの観念体系においては、ソフィアは「ヨハネによる福音書」のロゴスに一致する。さらにキリスト教神学さえ、非顕現的で両性具有的、すなわち女性の在り方と同一視された至上なる精神に関するヘレニズム的用語を明らかに保持してきた[7]（aletheia〔真理〕、sophia〔叡智〕）。グノーシスは、ロゴスの両性具有という観念、アダムの両性具有と完全に対称的なこのような観念を極限まで深く思索した。「マリアによる福音書」において、非顕現的な精神の輝かしいイメージ、（「ヨハネによる福音書」のロゴスに対応する）「源人間」〔Protanthropos〕は、彼と同じ本質を有している「思考」〔Ennoia〕でもある[8]。

しかし両性具有神話が中心的役割を担ったグノーシスの一派は、いわゆるナアセノス派である。その教義によると、始源型、アダマスという名前の天の人間は両性具有者（アルセノテリュス）である。地の人間アダムは、天の始源型のイメージにすぎないが、そのためアダムもまた両性具有者である（ここには、アダム－両性具有者というユダヤの伝統が見られるが、それについては以下ですぐに確認する）。アダムから生まれたすべての人間のうちには、それぞれアルセノテリュスが存在する。人間が完全になるためには、自身のうちなる両性具有（アルセノテリュス）を探求し、見出さなければならない。そのためにナアセノス派が示している方法は、呪術と性衝動の禁止というきわめて奇妙なものである。実際には、呪術的実践も絶対的禁欲も俗なる人間の制約を撤廃すること、原初的状態、未分化で一切の属性や種類から解放されている状態を実現することを意味する。天空の本来的人間アダマスが有する両性具有性は、ナアセノス派の智慧において、至上なる精神、ロゴスの両性具有性と対称をなす。「(ナアセノス派が言うには) 精神的なものであれ動物や物質的なものであれ、万物はひとりの人間、マリアの息子イエスのうちに再統合され、そこで溶け合う」[9]。ロゴスが存在する以前の全体性におけるこの究極的な再統合は、精神的価値(救済)と宇宙論的価値(諸創造物の合一)を有する。実際、ロゴス－アントローポスが繰り広げる「劇的な出来事」は、宇宙と人間の精神に課せられた制約にとって決定的である三つの契機にまとめられる。(一) 普遍的で神的である全体性として先存するロゴス。(二) 堕落、分裂、苦しみ。(三) 数百万の個別の生に分かれた全存在物が、普遍的な全体性へ再統合される救済。終局的再統合に関するこのグノーシス派の壮大な展望は、両性具有性によって実現する「全体化」を完成させる宇宙的背景となっている。

グノーシス諸派の実例について概観してみよう。ただしこの概観によってもたらされる諸問題を詳細に検討するのではなく、神話的主題の歴史をたどるのみにとどめる。とりわけ重要に思われるのは、グノーシス派が地中海世界の三つの大きなオカルト的伝統の土壌となり、両性具有神話と人間が完全になるために不可欠な条件としての両性具有性に中心的役割を与えてきたという事実である。これは何を意味しているのだろうか。グノーシスの教義がギリシア・オリエント世界の隅々から集められたことはよく知られている。すぐに確認するように、アルカイックな文明のいたるところで、両性具有は人間の完璧な型と見なされている。グノーシス諸派は、両性具有の条件を実現しなければ、自身のうちに原初のアダムを現実化しなければ、完全になることは不可能であると言う。近代的な理解にとって、両性具有的状況は、少なくともナアセノス派によって示されたようなものは、退歩のように思える[10]。

人間は、原初の状態、未分化で前形態的な状態、「全体的」、無定形、属性や極性によって分割されていない状態へ回帰する。このような状態を得た者のみが、神性のうちに入りこむことを期待できる。個別化された存在、属性によって制約された存在は、神に近づくことができない。それゆえに、ナアセノス派の場合には、無定形で限定されていない状態へ退歩することで「全体化」がなされたのである。

しかし実際には、このような「退歩」は、よりいっそう深く観念的な意味を有する。それは、原初的状況における精神的再統合、あるときには神話的用語、ほかのときには神学的用語によって表現された再統合に向かう第一歩である。

これらのことからは、人間の制約を撤廃したいという渇望を読み取れる。このような渇望に突き動かされて、キリスト教の神秘主義者たちは神性のうちに埋没するほどの完全性を求め、インドの苦行者たちは、あらゆる手段によって、石のように外界に対して無感覚で不動のものとなり人間の制約を超えようとした。人間がつねに完全性に飢えてきたこと、そしてそれをまさに人間的制約の撤廃によって概念化してきたことを、さまざまな時代、大陸、宗教において確認することは興味深い。結局のところ、グノーシス諸派が目指したことは、始源型、両性を有しており限定されていなかったために自意識ももたなかったアダムを実現することだった。

十二　アダムとイヴ

「創世記」第一章（二六―二八）と第二章（二一―二二）に記された、アダムの肋骨からイヴが誕生したという逸話は、時代ごとにユダヤの学者たちによって無数の解釈が施されてきた。アレクサンドリア時代以来のラビによるそれらの解釈、注解の一部が、今日まで伝えられている。実際、イヴがアダムの肋骨から創られたならば、アダムは両性具有者だったことになる。アダムは両性を併せもっていたのであり、イヴの誕生はしたがって、言わば原初の両性具有を男性と女性のふたつに割くことだったと言える。ラビたちも聖書のテキストをこのように理解してきたと思われる。「アダムとイヴは、背中合わせにくっついた状態で創られた。そして神が、斧でふたつに切り裂いた、あるいは引き離した」。あるいはまた次のように述べられている。「最初の人間（アダム）は、右半分が男性であり左半分が女性だった。そして神が半分に切り裂いた[11]」。

ラビのエレミア・ベン・エレアザルは、アダムは両性を備えており、一方は男性、他方は女性というふたつの顔をもっていると述べる。R・サムエル、C・ナハマンは、原初的人間は神が半分に切り裂くときまで、女性と背中合わせの「二重」の状態として創られたと言う。ほかの注解者は、アダムは最初、男性と女性それぞれの顔と尻尾をもつ両性具有者だったと言う（Krappe, p. 314 を参照）。

以上からわかるように、アダムが両性具有であるという観念は、前章までに確認した、確実により古い別種の思索に源を有する神秘主義者やカバラ主義者たちの著作だけでなく、ユダヤ教やラビの注解においても保持されてきた。十九世紀、天才的なフランソワ・ルノルマンを筆頭に数多くのオリエント学者たちは、次のような問題に取り組んだ。すなわち、「創世記」の文章は修正されて伝えられてきたのではないか。「エロヒムは、自らの姿を模して人間を創造した。彼は、彼ら、男性と女性を〔それぞれ〕つくった」という文章は「エロヒムは、自らの姿を模して人間を創造した。彼は、彼、男性・女性を〔ひとりの人間として〕つくった」と読まなければならないのではないか。ほかのオリエント学者、シュワリー神父[12]はルノルマンの学説を踏襲し、次のように述べている。すなわち、人称代名詞である othâm（彼らを）は、最初の文章〔の「人間」〕に対応しておらず、単数形でアダムとはっきりとした関連をもつ「人間」hâ-adam を指すことはできないという。そこでドイツのオリエント学者シュワリーは、人称代名詞 othâm（彼らを）を、単数形の otho（彼を）に置き換えて、聖書テキストを前述のように修正したのだった。他方、zâlâ という語彙に関して、シュワリーは次のように述べる。ヘブライ語で zâlâ は、テントや神殿、山などの部分（側面）を指すときにしばしば用いられるように、「肋骨」ではなく「部分」を意味する（ラテン語の costa が、フランス語の côte「肋骨」と côté「側面」の元になったことを参照。Krappe, p. 311–312 の記述を見よ）。

このような聖書テキストの修正が、神学者たちによってどの程度受け容れられたのかは、わからない。いずれにせよセム語学には、ラビの伝統とヘブライの注解の伝統において、「彼ら、男性と女性をつくった」という表現を「彼、男性・女性をつくった」と理解してきた証拠を数多く見出せる。前述のユダヤ注釈の引用は、このようにしてのみ説明できる。実際、「最初の人間」アダムの存在は、両性具有者として考えなければならない。世界のほとんどの宗教的伝統は、原初の人間を両性具有者として表現したからである。[13] インドの神話伝説における最初の人間ヤマは、「双子」を意味する。後代の文献においてヤマは、イランの伝統でイマに双子の姉妹イメがいたように、姉妹ヤミをもつ。このような「原初の一組」は、実際、両性具有者であった「原初的人間」の神話が後代、より合理的に解釈されるようになった結果である。ドイツの神話伝承における最初の人間は、トゥイストーだった。この言葉は、古ノルウェー語の tvistr（両－部分）、ヴェーダの dvis、ラテン語の bis などと関連をもつに違いない（Krappe, p. 319）。

民間伝承詩の研究者クラッペは、原初的人間の両性具有性は、インド・ヨーロッパ語族の伝承にとりわけ特徴的であり、アダムが両性を有する神話は、インド・ヨーロッパ語族の伝承がセム語族の神話伝承に影響を与えたものであると結論した。その可能性はある。インド・ヨーロッパ語族とセム語族の神話伝承は、古来から相互に影響を与えあってきたからである。しかし両性具有神話が形づくられる過程で生じたであろう影響関係を描くことは、少なくとも本研究にとって重要な事柄ではない。というのも私見では、この神話は先史、原歴史にその根を有しており、さらにアジアとヨーロッパだけでなく世界中のあらゆる場所で見出せるからである。一例を挙げるならば、オーストラリアにおける雌雄両性の問題を専門的に研究した民族学者J・ウイントハウスは、オーストラリア人たちも最初の人間を「完全な」存在、両性具有者と見なしたことを豊富な資料によって証明した。[14] 実例をさらに増やすことは容易である。

ここで、両性具有者であり球体の形姿であったというプラトンの「原人」（『饗宴』十六以下）を想起することは自然であろう。球形、丸い形というのは、完全性の表現だった。ヨーロッパの精神史において、人間の完全性に関する解決しがたい問題が提起されるたびに、人間の新たな理念型が考えられるたびに、偶然の一致ではとても説明できないほど頻繁に、無限なる球形、神秘主義的幾何学、そして両性具有性といった主題が現われてきた。プラトンは、この問題に関する有名な実例である。さらに、ドイツ・ロマン派、ルネサンスの自然哲学者、ピタゴラス派の神秘・幾何学の思索における「無限なる球形」に関するあまり知られていない実例が、ディートリッヒ・マーンケ『無限の天球と万物の中心』に挙げられている。しかしながら、この著書は両性具有の主題を中心としたものではなく、前述の奇妙な「偶然の一致」に着目したものでもない。さらに意味深いことは、オーストラリア人たちは彼らの祖先的トーテム、クルナと同様に、原人を明確な四肢をもたない球形として考えたということである。繰り返し確認すると、「丸い形」とは、未分化である充足性、あらゆる対立物の「全体化」、原初的完全性に関するアルカイックな表現であり、「未開人」であれプラトンのような賢人であれ、人間は完璧な人間の状態や調和状態にある宇宙を表現しようとするたびに、このような象徴を用いてきたのである。

いわゆる両性具有性に話を戻そう。これまで概観してきたことにより、アダムであれ、ヤマ、イマ、オーストラリアのクルナであれ、原初の人間は男女両性を有するものとして概念化されてきたことが明らかとなった。このような人間観は、人類の完全な時期は「全体的」、すなわち両性具有者でなければならないということを表わしている。それは民衆意識が定型化した単なる神話的創作であるだけではなく、人間がつねに渇望する理想的模範としての役割、さらにきわめて重要な多くの儀礼的経験に関する理論図式としての役割も担っており、それぞれの社会生活において活用されている。活用されているというのは、たとえば、プラトンの両性具有者やヤマ、イマ、アダムなどの原初的人間は、単なる「神話」や抽象的理論であるのではなく、修行者たちがそれについて議論し、神秘主義者たちがそれについて瞑想するべき対象であり、何よりも人々が周期的な儀礼、祝祭、しきたりによって同一化した集団的理想であったということである。実際、完全な人間の型として考えられた両性具有者は、つねに実現することを試みられてきた。しかしその実現は、プラトンや神秘主義者たちのような個人にとって完璧なものとなるのに先立って、集団的な宗教的経験として表わされた。ギリシアのある儀式では、いわゆる「衣装の交換」が行なわれた[15]。男性は女性の衣服を着て、女性は男性の衣服を着た。これは、放縦が激しくなされることもあった儀式において行なわれた[16]。儀礼的オルギーの意味についてはほかの機会に分析し、善と悪の「全体化」、聖と俗の一致、対立物の完全なる融合、未分化、無定形への後退による人間的制約の撤廃と同一のことが、その堕落した層において見られることを確認した。「衣装の交換」は、オルギー的経験と完全に一致する。というのも、両性具有も同一人物における対立物の融合だからである。実際、古代ギリシア以外でもこの儀礼を確認できる。ヨーロッパのきわめて多くの民間祭祀は、一ヶ月以上も続き、そこでは衣装を交換して両性具有になることが求められる[17]。

インドやペルシア、ほかのアジアの国々において、「衣装の交換」儀礼は、農耕儀式で中心的役割を担っている。インドのいくつかの地域では、当然のことながら両性具有である植物神の祭祀を行なう際に、男性が作りものの胸を着けることがある[18]。

これらすべては、偶然なされたことでも、些末なことでもなく、きわめて重要な観念的意味をもつ。それらが堕落して低俗な形式をとっていることは確かである。しかしこのことは、人間はそのままの状態では絶対を「生きる」ことが不可能であることを改めて示している。というのも「衣装の交換」は、あらゆる伝統において完全な状態であった原初的人間の状態を取り戻すこと、両性具有者の状態を儀礼によって実現することで引き起こされる宗教的体験において見られるからである。女性の衣服を着る人間は、事情を知らない者が考えるように女性になるのではなく、その衣服を着ているあいだ、両性の調和、宇宙の全体的観照を実現できる状態にある。その人間は両性具有になることで、両性に分化された人間の制約下にある者には接近できない実在の層へ入りこむのである。人間は、時折、自然の周期に従って、儀礼を介して、原初的状態、「祖先」、アダムとイヴの状態へ回帰し、両性に分化された状態を撤廃する必要があるのだ。

「衣装の交換」儀礼に関する解釈が独断的なものでないことは、同様の事柄、すなわち同一人物における両性の調和が「未開」のイニシエーションにおいても果たされるという事実によって明らかとなる。未開社会におけるあらゆるイニシエーションは、まさに両性具有の実現を目的としている。新参者の男女がイニシエーションの際に受ける、苦痛を伴う外科術的な処置――ここでそれについて詳述することはしない――も同様のことを目的としている。すなわち、両性具有の実現、原初的調和への回帰である（ウイントハウス、ローハイム、ラオベシェルらの研究を見よ。さらにハレー・デ・フォンテーヌによる医学的解釈も見よ）。しかし看過されてきたことだが、新参者の男女が自身の性を自覚するイニシエーションの処置は、両性具有化の処置でもある。たとえばオーストラリアの若者は、イニシエーションを経る前には、人間としての自負を有するとは考えられていない。彼は男性性が発現していない状態にある潜在的存在にすぎない。彼が男性になるためには、長いイニシエーションを経なければならない。イニシエーションの際に宇宙論や部族の神学について教授され、とりわけ性の十全性が整えられる。このことは重要である。性の十全性が整えられるとき、新参者は逆の性との結びつきを強める儀礼と処置も受ける。若い男性は、女性性器を象徴する何らかのものを身につける処置（下部切開）を受ける。他方、女性は割礼によって儀礼的に男性性器を得る。

このイニシエーションでは、若い新参者の男性性が促進されると同時に、儀礼的に女性になるという相反する処置が行なわれるが、その意味は次の通りである。まず、完璧かつ完全な人間にならなければ、人間になることはできない。両性具有者にならなければ、男性にも女性にもなれない。「祖先」がいまだアダムとイヴにならず、アダム－イヴであったときに実現していた原初的状況、完璧かつ至福の状況を前もって知らなければ、人間の悲劇的制約を、その両極性として受けることもできない。

これらすべては、人間の完全性に対する渇望が「文明人」たちによる最近の発見ではないことを示している。プラトンやグノーシス諸派、中世の神秘主義者たち、ドイツ・ロマン派の人々が夢に見た人類の理念型は、古来、原始的で「野蛮」な儀礼的方法によっても夢見られ、実現されてきた。したがってそれは、独りよがりな創作、現実味を帯びない神話なのではない。一般的に神話とは、儀礼の理論的表現に等しい。そして儀礼とは、絶対的実在性と接触しようとする人間の試みにほかならない。両性具有の神話と儀礼において、人間は「全体的」で未分化である「祖先」の状況に回帰しようとした。今日では忘却されたり、近代的意識が理解できなくなったりしたきわめて多くのものが、ここに由来する。とりわけ、人間が他者と融合し自己を失う、愛の儀礼的価値が代表的である。しかし、この問題についてはほかの機会に考察することにしよう。

十三　両性具有者の神性

前章までの考察で、キリストを両性具有者、完璧な人間の模範である救世主（ロゴス－アントローポス）として考えたグノーシスの諸派について言及した。人間の両性具有と神の両性具有とのあいだには、間違いなく確たる対称性が存在する。というのも人間は、より不明瞭な宗教においてさえも、神の像を反映しており、神の両性具有にこそ（性の融合による）人間の完全性の模範を見出せるからである。

神性はあらゆる民族によって、力、絶対的実在性として概念化されてきた。あらゆる属性が神性において共存している。たとえば、インドの内在神学では、壮大な宇宙神話において顕現的様相と対置されることもある、神性の非存在的様相、非顕現的様相について語られる。ほかの機会に確認したが、神性においては善と悪、存在と非存在などが共存している。神話的思考、宗教的思考が、この神的な両極の調和という観念を観念体系的用語（存在－非存在）や神学的用語（顕現的－非顕現的）で表現する前に、なぜ生物学的用語（両極の性）によって表わしたのかは、容易に理解できる。生命は、古来、人間にとって、力と絶対的実在性のもっとも適切な象徴であった。アルカイックな存在論は、生物学的用語によって表現された。しかし神話的な言葉の用い方を俗的、近代的な言葉の意味で理解し、アルカイックな言語の表層的、現実的側面に惑わされることがあってはならない。神話的、儀礼的文献において、女性は「女性」のみを意味するのではなく、女性に顕われた宇宙論的原理をも意味している。このように、きわめて多くのアルカイックな神話と信仰において、神的両性具有は理論的、観念的価値をもつ。こうして、生物学的用語によって、(女性と男性であるという) 対立物の共存と、宇宙的諸原理の共存が表現されるのである。

ローマ人たちは、穀物霊に関して、「汝が男神であろうと女神であろうと」と言った。「男であられようと、女であられようと」。このように相反する価値が併存することは、宇宙的多産性の神が存在するところではどこでも見出せる。エストニアでは、「森の霊」はある年には男性として、次の年には女性として現われる。生命をもたらすモンスーンを送るビリカ神は、アンマダン諸島北部の住民にとっては女性であり、島の内部の人間にとってはある時には男性、ある時には女性として考えられている。[19] アメリカ・インディアンの農耕神は両性具有であり、その儀式で人々は神が示す模範に倣って、儀礼によって変装する (男性は作りものの胸を着ける)。両性具有者と農耕神との関係はとても緊密であり、ヨーロッパの多くの春の祭りにおいて、人々は儀礼によって両性具有に変装する。オーストラリア人たちのイニシエーションは、(前章で確認した通り) 人間の完全性の観念を保持していてきわめて興味深く、原初の神は両性具有者だった。人間に限らずあらゆる被造物は、この神のような原初的かつ実在的状況を得ようとする。オーストラリアの宗教には、実在性、完全性に対する強い郷愁が存在した。オーストラリア人の観念では、樹木さえも両性具有である (樹木は、力、聖性、絶対的実在性の象徴にほかならず、したがって宇宙のほかの諸部分のように、単一の性としては考えられないのである)。

インドでは、この上ない男性性を有する天空の神ディヤウスは、女性の神として考えられることもある。宇宙的巨人で世界創成の材料となったプルシャも、両性具有と考えられている。インドの神々の体系で最重要である一組の神シヴァー－カーリーは、ひとつの存在 (アルダナーリーシュヴァラ) として表わされることもある。タントラの聖画に描かれたシヴァは、しばしば、女性の神（カーリー）と見なされる固有の「力」シャクティをしっかり取り入れた姿をしている。実際に私の著書『ヨーガ』で示したように、インドの性愛的神秘主義は、「神の一組」、すなわち両性具有化によって人間の完全化を成し遂げることを目的としている。これらの複雑な実践の基礎には、宇宙的経験を妨げるものを超えなければ、すなわち実在性を知ることを妨げる対立物、制約を超えなければ、人間は真の精神的自立性を得ることはできないという観念が存在する。インドの文献が語っている「神秘的婚礼」とは、神的な両極の調和に倣った人間の両極の調和を実現することをまさに目的としている。

神的両性具有者は宗教史のあらゆる場所で見出せるが、[20] 強調すべきことは、この上なく男性らしい神々、あるいは女性らしい神々でさえも両性具有であるということだ。換言すれば、聖なる力は（男性的、あるいは女性的といった）明確な形式と特徴をもって宇宙に顕現するが、それ以前に両性具有であったために、男性的あるいは女性的な形式を自らのものとすることはない。神性はどのような形で顕現するとしても、絶対的な力、至上の実在性であり、この実在性は（善と悪、女性と男性などの）属性によって制約されるものではない。このことは、宗教史のあらゆる領域において確認できる。アメリカ・インディアンの部族における至高神は、男女両性を備えている。エジプトでは、最古の神々のうちのいくつかは両性具有だった。[21] すなわちホルスは、男女両性を有し、（カオスの神である）ヌンはヌネトと一組であり、（太陽の神である）ラーはラーイトと一組であった。神々のこのような組み合わせは無数に存在しており、神性の両性具有を神話的用語によって表わしている。というのも、男性神の「相手」の多くは、神性の女性的様相が後代に人格化したものにほかならないからである。スカンディナヴィアの神話伝説では、ロキ、オーディン、トゥイストー、ユミル、ニョルズなど、重要な神々のほとんどは両性具有である。ギリシアでは神の両性具有は、古代末の世紀においてもよく知られていた。すなわち、アッティス、アドニス、ディオニュソスなどの植物神、環地中海文化圏の神々は、大女神の包括的名称のもとで知られている宇宙的多産性の女神、農耕神と同じように両性具有だった。[22] 前述のように、神性が「全体的」であること、その実在性が絶対的であり属性や制約を超えていることが示されなければ、至上の効力（目下の場合は女性的な効力）を伴って顕現することはない。

ギリシアの歴史家たちは、イランの無限なる時の神ズルヴァンをクロノスと訳した。このズルヴァンも両性具有の神である。[23] ズルヴァンから双子のアフラ・マズダーとアーリマン、すなわち善と悪、光と闇の神が誕生した。両者はその由来によって、共通性をもつことがわかる。興味深いことに、中国にも闇と光の神である至高の両性具有的神性が存在した。[24] その象徴はきわめて明瞭だった。光と闇は、同一実在における連続した様相にほかならない。それらを別々に見る者にとっては、分かれたもの、対立するものに見える。しかし、智慧ある者にとっては、それらが（アフラ・マズダーとアーリマンのように）「双子」であるだけでなく、顕現と非顕現の様相のもとで見られた同一の存在であることがわかる。

神の性別が変わりやすいことについては、数多くの研究によって指摘されてきた。しかし本研究によって、（ベル－ベリトなどのように）「一組の神」の多くも、あらゆる神性の特徴だった原初的両性具有が不完全な形として後代に伝わったものであることが明らかとなった。たとえば、セム系の女神タニトは「バールの娘」と呼ばれ、アシュタルテは「バールの名前」と呼ばれる。[25] このような礼拝の表現からは、原初の神における両性具有性を見て取れる。神性が「父と母」と呼ばれた事例は、エジプト、バビロニア、インドの宗教に無数に存在する。[26] 光、被造物、人間は、それらの神の実質から協力者を介さずに誕生する。神的両性具有は、理論的帰結として、一元発生あるいは自己発生をもたらす。多くの神話が、自らを生み出す神の様子を語っている。神が自己充足していることが、単純かつ劇的な仕方で語られる。きわめて精緻な観念体系に基づいたこのような神話は、古代末期以降の新プラトン主義やグノーシス派など、あらゆる思索において確認できる。

前述のように、これらの理論は単なる「理論」にとどまらない。それらの理論は、つねにあらゆる共同体によって「生かされて」きた。神が両性具有であるならば、完璧な人間も両性具有でなければならない。したがって人間は、このような両性具有を地上で実現しようとする。確かに（オーストラリアのイニシエーションや植物の儀式などの）特定の儀礼によって得られた両性具有は、つかの間しか持続しない。人間は、属性による制限と断絶という悲しき状態へ引き戻される。しかし人間は、つかの間であろうと、原初の状況を実現しようとするのである。実際、人類のあらゆる宗教史では、聖なるものの経験が途切れることはたえず呪いとして考えられてきた。人間は、聖性のうちにとどまり続けることはできない。祭司でさえ、儀礼や秘儀を執り行なうために独自の精神的状況をつくり上げたあと、日常の俗なる状態に回帰する。人間は、俗なるものとまったく異なる「聖なるもの」と不断に接触することに耐えられないのである。インドのいくつかの文献では、「（自身でつくった超人的状況である）儀礼が済んだあとで時のうちへ戻ることのない」バラモンは、聖なる力によって命をおとした。制約された哀れな被造物は、その聖なる力に耐えられないのだ。

両性具有性についても聖性の場合と同様である。それは、人間が特定の状況下でごくわずかのあいだ、儀礼によって得られる楽園的状況である。しかしきわめて重要なことは、人間はアダムや原初的人間などその名称が何であれ、その実在的かつ自立的、至福に満ちた存在の楽園的状況、両性具有的状況を、わずかな期間であろうと実現する義務を負うということである。実際、人生におけるもっとも重要な出来事では、両性具有をつかの間でも実現することが必要であり、両性具有の体験は不可欠と言える。未開社会のイニシエーションが、両性具有の体験に基づいていることはすでに確認した。しかし、たとえば、古代の「密儀」やオルフェウス教などのより「進化した」イニシエーションにおいても、両性具有が中心的役割を担っている。それらのイニシエーションでは、いずれも新参者が女性の役割を果たしたのである。詳述はできないが、大きな神秘主義的潮流においても両性具有の体験を確認できる。あらゆる神秘家の霊魂において、「神の婚礼」が行なわれ、神を前にした宗教的霊魂は「新婦」として振る舞うのである。

しかしこのような神秘的婚礼は、人間の霊魂における神的存在の明確な経験というだけでなく、別の秘密の意味を宿している。すなわち人間は、完全にならなければ神に接近することはできず、霊魂が始源型に還り、時のはじめ、原罪以前にあった人間であるアダム－イヴに還ることで「自己充足」しなければ、神を知ることはできないのである。

最後に、いかなる人間も意識的であるか無意識的であるかは別として、その霊魂のうちに完全性への郷愁を抱いていることに注目したい。そのことを確認するために、愛に直接基づく行動さえも、その根底に、もちろんおぼろげにではあるが、両性具有の体験を有していることを述べなければならない。女性を愛するようになった男性は、優美、屈服、献身などの女性的「性質」を得る。男性を愛する女性の場合は、率先的精神、守りたい、征服したい、統率したいという心意などの男性的美徳が増大する。このような最初の段階における変化を経たあとでのみ、自己の喪失と他者への移行という愛の経験の最適な状況を実現することができる。小説家たち、とりわけドイツの小説家たちは、性愛の行為を両性具有として考えたのである。

愛の経験は宗教的経験と同じように絶対性を示しているために、人間はきわめて短時間しかそれを実現できない。一時的にしか神に接近することに「耐えられない」祭司と同様に、また集団的な儀式の機会に一瞬しか実現されない儀礼的な両性具有と同様に、その行為に両性具有性への郷愁が見られる愛は、つかの間しか持続しない。絶対的な実在性は、人間が現在被っている制約下では享受できないのである。

原註

I　神の両極性

(1) Frazer, *Adonis, Attis, Osiris*, ed. III, Lodon, 1914; Baudissin, *Adonis und Esmun*, Leipzig, 1911; G. Contenau, *La déesse nue babylonienne*, Paris,1914; A. Evans, *The Palace of Minos et Knossos*, Oxford, 1921 sq.; M. P. Nilsson, *The Minoan-Mycennean Religion and its Survivals in Greek Religion*, Lund, 1927; Eliade, *Yoga*, p. 286 sq.; A. Dietrich, *Mutter Erde*, ed. III, Leipzig, 1925 等々。

(2) 月の哲学については *Revista Fundaţiilor Regale*, decembrie 1936;"Cosmical Homology and Yoga," *Journal of the Indian Society of Oriental Art*, 1938, p. 188–203; *Zalmoxis*, I, p. 228 を参照。

(3) Benveniste, *The Persian Religion*, p. 27–28; Max Semper, *Rassen und Religionen im alten Vorderasien*, p. 219 sq.; Contenau, *La déese nue babylonienne*, p. 120–122; A. Lods, *Israel*, p. 154 sq.; J. Przyluski,"Les noms de la Grande Déesse," *Revue de l'histoire des religions*, mars-juin, 1932, p. 182 sq. などを参照。

(4) *Zalmoxis*, I (1938), p. 206.

(5) まさに、慈悲深き者の名のもとに悪霊が名づけられているのと同様である。

(6) Eliade, *Yoga*, p. 246 以下を参照。

(7) J. Przyluski, "From the Great Goddess to Kâla" (*The Indian Historical Quarterly*, 1938, p. 87 sq.) を参照。

(8) この概念は、実際、インド思想全般の基層である。Eliade, "La concezione della libertà nel pensiero indiano", *Asiatica*, 1938, p. 345–354 を見よ。

(9) Eliade, *Yoga* と Eliade, "La concezione della libertà nel pensiero indiano", *Asiatica*, 1938 を見よ。

(10) この問題については彼の以下の研究を見よ。*A new approach to the Vedas*, London, 1933. "Angel and Titan," *Journal of the American Oriental Society*, vol. 55, p.373–419.アンブロシアの循環に関しては、Georges Dumézil, *Le festin d'immortalité*, Paris, 1924 の書誌一覧を参照。

(11) 太陽と蛇が共通の出自であることは、ほかの祭祀においても見られる。ナチェズ族では、蛇は太陽の兄弟である。W. J. Perry, *The Children of the Sun*, p. 378 を参照。

(12) フレイザーは、この信仰に関する人類学的資料を数多く収集した。*Le folklore dans l'Ancien Testament*〔江河徹ほか訳『旧約聖書のフォークロア』太陽社、一九七六年〕を参照。
(13) ヴァルナの眼は星である。*Zalmoxis*, I, p. 8 を参照。
(14) *Zalmoxis*, I, p. 201 以下を参照。
(15) *Le Kumâratantra de Râvana* (Paris, 1937), p. 159.
(16) 実際にゼンド－アヴェスタの最古の部分、いわゆる「ガーサー」において農耕社会の理想を確認できる。A. Meillet, *Trois conférences sur les Gâthâ de l'Avesta*, Paris, 1925 を参照。
(17) Langlois, *Collection des historiens anciens et modernes de l'Arménie*, Paris, 1869, tome II, p. 376.
(18) 以下の著書の脚注を参照。Erik Peterson, *Eis Theos*, Göttingen, 1926, p. 311.; E. Benveniste, *The Persian Religion* (Paris, 1929), p. 78 sq.; H. S. Nyberg, *Die Religionen des Alten Iran*, (Leipzig, 1938), p. 380 sq..
(19) *Zalmoxis*, I, "Notes de démonologie", p. 197–203 における書誌一覧を見よ。
(20) H. A. Winkler, *Salomo und die Kârina*, Stuttgart, 1931, p. 154. E. Peterson, *op. cit.*, p. 122.
(21) コプトとギリシア・オリエントの魔除けの多くについては、P. Perdrizet, *Negotium perambulans in tenebris*, Strassbourg, 1922 によって報告された。さらに、ペターソンとヴィンクラーによる引用においても掲載されている。
(22) *Cosmical Homology and Yoga* (Calcutta, 1938).

II 両性具有の神話

(1) Fr. Giese, *Die Entwicklung des Androgyenproblems in der Frühromantik* (Langensalz, 1919) と Dr. Halley des Fontaines, *La notion d'androgynie* (Paris, 1938) におけるテキスト。
(2) *Nostalgia Paradisului* (București, 1940), p. 393 sq..
(3) Paul Vulliaud, *La Kabbale Juive* (Paris, 1932), 2 vol.; *Le Cantique des Cantiques d'aprés la tradition juive* (Paris, 1925) を参照。神秘主義文献における語彙の両義性については、Eliade, "Limbajele secrete" を参照。
(4) John Read, *Prelude to Chemistry* (London, 1939) における図版十六番と六十番を参照。Carbonelli, *Sulle fonti storiche della chimica* (Roma, 1925), p. 17 は、伝承されてきた古文書集における両性具有の奇妙な表象について詳しく論じている。
(5) Mircea Eliade, *Metallurgy, Magic and Alchemy* (Paris, 1939), p. 40. (*Zalmoxis*, I, p. 122 sq.).

(6) Mircea Eliade, *Alchimia Asiatică*; *Cosmologie și Alchimie babiloniană*; *Metallurgy*, passim.

(7) Maryla Falk, "L'equazione ellenistica Logos＝Anthropos" (*Studi e Materiali di Storia delle Religion*, 1937, vol. XIII, p. 166–214).

(8) *Ibid.*, p. 186.

(9) Hippolit, *Refutatio*, V, 6.

(10) たとえば、Dr. Halley des Fontaines, *La notion d'androgynie*, p. 125 以下を見よ。

(11) Bereshith rabbâ, I, 1, fol. 6, col. 2 等。A. Haggerty Krappe, "The Birth of Eve" (*Gaster Anniversary Volume*, p. 312–322) における文献を見よ。

(12) "Die biblischen Schöpfungsberichte" *Archiv für Religionswissenschaft*, IX (1906), p. 159–175.

(13) H. Güntert, *Der Arische Weltkönig und Heiland* (Halle, 1923), p. 315 以下を参照。

(14) Winthuis, *Das Zweigeschlecterwesen* (Leipzig, 1928); *Mithos und Kult der Steinzeit* 等。

(15) Preller, *Griechische Mythologie*, vol. I, p. 212; Martin P. Nilsson, *Griechische Feste*, p. 49, 370 以下等。

(16) J. J. Meyer, *Trilogie Altindischer Mächte und Feste der Vegetation* (Zürich, 1937), vol. I, p. 84 sq.

(17) Meyer, *op. cit.* passim; Ernest Crawley, *The Mystic Rose* (ed. nouă Besterman, London, 1927), vol. I, p. 313 sq.

(18) J. J. Meyer, *op. cit.* vol. I, p. 182 等。

(19) Wilhelm Schmidt, *Der Ursprung der Gottesidee*, vol. III (Münster, 1931), p. 61.

(20) アルフレート・ベルトレートのすぐれた研究、*Das Geschlecht der Gottheit* (Tübingen, 1934) を参照。

(21) E. A. Wallis Budge, *From Fetish to God in Ancient Egypt* (Oxford, 1934), p. 7, 9.

(22) J. Halley des Fontaines, *La notion d'androgynie*, p. 50 以下は、農耕神の両性具有的性質に着目した。

(23) E. Benveniste, *The Persian Religion*, p. 113 sq.; J. Przyluski, *The Great Goddess in India and Iran*, p. 427 sq.

(24) Carl Hentze, *Frühchinesischen Bronzen und Kultdarstellungen* (Antwerpen, 1937), p. 109.

(25) A. Bertholet, *op. cit.*, p. 21.

(26) *Ibid.*, p. 19.

棟梁マノーレ伝説の注解

奥山史亮訳

序文

本稿は当初の予定よりも、およそ七年遅れて出版された。ナエ・イオネスク教授による形而上学の講義の代わりとしてブカレスト大学文学部で（一九三六―一九三七年に）担当した宗教史、宗教哲学の授業が、本稿の内容と成果を大まかな形で示す機会となった。この授業の内容を学術的な形でまとめ、「マノーレと建造儀礼」を表題としたモノグラフを、以前から雑誌『ザルモクシス』のために準備していた。しかし諸般の事情により、とりわけ筆者自身の海外滞在が長引いたため、『ザルモクシス』の定期刊行が困難となり、前掲書を刊行する前に本稿『棟梁マノーレ伝説の注解』を刊行してみようと思うにいたった。

本稿刊行に際して直面した困難は、とりわけ形式上の問題である。可能なかぎり多くの読者の手にとってもらえるように、本稿はこの種の研究に特有の専門的体裁と書誌目録の完備を断念しなければならなかった。しかしながら批判的言説、書誌情報を完全に犠牲にすることもできなかった。なぜならば、われわれは読者に本稿の文言を言葉通りに信じることなど望まず、他方、とりわけ無益な「エッセイ」といった評価が本稿にくだされることも望まないからだ。われわれは久しい前から、民衆文化の哲学は、民間伝承や民族誌、さらに宗教史によって示された資料に学問的方法論に則って長く慣れ親しまなければ築き得ないことを確信している。このような資料に慣れ親しむことは、一分野を深く研究する「垂直方向の」、疲労困憊を引き起こすような分析、ある主題の伝播を正確に知るための「水平方向の」、骨の折れる調査などの幾年にもおよぶ「栄光」とは無縁の研究によって可能となる。これらの作業を通して研究者は、性急な一般化に陥ることを避け、とりわけ民間伝承における創作のうち、アルカイックで恒久的なものと二次的で周辺的なものを見分ける一種の洞察力を得られるのである。

重要なのは諸事実そのものではなく（というのも、それらは百科事典や教科書、書誌目録において、より多くより適切に収集されている）、それらの事実との長期にわたる共生、それらの事実を生み出した心性世界の調査、それらの事実が由来した総体の内部についての理解である。

確かに民族誌的資料の収集、分類、解釈は不可欠だが、それらの単純な作業によってアルカイックな精神性に関する重要な事柄が明らかになるわけではない。何にもまして必要なのは、宗教史に関する十分な知識と、儀礼、象徴、宇宙創成論、神話に含まれる観念的理論に関する十分な知識である。諸地域の民間伝承詩と民族誌に関する文献の大半は、民衆の精神性に関わる真実の素材を含めば含むほど貴重であるが、その素材をタイラー、マンハルト、あるいはフレイザーらの当時の時代に応じた古びた「法則」によって解釈しようとするならば、不十分な成果しか得られない。ここは、アルカイックな精神性の資料に関するさまざまな解釈方法論に批判的検討を加える場ではない。それぞれの方法論は、提唱された当時には特有の利点を有していた。しかし従来の方法論は、民間伝承資料、民族誌資料が有する精神的意味を見出し、内奥にある一貫性を復元することよりも、それらの資料の（正しく理解された、あるいは不正確に理解された）歴史をたどる傾向にあった。近年、これらの実証主義的方法論に対する反動が、矢継ぎ早に現われた。民族学者ではオリヴィエ・ルロワ、哲学者ではルネ・ゲノン、ユリウス・エヴォラ、考古学者ではアーナンダ・クマーラスワーミなどに代表される。それらの反動は、時として歴史的に自明であることを否定し、調査者によって得られた事実成果をすべて無視することさえある。

本稿『棟梁マノーレ伝説の注解』は、既刊の幾冊かの著書、とりわけ『バビロニアの宇宙論と錬金術』、「冶金術、魔術、錬金術」、「十字架のたもとの薬草」、「水の象徴に関する注解」、『再統合の神話』と合わせて読まれることが望ましい。これらの著作は、一九三五―一九三八年のあいだに考え、構想し、一部は最終的に起草した「一群」の諸研究に属すものである〔詳細不明のものも含まれている〕。これらの研究で得られた成果については、以下の頁で幾度も言及するので、ここで述べることはしない。

本稿『棟梁マノーレ伝説の注解』は、ほかの多くの専門研究、哲学研究と同様に、抽斗のなかで眠り続ける危険があった。というのも「われわれは恐ろしい時代を、われわれの大地とわれわれ自身にとって大きな試練を生きている」からだ。しかしながら本稿は、第一に取り組んだ純理論面以外でも有用でありうると考える。すなわちその有用性とは、本稿で主題としている死についてのアルカイックな観念であり、われわれの祖先たちの熱望や犠牲のすべてがそこにつまっているのではないかと思えるほど、さらにこの儀礼的死、唯一の創造的な死の価値づけがルーマニア民族の精神性における中心的神話なのではないかと思えるほど完璧に、われわれの祖先たちが共有しただけでなく謳いあげさえしたものである。この儀礼的死の価値づけが以下で取りあげる資料によってどの程度確証されるかは、読者自身で判断されたい。本稿の出版は、コンスタンティン・ノイカに多くを負っている。彼が本稿刊行の手配をしてくれただけでなく、彼の問題提起や異議を念頭において本稿の頁の多くが書かれたためである。

ミルチャ・エリアーデ
リスボン、一九四三年三月

棟梁マノーレ伝説の注解　内容目次

棟梁マノーレ伝説の注解

第一章　分有と反復

近現代人とアルカイックな人間とのもっとも顕著な差異は、おそらく、アルカイックな人間にとって物質や行為は原型を分有するかぎりにおいて、あるいは原初的行為（たとえば宇宙創成）を繰り返すかぎりにおいて存在意味を有するということである。

装身具は、ある宇宙的本源、すなわち至上の実在性、観念体系を分有するために効果がある。あらゆる宝石、あらゆる貴金属は、その本質に宇宙的本源を宿している。金が高価なのは、太陽の金属だからである。真珠は月に属するので、水の象徴体系と豊饒の象徴に強く結びつけられる。伝統的文化の人間は、金や翡翠、真珠のかけらを体中につけて、それを墓まで携えていくが、それは生前において自身の実在性を増大させ、死後においては幸福な運命を確保するためである。真珠は女性性、すなわち出産や生殖力を高める。それらの効力は、宇宙的始源型、すなわち月に基づいており、月に由来してそこから力を得ている。真珠は単なる「物体」ではなく、ある意味で小宇宙なのである。なぜならば、真珠は「月」のイメージであるが、同時に貝の象徴体系であることから、「女性」の象徴でもあるからだ。このような「物体」は、それそのものであり続けると同時に、宇宙的本源を表現する、あるいは具現するかぎりにおいて存在意義を獲得する。「物体」は無数の価値によって高められている。すなわち表意文字や象徴、紋章、宇宙的エネルギーの中心、父－子－聖霊の同一性など、同時に、あるいは相次いでこれらすべてなのである。物体は、少なくともこれらの価値のひとつを宿せば、力の源である本源をつねに分有することになる。人間が物体によって宇宙的周期運動や宇宙的統一性に組みこまれるためには、物体への直接的な接触だけで十分である。真珠はそれを身につける女性に月の力を注ぎこむが、それだけではない。真珠は、無数の宇宙的層において生じる巨大な循環に女性を組みこみ直すのである。アルカイックな人間にとって「月」は、物理的な天体を意味するのではなく、水、雨、生殖力、夜、死、潜在性、前形態的な生、蘇りなどを司り、それらを表徴して、それらを制御する中心を意味するからだ。女性がこの宇宙的エネルギーの中心と結びつき、その周期運動へ組みこまれるためには、さらに、女性らしさを高め、生殖力を確保するためには、要するにこの世での運命を最上の状態でなし遂げてあの世での境遇を作りあげるためには、傑出した月の象徴のひとつ（目下の場合は真珠）と接触するだけで十分なのである。真珠はこれらの効力のために身につけられてきた。真珠の美的価値と経済的価値は、原初の観念的意味がヨーロッパ社会の心性に起こった変化のために忘れ去られるようになった後代になってから生じたのである[1]。

さて、「物体」の次に、第二の例として「行為」について触れよう。薬草の摘み取りに関して述べる。薬草は、たとえば月が出ている夜、あるいは新月の夜、真夜中に、然るべき所作を行ない、然るべき言葉を口にして、その草が引き抜かれる大地に贈り物をするなどの特定の儀礼にそって摘み取られることがなければ、治癒の効力をもたないという。この儀礼は実際、（ヨーロッパの魔女の場合には）ヘカテによってなされたり、メディアによって繰り返されたりした最初の行為の反復にほかならない。魔女たちは、女神ヘカテによる原初の儀礼を模倣したのである。キリスト教の影響下では、女性たちは薬草を救世主の十字架のもとで摘む、あるいは、キリストの傷を癒すためにもっていくと言いながら採取する。「私たちは、救世主の傷にあてるために薬草を摘みに行く」と十四世紀の文献に記されている。こうして、聖なる女性たちが十字架の周囲で行なった、かの最初の行為が繰り返される。摘み取られた植物そのものも、薬草として存在するためには、特定の原型に対応しなければならない。摘み取られた植物は、選り分けの儀礼を経ることで、始源から、すなわち癒す力をもつ草という現在の状態になった、その瞬間に有していた存在理由と役割をふたたび獲得する。「こんにちは、聖なる草よ……、お前は最初カルヴァリ山に生えていた」、あるいは「ブレベニカ、お前は聖なるものだ……、最初カルヴァリ山で見出されたのだから」と十四世紀におけるアングロ・サクソン系のふたつの祈禱にはある。[2] 私見を述べると——既刊の論文「マンドラゴラ」で示そうとしたことだが——たとえばベラドンナのような特定の呪術的植物の採取儀礼は、まさしく最初の別の行為の、もとの質が低下した複製にほかならない。最初の別の行為とは、生命の植物を手に入れるための英雄の戦い、（守護者である怪物などの）多くの危険に立ち向かうことを含む戦いである。ベラドンナを引き抜こうとする者を脅かす危険とは、生命の草や奇蹟の樹の探求中に（ギルガメシュやヘラクレスなどの）英雄が立ち向かった危機の、もとの質が低下した（つまり観念的なレベルから呪術・医術的なレベルに落ちた）残像にほかならない。絶対的価値のあらゆる探求が——「絶対的価値」と言えるものが生命の草や生命の樹、聖杯などの形をとるにせよ——無数の障害との対決を含んでいるのは周知のことである。しかしさしあたりは、薬草を摘み取る儀礼が、メディアとヘカテによる最初の行為、あるいは救世主の十字架のかたわらにてはじめのとき《アブ・イニティオ》起こった行為を繰り返すことを確認するにとどめる。

　第三の例として、多くのアルカイックな文化において宇宙創成の行為と同一視される生殖行為、あるいは、生殖行為と同一視される、そのため原初的模範である宇宙創成とも同一視される耕作地の開墾を挙げることができる。さらには、死の予示にほかならないイニシエーションの祭式と同一視される旅。これらは人生の過程において幾度も繰り返されてきたのであり、模範、始源型をなす。それらを反復することは、強いられた行為や無駄な行為ではない。むしろその反復によって、生活における実在性が強固となり、そして観念的な意味内容が得られるのである。原初の所作が模倣され、原型を分有する物質が身につけられるのも、人はそのような所作や物質によって実在のうちに身を置き続け、実在性のうちで創造するからである。初めの行為への回帰、始源からあったものへの回帰を続けることは、人が十億回も繰り返す動作の効力を維持するだけでなく、それらの動作の「正常性」を保証する。こうして人間は、「法」のなかに身を置き、宇宙的規範に従って行動し（その人間が現在行なっていることは英雄や太陽、夜などが「かつて」行なったことである）、そして同時に、自身の実在性を確認するのである。人間は万物を司る諸原理との直接的な交わりを保つかぎりにおいて、人間であるのだ。

理解をよりいっそう深めるために別の例を用いて話を続けよう。スカンディナヴィアの入植者たちがアイスランドを占領、「植民」して、荒れ果てた地方を耕作地帯に変えたとき、入植者たちは自分たちの行動を初めて行なったこと、人間固有の俗的な営みとは考えなかった。入植者たちにとって、傾注した努力は原初的行為の反復、すなわち宇宙創成の神的行為によるカオスのコスモスへの変容の反復にほかならなかった。荒れ果てた土地で働くことによって、[3]実際に入植者たちは、カオスに形式と名称を与えてコスモスへと編成した神々の仕事を繰り返したのである。さらに領土の征服も、世界創成というかの原初的行為の複製にほかならない所有儀礼のあとでなければ（より正確にはその儀礼を経ることがなければ）、現実のものとはならない。ヴェーダ時代のインドにおいて、領土はアグニ神に捧げた祭壇を築くことによって法的に所有されるようになった。[4]『シャタパタ・ブラーフマナ』（Ⅶ・1・1・1―4）には以下のようにある。「ガールハパトゥヤ〔祭火〕を建造したときに居を定め、火壇を建てた者はみな、居を定めた者という」。アグニ神の祭壇の建造は、宇宙創成の小宇宙的模倣にほかならない。そしてあらゆる供犠もまた、インドの文献がはっきりと述べるところによると（『シャタパタ・ブラーフマナ』ⅩⅣ・1・2・26など）、宇宙創成の行為の繰り返しなのである。

それゆえに人間の活動は、「かつて」「かの時」、はじめから《アブ・イニティウム》、（サンスクリット文献が言うところの）はじめに《アグラ》生じた神的行為を繰り返すかぎりにおいて、存在意義と効力をもつ。（神的存在は、神々、あるいは宇宙的本源などとして、象徴的、儀礼的、口伝的に表現されるが）これら神的存在が行なったことを除いては、実在であるものはひとつとして存在しない。したがって人間が実在に即した生き方をするためには、状況によって求められるたびに、神的存在の所作を模倣するしかないのである。時間は、神話においてはまったく別様な性質を有するため、儀礼においてほぼつねに中断されると言えよう。儀礼は一番初めの行為を繰り返すが、この繰り返すという儀礼上の行動は実際に、始まりの「かの」時に生じる。儀礼的時間は、つねに同一の時間、すなわち儀礼が初めて行なわれた時間である。バラモンたちは、宇宙は彼らの供犠のおかげで存在しているのであり、もし自分たちの供犠が中断されるようなことがあれば、全世界は原初のカオスへ戻ってしまうと主張する。したがってバラモンたちは、供犠の儀礼によって世界を保持しているのではなく、世界を創っているのである。さらに言えば、バラモンたちは、神々による世界創成と儀礼的に同時代となる。なぜならば、儀礼を行なう時間は俗なる時間とは性質を異にするものであり、供犠的行為のひとつひとつは始まりのかの「瞬時」に起こるため、過ぎ去ることなくつねに同一の時であるからだ。これらの意味を歪めることなく換言すれば、世界の始まりから今日までのあらゆる儀礼は、同時代にあると言えよう。それらの儀礼は同一の聖なる時間において執り行なわれているために、同一の儀礼にほかならないからだ。そしてそれらの儀礼を繰り返すと考えることは、聖なる時間と俗なる時間とを不一致と捉えることなので幻想なのである。

同じ原則は、東洋人たちによって練りあげられたように、宇宙的、歴史的な循環の理論の根幹を成している。新たな世界を創設する出来事は、「かつて」、すなわち宇宙創成の刹那に起こった出来事の、異なる規模での繰り返しである。宇宙的循環のこの神秘的な理論は、アリストテレスの物理学、「大いなる夏」と「大いなる冬」においてもまた見出される。ほかの場合と同じように、アリストテレスの物理学においても、アルカイックな物理学的理論に続いて、宇宙論的原則の脚色にほかならない完全な神話伝説を読み取ることができる。「大いなる冬」は、イランの信仰と北欧の神話伝説「フィンブルの冬」においても見出される。それは、インドの宇宙的「大崩壊」（マハープラライヤ）に類似する宇宙・歴史的循環の終幕における最終段階である。そして、あらゆる破滅的出来事は宇宙的終末に結びついており、その宇宙的終末は「大崩壊」によって、世界の細分化された雑多な状態を、宇宙創成に先立つ原初的統一性、カオスへと引き戻す。歴史のうちで創造されるあらゆる「新たな世界」は、宇宙創成に先行するカオスと同一の「カオス的」段階と、世界の創成と編成をもたらす出来事と同一の「宇宙化」の段階とをかならずや含んでいる。

第二章　民間伝承と観念体系

前章の考察は、ひと言でいえば、棟梁マノーレ伝説に注解を施すための導入部である。もちろん本稿で試みる注解の導入部であって、この民間伝承詩の生成過程や芸術面に関する研究のための導入部ではない。棟梁マノーレ伝説の生成過程や芸術面を主題とした先行研究は、シャイネアヌからカラコステア教授にまでいたるルーマニアの多くの民俗学者と言語学者たちによって、さらにアルナウドフとスコクのような隣国の研究者たちによって行なわれてきた。しかし、先行研究と同じ問題関心から出発して、同じ方法論を用いたのでは、新たな重大事は何も示せない[1]。これからも、棟梁マノーレ伝説の異説はさらにある程度の数が採録されると思われる。さらに、この民間伝承詩の生成過程上の中心が特定される可能性はあり、今日におけるこの伝説の仮説的な伝播経路が修正され、このルーマニア版とバルカン版とに関連づけられるかもしれない歴史資料に関する新たな学説が提示されるかもしれない。前述の諸研究の成果については、すぐに概観する。それらの成果は、とりわけ民間伝承の主題の生成と流布の問題を徹底的に論じた功績のあるアンティ・アールネとカール・クローンの方法論に基づき、あらゆるルーマニア異説を採録し公表することでかならずや改善されるだろう。

しかし本稿では、まったく別の目的に取り組む。すなわちこの民間伝承詩の歴史ではなく、この民間伝承詩が描く世界の研究である。民間伝承の産物——伝説、まじない、言い伝えなど——のそれぞれは、まるで鏡のかけらが世界の一部をそのまま映し出すように、生み出された心的領域をそのうちに宿している。予断をもった理論に基づいて伝説やしきたりを「解釈する」、言わば「個人的解釈」を行なうということではない。このような個人的解釈は、作品において特定の規範を守り特定の制約のうちにとどまるかぎりで創造的であるにすぎない。われわれの注解においては、「解釈」はいっさい行なわない。前述のように、われわれは民間伝承詩が描く世界を研究するのであり、この世界をあるがままに明示して注解することを心がける。その世界の論理的妥当性やその世界を生み出したであろう歴史的、心理的、宗教的な原因の問題は、当面、取りあげないことにする。

一貫性をもつ心的領域の前提となる一般理論が、あらゆる民間伝承的産物や民族誌的資料には含まれている。それは、たとえ民間伝承の産物を用いたり広めたりする者にとって理論的意味がもはや明らかではない場合にもそうである。たとえば、呪術師が殺したいと願う者の髪の毛を備えた蠟人形を燃やしたとする。この呪術的行為の前提である理論を呪術師が十分に理解しているか否かは、共感呪術を理解する上ではまったく重要ではない。共感呪術の理解にとって重要なのは、爪や髪の毛、あるいは身につけられていた物は、持ち主から離れたあとであっても持ち主との強い結びつきを保持していることを、ある者たちが（実験によって）確信している、または（理論的基盤において）主張しているのでなければ、このような行為はあり得なかったという事実である。この種の信仰は、独自の法（「有機的に統一体としてあること」、形態的類似、象徴的類似、機能的対称性など）を有する「共感」によって、はるかに離れているもの同士を結びつける「網状空間」の存在を前提とする。[2] 呪術をかける者（目下の場合では、呪いをかけたい者、殺したい者の髪の毛を備えた蠟人形に呪術をかける者）は、このような「呪術的な網状空間」が存在するかぎりにおいて、自らの行為の効果を期待することができる。彼がそのような「網状空間」を知っているか否か、髪の毛とその持ち主とを結びつける「共感」を知っているか否かはまったく重要ではない。まさに呪術的行為そのものが、はるかに離れているもの同士を、眼に映らない状態で結びつける「網状空間」と「共感」の存在を指し示している。そのような呪術的行為が形づくられ体験された心的領域は、「網状空間」と「共感」を基礎とする。今日のすべての呪術師たちが、呪術的実践にそって世界を思い描いていないことは確かである。しかし呪術的実践と目されるものが、それが由来する世界を示すことは可能であり、呪術的実践を繰り返す者がその実践について理論的に精通しているか否かは重要ではない。アルカイックな世界の心的領域は今日まで、人間のはっきりとした信仰のうちに弁証法的な仕方で保持されてきたのではなく、どれほど質的低下を被ろうとも、明らかな原初的意味を依然として保持している神話や象徴、しきたりのうちに残されてきた。そもそも「迷信」〔superstiţie〕という語の語源（上方に在るもの）が暗示的である。すなわち、これら民間伝承的資料は、時の経過の「上方に」在り続け、ここ二千年のあいだに人間のものの見方を激変させた心性変革によって捨て去られることもなく、今日まで広く存在し続けてきた。それらのひとつひとつは、言わば「生きた化石」であり、それらが由来する有機的統一体を復元するためには、時としてたったひとつの「生きた化石」[3]だけで十分なのである。

これまでの考察は、以下の頁であらゆるアルカイックな信仰や実践の根幹にある理論を復元しようとする際に、つねに念頭に置かなければならない。もっとも、復元というのは、表現として適切ではない。なぜならば、復元という言葉はわれわれ研究者の作業のみを指し、あらゆる信仰やしきたりに含まれる理論、明らかにされ、示され、明文化されることのみが必要な理論そのものを指していないからだ。本稿では、棟梁マノーレ伝説の歴史や先史をたどるのではなく、棟梁マノーレ伝説が由来する世界を描く。であるから、民間伝承詩から迷信、民族誌的事実、神秘的技法、俗的しきたりにいたるまで、あらゆる種類のアルカイックな資料を用いることができよう。しかしこのことは、それらの資料すべてが同一の層にある、あるいは、等しい価値を有するということを意味するのではない。これらの資料は、まさに幾千年ものあいだ「生きる」ことで、より正確にはさまざまな人間社会によって生かされることで、歴史の痕跡を宿している。ある資料とある資料が生成過程上の関連を有することもある。しかし当然のことながら、ある民間伝承詩とある建造儀礼とは年代が異なっており、異なる方針を有し、それらを創作するという行為もまったく異なる必要性に応じている。さまざまな時代とさまざまな地域の建造に関する資料を用いるということは、女性について述べるために、産科的まじないと並んでボヴァリー夫人を、ミロのヴィーナスと並んで婦人参政権論者の女性、『フロワールとブランシュフロール』〔中世ヨーロッパの恋愛物語〕と並んで大女神崇拝や女帝エカチェリナの伝記などを引用することに等しい。同じようなことは、たとえば、歴史を考察することを拒み、類似の状況に対しては同じような反応を示す「人間の霊魂」の自発性を語ることを試みたタイラーやフレイザーといったイギリス人類学派の時代の宗教学においても行なわれた。彼らと同じ方法論的誤りに陥らないようにするために、以下のことを改めて示す。すなわち、歴史はいたるところで見出され、あらゆる「理論」はつねに変動する具象のうちで体験されるという単純な事実のために、歴史がその「理論」を修正することに間違いはない。それにもかかわらず、われわれは歴史を考察するのではなく、どれほど異質なもの同士であろうとも、さまざまな資料を検討の対象にする。確かにボヴァリー夫人と産科的まじないなどを同一レベルで比較しては、女性史を記述することは不可能である。しかしどれほど異質で年代がバラバラであろうとも、これらのさまざまな資料をそれ自体として見るならば、同一の理論に収斂し、同一の始源型を描き出すことは確かなのだ。さて本稿においては、最初に、棟梁マノーレ伝説が前提とする理論と始源型的言動に着目する。

民間伝承詩は、儀礼よりも後代の産物であるだけでなく、儀礼とは異なる状況、異なる観念的雰囲気において創造された。われわれの注解は、建設時に行なわれたとされる生け贄に関する多数の資料——民間伝承詩から迷信、伝説、儀礼、宇宙創成論にいたるまで——を用いて論を進める。建造儀礼が、宮殿や橋、砦などのたもとに生き埋めにされた人間に関するきわめて多くの伝説を生み出したことは自明である。以下でそのいくつかについて言及する。それらの伝説はヨーロッパとアジアの多くの地域で見出されるが、南東ヨーロッパにおいてのみ民間伝承詩を、すなわち独立した文化的営みとしての文学的所産を生み出した。このことから、次の時系列が成り立つ。建造儀礼→生け贄に関する伝説→民間伝承詩。その一方で、建造儀礼は、「魂」をもたなければ、あるいは「魂を入れられ」なければ、いかなるものも存続不可能であるとする宇宙創成神話とアルカイックな観念論の「理論的」帰結である。こうして前記の時系列は、宇宙創成論から大衆文学的産物にまでおよぶ。さまざまな地域において、前記の時系列の一部だけでも――最初の項（宇宙創成神話の存在）から始まる時系列であろうと、ほかの項から始まる時系列であろうと――見出すことが可能である。

しかし文献考証により得られた諸事実の類型がどうであれ、それらの事実は構造上の際だった類似を示している。棟梁マノーレの民間伝承詩、城の崩壊に関するウェールズの伝説、ヴェーダ時代における建造儀礼、宇宙創成神話、これらはきわめて多種多様であり、それぞれかけ離れている年代に属するが、あるひとつの始源型、すなわち、魂が与えられないかぎりいかなるものも存続不可能である、ということに還元可能である。これは前記の時系列のように民間伝承詩が儀礼に由来する等々といったように順次、還元可能というのではなく、それぞれがそのうちに明瞭な仕方で同一の始源型を有するということである。前掲の類型の各資料は、この始源型、宇宙創成的本源を伝播によって有するようになったのだろうか。たとえば、この始源型はルーマニアやセルビアの民間伝承詩を創造する行為に存在するのだろうか。その可能性もある。しかしいずれにせよ、このような問いはさして重要ではない。われわれにとって重要なのは、民間伝承的心性はつねに特定の法則にそって創造するということ、そしてその法則が「始源型的」であると確認することである。ある観念的本源が伝播されたのか否かなどは重要ではない。なぜならば、あらゆる民間伝承的創作は、もっぱら、この観念的本源が含まれた構造においてなされるからである。したがって本稿の試みにとっては、民間伝承詩の創作者たちがその創造的産物の基礎となる理論を伝播によって受け取ったのか否かということは、取り組むべき問いではない。なぜならば、その「理論」は伝播されなかったとしても、民間伝承詩の創作者たちによる芸術的な創造行為によって、無意識のうちに見出されたであろうからだ。

ひとつの例が、民間伝承的創作における始源型の果たす機能をより深く理解する助けになる。たとえば歴史的出来事や実在の人物に関する記憶は、民衆の記憶力によっては二百年、三百年も保持されないことが知られている。(4) それはなぜか。民衆の記憶力は、個人的事実や実在の人物をとどめることが苦手なのだ。民衆の記憶力は、それとは異なる構造に従って機能する。すなわちそれは、出来事の代わりに類型を、歴史的人物の代わりに始源型を用いる。歴史的人物は（英雄などの）神話的模範と同化され、歴史的事件は（怪物との戦いや敵対し合う兄弟などの）模倣的行動の類型と同化される。アレクサンドル・イオルダン博士によって発表されたバルカンの詩歌に登場する勇士ミハイルは、歴史的真正性を失うことで「英雄」の特性を得た。トルコ人たちに対する彼の戦いは、邪悪な勢力に対する「英雄」の戦いと同化された。実在しない彼の兄弟との対立が話題になるのは、民衆的想像力による類型が「敵対し合う兄弟」の主題を提示したからにほかならない。ペトル・カラマン博士は、歴史的逸話（たとえばローウェンクロウ〔十六世紀ドイツの歴史家〕の年代記で伝えられた恐ろしい冬）が（北風皇帝のような）神話的類型に同化されたために、ほとんど記憶にとどめられなかったことを指摘する。ここで、ほかの機会に幾度も取りあげた資料、すなわちロードス島の聖ヨハネ騎士団の三代目大首領で、マルパッソの龍を退治したことで名声を得たディウドンネ・デ・ゴゾンに言及してみよう。(5) 伝説上でゴゾン皇子は、必然的に、怪物と戦う聖ゲオルギウスの属性を得た。ゴゾン皇子の怪物との戦いが文献には記されておらず、英雄の誕生後およそ二百年たってから語られるようになったことは言うまでもない。換言するならば、ゴゾン皇子は、英雄と見なされたという単純な事実によって、彼の真正的事実、歴史的事実などはもはや考慮されずに、神話的伝記を付与した類型、始源型のうちに組みこまれたのである。あらゆる英雄は、（ヘラクレスやギルガメシュのように）怪物と戦うのだ。(6) さらに言えば、アレクサンドロス大王は、伝説によれば、たとえばギルガメシュのように、怪物たちと戦って生死の水を探し求めた。これ以上例を挙げることはしないが、これらの例からは、個人が非個性的類型に組みこまれるかぎりにおいて、換言すると歴史的「真正性」を失って始源型になるかぎりにおいて、民衆的心性は個人をとどめるということがわかる。

民間伝承的作品を司る法はこのような性質を有する。そのため、たとえば建設の生け贄を中心主題とする民間伝承詩の創作者たちが、その生け贄を説明し正当化する「理論」を直接的にであれ間接的にであれ伝播によって受容したのか否かという問いが、関心を惹くものでないことは容易に理解されるだろう。なぜならば、民間伝承詩の創作者たちは、この「理論」を伝播によって受容したにせよしなかったにせよ、民間伝承的層において創作したという単純な事実のために、その創作で用いた「素材」のうちに「理論」を見出したであろうからである。より正確には、「理論」は、「素材の耐久力」がプラスティック製品に備わっているように、民間伝承的創作行為にあらかじめ備わっているため、創作者たちはそれを気づかないうちに発見し、忘却したとしても再発見したのである（当然のことながら、まさにアナロジーにほかならない。「素材の耐久力」は、洗練された創作と同じように民間伝承的作品においても働いているからだ）。ある歴史的出来事が特定の民間伝承的作品を生み出すかもしれない。しかしそれは、かの歴史的出来事が始源型的類型へ引きこむ響きを宿したかぎりにおいて、換言すると、不可逆的出来事であることをやめて際限なく反復可能な瞬時の現実化となりえたかぎりにおいてである。そのときには、歴史的大災害は「世界の終わり」となり、改革者はアンチ・キリストとなり、出来事は定形表現で表わされるようになる。

民間伝承的心性は、なぜこのように機能するのだろうか。以下に仮説的な答えを記す。まず、この心性のアルカイックな構造が存在論からの影響のもとで生み出されたからである。アルカイックな人間が恐れるのは非実在、意味の欠如、死であり、何にもまして渇望するのは、至上の実在性、どれほど凡庸なものであれ絶対的実在性を示す方式である。ここで、「未開」と呼ばれる宗教と観念論に関する議論に立ち入ることはしない（多くの作品でこの問題を取りあげてきた）。しかし完全無比で実在的であろうとする同一の主題は、死に対する恐怖、不死の渇望、生に対する愛、神に捧げる作劇、神秘的性愛などの形をとってただひたすら繰り返し現われるのであり、そのことを確認するためには、アルカイックな祭式と信仰を調べるだけで十分である。存在論が実在的でもあるということは、アルカイックな人間の唯一の「強迫観念」である。そのため本稿の冒頭で述べたように、アルカイックな人間のあらゆる行動と思考は、神的原型か宇宙論的行為の複製なのだ。そしてアルカイックな人間は、自らのすべての行動と思考によって、実在を分有して実在性の中心に身を置くという同一の事象をつねに追い求める。さらに、アルカイックな人間にとって諸事物は、事物であることをやめるかぎりにおいて、すなわち特殊で非実在的でつかの間のものでなくなり、観念的本源の象徴、媒介物になるかぎりにおいて、存在意義を有する。

　このような心性構造は、「非個性的なもの」「始源型」「類型」にのみ関心を示す。この心性構造が働く領域ではどこであれ、観念的本源と同化可能なもの、模範を有して至上の実在性を分有するものだけが、正当化される。本稿はここに挙げきれないほど多くの実例を集めている。そのため以下で取りあげた資料を「曲解する」心配なく、自然で直接的な方法で読み取れる以上の事象を読解しながら、棟梁マノーレ伝説の注解に取りかかることができる。それらの資料は、民間伝承詩であれ宇宙創成神話であれ、アルカイックな人間の創作であるという単純な事実により、それぞれの「歴史」の有為転変を越えて等しく有用性が付与されている。

第三章　棟梁マノーレの民間伝承詩　バルカンの異説

棟梁マノーレ伝承詩がドナウ河以南に起源をもつことは、オドベスクによってすでに一八七九年から指摘されていたが（*Biserica de la Curtea de Argeș și legenda Meșterului Manole*）、一八九四年のカート・シュラデンバッハによる研究（"Die aromuntsche Ballade von der Artabrücke," *Jahresberich des Intastitus für rumänische Sprach*, I, Leipzig, p.79–121）で決定的に論証された。ここ五十年間で発表された研究に関しては、本稿末尾に付した文献一覧を参照されたい。カラコステア博士は「南東ヨーロッパの資料とルーマニア的形態」と題した研究（*Revista Fundațiilor Regale*, dec. 1942, p.619–66）において、南東ヨーロッパとハンガリーにおけるこの民間伝承の類型に関する有益な要約を行ない、さらに、この民間伝承詩のバルカンにおける起源と流布に関するアルナウドフとスコクによる仮説を概観した。スコクはほかの学者たちとともに、マケドニア・ルーマニア版と近代ギリシア版、とりわけエピルス〔バルカン半島西部〕の版との同一性を認めている。ダキア・ルーマニア異説に関して、スコクはブルガリア異説とのきわめて強い結びつきを考えたが、ダキア・ルーマニア異説においてのみ以下のふたつの要素が存在することに気がついた。すなわち、妻の到着を妨げるために神に捧げられたマノーレの祈りと、マノーレによるイカロス的飛翔である（Caracostea, p.625, notă）。アルナウドフは、この民間伝承詩の系譜について分厚い研究書を書いたが、彼は異説の相互関連性に何よりも関心があるように思われる。カラコステアは、このブルガリア人研究者の成果を以下のようにまとめている。「ギリシア型からアルバニア、ブルガリア、マケドニア・ルーマニアの民間伝承詩が派生し、セルビア型はアルバニア型とブルガリア型に由来し、ブルガリア型からルーマニア型が、ルーマニア型からハンガリー型が派生した」(p.630, notă)。

アルナウドフが示すこの相互関連性が、どれほど的確であるのかについては判断できない。しかしカラコステア博士は適切にも以下のように述べる。「アルナウドフは時として、系譜を否定する多元発生にも言及している。またブルガリア北部における民間伝承詩の伝播を研究すると、アルナウドフはドナウ河以北と以南との、まさにつなぎ目をなすこのスラヴ地域においては、かぎられた流布しかないことを認めざるを得なかった」。「スコクに従うならば、ブルガリアの栽培民ではなくマケドニア・ルーマニアの職人たちが、ルーマニアにおいても南東ヨーロッパにおいても、この民間伝承詩の創作と伝播で中心的な役割を果たした。スコクは、ルーマニアのあらゆる版が以下のふたつの主題を有すると述べている。（a）石工職人たちは上位の存在である。マノーレは神的存在との関係を有する上位存在者（「天才」）である。（b）石工たちはその職務によって家族を犠牲に捧げることを強いられ、そこから彼らの悲劇的運命が生じる。前述のような構想を精錬することが可能なのは、石工たちのあいだにおいてのみであると考えられる。一方、バルカンにおいて石工の仕事は、ゴゲと呼ばれたマケドニア在住のルーマニア人たちによって担われた。マノーレという英雄の名前の言語学的分析が、この仮説を裏づけよう」(Caracostea, p.625, notă におけるスコクからの引用)。実際に、「マケドニア・ルーマニア系であるゴゲはしばしば石工の仕事と同一視されたために、セルビア人やアルバニア人にとってゴゲというマケドニア・ルーマニア語は、つねに石工を意味するほどである」(Caracostea, p.624)。とにかくこの民間伝承詩は、異なる存在意味を有しながらも南東ヨーロッパ一帯に広く流布した。ガゼダル博士はブルガリア異説のうちに「クルテア」〔ルーマニア南部ワラキア地方の地名〕の名前を見出したが、これはルーマニア版がドナウ河を越えたことを意味する。重要なのは、建設の生け贄は以下で見るようにいたるところで知られているにもかかわらず、この儀礼の追憶により育まれた伝説はギリシアからハンガリーまでの南東ヨーロッパにおいてのみ文学的水準にまで高まったという事実である。この地帯においてのみ、伝説は独立した文化的営為としての地位を獲得し、そのことにより、壮大かつ劇的な内容を次第に盛りこみ広く行きわたることが可能になったのである。

ここでサルトリ、セビヨ、シャイネアヌ、クラウス、カラコステアの資料を用いて南東ヨーロッパの民間伝承詩を概観する。バルカンの資料については、しばしば発表され、まとめられてきたので可能なかぎり簡潔な説明にするが、本書の文献一覧でもいくらかの補足を得ることが可能である。ギリシア版は、毎夜、夜のあいだに倒壊し続けるアルタの橋について語っている。異説においては、建造物を存続させるためには、「人間の子ども」を生き埋めにしなければならないと告げる天使の声が聞こえる。朝、棟梁は妻がやってくると、土台部分に指輪を落としてしまったと言う。妻は探しに行って、生きたまま埋められる。彼女は橋を呪いながら死に、それ以来、橋は木の葉のように揺れるようになった(1)。ケルキラ島方言の異説では、四十五人の棟梁と六十人の徒弟について語られるが、彼らは橋の建設を三年間、成し遂げることができずにいた。大棟梁の妻を生き埋めにするようにという霊的存在（スティヒォン）の声が聞こえる。死ななければならないと理解した大棟梁の妻は、橋が揺れるように呪うが、彼女の兄弟もそこを通るだろうと思い直して呪いを撤回する(2)。トラブゾンのほかの異説では、棟梁は以下のように尋ねる声を聞く。「橋がこれ以上崩れ落ちないようにするために、お前は私に何をくれるのか」。棟梁は以下のように応える。「母親や娘は替えがきかないが、妻はそうではない。もっとよい妻が見つかるだろう」(Caracostea, p.629)。より残酷な異説もある。たとえばトラキアで収集された異説では、妻が土台部分に指輪を探しに降りていくと、棟梁が次のように言う。「指輪は俺がもっている。お前はもうそこから出られない！」

ヘルツェゴヴィナ異説は、モスタルに架かる橋の建設で、ロマの女が生き埋めにされる様子を語っている。彼女には子どもがひとりいて、授乳するために土に裂け目を残すように彼女は棟梁に哀願する。棟梁は断るが、十九世紀の終わりまで石壁の隙間から乳の滴がしたたり落ちていた。「さらに、棟梁は橋の建設のあと、鳥の翼を作って橋の上から飛び立ったという(3)」。石からしみ出る乳の滴は、ボスニアのテシャンの町の建設伝説やブルガリアのストルマ川に架かる橋の建設伝説においても知られている。[4]

ブルガリア異説のなかでは、棟梁マノーレは最長のものでは十年ものあいだ、城塞の建設を行なっていたが、成し遂げることができずにいる。マノーレは生け贄が必要であることがわかると、翌日最初に弁当をもってくる妻を生き埋めにする誓いをたてるよう、職人たちに求める。マノーレひとりだけが誓うのだが、彼は妻に、弁当をもってくる前に九つの袋に入った小麦を箕にかけて選り分け、それを水車小屋まで運び、家に石灰を塗りつけることなどを命じる。しかしマノーレの妻は勤勉で、夫を恐れていたので、城塞に最初に到着してしまう。マノーレは、結婚指輪を土台部分の溝に落としてしまったと彼女に話す。妻は生き埋めにされると気がつくと、泣き叫び始める。城塞の建設のあと、マノーレは家に戻って子どもたちと顔をあわせる勇気がない。民間伝承詩は次のように終わっている。「よき兄弟よ、だから誓いをたてたりしてはいけない。よき兄弟たちよ、人はしばしば間違えるのだから」(Caracostea, p.632–633. アルナウドフによるトレヴネンスコ異説を引用)。ほかの異説では、子どもたちに授乳できるように、乳房のところは埋めないようにとの妻の哀願が最後に語られる。他方、橋が揺れるように、あるいは夫が「いかなる幸運にも恵まれないように!」と妻が呪う版もある。

セルビア異説のいくつかは、正当にも世界文学の傑作と見なされてきた。われらが隣人であるセルビア人たちのあいだで、民間伝承詩の冒頭は、ブルガリア版やギリシア版にはない壮大さを誇っている。三兄弟の王子たちは、三年のあいだスクタリの城塞を建設しているが、妖精が毎夜それを壊してしまう。妖精は、自らの意志で壊しているのではなく、壊すことを強いられているのかもしれない。妖精は最年長の兄に、双子の兄妹ストヤーンとストヤーナを見つけ出して、土台部分に生き埋めにするために連れてこなければ、城塞の建設はずっと終わらないだろうと打ち明ける。忠臣ディシミールが三年にわたって双子を探すが、見つからない。ストヤーンとストヤーナという双子の名前は、「とどまる」stoiatiという動詞と関係がある。カラコステア博士は「この言語学的演出はきわめて回りくどく、民間伝承詩の陰気な内容への導入というよりは、謎かけの逸話という印象を与える」と述べる（p. 639）。カラコステアのこの見解に賛成することはできない。というのも、言語学的演出が問題なのではなく、どれほど回りくどいものであろうと、それは民間伝承詩の核心を逸していないからである。スクタリの城塞は、この上ない生け贄、始源型の生け贄と言えるものが土台部分に捧げられなかったために、絶え間なく倒壊する。ストヤーンとストヤーナの兄妹は絶対的な安定性、沈下と崩壊のこの世にあってもとどまるもの、至上の実在性を（明らかに彼らの名前の魔力によって）分有している。妖精は、つけ加えて次のように言う。永遠なる建造物の始源型である双子の兄妹はスクタリに絶対的な安定性を保証するが、兄妹の探索がすべて失敗に終わったときには（兄妹は始源型的存在であるため探索が失敗するのは当然なのだ）、建設関係者の妻のひとりを土台部分に生き埋めにすることでも城塞は建設可能であると。

三人の王子たちは彼らの決心を妻たちに打ち明けない誓いをたてるが、一番若いゴイチョだけがその誓いを守る。ゴイチョの妻は昼食時に、歳老いた姑に弁当をもって行かせたら陰口を言われるのではないかと心配して、自分で城塞までもっていく。城塞に到着すると、妻は何が起こっているのかわからないうちに生き埋めにされる。壁が胸のところまで達したとき、妻は殺される運命であると理解する。そして、子どもたちに乳を与えられるように「やさしい母の胸の前に小窓」を残すことを、そして眼の前にも窓を残すことを哀願する。

子どもたちが私のところに連れて来られたとき
そして子どもたちが家に帰されたとき
遠くから住まいを見ることができるように。[5]

最後にハンガリー版は、十二人の職人が働くが完成することのないデヴァの城塞について語っている。棟梁クレメンスによって、翌日の午前に食事をもってくる最初の妻を生け贄にすることが決められる。（霊魂や妖精、夢による）超自然的なお告げもなく、職人たちの厳かな誓いも存在しない。クレメンスは自分の妻の姿が見えると、道に猛獣を呼び出したり、嵐を巻き起こしたりするように神に祈る。しかし妻が仕事現場に到着すると、クレメンスは決められた運命を妻に告げる。「私が生きていることがあなたにとって重荷になるのなら、然るべきように」と妻は言う。かたわらにいた子どもが泣き出すと、妻はあやしてくれるやさしい少年や歌ってくれる鳥がいると話して、子どもをなだめる。孤児になる子どもという主題は、ルーマニアや南東ヨーロッパの多くの異説で見られる。しかしこの主題は多くの意味を有するので、改めて取り上げることにしよう（民間伝承的創作においては、孤児は神的属性に恵まれ、その悲劇的な宿命によって英雄としての使命が定められる）。残念なことに、生け贄にされる母から幼児への悲壮な慰めのあとには、棟梁が子どもの泣き声で眠れなくなるという現実的な詳述が続く。この凡庸な結末は、伝説の神話的雰囲気を台無しにしている。(6)

カラコステア博士は正しくも以下のことを指摘する。すなわち、ギリシア異説は筋書きの一連の外面的要素（棟梁から妻への伝言を誤って理解する鳥、土台部分に落ちた指輪を使った騙しなど）を共有している。ブルガリア異説は、妻の現実的な描写（抵抗、悲嘆、呪詛）に重点を置いている。セルビア異説は、妻の恥の感情（歳老いた姑に食事を城塞までもって行かせたら人々は何と言うだろうか……）と子どもへの母の愛を明らかに強調している。一方、ハンガリー異説は簡略化され現実的（妖精や霊魂、夢などの非合理的要素の欠如、棟梁に関わる惨事がないこと、子どもの泣き叫びなど）である。ルーマニアの民間伝承詩は、これらすべての版に対して、語りの一貫性や形式的なバランスだけを見ても議論の余地なくすぐれている。ほかの版がすべて（壁の崩壊などの）徒労に終わる人間の行為から始まるのに対して、ルーマニア版は修道院が建てられる場所探しの儀礼から始まる。カラコステア博士が的確に主張するように、たとえばすばらしいセルビア異説が妻と母の愛に強調を置いているのに対して、ルーマニアの民間伝承詩はマノーレをつねに話の中心に置いている。マノーレが筋書きの全体に及んでいるにもかかわらず、妻の役割も真正さと力強さを失っていない。またバルカンのある異説では、妻がもがき苦しみ抵抗するが、ルーマニアの場合では諦めをもって儀礼的な死を受け容れる。ほかのあらゆる版では、筋書きは妻の生け贄、あるいは彼女が口にする言葉、または語り手による教訓的な反省（「よき兄弟たちよ、だから誓いをたてたりしてはいけない……」）によって締めくくられる。それに対してルーマニアにおける民間伝承詩では、棟梁のその後の運命がさらに語られる。ある民俗学者たちは、妻の生け贄によって筋書きは語りつくされたので、棟梁の後日談は無用であるとの見解を示した。本稿はこのような見解に対して、マノーレのその後の運命の物語が無用でないばかりか、民間伝承詩を啓示的に仕上げていることを示す。なぜならばこの後日談において、マノーレは残された唯一の手段、すなわち「非業の死」によって、妻とふたたび一緒になるからである。

カラコステア博士は、南東ヨーロッパにおけるあらゆる異説の内容と表現を比較して、マノーレ伝説はルーマニアの民間伝承詩において芸術的宿命を実現したとの結論に達した。本稿は、ルーマニアの民間伝承詩が芸術面のほかにも絶賛に値する豊かさを有していることを明らかにする。ルーマニアの民間伝承詩は、芸術的な調和と表現の観点で優れているだけでなく、神話的内容、観念的内容の点でもすぐれている。その内容においては、古来の宇宙論的神話が多くの観念的な効果や意味を伴ってよみがえっているが、以下でそれらについて検討を加える。しかし現時点で言えることは、民間伝承詩の由来がどうであろうと、ルーマニア民族の天賦の才は、民間伝承詩が前提にする中心的神話を「再発見した」こと、しかも（ルーマニア以外の版におけるような）断片化されたものではなく、全体としてその中心的神話を発見したことにある。

棟梁マノーレ伝承詩と南東ヨーロッパの異説に含まれる儀礼的意味、観念的体系を考察する前に、建造を可能にする生け贄に関する伝説やしきたり、儀礼について簡単に検討を加えたい。本稿で用いるきわめて多種多様な資料の使用方法を簡潔にするために、分析をいくつかに区切り、取り上げた文献を以下の項目、すなわち、建造儀礼、子どもの役割、場所の選択、代理の犠牲などの項目によって類別した。しかし本稿は用いた資料を、南東ヨーロッパにおける民間伝承詩のよく知られた図式につねに機械的に関連づけたのではなく、独特で自立した営みとしての意味に関して、それ自体において解釈した。棟梁マノーレ伝承詩に含まれるアルカイックな観念論へのもっともよい手引きは、民衆的しきたりの存在意味と頻度に親しむことだろう。

第四章　伝説と建造儀礼

棟梁マノーレ伝承詩の基礎となっている諸要素は、ほかの民間伝承的領域でも見出せる。エストニアの伝説では、ポルデで最初の教会が建てられたとき、処女が生き埋めにされなければ建造は進まないだろうという夢をある娘が見て、自らを犠牲に供したという。[1] ウクライナの伝説は、チョバヌ博士によると（Valeriu Şt. Ciobanu: *Jertfa zidirii la Ucraineni şi Ruşi, Chişinău,* 1930, p.10–11）、同じように完成できない教会の建造から話が始まるが、（神と悪魔の戦いや悪魔の血からのタバコの出現などの）ほかの主題も含まれる。教会の建設のために昼のあいだに集められた木材が、夜間、悪魔によって撒き散らされる。ひとりの修道士が、神の助けによって悪魔を祓い、その悪魔に木材を運ばせると、教会は建設可能になる。そして、ふたたび神の助けによって、悪魔をオークの樹に血が吹き出るまで埋めこむときに、教会の建物は初めて耐久性のあるものになる。[2] 人間が生け贄に捧げられるまで倒壊し続ける教会という主題は、スコットランドにおいても見出せる。聖コロンバンがアイオナ島に大聖堂を建てようとするが、壁が絶え間なく崩れ落ちてしまう。人間を生き埋めにしなければ仕事は完了しないと天が告げる。聖人の仲間のひとりが、大聖堂のたもとにあるオラン墓地に埋められる。[3]

　橋や要塞、城、町を建造するのに必要な人の生け贄に関する伝説は、さらに数多く存在する。セビヨは、（アルタの橋やヘルツェゴヴィナのモスタルに架かる橋などの）バルカンの資料文献を再録してから、いくつかの有名な橋の建造を可能にした生け贄に関する西洋の伝説に言及している。ロスポルデン（フランス・フィニステール県）の橋のたもとには、ひとりの子どもが埋められた。コダンとルフォアネのあいだに位置するカレ橋は、買い取られた四歳の子どもを生け贄にすることと引きかえに建設された。スコットランドのアリス地方には防衛用の橋を備えた要塞が存在し、伝説では三人のデンマーク人がたもとに生き埋めにされたために敵方のデンマーク兵は通過できないと語られる。ロワール河下流の伝説によると、ドス橋の橋脚は大きな戦争で負けた侵略兵の骸の上に建てられた。[4] 同じように数多くの要塞が、生け贄にされた人間の上に建設された。ネンニウスは『ブリトン人の歴史』の十八章で、ゴルチゲルン王がウェールズ国のディナス・エムリス要塞を建造しようとしたが、夜間に材料が消えてしまったために失敗する様子を描いている。同じことが三回繰り返されたとき、王はドルイド僧に、建造をやり遂げる方法はないかと尋ねる。ドルイド僧たちは、親がいない子ども（孤児か奇跡により誕生した子どもか）を犠牲にするようにと答える。親のいない子どもは、建造が失敗する原因を明らかにするようにドルイド僧から求められる。すると子どもは、ある場所を掘って水の入ったふたつの壺と紅白二匹の蛇を見つけるように告げる。[5] 建造儀礼に関する「子ども」の主題に関しては、すぐに立ち戻ることにしよう。

ほかの信仰は公共の記念碑や塔、町などの土台部分に埋められた生け贄について語っている。ブレーメンの城壁の一部が崩れると、子どもの骨が見つかった。[6] マウルブロンの修道院の入口では、生き埋めにされた人間の骨が掘り出された。この種の例は枚挙に暇がない。[7]

チョバヌによってまとめられた伝説によると、ノヴゴロドの城壁はたもとに妊娠中の女性を埋めることで建てられた（Valeriu Şt. Ciobanu, *Jertfa zidirii la Ucrainieni şi Ruşi*, p.15 sq.）。ポペスク＝テレガによってまとめられたスペインのふたつの伝説――ひとつはトレドの板橋、もうひとつはマドリードの宮殿の伝説――は、建設の生け贄の名残をとどめている。トレドの板橋は、二回目の建設で設計者の人形をたもとに埋めこむことによってようやく建造された。[8] 東洋においても同種の伝承が数多く集められた。さまざまな重要な記念碑は、現実に、あるいは伝説で、土台部分に生け贄が埋められている。上海で、東洋風の門に石橋を建設するとき、建築者は建造に取りかかることができないとわかると、石を然るべく積み上げることができるのであれば天の女神に二百人の子どもの首を捧げると約束した。女神は、子どもたちの命はいらないが、彼らは天然痘にかかるだろうと応えた。女神が言ったようになり、子どもたちの半分が死んだ。[9] シャムでは、新しく建てられた塔のたもとに人間が埋められる。[10] マンダレイでは、王宮の土台部分や王座、塔のたもとに犠牲者が埋められる。[11] 日本では、大きな建築物には、巨大な石で殺されて土台とされる奴隷が存在する。[12] パンジャブでは、スィアールコートの砦は、巫女の助言に従って父なし子を生け贄に捧げるまでは、絶え間なく崩れ落ちるために建設不可能な城砦であった。[13]

同種の信仰は、アメリカにおいても見られる。サガモソにおけるチブチャ族の神殿は、土台部分に生きた人間が埋められるまでは建設不可能であった。[14] メキシコにおけるウィツィロポチトリ神の巨大な神殿の建設では、捕虜たちが犠牲にされた。[15] クラヴィジェロの言うところでは、太古のメキシコにおける戦いは、犠牲として捧げる捕虜の獲得を主たる目的としていた。建造の際の同様の人身供犠は、ポリネシア[16]やアフリカ[17]でも見られる。

建造犠牲は古代においても行なわれていた。[18] フェニキアの町[19]は、カナーンやパレスティナの神殿や住居と同様に、生き埋めにされた犠牲者の上に設立された。[20] ローマにも同様のしきたりがあった。[21] マラスによると、アレクサンドロス大王はマケドニアと名づけた少女を生け贄に捧げることでアレクサンドリアを建設した。アウグストゥスは、グレゴリアという名の処女をアンキパで生け贄にした。アンティオキアの大劇場では、ティベリウスがアンティゴリを生け贄にした等々。[22] エジプトにおいては、建物に奴隷が埋められた。[23] 近代のインド[24]は、建造に不可欠な人身供犠の伝承を保持してきた。そのインドの伝承は、幾何学的体系、宇宙論的体系の一部をなすが、それについては以下で幾度も立ち戻ることになろう。ブッタの前世についての伝承（『ジャータカ』四八一話）は、以下のように語っている。「壮麗な城門には、強大な鬼神たちが取りつくものです。……バラモンを一人殺して、その肉と血で食物供養を行なったあと、遺体を下敷きにして門を建てなくてはいけません」〔中村元監修・補註『ジャータカ全集6』春秋社、一九八九年、二四一頁〕。この伝承はアルカイックで、おそらく（バラモンの犠牲などの）非アーリア的な民衆儀礼の影響を受けている。というのも、インドにおける多くのほかのテキストは、生きた人間を犠牲にすることの禁止について語っているためである。[25] 実際にバラモン教は、犠牲の代用となる大規模な仕組みをつくりあげた。その仕組みは、儀礼的生け贄の代わりに、練り粉の人形や小像の使用だけでなく、ついには「犠牲の内面化」に関する禁欲的技法、神秘的技法にまで行き着いた。[26] しかしながら犠牲の代用に関する仕組みが発展したことは、インド・アーリアの宇宙論的、儀礼的体系において、人間の犠牲を必要とすることへの信仰がなくなったことを意味するのではない。以下で見ていくように、このような信仰は、創成と原初的行為の反復に関するアルカイックな理論によって説明される。

第五章　最初の死は……

棟梁マノーレ伝説の悲劇的要素――妻の犠牲――は、（もはや詩的価値が問題とならない）弱まった形ではあるが、ほかのさまざまな地域にも散在する。ヴィンネブルクの石工は、自分の娘を壁のなかに埋める。[1]サルトリは中国の伝説にも言及している。[2]しかし見てきたように、伝説の大部分は南東ヨーロッパにおいて見出される。ルーマニアの民間伝承詩におけるほかの側面、すなわち、棟梁がもっとも美しい修道院を建てられると威張っていたために主人によって与えられる罰に関しては、ウヒテンハーゲンの騎士伝説にも同種のものが見られる。その騎士伝説の冒頭で、棟梁は可能なかぎりでもっとも美しい城を建てなければ生き埋めにすると騎士に脅される。棟梁がノイエンブルクの城を完成させると、騎士はもっと美しいものにはできないかと尋ねる。棟梁が冗談半分で可能だと答えると、騎士は約束を破るわけにはいかないため棟梁を生き埋めにしてしまう。[3]ポペスク＝テレガ博士は、マドリードの宮殿の伝説について言及しているが、この伝説もまた棟梁の悲劇的な最期を語っている。国王は、自分の宮殿に匹敵する宮殿が建造されることを恐れて、棟梁の目を潰し、腕と舌を切り落とすように命じる。そして、棟梁を自分のかたわらにおいて、棟梁が何も摑むことができないために、給仕用の召使いのいる食卓へ連れて行かせる。[4]このスペインの資料では、棟梁の悲劇は自身の傲慢ではなく、国王の恐れに発している。

建設者を生け贄に捧げるという主題は、ほかの伝承においても、形式は変化しているが保持されている。広く流布しているのは、石工が仕事を終えた途端に死ぬという信念である。[5]ポーランドでは、建設する者は死ぬことを恐れて、仕事が完成したと言われないように、小さな割れ目を残すのがつねである。建造が終わってしまったら、石工は一年も生きられないからである。[6] 近代のあらゆる民間伝承的信仰と同様に、これらの信念もおそらく多くの意味と解釈を有している。もっとも共通しているのは、棟梁は完成したばかりの建物に（建てた本人であるという単純な事実によって）最初に入る者であるため命を落とすというものである。完成したものを創造できるのは神のみであるため、人の手による仕事を完成させてはならないという人間の恐れが、ここでもまた見出せる。たとえば、ルーマニアの民芸品はけっして完成できない。それらの民芸品は、新たな装飾品を追加して補い、手直しを施して完璧に仕上げられるようになっている。民衆の詩が地域間を移動することで次第に質が高められ美しくされていったように、芸術品も地域間を経めぐることで完璧なものに仕上がっていく。使命を担う者みなで完成に関わるのである。

　建造を完成させたら一年と経たないうちに死んでしまうために未完のままにするというしきたりの解釈は、既述の解釈と矛盾しない。すなわち完成させることへの恐怖は、死に対する恐怖の一形態であり得る。なぜならば民衆的心性の領域において、創造の概念は生け贄と死の概念とに結びつけられているからだ。人間は命と引き換えにしなければ、完成したものを創造することはできない。神のみが、存在の減退や衰弱を被ることなく創造することができる。人間は被造物であるために、自身か身近な人間を生け贄に捧げて作ったものに魂を込めないかぎり、ものを生み出すことはできない。そのため、新たに作られたものは危険なのだ。それは死者の様相をもち、まだ生を得ていないものであり、最初に接触した者の魂を吸収しなければ生きられない。新たに作られたものは、「承認され」たあと、つまり誰かによって魂を入れられたときに初めて、無害なもの、命ある者の一員となり、とにかく死者の様相をもたなくなるのである。

　同様にして、家を建てる場所の所有者は命を落とすという信念がある。ある伝承によると、モスクワが建設されたあと、その土地の支配者は死んだという。[7] また新しい家に最初に入る者、新たに建設された橋を最初に渡る者は、まもなく命を落とす。[8] より体系化されたいくつかの信念によれば、新しい家に最初に入る者、新しい橋を最初に渡る者がただちに死ななければ、多くの不幸がその者を襲うという。[9] そのためにロシアでは、家族が新しい家に引っ越すとき、一番の年長者が最初に入る。[10] 太平洋のある地域では、新しい家に入る前に、捧げ物が投げこまれたり、聖職者が祈りを口にしたりしながら入る。[11] ボルネオでは、王や首長が新たな家を所有するとき、ひとりの人間が殺されて、その血が柱と土台部分に注がれたのだった。[12]

第六章　運命がたぐり寄せた最初の者には死が定められる

ボスニアのテシャンの町、ブルガリアのストルマ川に架かる橋、ヘルツェゴヴィナのモスタル川に架かる橋、モンテネグロのツェティニエの塔、エピルスのアルタ橋などに関する伝説も、新たな建設物に最初に足を踏み入れた者に死が訪れるという同様の内容を含む。南東ヨーロッパの異説では、第三章で言及したように、最初にやってくるのは棟梁の妻である。この悲劇的要素は、まさに犠牲が捧げられる創成神話の観念的意味を再認識させると言える。ドナウ河以南の民間伝承詩、とりわけルーマニアの民間伝承詩は、伝説の源泉を再発見することで、あるいは源泉に立ち戻ることで、伝説の意味内容を掘り下げている。棟梁マノーレの場合、妻は生け贄になるようあらかじめ定められているのではない。作業場に午前中に近づいた者は、誰であっても犠牲にならなければならなかった。これはきわめて多くの場所で見られるしきたりだった。このしきたりにはきわめて長い歴史があり、おそらく異邦人、とにかく建設組合と関係のない人間が犠牲に捧げられた。歴史に先立つと同時に歴史を経てきた神話においては、創造のための生け贄は偶然の出来事ではなく、神的存在が創造に際して自身を犠牲にした。「被造物」が登場するほかの創成神話の逸話では、神的存在の自己犠牲とは別な方法で、最愛の人間、もっとも身近な人間が犠牲とされた。棟梁マノーレ伝説は、この古来の観念的意味を再発見したのであり、その観念的意味から悲壮な側面、きわめて多くの芸術的解釈を可能にする無尽の多価性を得たのである。当然のことながら、この再発見は論理的なものでも意識的なものでもなかった。しかしそれは些末なことである。唯一重要なのは、ルーマニアの悲劇的経験は古来の神話的啓示が自明であったある水準、あるいは深部において表現されたということである。きわめて多くの伝説の象徴や神話が、たくさんの作家や芸術家といった人々のまさしく芸術創作行為によって「再発見され」てきたことを忘れてはならない。これらの象徴や神話が消えたのはわれわれの表層においてのみであるため、深部に身を置いて生活し、その基準にそって観察するなら、象徴や神話は原初の純粋さにおいて顕われてくるのである。

第七章　「子ども」と「孤児」

建造儀礼から生じたドイツの伝説では、筋書きの力点は、生き埋めにされる女性や母親ではなく子どもに置かれている。この伝説が一般に広まったのは、実際に行なわれていた供犠によってかもしれない。サルトリの文献調査によると、いくつもの教会の土台部分から子どもの骨が見つかったという[1]。建造の儀礼は、この場合、民衆の伝説と直接的に関連づけられる。このことは伝説の理論的価値を減ずることなく、むしろ確かなものにする。なぜならば周知のように、儀礼こそが世界に関する総体的で首尾一貫した観念の最初の表現形式であるからである。

たとえば過去一世紀半に収集されたチューリンゲンの伝説によれば、リーベンシュタインの第一皇子は家族の住居とするべく城を建設した際に、物乞いの娘を買い取って土台部分に生き埋めにするように命じた。その娘は、何が起こるのかわからずにお菓子を食べていた。というのも以下で見るように、犠牲にされる者はそうなることを進んで受け容れるか、少なくとも怯えたり抵抗したりしないように騙されていなければならないのだ(殺された哀れな犠牲者にあらず《ネ・フレビリス・ホスティア・インモレトゥル》)。娘は、壁が肩に達するほどになったときに初めて、小さな裂け目を残してくれるように懇願する。心を打たれ涙さえ流した棟梁は作業を続けることを拒むが、皇子は職人たちに棟梁の代わりに作業を続けるように命じた。しかし職人たちのうち、生け贄を捧げる勇気のある者はひとりとしていなかった。そこで見習いが志願して仕事に取りかかった。壁が高くなると娘は叫んだ。「母さん、まだ母さんが見えるよ！」。それからさらに石が積み上げられると娘はまた叫んだ。「母さん、もうすぐ母さんが見えなくなるよ！」。見習いが最後の石を置くと子どもの声が聞こえた。「母さん、もう母さんが全然見えないよ！」。伝説は、見習いや心無い母親は報いを十分に受け終える前に死ぬだろうとつけ加えている。[2] この伝説の異説が、ハールツやバヴァリア、ハノーファー、ゲッチンゲン、メークレンブルク、オルデンブルクなどで収集された。[3] オルデンブルクでは、城壁の建造に際して作業が続かず、職人は、耳が聞こえず口がきけない子どもを母親から買い取って生き埋めにする必要があった。[4] このような伝説はヨーロッパの周辺においても見出せる。グルジアのある王子が城壁を建造したが、昼間建設したものはすべて夜に崩れてしまった。ペルシア人の神官がこの異常な事態を説明するために呼ばれ、父親のいない類まれなる子どもを城壁のたもとに埋めなければ作業は進まないだろうと断言する。[5] ユダヤの伝説では、王が町を建設しようとして、ある場所を選んだことが語られる。占星術師たちは、その場所は母親の意志で連れてこられた子どもを土台部分に生き埋めにするのなら、そのかぎりで適切だと判断した。[6] 最後に、第四章で取りあげた『ブリトン人の歴史』の異説もこれらの例に加えることができる。

これらの伝説の主題は、次のように分類できよう。

（A）通常は耳が聞こえず口のきけない子ども、あるいは一歳にも満たない子どもが、供犠の場所に連れてこられると言葉を話すが（『ブリトン人の歴史』、チューリンゲン）、子どもを生け贄に捧げるという母親の決意は変わらない（チューリンゲン）。

（B）子どもは両親、とりわけ母親から買い取られて、強制されることなくやってこなければならない。ドイツの伝説では、時として、棟梁は自分の子どもを売って自身の手で生き埋めにして生け贄に捧げる（チューリンゲンの異説[7]）。

このふたつの主題に関する豊富な参考目録[8]を作成した最初のひとりであったサルトリは、子どもの「霊魂」はとても強く効力があるので、新たな建造物の強度は子どもの「霊魂」にゆだねられると主張する。[9] そして彼は、ドイツではおそらく異教の時代から、魂は子どもの姿《キント・ゲシュタルト》と考えられてきたのであり、家の霊が子どもの姿で表わされたことに言及する。[10] しかし「子ども」の主題はきわめて数多く確認されるために、その数の多さを、子どもたちの供犠は建物の守護者たる霊魂をもたらすことを目的としたとするサルトリやほかの民族学者たちの解釈によって説明することは不可能である。実際に、「子ども」の始源型は、神話や伝説だけでなく錬金術やグノーシス主義、迷信において、さらにユングが最近の研究[11]で強調しているように、神経症の幻覚や夢などにおいても見出せる。そのため建造で犠牲にされる子どもの存在には、より深く広い意味がある。

子どもは、始まり、新たな物事、命あるものすべて、類まれな出来事、耐久性、不滅性などに関する普遍性をもつ象徴である。建築物の守護者、保護者の役割が特定の状況で力を発揮するとすれば、それはアルカイックな観念の名残にほかならない。すなわち、建造物に魂を入れることは、持続性だけでなく永続性をも確保するために、「子ども」の神話的しるしのもとで行なわれる。バルカンの伝説でもロシアの伝説でも、母親とともに埋められるか否かは別にして、子どもが建設の生け贄として登場することは確認した。また幼児は冶金術においても同様の目的で犠牲にされる。[12] すなわち、鉱石を溶解する炉に魂を入れることで、作業の成功を確保するという目的である。

確かに子どもの存在は、（たとえばセルビアやルーマニアの民間伝承詩のように）独立した文化的営為となり、とりわけ詩的性質を有するために流布した民間伝承の産物において、その存在自体がもたらす悲壮な要因によって特別に価値づけられる。この悲壮な要因は、「俗的な」外見においては情動性に直接、働きかけるが、神話と相容れないわけではなく、それどころか神話を再生している。この哀感は、どのような出来事に顕われようとその出来事を神話的世界に導き入れる。まさにこのようにして、たとえば棟梁マノーレの子どもの運命は「俗」から離れ、神話に移行するのである。

あなたの小さな子ども
私の坊や
主が坊やを見ている
しかしあなたがベッドに坊やを置き去りにしたので
みなが青ざめ
妖精がやってきて
母親の代わりに寄りそって
乳を与える
雪が降るときには
油を塗り
雨が降るときには
水浴びをさせて
風が吹くときには
やさしくゆすりながら眠りにつける
坊やが大きくなるまで

棟梁の子どもは、母親の生け贄の結果、孤児になったという単純な事実によって（ディオニュソスやヘルメス、クッレルヴォなどの）[13]「子ども＝孤児」である神々や英雄に同化される。彼の運命は、神話的範疇に組みこまれることで人間の運命ではなくなる。悲劇的な事件の悲壮さは、（憐れみ、嘆きなどの）人間的感情を呼び起こし、さらに棟梁の子どもは、妖精に育てられ、風にあやされ、雨に洗われる神的な「孤児」に同化する。そのことにより、人間的な素材が神話に変えられるのである。棟梁の子どもの行く末に関しては、何も語られていない。しかし想定される棟梁の子どもの「伝記」は、あらゆる場所や時代の英雄に関する神話的筋書きのまさに繰り返しであるため、さして興味を惹くものではない。神話の領域で重要なのは、孤児、すなわち最上の子ども・原初の子どもの属性と運命が、棟梁の子どもが絶対的かつ不可避的に経験した宇宙における孤独と完璧な唯一性によって、彼に付与されたということである。このような「子ども」の出現は、原初の瞬間、すなわちあらゆる現実的層における宇宙創成、新たな世界の創造、新たな歴史的時代（ウェルギリウス）の創造、「新たな生」の創造と時を同じくする。「子ども」の出現は、「かの時」「かって」「一度だけ」「その時」、すなわち始源《アブ・オリゴ》から、初めにお《イン・プリン》いて《キピオ》、はじめに《アグラ》起こる。儀礼的で聖なる時間が過ぎ去ることのない時間であることはすでに確認したが、神話的時間もつねに同一の時間である。神話の「孤児」は、（過ぎ去ることのない）始まりの瞬間を生きている。彼は唯一で比類がない。彼によって、あるいは彼と同時代であるものによって、諸世界が誕生する。孤児は水や雨、風などの諸要素のなかで、ほかの人間の手を借りずに成長する。それは全人類が宇宙的諸要素のただなかで育った初めの神話的瞬間の繰り返しと言える。そのため、このような「孤児」の出現は、ある意味で宇宙創成と人間創造への逆行でもある。

建設の生け贄から発生した民間伝承詩の付随的要素（マノーレの子どもの話）は、したがって神話的構造を示している。その付随的要素は、われわれの近代的見解にとって、感情的内容と美的価値そのものによって十分に存在価値を有するが、その「自主独立性」は外見上のみである。というのも、民間伝承詩の付随的要素は、中心的筋書きから離れると、ほかの神話的構造に改めて組みこまれるからだ。付随的要素が改めて組みこまれる神話的構造が「孤児」の神話的構造、すなわち（始まりの）宇宙創成的構造であることは偶然ではない。なぜならば後述するように、建設の生け贄は宇宙創成という原初的行為の人間による模倣であるため、棟梁マノーレの民間伝承詩は宇宙創成型の民間伝承としての産物にほかならないからだ。

新たな建物の土台部分で行なわれる子どもの生け贄に関しては、ドイツや東洋の伝承を論じる際に確認したが、子どもの生け贄はそれ以外の状況でも行なわれることに言及する必要がある。たとえば、王の健康を回復するために子どもが生け贄にされた。[14] これは、王の健康を取り戻して生命を確保するための新鮮な血の呪術的「移血」にすぎないのか、あるいは王を（「始まり」の始源型としてのしるしのもとで）原初的「状態」に導き入れる子どもの生け贄なのだろうか。その原初的「状態」は、王を再生するという単純な事実によって王を治癒する。（血の呪術＝健康という）最初の解釈の妥当性に疑問を投げかけることは妥当だろう。というのも、古代の東洋では共同体が大災害で脅かされるたびに、国や町の長が自分の息子を生け贄にする慣わしがあった。フェニキア人は、伝染病や旱魃、軍事的災害のときに、最初に生まれた子どもを生け贄にした。[15] この若い血を何のために使ったのだろうか。神（たとえば戦争の神）を「鎮める」ために生け贄がなされたというのは信じ難い。これらの供犠は一貫した理論を有したのであるから（あらゆる供犠は一貫性を有している）、その存在理由が戦争の神を「鎮める」というのはありえない。供犠による血は戦争の神を逆に強めて、戦争に勝つために不可欠の聖なる軍事力を刺激したはずである。最初に生まれた子どもの供犠によって、神の力の再生と増大が生じた。スウェーデンの研究者ヴァルデマール・リウングマン[16]は、アジアにおいて処女は夜を大女神の神殿ですごし、夫ではなく（神官や異邦人などの）神の代理人によって子を孕んだために、最初に生まれた子どもは実際に神の息子であったと主張する。そのため、伝染病や旱魃、大災害のとき、神の子どもたちが「生みの親」の聖なる力を刺激して再生するために犠牲になったのである。

前述の問いに戻ると、このような供犠は力の呪術的注入をもたらすために、あるいは王や神の生命に完全な状態を取り戻すために行なわれたのだろうか。どの資料によっても、子どもの供犠は、「始まり」、最初の瞬間における復元と回復を目的にしたと考えられる。あらゆる供犠は「かの時」、すなわち、始まり・神話の原初的実在性において行なわれる。王や神は、儀礼によって、彼らの力が輝き絶頂であったかの始まりの瞬間へ「導かれ」

る。そこで「子ども」が始源型としての役割を果たす。すなわち、「子ども」のしるしのもとで生じるあらゆるものは「時間の始まり」で生じるのだから、永続性において生じるのである。結局、これらの儀礼に関しては、始まりにあったものへの「永遠なる回帰」、世界の運行の再開、宇宙創成の再現と言える。儀礼的行為は、自然や集団の完全性を脅かす深刻な事態が生じるたびに、不具合のある箇所を修繕するために行なわれるのではなく、儀礼の呪術によってあらゆるものを最初から再開する、すなわち世界創成を繰り返すために行なわれる。新鮮な血が、敗れて疲弊した神に輸血されるだけではなく、その神が「はじまり」にあった状態にふたたびなることで、そのもとで再生されるしるしを得るのである。

このような創成の観念は、既述のあらゆる儀礼においても見出される。たとえば、ある要塞が崩れる。壁のもとに生き埋めにされた子どもが、要塞を存続可能にする。王が死の床にある。子どもの生け贄が、始まりの完全性を王に取り戻す。旱魃が、世界を創造以前のカオスに引き戻すことで猛威を振るう（旱魃は、無定形、不毛、形態以前のもの、すなわちカオスへの退行をもたらす）。生け贄にされた子どもが創成を再現し、世界は改めて存在可能になる。軍事的敗北が、戦の神の力の枯渇を示す。初子、すなわち神の子どもの供犠が、戦の神が絶頂にあった原初の瞬間をふたたび生きることを可能にする。これらの例は、「力の移行」だけでなく、神や王の再生、建設物の安定性を自然な仕方でもたらす、より大きな作用、始源型への回帰が問題であることを示している。アルカイックな心性は、部分ではなく全体性をもって作用する。直し、繕い、追加して改めること――これは供犠の作用の最低限の効力でしかない。はるかに大きな作用は、創成の瞬間への回帰、重要である唯一の創成的行為の反復、ほかの神的行為の原型への回帰である。このようなアルカイックな心性の性向は、本稿で取りあげた儀礼、さらにほかの多くの儀礼においても明白だが、独自の意味を有している。それはアルカイックな人間が、実在的であること・存在することに餓えており、特に完全な状態をふたたび生きること、カオスの未分化の状態が創成によって数十億のかけらに断片化された決定的な「かの時」に回帰することを渇望することを明らかにする。そのために、どの儀礼やどの迷信の分析から研究を開始しようと、人間の同一の観念的役割と失われた楽園への同一の郷愁が見出されるのである。

第八章 「代用品」と「対象」

建造物と製造物に対する人間の供犠は、次第に動物の供犠に取って代わられた。これが、人間の心性の発展における一段階、宇宙における自主独立への一歩を示す「代用」へ向かう移行であることはよく知られている。過渡的局面が、とりわけバルカンにおいて今日なお流布しているしきたりである「影を捕らえること」に見出せる。ある者の影が測られ、測った物は土台部分にただちに生け贄として埋められるという。この場合は人間の供犠の代用であり、婉曲的表現でもあると言える。ある地域では人間の骸骨、頭蓋骨が埋められる。インド本土や諸島、タイやカンボジアの多くの寺院でも、同じように骸骨や頭蓋骨が埋められた。(1) ベッサラビア北部では、今日でも「家畜の骨、できれば人間の骨を新しい建造物に」埋める習慣がある。(2) しかし真の代用は、動物供犠によって始まる。デンマークでは、各教会のたもとに馬を生き埋めにしなければならないと信じられた。(3) 古代のインドでは、祭壇の設置に際して、黒い雄牛か白い雄山羊が生け贄にされた。(4) 東洋では、とりわけガチョウが生け贄にされた。(5) 同じように犬や猫、鳥、蛇なども供犠に捧げられた。

一八六〇年においてもなお、若い男女たちは、ヌーヴィル・シャン・ドワゼル〔フランス北部〕の新しい役場では雄鶏の首をはねなければならないために、その役場で結婚を挙げようとしなかった。(6) ルーマニアには、雄鶏の首を新居ではねる習慣がある。中近東では、土台部分の設置の際に動物が生け贄にされ、(7) また新居の入口でも供犠が繰り返される。(8) ヘルツェゴヴィナにおいては、一八七二年にデダガ・チェンギッチェが橋の礎を築いた際に、礎石のひとつひとつのたもとで黒羊を生け贄に捧げて、角の石のそれぞれの下にはデュカ金貨を置いた[9]。新しい家に血を注ぐしきたりは、今なお広く流布している[10]。スコットランドの諺では、以下のように言う。

　洪水に耐えられる橋が欲しいなら、水と血を混ぜた礎を置くべし[11]。

　これらすべては、同一の解釈に収斂する。建造物は、「生命を入れられ」なければ、つまり人間の魂であれ動物の魂であれ魂が与えられなければ、存続不可能であるということである。「生命」は時として、明確にそれをもっているもの（すなわち、われわれの判断では「生きている」もの）によって注入されるだけでなく、たとえば人間や動物の骨のように生命の構成部分としてそれを受けついだものからも直接注入される。人間や動物の骨が、インドやカンボジア、ルーマニアなどで使われることはすでに確認した。このような骨には力が注入されているため、建造物に「魂を入れる」ことが可能であり、命と持続性を付与することができるのである。同様の効果は、黄金によってももたらされる。黄金は太陽の水準に属しており、そこから力、持続性、永遠性をもたらす。メキシコにおいては、建造物の土台部分に金や銀、真珠など[12]の宇宙的力を帯びた物質が置かれる。ポーランドやベルギーでは、土台部分の四つ角に薬草が置かれる[13]。ほかの地域でも、卵やパン、ワイン、塩、ミルク、油などが置かれる[14]。もちろんこれらの供物を置く人間はほとんど、その理由を記憶していない。記憶しているときでも、土地の「霊」や「新奇なもの」への貢物として行なったなどと口にするのみである。しかし植物の供物の原初的意味は、動物の供物の場合と同じくひとつだった。すなわち、建造物が存続するためには、生け贄の魂と血によって、あるいは（黄金や真珠、食品などの）特定の物質・人形によって「魂を入れる」必要がある、つまり、「力」・生気を付与する必要があるということである[15]。これによって建造物は、「生物」に昇格する、存続するものの水準に昇格するのである。

ここまで命あるものの供犠によって建造物に「生命が入れられること」に関して繰り返し論じてきた。しかし本稿は、明確に述べておくが、従来の民族学者や民俗学者たちがこれらの儀礼の起源や意味をめぐって延々と議論してきた仮説に取り組むことを目的にするものではない。これらの儀礼の起源や意味に関してはさまざまな解釈が考えられ、提唱者の学問的高名によって長いことその解釈が受け入れられてきた（そのいくつかは今日でも受け入れられている）。しかしそれらの解釈は、私見では、根拠がなく不完全である。たとえば、タイラー、彼のあとではゲド、そしてある程度サルトリも、[16]建造供犠の目的は犠牲者の魂を守護霊に変えることであると考えている。フィンランドの研究者ウェスターマークは、正しくもこの解釈を退けている。ウェスターマークが言うには、犠牲になった者の「亡霊」は自分を殺した者の守護霊になることを望まないであろうからである。[17]

一般に広く受け入れられた、そしていまなお受け入れられているふたつ目の仮説は、サルトリによるもので、ウェスターマークによっても一部、認められているが、[18]建造物を建てることは土地の霊を怒らせるので供犠を行なってなだめなければならないというものである。この仮説が建造供犠のすべてを説明するならば、考慮に値しよう。ところがすぐに見るように、土地の霊と関係をもたない建造供犠が存在する（たとえば、船舶の出港に際する供犠、あるいは冶金の炉に点火する際の供犠）。

クローリー、そしてウェスターマークもある程度、[19]供犠は「新奇な」ものに対する原始的人間の恐怖が原因であると考える。しかし「新奇なもの」がアルカイックな文化の人間にとって、きわめて多くの意味を有することは第五章で確認した。新奇なものは死の様相をもっていると言えるが、それはイギリスの人類学者クローリーが考えるのとは別な理由による。ウェスターマークは最終的に、サルトリとクローリーの仮説を部分的に受け入れて、この儀礼の多くはある人間がほかの人間を救うために殺される代理供犠に収斂すると結論した。[20]確かにウェスターマークのこの主張は、それ自体として妥当であり、あらゆる供犠において、あるものがほかのものを救うために生け贄にされる。しかしこれでは、建造供犠の仕組みを説明したことにはならない。この一般的表現のもとに、多くの宗教的行為と多種多様な信仰が改めて集め直されるだけであり、結局、何ひとつ説明されていない。ウェスターマークが考えるように、ことが単純であるならば、（第七章で見た）「子ども」は存在理由をもたないだろう。（第九章以下で見る）場所の選択も無用となり、あらゆる建造供犠の宇宙創成的構造も意味をもたなくなるだろう。結局、「ほかのものを救うための生け贄」にすべてが還元されるならば、その生け贄はどのような方法で捧げてもよいことになる。換言すれば、供犠の構成が「自由に」なるのだ。しかし実際の供犠は正反対である。あらゆる供犠は類似した構造を示しており、その構造は世界創成に際して生じた原初的供犠と容易に同化しうる。

前記の学者たちが提示した解釈が不十分であることは、本稿の試みを先に進めることでよりいっそう理解されよう。建造供犠は、建築物、建造物に「魂を入れること」を目的としているが、「魂を入れること」はどのように行なってもよい（すなわち生きているものをただ生け贄に捧げる）のではなく、創成の最初の行為を繰り返すことで神的模範に従って行なわれる。換言すれば、この供犠の本来の意味は、事物に魂を入れるために生け贄を捧げることではなく、世界が誕生した「始まり」に生け贄が捧げられたからこそ生け贄を捧げるということだった。また、そのように生け贄を捧げることによってのみ、魂が事物に注入され、実在性と持続性が付与される。もちろん多くの場合、この供犠の本来の意味は忘れさられてしまった。しかしそれは、「場所の探求」、「子どもの主題」、家の建設と世界の創成の同一視など、いたるところで見出される。以下で確認するが、「魂を入れること」は、事物が人間のような魂をもつというアニミズム（一般的な意味において、現実にはけっして存在しなかったアニミズム）によって説明がほぼ可能な単純化された信仰ではなく、より大きな理論に組みこまれている。それを明確にするために、次の一連の新たな事実に検討を加えよう。

ここまで（教会や町、橋、家、宮殿などの）建造物に関する儀礼や迷信、伝説について検討してきた。しかし同種の供犠（人間の生け贄）は、たとえば未開拓の土地の開墾においても行なわれていた[21]。同種というのは、

「新奇なもの」に対する恐怖だけでなく、何よりもカオスをコスモスに変えた神々の行為に類似する創成と組織化の行為においてである（第一章の「所有すること」の儀礼を参照）。フィジー島では、新しい家や新しい船の出発の際に同一の供犠が見られる。[22] ソロモン諸島やニュージョージア諸島などでも新しい船で供犠が捧げられる。[23] ヴァイキングは、新しい船が血で染まるように、船底を貫くキール台に奴隷を縛りつけた。[24] 一七八四年にトリポリ港から新しい軍艦が出発した際には、黒人奴隷が船首に縛られていた。[25]

しかしもっとも意味深い例は、池に水を流しこむために行なわれる人と動物の供犠において見出せる。プルツィルスキ教授は、インドの前アーリア系の古い民族であるサンタル族の民間伝承から多くの資料を収集した。[26] それらの資料は、人間の供犠が「創成」の目的で捧げられているのでなければ説明不可能である。すなわち、一方では、万物をあらしめ、秩序あるもの――この場合、池の水は満ちあふれていなければならない――にした創成の原初的行為の模倣がある。他方では、池に魂を入れること（あらゆる「創成」の身振り）、死んだものや死に瀕したものから生きているものへの変容がある。命と魂をもたないかぎり、すなわち宇宙が創られたように作られないかぎり、いかなるものも存続できない。池も、生け贄に捧げられるものの生命・魂の移行儀礼と供犠によって、自然の機能や生命・魂が与えられることがなければ、生命・魂を回復することはない。

人間の眼が船の船首に描かれる理由が、同じようにして説明される（たとえばエジプトにおいて）。それは人間の供犠の代用（のおそらくひとつ）であるだけではなく、船に「魂を入れること」、生命をもち有機的な事物の秩序に船を組みこむことである。眼を付された船は、人間の身体に変わる。すなわち「生命」と「魂」、そして生命と魂を有するあらゆるものがそうであるように、力を備えるようになる。この力が、存在し持続することを可能にするのである。

人身供犠は、あらゆる最初の行為の導入の際に執り行なわれる。そのため創成の身振りが最初の行為のたびに繰り返される。プルタルコスが言うところでは、このために冶金術を成功させるには人間の供犠が必要なのである[27]。冶金術と産科術とのあいだの有機的関連について、以前、別の機会[28]に論じたことがある。すなわち、鉱石を溶解する炉は子宮と同一視され、鉱石は言わば「胎児」である。そして、未加工の鉱石から金属を取り出す行為は「成熟」、「胎児」の「子ども」への変化に相当する等々。冶金術は「創造的」技術なのだ。確かに冶金術では鉱石に魂を入れる作業は行なわれないが、その理由は、鉱石が地球の巨大な子宮（太母＝大地）のうちで胎児として「生きている」ためである。しかし冶金術は、鉱石の成熟、有機的成長、未熟な状態から円熟した状態への変化を促進する。そして、自然と協力し、自然の仕事を引きついで完成させるのである（依然として十八世紀には、自然の業を完成させる営みと考えられていた農耕とまさに同様である）。冶金術だけでなく、鉱山を拓くことにおいても人間の供犠が必要とされる（冶金術のきわめてわかりにくい工程では、自然で決められている期間に先立って取り出された鉱石＝胎児に相当する捧げものによって大地の「母」をなだめるために胎児が捧げられる）。そのため多くの地域では、鉱山を発見した者はまもなく命を落とすと信じられている。鉱山はコスモスに変容する「カオス的」領域、あるいは生命をもち続けなければ存続できない「有機体」である（きわめて多くの伝承において、鉱山は大地の子宮と同一視される）。生きているものは魂をもたなければならない。人間が供犠によって鉱山に魂を入れなければ、鉱山はみずからそこに足を踏み入れた最初の者から魂を奪いとる。アルカイックな文化の人間が考えていたように世界を描こうとするならば、次の結論に到達するだろう。すなわち、「作られたもの」は生命と持続性に餓えており、ひとたび作られたものは存続することを欲する。そして、人間が魂を付与することで手助けしなければ、接触した最初の人間を取りこんで魂をみずから吸収する。これは人間の手で作られたものによる一種の吸血鬼伝説である。作られたものは生に属していないために、生に入りこもうとする。これはアルカイックな人間にとって、命をもつ有機的世界からの襲撃、生命と魂の注入・存続性の付与によって「製造された世界」からの襲撃である。人間はみずからの手で創造し、生み出した世界の「上方から」だけでなく「下方から」も圧力を受けている。したがって、あらゆる「新奇な」もの、認知されていないものは危険なのである。存続することを熱望するものに生命と魂を与えるには、未知のものとの接触やその認知などの単純な行為だけで十分である。最初の接触は、接触した者にとって致命的だ。なぜならば、それまで認知されていなかったために存在しなかったものが、命ある状態に目覚め、存続することを「欲し」、取りこんだ人間から生命を引き抜くからだ。

周囲の世界のこのような観念を「体感する」ことはきわめて困難であるが、アルカイックな人間が思い描いたままの生を考察することに努めてきた。このような世界像においては、「製造された事物」は、かく振る舞い、かく感じ、望み、考えるのである。

第九章　場所の選択と「中心」の確立

教会、町、家を建てる場所は、特別な配慮をもって選択される。数多くの土地占い的な法則と作法が守られなければならない[1]。実際、われわれが取りあげている棟梁マノーレ伝承詩の冒頭では、以下のように謡われる。

川下のアルジェシュ
美しい谷間にそって
黒の大公がやってくる
道中をずっとともにした
十人の仲間を引き連れて
谷で選ぶために
修道院の場所を
祈りの場所を

建造する場所は、美しさや衛生面、戦略などの俗的な理由によって偶然に選ばれるのではなく、どこであっても土地占いや呪術の基準に従って選ばれる（かの基準に含まれる「理論」は、一貫性を保持しているか、あるいは、「未開」民族にあってはきわめてよく見られることだが、稚拙な言動になって原型をとどめていない）[2]。あらゆる種類の生物が、特定の建造物のためにあてられた場所の選択を正当化する役割を果たす。実際、エストニア人は馬小屋を建てようとする場所に草とぼろ切れを置く。黒アリが集まったらよいしるしである。赤アリが集まったら悪いしるしであるが、三日以内にそれらの下にミミズがいたら、よいしるしである[3]。サルトリは、人間の建造物や住居にあてる場所を、あらゆる種類の動物を使って正当化することに関して、大量の資料を集めた（op. cit., p. 4, nota）。ウクライナでは、パンと水が置かれる。翌日まで手つかずのまま残っていたら、そこは適切な場所である[4]。同様の信仰はヴォルィーニ〔ウクライナ西部〕にもあり、そこではパンと塩などが置かれ、一日ではなく二、三日待たれる[5]。アフリカでは事の解釈が真逆である。たとえば、マラウィ（ニアサ湖の東）の部族は、樹木のそばにつねにいる地霊に以下の方法で相談する。すなわち木の根元に少量の小麦粉を置いて、二十四時間後まで手つかずのまま残っていたら、霊が場所の選択を拒否したしるしであり、ほかの場所を探さなければならない[6]。インドでは、地下に住む土地の神が家の設計中あるいは建造中に建築家の身体にもぐりこみ、それから消えてしまうと信じられているため、供犠が必要とされる[7]。これらの信仰は、ある時には不完全な形式となり、ある時には以下で取りあげる土地占いの基礎である一般的観念に類似している。

棟梁マノーレ伝承詩に話を戻すと、黒の大公と「郷愁をさそう笛を吹く、哀れな若い羊飼い」との出会いが以下のように描かれている。

羊飼いを目にするなり
大公は彼に尋ねました
「壮麗な羊飼いよ！
哀しい笛を吹く

アルジェシュの川上を
お前は羊を連れて渡り
アルジェシュの川下を
羊を連れて渡った
お前は目にしなかったか？
お前が通ったところに
未完成のまま
打ち捨てられた石壁を
山道の
緑のハシバミがあるところ」
「はい、だんな様
見かけました
私が通ったところに
未完成のまま
打ち捨てられた石壁を
犬どもはそれを見ると
毛を逆立てて吠えかかり
死者にうなっているようでした」
それを聞くなり大公は
喜んですぐに出発しました

当の石壁に向かって

大公による「未完成のまま打ち捨てられた」石壁の探求は、とても謎めいている。大公は、民間伝承詩が語っていない先駆者の企てをただ引き継いでいるだけなのだろうか。あるいは、中断された行動を再開している、もしくは彼の仕事を特定の伝承に統合しようとしているという方が適切だろうか。それともカラコステア博士が解釈するように、この部分は観念的・儀礼的な含意や記憶ではなく、民間伝承の宿命的な雰囲気を強めるために挿入された創作、すなわち素材の審美的な構成に関する創作なのだろうか。なぜならば現実のしきたりは、民間伝承詩の記述とはまったく異なっているからだ。古い建物の跡は有害であり、避けなければならない。かつて建造物があった場所に家を建てるならば、そこに住む人間は命を落とす(8)。ウクライナやほかの場所では、かつては人通りがあったが今では廃れた場所は恐怖を引き起こすため、かつて街道だったところには家が建てられない(9)。この恐怖の理由は明白だ。かつて特定の場所に人の住居があったが今はもはや廃虚しか残っていないのなら、それは場所の選択が誤りであったにせよ、儀礼による清めが不十分であったにせよ、ある悲劇がそこで起こり有害で不吉な雰囲気が漂うようになったにせよ、居住が継続できないことを意味する。とにかく失敗した試みの再演はよいことではない。再演することは、実際つねに、創造の行為であるからだ。反復や統合はつねに肯定的な意味で行なわれる。勝利をおさめた実りの多い創成的諸行為は模倣される。人間の生全体は、現実として、いくつかの始源型に還元できる原初的身振りの不断の再演であり、そのひとつひとつがある意味で神の示現である。たとえばインドでは、きわめて多様な人間の諸行為は、太陽神、あるいは主要な火の神アグニの示現に還元される。きわめて些細な人間の身振りも、もっとも責任重大な儀礼的行動と同じように、何も顕現しない局面から顕現する局面へ、神的存在が示現することへの原理の移行という同一の宇宙的模範に属する。

建造に適した場所を選択する祭式に話を戻すために、以下のことを見てみよう。すなわち、ガステルによって訳された『ラビのエグサンプラ』のひとつでは、王が要塞を建てることにした領域についての見解を述べるために、占星術師が呼ばれた。占星術師、より正確には土地占い師がこのような仕事に不可欠である。インドでは、「ひとつの石が据えられる前に、占星術師が世界蛇の頭の真上に位置する土台の地点を示す。石工はカディラの樹から杭を作り、蛇の頭に突き刺してよく固定するように、占星術師が示した地点にココヤシの実を使って杭を打ちこむ[10]」。礎石（パドマ・シーラ）がその杭の上に置かれる。この作業は間違いなく、世界を支える地中の蛇（シェーシャ、アナンタ、アヒ・ブドゥニヤ、アヒ・ヴリトラ）の頭の動きが引き起こす地震を回避する目的で行なわれた[11]。デリーで収集された「鉄の柱の民間伝承詩」は、蛇の頭を貫く杭が引き抜かれたとき、「地震が突如として平野を襲った」とはっきりと語っている[12]。民間伝承詩の登場人物のひとりであるバラモンが次のように問いかける。「人間ふぜいが、蛇の王に致命打を与えるにはどうしたらよいのか」。あるいは、ポール・ミュスがバラモンのこの問いを以下のように言い換えている。「世界を支える神話的な蛇の頭の真上に、それぞれの家を建てるにはどうしたらよいのか」。アーナンダ・クマーラスワーミは、この問いに対して以下のように答える。世界を支える蛇の上に位置する「大地の臍」（ナビ・プリティヴィー）は、地理上の場所ではなく原理上の場所であり、そこではしっかりと固定されあらゆる「中心」が実体と見なされる。この意味において、人間の姿形《フォルマ・フマニタティス》があらゆる人間に表われているように、蛇の独特の様相は「中心」が儀礼的に据えられたところではどこでも現前する[13]。

　実際、所有すること、または建造することなどのあらゆる行為が世界創成の宇宙的始源型に倣ったものならば、これらの行為は世界の「中心」で生じなければならない。なぜならば、（既刊の著書『バビロニアの宇宙論と錬金術』で言及した）多くの伝承によれば[14]、創成は中心から始まったからである。地龍は大地の下でとぐろを巻いて眠っており、その頭はまさに大地の中心にある。あらゆる家の建造は、大蛇の頭を貫くことであり、そのため、「中心」の儀礼的創造を前提としている。もちろん、この「中心」が生じる空間は、われわれの俗的な空間ではない。まさにそのために、「中心」がいくつも存在することが可能なのである。インド人やほかの多くの民族も、一軒一軒の家がまさに「大地の臍」にあると信じる一方で、「中心」がひとつしか存在しないことと、家・寺院・町などが複数存在することについては疑わない。「中心」の単独性は、観念的に有効性を認められている。なぜならば、いかなる事物も現実の一環とならなければ、つまり創造の宇宙的始源型と一致することがなければ、存続不可能だからである。そのため日常の物理的経験の数に応じて「中心」も複数存在するようになる。この俗的で物理的な経験は、神話的・観念的時間とは異なる時間を有するだけでなく、神話的・観念的空間とは異なる空間をも有する。儀礼はつねに、始源の神話的なかの時に行なわれる。その神話的時間は、過ぎ去ることがなく可逆的である。あらゆる儀礼が静止したかの神話的時間のただなかで行なわれるように、あらゆる建造物も神話的空間に「中心」をもっている。神話的時間と日常的時間との「一致」、神話的空間と感知可能な空間との「一致」は、全体と部分、存在と非存在、瞬時のものと不滅のものとの一致を可能にする儀礼的逆説によって可能とされる[15]。

蛇の頭を杭で礎石の下に固定する儀礼は、神話的空間（すなわち世界の「中心」）で生じているだけでなく、神話的時間においても生じている。実際にそれは、神々が大地を安定させたときに行なった原初的身振りの反復にほかならない。というのも、大地は「始まり」において「ヴァーユ（風の霊）があちこちに吹きまわっていたので蓮の葉のようにゆれていた……。神々は言った。そうだ、この支えを取りつけよう[16]」。そして神々は、ソーマがなしたように（『リグ・ヴェーダ』Ⅱ・12・2）、インドラが「蛇をその住み処で撃った」ときのように支えを固定した[17]。一方で、蛇を撃つことは創成の身振りの神話的な常套表現にほかならない。蛇は形式をもたず非顕現的なカオスを象徴しているからだ。メソポタミアの伝承によれば、蛇の姿をしている怪物ティアマトが切断されることで世界が創られた。インドラは、神話的な怪物ヴァリトラを稲妻で撃ってふたつに裂いた。ヴァリトラはアヒ（大蛇）と同じ蛇の姿をした怪物であり、水（アパ）を奪って山の洞窟に溜めこんだのだった。水を奪い取ることは以下のことを意味する。

一、ヴァリトラは、ティアマトやほかの蛇のような神と同様に、創成に先立つカオスにおける絶対的君主だった。

二、大蛇は水を独占することで、全世界を旱魃にさらした。水の独占が創成以前に起ころうと以後に起ころうと、その意味に変わりはない。ヴァリトラは世界が生じること、あるいは存続することを「妨げた」[18]のである。非顕現的で潜在的、形式以前であるものの象徴ヴァリトラは、創造に先立つカオスを表わす。すなわち、「インドラが稲妻でふたつに引き裂く前に目にしたような、継ぎ目がなく、目覚めておらず、まどろんでおり、眠っていて、沈みこんでいるもの」（『リグ・ヴェーダ』Ⅳ・19・3）である。インドラがヴァリトラを引き裂いたことで水が大地を満たし豊かにしたために、世界が誕生した、あるいは再生可能になった。実際に蛇の頭を礎石の下に打ちつける杭は、ほかの文献では「ヴァリトラの頭を切り落とした」インドラの稲妻を模している（『リグ・ヴェーダ』Ⅰ・52・10）。地震を予防する手段としての儀礼という解釈は、おそらくあとから加えられたものだろうが、いずれにせよ、それは今まで分析した象徴体系と矛盾するものではない。というのも、地震は創造以前のカオスを司っていた、さらに万物が無形式である単一の塊に合わさる「大崩壊」（マハープララヤ）という黙示録的瞬間にふたたび司るようになる大蛇の力が顕現したものにほかならないからだ。地龍は世界をカオスに戻そうとして地震を起こす。地龍はつねに非顕現への退行の象徴、あるいはあらゆる「形式」とあらゆる創成行為に抗する「障害」、不活発の象徴である。したがって杭を打ちこむことは、地震から身を守るための呪術的手段であり、ヴァリトラを稲妻で撃ったときのインドラの行動を模倣する神話的手段である。建造者は建てようとする家の持続性を確保するために、世界の「中心」に杭を打ちこみ、カオスからの世界創成の決定的瞬間である「始まり」の時間と空間を生き直し、やり直すのである。

中国人にとって、完璧な王都は世界の中心に位置してもいる。バビロニアの神殿や都市と同じように、その王都には地下の世界と天上の世界をつなぐ奇蹟の樹が聳え立つ[19]。この樹は「聳え立つ木」と呼ばれ、何であれそのすぐ側にあるものに影が差すことはないと言われる。そのため王都を創設する前に建設者たちは指時針を据えた。夏至の正午、それはまったく影をもたないという[20]。完璧な王都は、ほかのあらゆる建造によって模倣された模範だった。家の向きを決めることは、宇宙的規則にそって行なわれなければならず、「大蛇」がここでも重要な役割を果たしていた。

『バビロニアの宇宙論と錬金術』（第一章）において、ある伝統では、人間が創る世界（国、都市、住居）と理念的原型を表わす天上的世界との完全な同一性が存在することを示した。それぞれの神殿は、聖なる町の各々と同様に、「中心」に位置しているために世界像《イマゴ・ムンディ》である。中心の象徴体系は、実在の理念と全体の理念を同時に含む。というのも、創造は「中心」から始まり、全世界はそこから今日の境界まで「織り成され」、あるいは「広げら」れたからである。セム人の伝統は、「まさに胚が臍から外部に向かって育つように、神は世界を臍から創造し始めて、そこから四方八方に広げた」と語っている[21]。『マツヤ・プラーナ』では、原初の水に漂っていたヴィシュヌの臍から諸世界が誕生した様子が語られている[22]。

世界が中心から創造され始めたように、町はのちに祭壇に変わる中心の発見とその聖別を目的とする祭式によって創設される。フロベニウスは、北アフリカ出身でのちにスーダンに移住した民族マンディンゴによる要塞状の町の建造について、以下のように語っている。貴族たち（ホッロ）は、忠実なる詩人（ジャリイ）と鍛冶師（ヌム）たちを引き連れて長い旅に出発する。詩人と鍛冶師たちは、貴族たちが選んだ場所が適切であるか否かを確かめるために、神託に伺いを立てる[23]。その場所に雌鳥を置いて、夜中にジャッカルやハイエナに食べられなければ、場所が適切であることが確認される。そして新月が最初に現われた際に、「柵が炎の周りに円か四角形を描くように立てられる。その柵には最初から、東、北、西、南の四つの扉が備えつけられている」。次に、馬に乗った若者が鍛冶師とともに、若く力強い雄牛を引っ張りながらその場所の周りを三回廻る。柵が完成すると、最初になかに入るのは人間ではなく、一頭の雄牛と四頭の雌牛である。雄牛が四頭の雌牛のうち三頭を追いかけ回したあと、犠牲として捧げられる。その雄牛の肉の一部は、旅のメンバーによって（結婚しているときには彼らの子どもたちにも）食べられ、一部は儀礼の炎で焼かれる。雄牛の生殖器は炎であぶられ、次に月が見える日に柵の真ん中に埋められる。そしてその同じ日に、雄牛の死骸を埋めた穴の上に生殖器の形をした祭壇が建てられる。祭壇のわきには溝が掘られ、月が替わるときに生け贄に捧げられる獣の血がそこに流される。溝の上の祭壇には、たいていは三匹の、時には四匹の動物が生け贄として捧げられる。[24]

このアフリカの祭式には、多くの信仰が含まれていることが見て取れる。[25] しかしわれわれの関心をまず惹くのは、町がその周囲に儀礼的手順に従って創設される「中心」の存在である。中心に男性生殖器の形をした祭壇をもつ円形の柵、あるいは四角形の柵は、人間たちが現実に存在するようになる瞬間、すなわち生を受ける瞬間における定住を描いている。この創設の行為は、創成の原初的行為の複製であり、新しい町は暗黙のうちに世界像《イマゴ・ムンディ》になる。柵は、まだ存在しないもの・はっきりとしないもの・敵対的なものから、存在するものを分かつのである。

人間の新たな定住を可能にするこの原初的な柵の宇宙論的効力は、あとから偶発的に帯びたほかの価値によって減じることはありえない。柵と堀、ほかの地域では迷宮と石壁は、町の創設という原初的な役割以外に、防衛的役割を担うこともある。すなわち、悪霊・有害な力を遠ざけるのである。そしてのちに、精神的視野が「見えざる」事物や力、敵によってもはや占められなくなると、これらの石壁や迷宮は人間の外敵に対する防衛の手段として用いられるようになる。町の場合にも、ほかの多くの事例と同様に、原初的意味が次第に失われていくこと、すなわち、あらゆる人間の行為の背後にかならずや存在するに違いない観念的「原本」の解読を、ほとんど不可能にする具体性への転落が見出せる。ここは迷宮の問題について詳細に論じる場所ではない（それについては別の専門研究をすぐに発表したい）。しかし、当初、これらの建造物が人間の外敵に対する防衛の手段としてではなく、「悪」、亡霊や死者に抗する防衛の手段として創られたことは確かである。軍事的戦略ではなく儀礼と観念が、それらの発見と使用、完成に至らしめたのである。また同様に、要塞の場所も戦略的地点として選ばれたのではなく、しっかりと確立された宇宙論的規準に従って選ばれた。結局、いずれの場合も「戦略」が問題であったが、それらの戦略は異なる層に適用され、異なる価値に基づいていたと主張しても真実からそれることはないだろう。当初、要塞の戦略的地点は、観念的効力、すなわち悪魔的力・カオス的力・「悪」に対する強度を意味した。のちになって、戦略的地点は人間の外敵に対する耐久性に基づくようになった。しかしいずれの場合も、死に抗する防衛、言わば持続性にかかわっていた。その上、原初的意味が次第に失われていく過程が、特定の行動や身振りの本来の存在意義を忘却させることがあっても、その身振りの存在を消し去ることは不可能であり、せいぜい解釈を変えることができただけだった。

町の創設の祭式に議論を戻すために、太古から伝えられたローマ創設に関するふたつの伝承に言及しよう。ひとつ目の伝承は、鋤によって描かれ、中心にローマ人たちがムンドゥスと呼んだ穴のある円について語っている。[26]オウィディウスは、この穴の上には祭壇が置かれたと述べている（『祭暦』Ⅳ・819）。ふたつ目の伝承は、四角のローマに関するものである。[27]これは円のなかに四角形が描かれたものであるが、この伝承をめぐって、研究者たちが延々と続けてきた論争に立ち入ることはしない。おそらく最近述べられたように、ローマの原初的模範は円のなかに描かれた四角形だった。ここでわれわれの関心を惹くのは、ほかのあらゆる「聖」都と同じように、ローマも「中心」（祭壇＝ムンドゥス）から始まって建設されたという事実である。円と四角形の重なりに関する伝承[28]は、ほかの地方、たとえばインドにおいても見出される。インドの墓は円形のストゥーパ、あるいは四角形の上構を有していた。それらはいずれも世界像《イマゴ・ムンディ》であって、「宇宙山」なり世界の「中心」なりを表わしていた。

創成は「中心」から始められただけでなく、年の始まりにおいても行なわれた。アルカイックな文化のほぼ全域において、一年の始まりは創成の再開であり、一連の儀礼と劇によって祝われる。それらの儀礼と劇は、創成の瞬間には活発で満ち溢れていた全宇宙的力の再活性化を目的とする。時間は宇宙が誕生した瞬間から現実のものとなったのである。創成と年の始まりとのこのような一致は、その観念的意味はほとんどの場所で失われてしまったとはいえ、多くの民族の記憶に保持されてきた。たとえばペルシアのタタール人は今日でも、一年の始まり（春分）に、土でできた瓶のなかに、これは創成の追憶であると言いながら種を播く[29]。周知のように、土でできた瓶に種を播く習慣はきわめて広く流布しているが、その古さは驚くべきもので、エジプトの農耕儀礼におけるもっともアルカイックな層にすでに存在していた[30]。（ペルシアのタタール人の）前述の記憶は、「創成」－「年の始まり」という宇宙論的組み合わせを現代までとどめている点で印象深い。

メソポタミアの伝承によると、神々はあらゆるものに先立って都市、安定した場所を創造した[31]。人は「安定した場所の創造」というこの行動を、住居を建造するときだけでなく、霊的に身を守るとき、自身の救済を試みるときにも繰り返す。あらゆる禁欲的実践は、特定の身体的態度（アーサナ）を設立することによって、固定することによって始まる。それらは、意識がある状態の持続期間を拡大すること、あるひとつの像へ集中すること、さらに、俗的な状態（注意散漫で、浮わつき、無責任である心理的・観念的「放浪状態」）から救済にふさわしい状態への移行を目的とする。創成の行為と、救いを得るための神秘的・禁欲的瞑想の行為との類似はさらに見出せる。新参者は観想的実践によって、新たな生を始める。新参者は、精神心理的な活動において必ず起こる変動に惑わされることなく瞑想できるように、外界の誘惑から隔たった像を作りあげる。そして意識状態の流れを統一できるように、その像に意識を集中し、精神心理的変動から身を守る[32]。あらゆる宗教的瞑想や意識の集中は、カオスからの脱却・「安定した場所」への定着に一致する。瞑想と意識の集中は、「注意力散漫」・カオス的変動・無定形のものへ再吸収されることに抗する防衛なのである。そのため禁欲的、神秘主義的文献には、「島」や「ダイヤモンド」「礎石」「王座」などの象徴が頻出する。これらの象徴は、さまざまな層で多彩に応用されることにより、潜在性、あるいは幻想の大海に現われるものとして実在性を描いている。

神秘主義的・禁欲的実践において、精神的鍛錬によって始まる「新たな生」は、通例の宗教的実践におけるのと同じように中心へ至る道であり、換言すると中心への回帰、至上の実在への回帰である。詳細に立ち入ることは本題からそれてしまうが、聖地へのあらゆる巡礼、神殿に足を踏み入れることなどが「中心」へ向かう道であることはすでに確認した。救いは数多くの表現をもつが、もっとも包括的であるのは「中心への道」である。インドやアトス山のヘシュカスモス修道士でも多く見られる臍についての瞑想も同じ意味を有する。(33) 臍もまた中心の象徴なのである。

瞑想と創成行為との相関に話を戻すと、インドの瞑想技法においては、しばしばマンダラと呼ばれる図像への意識の集中が、少なくとも準備段階では絶対不可欠であると考えられている。マンダラとは、同心円状の四角形と円形からなる図形で、花（多くの場合には蓮の花）、四、十二、時にはもっと多くの輻《や》を備えた車輪、十字架などの形で描かれ、時には迷宮の様相をもつ幾何学的・建築学的な形もつけ加えられ、虹色をしている。新参者がマンダラを瞑想することで最初に得るものは、「思いを凝らすこと」、意識状態を集中・統一・統合することである。マンダラは、インドの建造儀礼が蛇の頭を「固定」して家を地震から守るように、意識状態を実在において固定する。マンダラに意識を集中することは、注意をそらし、力を浪費させ、幻と無益な誘いで惑わすことで新参者を再吸収しようとする外界のカオスから身を守ることである。マンダラは「中心」であり、新参者はマンダラについて瞑想することで、（彼らにとっては幻想である）意識下の精神心理的活動の大海から逃れ、実在性の中心に身を置くことに成功する。救済（インドの場合には幻想と苦からの解放）は、至上の実在を理解すること（キリスト教の場合にはその実在に参与すること）によってのみ得られるため、マンダラは救済へ至る道を明示し、実在のただなかに精神を導き固定する役割を果たす。都市が破壊し尽くそうとする（カオスに再吸収しようとする）悪霊から石壁や迷宮によって守られるように、家が礎石の下に叩きこまれた杭によって地震（＝カオス）から守られるように、新参者は幻想と誘惑から精神を隔て、実在を観想できる避難所、迷宮的な城砦を聖画のように思い描くことで、（俗的状態にある精神生理的なカオスに再び取りこもうとする）情念、放心、誘惑の波から身を守るのである。

しかしマンダラは、注意力を高めて意識の集中を促進するために描かれた、迷宮と花を象った素描であるだけではない。マンダラはあらゆる宇宙論的諸原理、すなわち「中心」・基本方位・三つの基本要素などを象徴的に示すことで、世界の聖画、世界像にもなっている。マンダラを描くのに使われた色彩は、明らかに諸世界を表わしている。さらに、あらゆる聖なる建造物は世界像《イマゴ・ムンディ》と対応しているが、上空から見るとマンダラの形をしている。ボロブドゥール寺院の見取り図は、天空のイェルサレム（「ヨハネの黙示録」二一・二とそれ以降）やバビロニアのジッグラト（それらは四角形のなかにさらに描かれた四角形により構成されており、どちらかというと迷宮の様相をもっている）の見取り図と同じように、そもそもマンダラである。救済の行程は、総体として考えられた諸世界についての瞑想から始まる。こうして「創成行為の模倣」は、救いを得るために行なわれる禁欲的な瞑想技法において幾度も見出される。マンダラの作成は、聖画を描くことによって創成を反復することに等しい（マンダラ＝世界像）。マンダラについての瞑想は、儀礼として創成を反復することであり（マンダラ＝「安定した場所」）、さらに創成を心理において反復すること（マンダラ＝カオスに対する防衛、「新たな生」）、創成行為との観念的同一化（マンダラ＝中心、至上の実在）でもある。このように数多くの価値を有することは宇宙論的象徴に固有であるが、無数の効力によって現実のあらゆる地平にその存在意義を示すため、その機能をつねに理解しなければならない。宇宙論的象徴が数多くの価値を有すると同時に一貫性も有するということは、現実のあらゆる層におけるその役割と価値を研究しなければ、宇宙論的象徴の全体を把握することはできないということである。しかし本稿では、民間伝承の主題（創成行為の模倣）からそれてしまうために、これ以上言及することはしない。

インドのある地方では、マンダラは「環型の舞踏」によって、すなわち花や迷宮を模して円を描く舞踏的模倣によって、瞑想に不可欠な精神の集中をもたらす。少し言及すれば、テセウスはミノタウロスを殺した直後に迷宮を模した聖なる舞いに熱中した。多くの大聖堂は今日でも床のモザイクに迷宮状の模様を残している。中世にはすでに、この迷宮の上で舞いが演じられていた。贖罪のための苦行としてたどられるときには、大聖堂の迷宮は、ボロブドゥールへの巡礼と同じように、儀礼的な上昇や小休止を伴う中心へ向かう道としてたどられなければならなかった。(34) アメリカのプエブロ・インディアンは、マンダラに似た砂像を防衛や儀礼としての目的で描いている。

カール・グスタフ・ユングの心理学によって、これらの事柄には新しい光が当てられた。(35) ユングが診察した患者たちは、マンダラのような東洋の調和した図像について見たり聞いたりしたことがないにもかかわらずマンダラを描いた。またある患者は、マンダラの花の形をして迷宮的である主題を「舞った」。これはユングが考えるように、集合的無意識に存する元型の非意図的な「再発見」なのだろうか。精神疾患が、アルカイックな構造による意識に対する抑圧というのは肯ける。しかしユングがつけ加えるように、「心理学者は意識のアルカイックな構造の総体的実質を取り扱うのではなく、その心理的表出のみを扱う」。精神疾患的状態の「再発見」と普遍的象徴、神話との一致については、改めて立ち戻ることになろう。さしあたり本稿の主題にとって関心があるのは、ユングの患者が身を守るために、疾患の治癒のためにマンダラを描いたという事実である。これにより病理学の領域においても、この調和をもたらす聖画の防衛的役割を確かめられる。病人たちは、マンダラを描いたりユングに言「舞った」りしたあと、気分がよくなって落ち着くのをつねに感じた。ある意味では、治癒の兆し、ユングに言わせれば人格の再統合の兆しが見られた。精神疾患とは、簡潔に言えば、意識と超意識の階層の決壊、下意識と無意識の不明瞭な力の意識への侵入、宇宙論的用語で表現すればカオスへの再没入である（ついでに言えば、あらゆる宗教的行為は、呪術的行為と同様に、「階層の決壊」に還元される。実在が非実在と、全が個と、永遠なるものが瞬時のものと合致する。もちろんこの「階層の決壊」は、特定の神話的・観念的な儀礼規範にそって生じる。それは実在のうちで方向づけられ、遂行された「存在意義」を伴った経験である。対照的に、精神疾患に見られる明らかな「階層の決壊」は、現実感を喪失したようであり、実在からの乖離である。実証主義的な医師や心理学者たちによれば、精神疾患の症状は神秘主義や呪術と似ている。実際、病人は失敗した、より正確に言えば、真似しそこなった神秘家、呪術師なのである）。

マンダラを見たり聞いたりしたことがないにもかかわらずそれを描く患者は、身を救うため、カオス的な大海から逃れるため、また自身の人格・生・意識を再統合するために、マンダラを描く。それは支離滅裂な心像の凄まじい嵐のなかで、「安定した場所」・不動の中心を探求する固定化の過程である。患者はそれとは知らずに、始源型の像に意識を集中し、瞑想の健康的な役割を再発見する。不明瞭な力に侵されて次第に下方へ向かうことを強いられた患者の精神活動は、インドのヨーガ行者が世界像の中心に注意を固定して精神心理的な大河に対する防波堤を建造するように、マンダラに「意識を集中すること」で身を救おうとするのである。

建造に適した場所の選択に関する章を終えるにあたり、ほかの章や既刊の著書の結論との関連を明確にするために以下の点を強調したい。人間は行為のひとつひとつによって実在と接触し、救済を得ようとする。このため人間の精神史において、行動はつねに観想に対置されてきたわけではない。原初の行為を模倣するあらゆる行動は、「中心」で起こり、それゆえに実在において起こった行動であり、聖との直接的接触を人にもたらす。たとえばインドでは、「果実への渇望」を免れた行動が発見される以前、幻想世界のただなかであっても幻想世界に参与する危険のない行動の手段として、幻想と非実在への没入から人間を守るほかの行動に関するアルカイックな観念が存在した。それは、前述のように、儀礼によって清められた行動、あるいは観念体系にそった行動をなす者は、実在性のただなか、最初にその行動をとった神々のかたわらに存在するようになるという考えであった。したがって、いかなる行動も実在的（神話的）な場所と時間への没入であり、超越的跳躍なのである。人間は行動することで救済を逃すことなく、むしろ救済を手にする。このことがどれほど逆説と思えようと、救済に対する渇望、実在であることに対する渇望はきわめて根深く普遍的であるために、人間がなすあらゆる身振りを貫いて見出されるのである。

第十章　宇宙創成神話、始源型的模範

本稿の冒頭でも述べたが、アルカイックな人間にとって、事物や行為は原型を分有するかぎりにおいて、あるいは原初的行為を繰り返すかぎりにおいて存在意義をもつ。「反復」のいくつかの例として、薬草の摘み取りや領土の所有を示してきた。それに続く章でも、「始まり」、「かの時」に起こった原初的行為の「反復」、すなわち宇宙創成の「反復」をいくたびも確認した。しかし「その時」に――いったい何が起こったのだろうか。

インド・アーリア系とセム系の宇宙創成説、またオーストラリア・アジア系の宇宙創成説も、その犠牲によって世界が誕生した「巨人」、あるいは「原初の怪物」について語っている。創成は、形をもたず、蛇のような水生の神話的存在の犠牲（非業の死）を必要とする。たとえば、マルドゥクは海洋の怪物ティアマトを裂いて世界を創造した。『リグ・ヴェーダ』は、（サンスクリット語で「人間」を意味する）プルシャという名前で、神々によって犠牲（儀礼的な「非業の死」）にされた千の頭と千の足（不確定だが「無数」であることを示す神話的表現）をもつ原初的巨人について語っている。プルシャの上半身からは天と地、太陽と月が創られ、口からは（カーストの）バラモンが現われ、腕からは戦士、太ももからは農民、足からはシュードラのカーストが現われた。そしてこの犠牲の呪術は、動物たちをも生み出した。北欧の神話伝説は、原初の巨人ユミルが、オーディン、ヴィリ、ヴェーの三兄弟によって世界を創造するために犠牲に供された様子を語っている。ユミルの肉からは大地が、血からは海、骨からは石、毛からは森、頭蓋骨からは天蓋、脳みそからは雲が生まれた（スノッリ・ストゥルルソン「ギュルヴィたぶらかし」5―8)。イランの神話伝説も、原初の巨人を犠牲にする宇宙創成の伝説を、破損した形ではあるが保持している。アフラ・マズダーは、「原初の牛」と人間の原型ガヨーマルトを創造する。ガヨーマルトはアーリマンの攻撃をうけて殺される。ガヨーマルトの身体から世界が形作られ、その胚珠からは一組の人間の夫婦マシュエとマシュヤーネが植物の姿で現われる(『ブンダヒシュン』Ⅲ・1・26、XV・1・24)。ガヨーマルト――アヴェスタ語ではガヤー・マレタン――は「死すべき命をもった者」(死すべき者=人間、プルシャを参照)を意味し、ユミルやプルシャ、さらにあらゆる原初的存在がそうであるように、両性具有である(『再統合の神話』を参照)。

原初的巨人の犠牲による世界の創造という宇宙創成神話は、さらにほかの地域においても見出せる(しかしその起源はおそらく、ユーフラテス河とインダス河のあいだに見出せるはずである)。多くの地域では、ある神的存在、あるいは原初的存在の死体(「非業の死」)から植物、動物、人間、さらに世界の諸要素が誕生することについて語られている。(「十字架のたもとの薬草」と「マンドラゴラと生命の樹」という)二篇の既刊の論文において、特定の樹木、植物界の発生を語る多くの宇宙創成的伝承を、本来的な(つまり創成神話と結びついた)形式であろうと、宇宙創成神話から離れた版であろうと、取りあげたことがある。これらの研究では、ここで改めて言及すべき以下の結論に達した。すなわち、神的存在や(妖精、英雄などの)超常的存在の「非業の死」のみが創造的であり、実在性をつねに増大する。糸を最後まで紡ぎ切って自然な形で最期を迎える生命が、果実を生んでほかの生命あるものに変わることはない。より正確に言えば、生命の自然な最期は不毛なのである。それとは対照的に、顕現することの可能性がすべて尽きる前に「非業の死」によって生け贄にされたあらゆる生命は、新たな形態をとるようになる。すなわち、犠牲にされた者の悲劇的に中断された生命は、花や動物などの形態をとって存続するのである。この自説を裏づけるための実例は、救世主の十字架のたもとに生えた薬草から、中世の信仰における大戦で死んだ英雄の身体から生えた薔薇に至るまで数多くある。実際におとぎ話では、この公理を幾度も確認できる。すなわち生命は、非業の死（もっとも多いのは謀略による死）を介してほかの身体に移行する。そのため、敵に殺された女主人公は本当に命を失ったのではなく、人間の姿に戻るまで、魚や馬、モミの木、花などに姿を変えるのである。

言うなれば、宇宙は巨大な原初的人間である「人的宇宙」の供犠によって創造された。前述の宇宙創成神話において重要なのは、宇宙が原初的存在の実質をもとにして創られたことではなく、この存在の供犠によって創られたということである。力点は供犠の行為に置かれる。生命は供犠の行為によって宇宙に伝えられたのであり、巨人は宇宙に「材料」を与えたにすぎない。宇宙は供犠によって魂を入れられ、犠牲にされた巨人の「生命」が移行したために、実在の存在（生命）を得たのである。この「人的宇宙」は、犠牲にされたあと、外見のみ変化するが、存在することはやめない。「人的宇宙」は、「人的宇宙」から生まれて「人的宇宙」の非業の死によって魂を入れられたために存続可能になった宇宙において、存在を継続する。したがって人間がここ大地で死ぬとき、その者はただ単に消えて土塊になるのではなく、人的宇宙に還るのである。イランの文献が言うように、「宇宙創成の際に譲り受けたのであるから」（『ブンダヒシュン』XXXI・6・7）、骨は大地に還り、血は水に、毛は植物に、魂は炎に還るのだ。インドの文献は、死後の宇宙的旅程について多くを記している。その旅程は、まさに死によって実現された人的宇宙への返還の行為にほかならない。「汝の目は太陽に至り、汝の魂（アートマン）は風に至る」（『リグ・ヴェーダ』X・16・3）、あるいは「汝の息は風に至り、汝の耳（聴覚）は基本方位に至り、汝の骨は大地に至る」（『アイタレーヤ・ブラーフマナ』II・6・13）。『アタルヴァ・ヴェーダ』（XVIII・4・48）の葬儀の詩歌は、死について以下のように記している。「大地である汝、私は汝を大地に置く」。既刊の著書で幾度も言及してきたことを、ここでも繰り返そう。すなわち、（「風」、「太陽」などの）諸要素は、「女性」や「男性」といった諸概念と同様に、アルカイックな文献の書き手たちが抱いていた宇宙論的意味において理解されなければならない。

本題に戻ると、原初的な「人的宇宙」が、その儀礼的死によって誕生した世界において生を継続することは明らかである。各々の人間は死ぬことで、この人的宇宙の原型に還るだけである。人的宇宙は各々の人間の死によってもとに戻ろうと、より正確には本来の形態に戻ろうと試みる。各々の死は回帰なのだ。しかしそれだけではなく、それぞれの死は、創成によって分割されていない原初的単一性、巨人の「非業の死」によって数百万の断片に化していない原初的単一性を復元する試みでもある。原初的単一性のこのような復元が従来の方法では不可能であることを最初に察したのは、インド人たちだった。そのためインド人たちは、存在の無限の循環を脱して至上の解放、精神の絶対的自主独立性（解脱〔モクシャ、ムクティ〕）を得ることを願うようになった。結局、インド人の意識における実存に対する渇望、至上の実在に対する渇望は、原初的単一性の決定的な復元以外によっては鎮められないほどに激しいものだった。しかしこの単一性は、（苦しみで焼かれた意識にとっては）もはや儀礼によって得ることは不可能であり、（人的宇宙が因果の法、カルマによって無数に分裂したために、人的宇宙への回帰も最終的なものでなかったために）死によっても得ることは不可能である。そのためインドの知識人たちは、苦、幻想、存在の多様性を超える救済へと至る別の道を模索するようになった。すなわち彼らは、単一性の完全な復元を見出すことを諦め、宇宙的精神（ブラフマン）と個人的精神（アートマン）との観念的単一性を得ようとしたのである。これについて十分に理解するためには、インドの観念史の展開に関する長い議論が必要であり、ここでそれに立ち入ることはできない。これについてはすでに出版済みの私の著書の幾冊かを参照されたい。しかしこれから発表予定の研究では、これまでとは異なる方法と次元を用いて改めてこの問題に取り組んでみるつもりである。

インドの伝承では、人間は世界の創造と同時に、プルシャの身体から直接創られる。メソポタミアの伝承では、人間の創造は新たな犠牲を求める。ある版では、新たな被造物に生命を付与するために最高神マルドゥクによって犠牲にされた神キングゥの遺体と血から人間が創られる。[1] しかしほかの版はマルドゥクの自己犠牲について

語っている。(2)

私の血をかためて骨としよう
人間を足で立たせよう
その者は真に人間となろう……
人間を、大地の住民を築こう……

この伝承はベロッソス〔バビロニアの著述家〕（紀元前三世紀）が記録していた。(3)「ベル神は、大地が肥沃でなく砂漠であることを知り、神々のひとりに（ベル神の）頭を切り落として、流れる血を大地と混ぜ合わせ、大気に耐えられる人間と動物を創るように命じた」。(4)人間の創造の際の神の自己犠牲に関する神話は、たとえばオセアニアなど、きわめて広範囲に見出せる。この神話の広汎におよぶ存在が伝播によるものであるのか、あるいは多元発生によるものであるのかについては明確にすることはできない。事実は、メソポタミアやエジプトなどのアルカイックな文化の中心地にも神の自己犠牲の伝承が見出せるということである。ただし自己犠牲の形式がつねに明瞭であるわけではない。たとえばエジプトにおいては、神の涙、あるいは種からの人間創成が自己犠牲の形式として語られている。(5)

要約すると、これまで論じてきた宇宙創成神話と人的宇宙の神話は、以下の基本事項に還元できる。

一、宇宙は最高神、あるいは神々が巨人（プルシャ、ユミル）、または海洋の怪物（ティアマト）を犠牲にすることで創られる。

二、宇宙は、「かの時」に生じた儀礼的死によって「魂を入れられた」ために生命を獲得した。

三、「魂を入れること」は、巨人の命と魂の宇宙への単なる移行ではなく、何よりも巨人の生がさまざまな存在形態で継続することを可能にする供犠の呪力に基づく。

四、人的宇宙を知らずに原初の海洋の怪物のみを知っている伝統（たとえばメソポタミア）においては、人間は神の犠牲（キングゥ）、あるいは最高神の自己犠牲（マルドゥク）によって創造される。

五、いかなるものも、ほかの命あるものの犠牲によって「命」と「魂」を付与されなければ、存続することは不可能である。

六、儀礼的な死（非業の死）のみが創造的である。そのような死は、すべての可能性が汲み尽くされる前、運命が使い切られる前に、生命の糸を断ち切るからである。同様に、儀礼的な死（一般的に、あらゆる儀礼的な死は存在意義を帯びている。すなわち偶発的な事故ではなく、供犠としての存在意義である）は、命の「移行」を可能にするだけでなく、その死によって生まれた新たな創造物の持続性を確保する力を引き起こす。

多くの建造儀礼が確認される地理的文化的領域における宇宙創成神話は、このような性質を有する。その建造儀礼の基盤となる理論的意味は、きわめて明瞭である。建造儀礼が行なわれるところではつねに、人間は神的存在の原初的身振りを模倣するが、それは「恐怖」や「迷信」によるのではなく（それらにも意味と役割はあるのだが）、何よりも虚無や幻想から身を守るためになされる。神性が力と実在性（聖の観念はこのふたつの性質に還元される）を意味するならば、人間がそれらを己のものとするために、聖と直接に接触するか、聖、すなわち神々のこの上ない顕現である身振りや姿勢を模倣するしかない。最高神は宇宙を創造すると同時に、人間の行為の模範をも創造した。したがって宇宙創成説で言えば、命あるものの儀礼的犠牲によって魂を入れることで、何事かが生じると言えよう。そして人間の創成について言えば、神の犠牲、あるいは最高神の自己犠牲により魂を入れることで、人間が生じるのである。

しかし本稿で幾度も言及してきたが、原初の神的身振りの模倣にはより深い意味がある。（聖なるものであるがゆえに実在的行為である）神的身振りの模倣によって、犠牲を捧げる者は、神の示現が生じた原初の時空間と同じ時空間に身を置く。あるいは換言するならば、人間の行為は神的存在がなした行為の模倣であるというだけで、成功を収める運命にある。なぜならば聖なるもののみが現実的に創造可能であるからだ。神的創造は始源型に一致しており、過ぎ去ることのない「かの時」、瞬間に行なわれる。人間は、なした事柄を実在的なものにするために、神的行為と一致して、神的行為がなされた「かの時」において創造を行なわなければならない。人間はそのために、象徴的に表現すれば、実在的であることを志向したひとつひとつの行為によって、創造、宇宙創成を繰り返すのである。

　どれほど逆説的に思えようが、このような信仰は多くのアルカイックな文化において暗黙であるだけでなく、より明確な形でもしばしば見られる。たとえばインドの建造儀礼で、礎石の下に打ちこまれる木製の杭が、まさに「世界の中心」に蛇の頭を打ちつけるのと同時に蛇の宇宙創成的な「固定」を繰り返していることは確認した。非宗教化して俗化したように見える現代文化においても原初的行為による模範が効力を残していることは、以下で確認する。

第十一章　「建築的」身体に「魂を入れること」

第三章で、棟梁マノーレ伝説のルーマニア版は、重要な意味要素を保持してきた（あるいは再発見した）と述べた。すなわち、マノーレによるイカロス的飛翔であるが、それは妻の命を代償にして建築された修道院の庭で起こった悲劇だった。この飛翔は、マノーレが妻にふたたび会うことのできる唯一の方法だった。それはマノーレがただ単に死んだのではなく、「非業の死」を果たしたからである。マノーレは「非業の死」によって、彼が落ちた場所に湧き出るようになった泉という姿をとって、妻のそばにとどまることを許された。より正確には、妻が存在している宇宙的地平と同じ地平に存在することを許されたのである。どのような死に方によっても生け贄にされた妻のそばに行けたわけではない。たとえば棟梁が、いつの日にか穏やかな死を迎えて、修道院の地下納骨堂に埋められたとしたら、妻にふたたび会えはしなかっただろう。穏やかな死によって肉体から抜け出た棟梁の魂は、ここ大地で運命をまっとうした者に神が用意した道を歩み出す。しかしこの経路においては、当分のあいだ、妻の魂に棟梁が出会うことはない。その理由は簡単だ。妻は死んでおらず、肉体を変えただけだからである。妻の魂は、血、骨、肉を備えた身を抜け出て、修道院の石と壁からなる体に宿るようになったのだ。

供犠によって事物に「魂を入れること」への信仰について、そのいかなる意味内容に関しても、これまでに誰かが詳細に分析したことがあるかどうかは重要ではない。また、「魂を入れること」を信じていた者、あるいは現在も信じている者が、この行為の意味をどの程度理解しているかも重要ではない。本稿の初めから述べてきたように、信仰の理論的意味内容に関する自覚は、その信仰の理解にとって本質的なものではない（キリスト教徒のうちで聖体拝領の信じがたい意味内容を理解している者がどれほどいるだろうか）。命あるものを生け贄に捧げることによって建造物に「魂を入れること」は、肉を備えた身体から建造物の石の身体に魂が移行することを前提にする。換言すると、儀礼的死によって生け贄にされたものは、身体を変えるのだ。魂は建造物に「住まう」ためではなく、「具現する」ためにやってくる。「非業の死」によって生け贄にされたからこそ、肉体で生き続けるよりも長い期間を、新たな建築的身体で生き続けるのである。

「非業の死」に結びついた民間信仰について、既刊の「十字架のたもとの薬草」では宇宙創成神話との関連に検討を加えたが、本稿ではその民間信仰の深部まで理解することに努めたい。謀略で殺された者は死ぬことなく、（魚や鳥、ミツバチなどの）動物、あるいは（葦、モミ、花などの）植物に変化する。前述のようにこれは、外見のみの死が起こっていることを意味する。英雄は新たな身体で生命を継続する。確かに、ある超常的人間の冒険譚を語ることだけが目的のおとぎ話では、英雄は最後に人間の姿を取り戻す。しかしそれは、おとぎ話の場合のみである。ある伝説では、「非業の死」による創造の事実のみが記されており、英雄がもとの人間の姿に戻ったとは語られていない（たとえば『偽トゥルピヌスの年代記』によって伝えられた伝説では、サラセン人と戦って死んだキリスト教徒の身体から薔薇が生えたことが語られている）。同様のことは、「十字架のたもとの薬草」で分析を加えたインドの伝承にも見られる。すなわちそのインドの伝説では、聖人の精液から草が生えて、そこから（のちに英雄か聖人になる）子どもが誕生する。非業の死を遂げた苦行者は本来の姿に戻ることなく、植物あるいは子どもの姿で存在を継続するのである。

きわめて多くのアルカイックな伝承が示したように、あらゆる非業の死が創造的であるならば、すなわち、生け贄にされた者の魂を新たな身体に送りこむならば、建造物の土台で儀礼的に犠牲にされた者の魂が非業の死によって新たな建築的身体に送りこまれ、その建築的身体が「魂を入れられること」で持続可能になることは自明である。こうしてルーマニアの伝説の場合、棟梁マノーレの妻は修道院そのものが彼女の身体をなすという意味で、修道院において生きているのである。マノーレが穏やかな死を迎えるならば、妻は死んでいなかったのであるから、ふたりが出会えるはずもない。ルーマニアの民間伝承詩を書いた人物、あるいは人物たちは、マノーレと妻がふたたびめぐり会うための唯一の手段、すなわちマノーレの非業の死を案出したのだから、すばらしい直観をもっていたと言える。マノーレの非業の死は、実際に、民間伝承詩に表われる意味がどれほど変わろうと、妻の存在が継続している宇宙的地平においてマノーレの存在を延長させる儀礼的死にほかならない。妻は建築的身体をもち、マノーレは流れる水の身体をもち、ふたりの身体は今や寄り添っている。というのも、泉は、

澄んだ水をもって
石のあいだに流れ
塩辛い涙が
草に注がれた。

「石」が妻の新たな身体だった。そして彼らの抱擁は、今や、人間の眼には循環が永遠と思えるほど緩慢な、別の宇宙的地平においてなされたのである。

　この注解の光に照らすと、建造儀礼のアルカイックな観念がきわめて明瞭になる。命あるものの生け贄によって「魂を入れられる」ことがなければ、いかなるものも存続不可能である。神的存在みずからが、世界を創った「かの時」に、宇宙的巨人の供犠、「非業の死」によらなければ創造が実現されないことを示した。したがって創成は、かの時における有機的であると同時に儀礼的な行程であり、命あるものからのみ「命ある」ものが創られ、この「命」は犠牲（すなわち聖なる行為）によってのみ伝えることが可能なのである。この宇宙創成の中心的神

話から派生したあらゆる信仰には、多少崩れた形ではあるが、ふたつの概念が示されている。すなわち（実在性と持続性を得るために、人間がここ大地で繰り返す聖なる行為の神的始源型である）生命の概念と儀礼の概念である。行なわれた事柄・造られた事物は、有機体になる場合にかぎって、命を得て存続する。これら一連の事実は、タイラーのアニミズムやマレットのいわゆるプレ・アニミズムの理論によっては説明不可能である。これらの事実は、宇宙創成神話と儀礼的全能性を中心に据えることによって、別の歴史的循環に属しており、世界の一貫した理論を前提としている。

建築的「身体」の存在は、ますます狭められた価値を「人間」と「生命」に付与する近代的（とりわけルネサンス以降の）意識にとってのみ矛盾したものに見える。アルカイックな心性は、「生命」と「人間」が存在可能である宇宙的地平が数多く存在することを認識している。以前刊行した論文「冶金術、魔術、錬金術」では、次のことを示した。たとえば化学と冶金術では、有機的なものから無機的なものへの移行がきわめて緩慢であったため、「化合」の化学的操作は錬金術における「金属の婚礼」という観念からなかなか離れられなかった。また、金属と同様に石も性別をもち、苦しみ、死んで蘇える。さらに、「燃焼」と今日では呼んでいるものが、かつて「愛」と呼ばれ、かつて「死」と呼ばれていたものが今日では「中和」と呼ばれていることなどである。これらの諸概念をひとくくりにして、迷信、子どもじみた信仰と見なすのみならば、あるいは、曖昧なアニミズムによって説明するのみならば、理解することなどとうてい不可能である。アルカイックな信仰を理解する唯一の方法は、アルカイックな信仰をかつてそれが属した全体性のなかにふたたび置き、アルカイックな信仰が有する理論的一貫性のなかでその全体性を描いてみることである。さて、「冶金術、魔術、錬金術」で分析を加えた信仰は、本稿で取りあげている信仰と同様に、世界・生命・人間に関する一貫性のある観念を再現してくれる。これらの観念が、あらゆるアルカイックな文化に共通するものなのか、あるいは、特定の歴史文化の専有的創作であるのかについては、正確に答えるには時期尚早であろう。少なくとも前掲論文で取りあげた諸事実に関しては、インド－メソポタミア文化圏で発展して、そこからほかの諸世界に広まったと考えることができよう。しかしこれらの観念の伝播の歴史は、これらの観念の意味内容を把握することほどに興味を惹くものではない。

　これらのアルカイックな諸観念において「生命」と「人間」が有した価値は、近代におけるそれよりも豊かである。（単なるアニミズムではない）有機的生命は、きわめて多くの宇宙的地平において確認可能である（宇宙そのものが原初的巨人から創られたことを想起すれば、これは自明のことだ）。有機的生命は、たとえば地質的地平のようにもっとも生気のない地平においてさえ、（誕生や成長、性行為、情熱、苦、死、復活などの）あらゆる充足性をもって機能する。それゆえにアルカイックな信仰における生命とは、たとえばアメーバももっているというような、（アニミズム的観念の）単純な「生命」ではなく、きわめて広く完全に行きわたった生命的循環・際限のない「有機的組織」の連続、より正確には、ただ「生きている」だけでなくあまねく生きている「身体」、生物学的な生の局面だけでなく場合によっては精神的動向の局面さえも貫く身体なのである。このようなアルカイックな信仰における生命の複雑に入り組み関連しあった「身体」、または共通の境遇によって連帯した「身体」の宇宙的全体性について、アニミズム、汎神論、あるいは内在哲学などの概念によって説明することは不可能である。問題になるのは、万物に活力を与えるただひとつの魂でも、それらに内在する神的存在でもない（というのも、神的存在が時としてこれらの「身体」のひとつに合致するとしても、それは存在と非存在、断片と全体、瞬時と永遠などを儀礼において一致させる神的顕現、あるいは逆説によるからである）。その一方で、これらの諸観念を人間中心的と呼ぶことは、それほど的外れではない。アルカイックな理論における人間は、われわれの理解する人間とは異なるからである。アルカイックな人間は、宇宙的用語によってみずからを定めた。換言すると、アルカイックな人間は、宇宙における自身の役割を見出すかぎりにおいて、人間としての自覚を得たのである。

　前述の信仰、たとえば「人間」は新たな建築的「身体」において「生命」を継続できるという信仰は、アルカイックな文化の人間が有した人的宇宙観を描くことに成功したときにのみ理解できる。すでに論じたように、アルカイックな文化にとっての人間と生命の概念範囲はずっと広かった。人間はわれわれの「近代的」意識の範囲で思い描くよりも、多くの形式と宇宙的地平において生きることができた。「身体」の概念も、まさに不確定で多価的なものだった。キリスト教の教会がキリストの神秘的身体と言われたのは、初期の神学的定式化を担った当時の人間の心性にとって、このような表現が理解可能で慣れ親しんだ（しかしながら論証的表現形式ではない）ものであったからだ。メソポタミアではすでに紀元前二世紀に、「典礼的身体」が知られていた。宗教的祭式の際に朗唱されるべき典礼用文献は「連続的身体」を構成し、ある祭式における最後の音節と次の祭式における最初の音節のあいだの短い時間は「俗的」時間であり、聖なる時間が欠けている間隔であったため、典礼用文献を朗読してはならなかった。さらにほかの「身体」としては、一年のあらゆる祝日と儀礼からなる一種独特《スイ・ゲネリス》なまとまりである「身体－暦日－聖」、アルファベットの文字からなる「音声的身体」、イニシエーションを経た人間の耳にだけ聞こえる音からなる「音響的神秘的身体」など、より多くの事例をあげることができる（「宇宙的相応性とヨーガ」を参照）。

　これらを念頭に置くと、土台部分に埋められた儀礼的生け贄の魂によって魂と命を入れられたために存続可能になった「建築的身体」の概念も、まったく逆説的ではない。このようなアルカイックな信仰からは、直接的にせよ間接的にせよ、結果として建造儀礼に関するあらゆる儀礼や迷信、伝説が派生した。確かにこれらの派生物は、宇宙創成神話の伝承を大筋においてさえとどめていないこともある。多くの地域において、建造物の土台部分に骨や金、真珠、食品などが埋められたことは確認した。これらも「魂を入れること」に関わっているが、命あるものの生け贄によってではなく、聖別と、実在性と力がつまった物を捧げることによってなされている。これらの捧げ物は、それぞれ、建造物・建築的身体を命あるものにして存続可能にするエネルギーの中心である。これらの捧げ物を用いる儀礼では、（非業の死という）本来の意味は失われ、至上の実在性を分有する物質を介して「実在性」が付与されなければ、いかなるものも存続できないという信仰のみが残った。

いくつかの例が、「建築的身体」の概念をより明確に理解することを助けてくれよう。神殿が本来、墓の上、より正確には「聖なる人間」の遺体を収めた入れ物の上に建てられた祭壇であったことは知られている。プレ・ヘレニズム、インド、中国の祭壇は、当初、下に埋められた「祖先」「英雄」「聖人」の遺体の（すべてあるいは一部）に捧げ物を行なった場所だった。インドのストゥーパ〔仏塔〕は、そのような祭壇の上に建てられた建造物であり、建築物として当初の形態からは大きく変容してしまったが、聖遺物の保存という原初の役割を依然として担っている。このようなストゥーパは、そこに眠る聖遺物の建築的身体をなすことから聖なるものである。（たいていの場合は、保存されていなかったり偽物であったりする）聖遺物によって建造物に「魂が入れられる」と言っても過言ではない。ブッダは建築的身体という形をもって、きわめて多くの場所において存続する。というのも、膨大な数の寺院とストゥーパが、ブッダの身体の聖遺物をもっていると言われるからだ。近代人にとっては、仏教寺院やストゥーパ（あらゆる寺院はストゥーパを含む、あるいはそれにかかわっている）への巡礼が、（転輪聖王、世界の君主、宇宙の存在的土台と見なされた）ブッダの存在が満ちあふれた状態におけるブッダそのものとの接触であることを理解するのは困難である。ポール・ミュスは、そのすぐれた注解において、仏教の正典（いわゆるブッダの言説）がブッダの「教義的」「身体」をなすように、ストゥーパがブッダの建築的身体をなすことを証明した[1]。至上の実在・宇宙の土台としてのブッダとの接触は、ブッダが教義的「身体」、言論的「身体」、神秘的「身体」、建築的「身体」などの姿をとるために、多くの方法でなされる。仏典について思索をめぐらす者は、ブッダの認知形而上的身体との直接的な接触を得る。ブッダの「言説」や喩え話を典礼において繰り返す者は、ブッダの言論的身体に同化している。寺院への巡礼を行なう者は、ブッダの建築的身体に接近する等々である。

ストゥーパや寺院に「魂を入れる」聖遺物は、ありふれた遺体の一部ではない。それはブッダの身体から引きはがされたものであり、至上の実在を分有している。すべての亡骸が、それを納める入れ物に魂を入れることが可能なわけではなく、超常的な人間である聖人や英雄の亡骸だけに可能である。聖人（聖なる人物）の場合、「魂を入れること」は、聖人が分有する実在性、儀礼的に組みこまれる新しい「身体」に伝わる実在性によって説明される。英雄の場合、「魂を入れること」は、超常的な人間をあまりに早く襲った「非業の死」によって説明される。ある個人は半神的な血縁によってのみではなく、何よりも偉業と、儀礼的な死の一形式である非業の死によって英雄になるのである。これは戦争自体が供犠と同一視された儀礼と見なされたためである。[2] 少しだけ触れるならば、聖人と英雄を一般の人間から分かつのは、彼らの生全体の儀礼的活用である。聖人や英雄は、人間一般が担う生物的役割や社会的役割、生物学的用語で言えば個としての保存、種の保存を放棄する（「犠牲にする」）ことで、人間の条件を完全に超える。英雄と聖人は人間にとっての価値を転換し、本能に逆らって活動を続ける。彼らは家族をもち子どもを生むことで保存本能を満たすのではなく、禁欲と危険を求める。英雄は悪の力と戦い、聖人は己自身、本能に対して戦う。英雄も聖人もみずからの人間としての存在を絶え間のない犠牲へと変える。すなわち、一般の人間が神的存在に対する捧げ物や至上の実在にふたたび接触するための手段として何かを時々犠牲にするだけなのに対して、聖人と英雄はみずからをたえず犠牲にする。聖人と英雄は人間としての条件を超えてそれを無効にし、始源型の模範に倣う。英雄は戦いでの非業の死によって命を落とす（個人はしばしば、稲妻や火災などによる非業の死によってのみ英雄になれる。[3] このような特異な死による儀礼的聖別が有する機械的で没個性的性質については、あとで着目しよう）。また「非業の死」がつねに創造的であることはすでに確認した。そのような死によって最期を迎えた者は、新たな「身体」で生き続けるのである。

実際、古代ギリシアにおいて、英雄崇拝は聖遺物崇拝を中心としていた。神と英雄との本質的な違いは、何よりも英雄の墓、聖遺物の入れ物に付与された重要性にあった。[4] ヘラクレスを除くあらゆる英雄たちには、彼らの聖遺物を納める墓や聖域があった（たとえばパウサニアスが語るペロプスの肩骨。『ギリシア案内記』V・13・

4以下)。場所の聖性は、英雄の遺体の存在に基づく。このような聖遺物は、それ自体で聖なるものと見なされた。そのため、一般の人間が神殿に葬られなかったこととは対照的に、聖遺物は神殿に葬られた。エレクテウスとケクロプスはアテナ・ポリアーデの神殿に埋められた。ヒヤキントスはアミュークライのアポロンの台座の下に埋められた。ネオプトレモス、ヒュペロコス、ラーオディケーはデルポイの境内に埋められた。極北の英雄たちはデロスのアルテミス神殿に埋められた。さらに都市内部への埋葬はいかなる身分の市民であろうとも禁止されていたが、英雄の墓は受け容れられただけでなく、求められさえした。これに関連して、英雄たちは伝説上の伝記において町の設立者と考えられていた。これらの伝説と信仰の基礎になっている意味は何だろうか。それは英雄が町を存続可能にするということである。町がほかのあらゆる建造物と同様に、実在性と聖性を分有するかぎりにおいて、すなわち犠牲によって「魂を入れられる」かぎりにおいて、存続可能になることはすでに確認した。英雄の聖遺物がこの「実在性」と「生命」をもたらしたのである。英雄たちの非業の死は、彼らの存在が完全に尽きなかったことの証、魂が入った新たな建築的身体で存続していることの何よりの証だった。

　確かに英雄たちの死や死後の運命に関する信仰は、ほかの伝承群から派生した信仰と交わりながら発展してきたので、理論上の輪郭を正確に描くことは難しい。とりわけギリシアでは、神話伝承と儀礼の総体のほぼすべてが詩人や古典学者たちによって変形された。しかし、どのような神話伝承の文脈にあろうとも、非業の死・英雄的な死が有する創造的価値に変わりはない。英雄が儀礼的な死のために、ほかの人間とまったく異なる死後の運命をたどることは確かである。古代ギリシアのあらゆる神話伝説の地平においても、英雄の非業の死は、死すべき一般人には得ることが不可能な状況を英雄に創り出した。まず、仏教風の用語を使うと、英雄はその因果のために別の「身体」に「輪廻する」。次に、『オデュッセイア』のネキュイア(第十一歌、冥府行)において、[5]オデュッセウスが蔓穂蘭《つるぼらん》でいっぱいの草原でアキレウスやほかの英雄たちと出会うことに成功したとき、アキレウスがオデュッセウスを生前と変わらない状態で出迎えたことを想起しよう。すなわち、彼の記憶、意志、身体を伴った総体を保持したままの状態である。その一方で、オデュッセウスは生みの親と意思を通わせるために、大地に祭壇を掘って子羊と黒羊を犠牲にする必要がある。テイレシアスの霊魂が、その生け贄の血から十分な精力を取り出して記憶を回復することができるようにするのである。

一般の死者たちの「地獄」と英雄たちの「地獄」の相違は、両者の魂が死後にたどる状況の相違と同様に顕著である。人間は芽生えたばかりの命を、大地の下のどこかで、見る影もない姿で記憶ももたずに継続する。一方、英雄は全体的な死を経る、すなわち記憶と人格を保持しながら死を経る。英雄たちの「地獄」は地中の薄暗く冷たいものではなく、太陽の光をいっぱいに浴びた草原である（光のみが輪郭を付与し、事物を、個性と「形式」を備えたものにする。それとは対照的に、地中の暗闇は輪郭を破壊し、形式を溶かし、人間と事物を無定形で幼生的、形式以前の状態に退行させる）。人間と英雄の魂におけるこのような根本的相違は、どのように説明できるだろうか。それには以下の事実が手がかりになる。英雄的な死、すなわち儀礼的な非業の死は創造的であり、それにより英雄の生は継続して増大さえすると言える。それに対して自然な死は、すでに消耗されたものを終わらせるだけのものである。聖なる要素や宿命、儀礼が介入することのない自然な死は、人類学ではなく生物学に属するものであり、英雄の死とはまったくの別物である。しかし一般的な人間にも、英雄的な死、あるいは（後代、ギリシアにオルフェウス教が出現すると）儀礼的死の一形態にほかならないイニシエーションによって、従来とは異なる死後の運命を創り出すことは可能である。

これらの概念に関して詳述することは、本稿の主題からそれる恐れがある。現在執筆中の著書『死の神話』においてこれらの概念を改めて取りあげたい。さしあたり、俗的人間と「イニシエーションを経た人間」との相違に関して、インド文化圏のいくつかの事例にふたたび目を向けておこう[6]。インドでは、一般の人間は火葬にされるが、ヨーガ行者や苦行者は土葬にされる。「イニシエーション」は、俗的身体では得ることが不可能である「実在性」（聖性）を身体に付与すると同時に、一般人とは異なる死後の運命をも確保する。インドの苦行者や聖者、ヨーガ行者は、立った状態（自主独立性、持続性、力の聖画的表現）で埋められる。そして、彼らの墓の上にはリンガが捧げられ、しばしば寺院も建てられる。古代ギリシアの英雄崇拝との類似は一目瞭然である。彼らの身体は通常のしきたりにそって火葬にされるのではなく、土葬にされ、聖遺物となり、しばしば寺院に相当する上部構造の建築を有するようになる。

　ここでは、ほかの一連の事実にも触れておこう。墓が死者たちの「家」（永遠の家《ドムス・エテルナ》）と呼ばれていたこと（おそらく時としてそのように見なされていたこと）は周知のことである[7]。イタリアではすでに先史時代に、骨壺は家の形をしていた。実際、墓は死者たちの新しい住居であって身体ではなかった。死んだ者は、しばらくの時間、あるいは永遠にそこで生活するためにやってきた（この信念は、死者の魂が墓で生活を継続するのでなければ、あるいは墓を通って「地獄」へ至る地中の道にあるのでなければ、明確にできないほど複雑である）。諸文献、とりわけ墓碑名は、墓、ハデス、そして存続と復帰のほかの手段についても表わしている。もちろん死者の観念にもさまざまある。しかし墓とハデスの一致に関しては、インドで見られる家と世界の中心との一致を可能にする、かの逆説によらなければ、説明不可能ではなかろうか。墓が存在する異「空間」、墓穴と「地獄」とにおける「魂」の同時存在を可能にする異空間が問題なのではなかろうか。

　自然な仕方で消え去った者と儀礼的な死によって生け贄にされた者との相違は、墓が死者の家と呼ばれていた事実によって明らかになる。儀礼的な死は、聖遺物、名誉、植物、建築的身体などさまざまな宇宙的地平において存続する思いもよらない方法を可能にする。これらの信仰はすべて、本質的一貫性、理論とさえ言えるものを有しており、信念の被った変容・劣化・破損の質や程度がどれほどであっても、再構築することが可能である。各信仰の背後には、儀礼的死による創造という古くからの「理論」と、生け贄による実在性の増大に関する「理論」が見える（非業の死が再生を引き起こし、とりわけ、人間として生きることを運命づけられた被造物に永続性を保証することは確認した）。生け贄にされた被造物が存在を継続する「身体」は、生き残りの方法としてなかなか思いつかないほどにしばしば擬装される。たとえばイフィジェニアは、トロイアへの遠征を実現するために生け贄にされた。彼女は戦争そのもの、勝利そのものである「名誉の身体」を獲得したと言えよう。棟梁マノーレの妻が修道院の石壁の身体で生きるように、イフィジェニアはトロイアへの遠征において生きる。結局、人間がなすあらゆること、実在に組みこまれるあらゆることは、宇宙創成の始源型を模範としてなされるのであり、かの原初的犠牲を前提にしている。ハンニバルはアルプス越えの遠征を開始する前に、メルカルト（ヘラクレス）の神に人間を生け贄として捧げた。これらの供犠の意味が何であろうと、今まで取りあげた信仰や儀礼に見出してきた「理論」は、生け贄となった人間に創造された特定の「運命」を前提にする。死後の運命を創造すること、より正確には死後の運命を築き上げることは、「身体」を得ることである。ハンニバルの場合には、その新たな「身体」は、生け贄となった者が「魂を入れる」ことで効力あるもの、持続可能で実在的なものとした戦争そのもの、アルプス越えであったと言えるのではないだろうか。

第十二章　家、身体、宇宙

棟梁マノーレの妻は、魂が注入されることで持続可能になった新たな肉体、修道院の建築的身体によって、宇宙において存在し続ける。人間として存在する地平とは別の宇宙的地平に――儀礼的に死ぬことによって――投げこまれたために、マノーレの妻はただの人間には許されない永続性を知ることが運命づけられた。彼女は、永続性と英雄の栄光を得ることで、人間として生きて死ぬまでの期間よりも、ずっと長い期間にわたって存続する。

しかしマノーレの妻は、新たな建築的「身体」によって、まさしく特異なものとされたのだろうか。彼女は人間の生き方と運命の外に位置する宇宙的地平、人間としてたどる軌道の外に投げこまれ、儀礼的な死によって創り出された固有の運命によって、一般の人間が属する宇宙から切り離されて存在するようになったのだろうか。これらの問いは重要である。なぜならばマノーレの妻がその永続性によって特異なものとなったのならば、それは呪詛、有害な孤立化と見なせるからだ。さらに、人間がそこから生まれた単一性へ回帰する巨大な宇宙的循環が、「突然に停止」したと見なせるからである。この回帰の軌道からそれることは、あらゆるアルカイックな神話や付随的諸信仰に共通する精神的地平においては呪詛に等しく、「突然に停止」したことは生に反する罪というだけでなく、救済に反する罪でもある。

棟梁マノーレの妻の運命は、再統合の神話と倫理観に完全に符合する。マノーレの妻は、人間の肉体を放棄して建築的身体を得ることで、宇宙創成神話とその観念の精神的地平にとどまっている。アルカイックな人間が、自身を宇宙的用語で表現し、すべての行動を始源型に還元して生を価値づけたことを想起するとよい。すでに確認したように、アルカイックな人間は至上の実在性に餓えていたので、どれほど「些細な」身振りであろうと、宇宙的儀礼からそれることのないように努めた。ヴェーダ時代のインド人は、ものを食べても生理的行為を行なっていると意識することなく、肉体のなかの神々、すなわち宇宙の原型を有し、小宇宙（肉体）と大宇宙との交差・連結の中心をなした神々に「犠牲を捧げている」と意識した。さらに生理機能も宇宙的対応物をもっていた。「呼吸」を五回行なうことは、宇宙における五つの風に対応した。背骨は世界軸を原型にもち、動脈と内臓にも宇宙における対応物があって、性交は（宇宙創成的な）神的原型に倣った儀礼と見なされた。またアルカイックな人間がそのただなかに身を置いた「諸事物」も宇宙的対応物を有しており、宇宙論的原型、始源型的原型に倣って作られた。たとえば二輪馬車は太陽を模範とし、金属時代の初期、先史時代の人間が太陽系の天体に関して作りあげた宗教的観念に基づいて作られた[1]。衣服、工具、装飾などはすべて、人間を実在から引き離すのではなく、実在に結びつけ統合させるように、宇宙的規準にそって作られた[2]。アルカイックな人間の生と近代的人間の生とを分かつのは、産業革命の到来によってヨーロッパの都市部から消え去った人的宇宙に対する意識と宇宙的律動を分有するか否かである。近代的人間は、長期にわたる宇宙に対する独立戦争の産物なのだ。近代的人間は実際に、周囲の「自然」から完全と言えるほどの独立を勝ち取ることに成功したのである。しかしこの勝利は、対価として宇宙における孤立をもたらした。近代的人間の行動や製造物は、もはや宇宙的対応物をもたないのである。

アルカイックな人間の家は「住むための設備」ではなく、アルカイックな人間が考えて行なうあらゆる事柄と同様に、多数の宇宙的地平の交差点だった。アルカイックな人間は、家のなかに入ることを、宇宙から切り離されるのではなくむしろ宇宙の中心に住まうことであると見なした。家そのものが世界像《イマゴ・ムンディ》、宇宙全体の聖像だったからである。インドにおいて、建造物の土台部分に打ちこまれる杭が世界軸と対応することは確認した。したがって家も世界の中心に位置するのであり、ある意味で縮小した世界の聖像なのである。アルカイックなあらゆる家が「祭壇」の上に備えていた開口部は、宇宙的天蓋の中心にある「眼」に対応した。神殿も――家と同様に――宇宙と人体を同時に表わした。ボンベイのパールシー教徒のあいだでは、聖なる炎が灯される一室の円屋根は天蓋を表わす。ハルカリナッソスのディオニシウス（『ローマ古代史』Ⅰ・50）は、ウェスタ神殿は大地の球体を模倣するために円形であったと述べている。比較的後代のものであるこれらの解釈に、さらに古代の世界全域に浸透し[3]、プラトンも行なっていた（『ティマイオス』44Ｄ以下）、人間の頭部と球形の宇宙との対比をつけ加えることができる。

宇宙、家、人体のあいだのさらに顕著な対称は、インドにおいても確認できる。インドの信仰によれば、魂は死の瞬間にブラーフマランドゥラと呼ばれた頭蓋骨の継ぎ目（モンロの孔）を通って身体から抜け出る[4]。インドの建築用語では、塔の頂きや寺院の丸屋根中心の開口部（「眼」）をブラーフマランドゥラと呼ぶ[5]。建築物は、丸天井が頭蓋骨を表わすことで人体と同一視される。同様の信仰は、ギリシア・ラテン世界にも存在していた。ユピテル神殿の屋根には孔が意図的に残された（オウィディウス『祭暦』Ⅱ・667）。その一方で、インドの神秘的生理学においても建築用語が見出せる。『アイタレーヤ・アーラニヤカ』（Ⅲ・2・1）は、柱が家のすべての建築材を支えるように、呼吸があらゆる感覚を支え統合する「柱」であると説く。しかし「呼吸」は、すでにヴェーダ時代から宇宙的な「風」とも同一視されてきた（『アタルヴァ・ヴェーダ』Ⅺ・4・15[6]）。人間―家―宇宙の対応は、きわめて多くの文献にも記されている。はるかに古いこの同一視の痕跡は、今日まで日常言語において残存してきた。オウィディウスの「地の底（内蔵）」という表現（『変身物語』Ⅰ・138）はしばしば使われる。さらに「天の口」「眼窓」（小円窓）というのは、バビロニアやギリシア、ラテンの言葉では「天」を意味した。

アルカイックな建築は、人的宇宙の用語で概念化されることで、聖なる学問と技術であったのみならず、人間の救いの技でもあった。実在に対する固執がアルカイックな人間の特徴であることはすでに確認した。建築はほかのあらゆる古代の技術と同様に、人間を実在のうちに位置づけてきた。この「実在」の定型表現は、各時代に特有の見方から影響を受け、数千年のあいだに変化したが、その実質が変化することはなかった。ヴェーダ時代の建築は、人間を「世界の中心」に位置づけ、宇宙と原初的人間の聖像と同時代にある家を安全な場所として提示し、人間を実在のうちに組みこんだ。ギリシア・ラテンの建築は、「神的な均整」あるいは「諸領域の調和」に努めたが、人間をロゴスとの関係のうちに置くという同一の目的に取り組んだ。これらのアルカイックな文化によって作りあげられた固有の世界観がそれぞれどのようなものであれ、建築の役割は、ほかの行為の役割、精神的技法の役割と同様に同一だった。各時代のさまざまな技法が民族的精神・歴史的精神からの影響を次第に強く受けるようになったときでさえも、建築は簡単に述べることができない諸要因の複合によって、本来の宇宙論的な存在意義を、長期にわたりとどめてきたのである。

この上なく鋭い感性によってアルカイックな神話を「再発見し」、再体験し、さらに、人間‐家‐宇宙の同一性をも観念的な帰結として直観したドイツ・ロマン主義について、ここで言及することは無意味ではないだろう。ロマン派の医師であったゲレス[7]は以下のように言った。「生理学の目的は、人体組織における世界建築の投影を証明することであり、生命の個人的な繋がりを宇宙の大きな繋がりのうちに変換することである。このような作業は、直観が具体的事物のより普遍的な関係を集めて、大地の物質的暗がりのうちに隠れたものを天体において明瞭に読み取ることを可能にする」。このために生理学は、宇宙論の法則、建築の法則、有機的世界の法則のあいだにある対称性を明確にしなければならなかったのである。

このような対称性が、ヨーロッパの建築から完全に忘れ去られることはなかった。宇宙論の始源型が、美学的・数学的な形で表現されるようになっただけである。ヨーロッパの建築は、さまざまな形式をとりながらもはるか後代に至るまで、人体の石、より正確に言えば人的尺度の石という表現をもち続けた。この人的尺度はたとえば音——のちに美学的・数学的基準になり——特定の宇宙的繋がりを忠実に再現した。そして人間は、たとえば音楽や哲学、イニシエーションによるのと同じように、建築によって宇宙へ還った、あるいは「調和した」のである。ギリシアの建築が伝えた幸福の表現である「領域の楽曲」には、きわめて興味深い先史がある。その先史は中国、インドと共有しており、のちにイスラームがその領土全域に広めたものである。すなわち音楽における音階と宇宙論における階域との対応性、換言すると七つの音階と七つの惑星との対応性（これはメソポタミア起源であると思われる）である。あらゆる歌曲は天体的上昇を表現しており、天体とその拍子が連帯することで「浄化」が果たされた。「音階」は、周知のように、豊かな宇宙論的象徴体系を有した神殿の「階段」やバビロニアのジッグラトの階層を再現した(8)。中国では、音の宇宙的価値はきわめて複雑な音楽理論にまで至った。インドでは、音の「天体」起源に関する記憶は時とともに消え去った。十三世紀の作家サールナガデーヴァは、音階の音は動物の鳴き声の模倣であり、それらの動物は黄道帯、すなわち宇宙論的体系における動物の残存であると主張した。以上の事柄について言及したのは、アルカイックな文化において音楽が有し、音楽の感動と創作が完全に独立した文化的営為と見なされるようになった時代に至るまで保持した、観念的役割・救済論的役割を明らかにするためである。

哲学がもたらす人間と「自然」の「和合」は、改めて言うまでもない自明の理である。しかし哲学は、人間と宇宙を「和合させ」、「調和させ」るだけにとどまらなかった（中国哲学、つまり正統の儒教、そして道教の思想全般は、人間と宇宙の完璧な調和を最終目標とする）。インドもまた、少なくとも伝統的正統派である哲学がもっていた宇宙への再統合の機能を正確に保持してきた。「理解する者」、すなわち観念的に思考し、諸原理と一体になりながら至上の実在性について思考する者は、（「理解しない」）ほかの者が死後に獲得する宇宙への再統合を生前に獲得する。「理解する」者の「声」は「炎」になり、「嗅覚」は「風」に、「視覚」は「太陽」に変化する等々——人間の死後に行なわれる返還が生前に行なわれる（第十章）。知による解放が、人間を大宇宙に変えたのである。確かに第十章で強調したように、このような宇宙への再統合は、ある歴史的時期ののちには、インドの精神を満足させることはもはやなかった。とはいえ、インドの精神の奥底が宇宙的再統合の方法を不十分なものと見なすようになったときでさえ、宇宙的再統合が最終的な解放に絶対不可欠な一段階と見なされ続けたことは確かである。既刊の論文「宇宙的相応性とヨーガ」で示したことだが、インドの聖人は、（アートマン＝ブラフマンの同一を実現することで）「宇宙」を超え、精神を自己に統合しようとする前に、「自己－宇宙化」と名づけられ得る過程、すなわち宇宙との完璧な調和を得なければならないのである。

　本章の冒頭で投げかけた問い、棟梁マノーレの妻は新たな建築的「身体」をもつことによって特異なものとされたのではないか、人間の生き方には属さない運命で孤立してしまったのではないかという問いに戻ろう。これまでの考察によれば、この問いに対して「否」と答えられる。なぜならば一方において、建築的「身体」はアルカイックな精神の地平におけるもっとも馴染み深い「身体」のひとつであり、他方において建築的「身体」は宇宙的循環の中断ではなく宇宙への再統合を表わしているからである。実際、家が世界像《イマゴ・ムンディ》であり、宇宙を模範にして建造されたならば、そこに住まい、生命と持続性を家に付与する魂は、世界の聖像そのものに入りこむと言える。儀礼的生け贄によって建造物に「魂を入れること」は、宇宙に再統合することと同義である。したがって棟梁の妻は孤立などしておらず、統合がたやすくできる宇宙的地平で存在を継続している。建築的身体というこの地平が、小宇宙と大宇宙の一体化を可能にする。しかしながら彼女の存在は逆説的である。マノーレの妻は、一方では建築的「身体」で生き続けているが、確認したように建築物が世界像《イマゴ・ムンディ》であるために、他方では宇宙に再統合されているからである。民間伝承、そして建築と造形美術的言語に部分的に残存した、家－人間－宇宙の有機的関係は、宇宙創成（人的宇宙）神話から直接的、あるいは二次的に派生した信仰によって説明される。もちろんこのような信仰は、ほかの信仰群との大規模な混淆を経ており、退行の過程や神話伝承の幼児化の過程によってしばしば破損を被ってきた。しかしその原初的な意味が無数の断片のうちにきわめて明瞭に保存され、その一貫性があらゆる場所で確認されることは見てきた。

「民衆」が棟梁マノーレ伝説についてどのように考えたのかはわからないが、棟梁の妻が生け贄にされなければ修道院を建てることが不可能であったことは間違いない。このような信仰が、宇宙創成神話に関する一連の信仰を前提にしていることは確認した。本稿は、「民衆」がこの伝説に与えた解釈をたどってきたのではない。民衆の解釈に関する信憑性のある資料は存在せず、存在したとしても数百年前、一千年前に信じられていたことを知る上では役に立たないだろう。伝説の作り手と聴き手による信憑性のある証言が存在しないため、伝説をそれ自体として、独立した精神世界として考察するほかないのである。

第十三章　歴史と伝説

博学なセルビア人であるペテル・スコクは、マケドニア在住のルーマニア人の石工職人たちが、南東ヨーロッパ全域に棟梁マノーレ伝承詩が流布した過程で果たした役割を示した（Caracostea, op.cit, p.624 sq を参照）。このような職人組合は一般に、その社会のほかの共同体が「忘れて」しまったり、注意を払わなかったりしたアルカイックな儀礼や信仰を保持している。そのためスコクの指摘は重要である。石工や建築家、坑夫、金属加工者、鍛冶工、精錬業者の組合は、秘密結社である。その構成員は、同業組合員の家族、すなわち古来の伝承の受託者からもっぱら採用され、イニシエーションとしての性質を有した一連の儀礼によってのみ承認された。金属加工者、石工、精錬業者の組合のあいだできわめて念入りに守られ「秘義継承者」に注意深く伝えられてきた「秘密」は、一般に、いわゆる技術のみではなく、とりわけそこに含まれる観念と呪術である。アジアの古来の技法や近代的信仰に見出せるような冶金の秘密に関する参考資料と解釈については、既刊の著書『バビロニアの宇宙論と錬金術』（p.62 sq）と「冶金術、魔術、錬金術」（p.5. *Zalmoxis* I, p.87 sq）を参照されたい。また近刊の『冶金術、魔術、錬金術』の新版では、参考資料を大幅に増やしている。

古代ギリシアにおいて、金属加工者、鍛冶師、武器製造者の職業組合は、最初、コリューバース、クレーテス、ダクテュロス、カベイロイ、テルキーネスなどの神話的原型の名前をもつかそれらの名前に由来すると主張し、特定のメガロンで秘義伝授者のみに許された「密儀」を催し、特別な舞踏をもち、のちに古代ギリシアの神話的宝庫を豊かにした神話伝説の全体的な資料集成を有していたと言われる。ギリシアの神話伝説の発生と展開において秘密結社が果たした役割について、詳細に研究が行なわれたことはなかった。しかし、秘密結社が大きな役割を果たしたことは確かである。ここでジョルジュ・デュメジルによる次の研究に言及しておこう。デュメジルは『ケンタウロスの問題』（Paris, 1929, 特に p.185 以下）において、「ケンタウロスたち」が特別なイニシエーション（おそらくは、たとえばアキレウスがなしたように炎を通過すること）と動物の仮面と仮装を用いる神秘的舞踏を有し、（医師、呪術師、舞踏家の）呪術的結社を構成していたこと、さらに、一年の終わりの祝いで中心的な役割を果たしたのはこのケンタウロスの秘密結社であり、そのとき結社の構成員が共同体全体を恐怖に陥れたことを示した。おそらく、「ケンタウロス」になる者は踵を火で焼かれた。この原歴史的なイニシエーションは、ギリシア本土とその諸島において、意味は変化しながらも今日まで伝わってきた。今日では、年末に生まれた幼児は、カリカンタリ（ケンタウロス）に変身する恐れがあり、それを回避するためには子どもの踵を火で焼かなければならないと信じられている。周知のように、（インド・ヨーロッパ人たちが各民族に分裂する前に有した）原歴史的なイニシエーションは、本来の意味を失いながらも、少なくとも三千年のあいだ存続してきた。しかしギリシアの神話伝説や舞踏の振りつけ、文学が、医師や呪術師の原歴史的な結社にどれほど基づいていたのかはもはやわからない。

石工と建築家の職業組合、あるいは「職人組合」が、ほかの秘密結社と同様に、固有のイニシエーションと伝説をもっていたことは明らかである。そのイニシエーションと伝説は、宇宙創成伝承をはっきりと保持していた。宇宙創成伝承が保持された理由は明白である。すなわち、職人たちは家を建てた、創造した、つまり世界を生み出した神的存在たちの始源型となる身振りを繰り返したのである。建造儀礼に関する数多くの信仰と迷信が今日に至るまで保持されてきたが、石工たちのあいだではとりわけ明瞭に残されてきた。しかしそれとは対照的に、「職人」組合のイニシエーションはなにひとつ残されなかった。マノーレの妻の儀礼的な死のうちにイニシエーションに関するおぼろげな記憶が読み取れるかもしれない。これは論拠を示すことが困難な仮説にすぎない。しかし少なくとも、マノーレの「妻」が修道院に行き着くまで被らなければならなかった雨、メスオオカミ、サソリなどの「試練」の、イニシエーションとしての性質はこの仮説を裏づけている。それらの試練は、古来の密儀のイニシエーションにおける「障害」と明らかに類似している。この仮説に基づくならば、修道院に向かう「妻」が通った道は、「中心」への道、すなわち周知の危険と試練を伴ったイニシエーションであると解釈できる（サソリとの遭遇は大蛇に対する英雄の戦いを想起させ、メスオオカミはおとぎ話における王の娘の「イニシエーション」を想起させる。彼・彼女らは、この戦いによって英雄になるのである）。「妻」は、英雄が怪物と戦って英雄の運命をまっとうするように、これらの障害と「試練」を乗り越えて運命をまっとうする。われわれが取りあげているマノーレの「妻」の試練が、古来のイニシエーションの名残であるならば、妻の儀礼的な死はおそらく入信儀礼を伴う宗教で行なわれる象徴的な死にすぎない。繰り返すが、これらは文献上に論拠がある仮説ではない。ほかの職業組合と同様に、石工の職業組合が必ずや有したであろう秘密の儀礼が、修復不可能なほどの破損を被ったことを考えるかぎりで提示可能になる仮説にすぎない。棟梁マノーレ伝承の改良と流布においてマケドニア在住のルーマニア人の石工たちが果たした役割は、間違いなくきわめて大きい。しかしながらそれは、この民間伝承詩が南東ヨーロッパ一帯で前例のないほどの成功を収めたこと、さらにルーマニアにおいて最終的な完成をみたことの説明にはならない。建造儀礼がきわめて広い地帯で見出せることはすでに確認した。しかしバルカン、とりわけルーマニアを除いて、建造儀礼から派生した伝説が独立した文化的営為としての文学的所産となった地帯は存在しなかった。棟梁マノーレ伝説は、南東ヨーロッパの民族、とりわけルーマニア人の精神性における中心的神話のひとつである。ルーマニア人にとってとりわけそうであるのは、彼らがあらゆる理論的要素をみごとに統合することで、この伝承詩の完成型を見出したためである。この中心的神話が普遍的な古来の観念のうちに根をもつとしても、南東ヨーロッパとルーマニアで選び取られ発展させられたという事実は、当地での特定の精神的需要にこの中心的神話が応えたということ、さらにほかの地方では起こらない反響を呼び起こしたということの証である。「創造的な死」というアルカイックな観念に由来する中心的神話の存在は、民衆の精神性についてさまざまなことを教えてくれる。それはまた、当民族における特定の世界観と特定の人生観も明らかにしてくれる。ルーマニア人たちは、近隣の南東ヨーロッパの人々と同じように、「創造的な死」の中心的神話のうちに民族の運命を改めて見たのである。

ルーマニア民族の精神性によるふたつの作品――「ミオリッツァ」と「棟梁マノーレ伝説」――が死の価値づけを基層に有するのは偶然ではない（死を介して宇宙へ再統合されるという観念は「ミオリッツァ」において明らかであるが、「ミオリッツァ」が葬送儀礼に起源をもつことを考えると、それは驚くべきことではない）。経験主義的規準にのみ従って判断する浅はかな研究者は、死のこのようなあり方を悲観的な世界観、生命の不調和、心理的不具合と考える。しかしルーマニアの農民の生き方に直接触れてみると、この種の思いこみは断固として退けられる。一般にルーマニア人は、生に対する恐怖や（スラヴ的構造の）秘伝的酩酊、（東方型の）苦行への愛着をもたない。それにもかかわらずルーマニア民族の精神性の所産であるふたつの主要作品は、死の価値づけを中核としている。とは言うものの、両作品における死のあり方は否定的なものではない。「ミオリッツァ」における死は、「彼女〔宇宙を統べる女王〕のかたわら」への静かな回帰である。「棟梁マノーレ」における死は、あらゆる儀礼的死と同様に、創造的なものである。とりわけこの民間伝承詩には、英雄的で雄々しい死の観念がはっきりと見て取れる。ルーマニア人は死を求めたり望んだりはしないが、恐れることはない。（たとえば戦争で）儀礼的な死が必要であるときには、喜んでそれを受け容れる。ルーマニア人の祖先ゲタイ・ダキア人たちのあいだでも、儀礼的死はすでにこのように価値づけられていた。「トラキアのもっとも勇敢でもっとも正義にかなった」（ヘロドトス『歴史』Ⅳ・93）ゲタイ人たちは、死について、「消え去るのではなく、住まいを変えるだけ」（背教者ユリアヌス）と考えていたために、恐れることはなかった。間違いなくこのような死の観念は、ゲタイ・トラキアの民族集団に固有の見方である。彼らは古代ギリシア・ローマ人に高く評価されたが、その運命的苦難と地政学的位置の変動のために世界史でふさわしい役割を果たすことを妨げられた。しかし他方では、きわめて男性的に価値づけられた儀礼的死というこの独自の見方が、ゲタイ人の子孫であるルーマニア人たちのあいだで、まさしく彼らの歴史によって深められたと言える。ダキアの住民の運命よりもさらに悲壮な運命は、世界史においてめったに存在しなかった。ヘロドトスの言うところでは、インド人とトラキア人に次いで数の多い民族に属したゲタイ人たちは、彼らの創造力がマケドニアのアレクサンドロス大王によってヘレニズム世界に向けられたからにせよ、ローマが侵略を恐れてゲタイ人の政治的力の増大を封じたからにせよ、世界史の表舞台において役割を果たすことができなかった。とにかく事実であるのは、古代世界の終わりから現在に至るまで、ダキア・ルーマニア人とダキアのルーマニア人よりも苛酷な運命を担った民族はほとんど存在しなかったということである。ダキア・ルーマニアは、地政学上、新たな侵略を受けるたびに、政治的独立だけでなく、民族としての存在そのものを脅かす歴史を強いられてきた。「ルーマニアの奇跡」と言われたのは道理である。この民族の残存・生き残りが奇跡的であるからだ。ルーマニア民族の残存と生き残りは多くの原因によるが、忘れてならないのは、死を創造的行為として理解する死の価値づけがおそらく抵抗の精神的立脚点のひとつをなしたということである。事物の存在と存続は儀礼的死と生け贄によってのみ確保できるという観念が、ルーマニア民族以上に、またある程度は南東ヨーロッパのほかの民族以上に、歴史のひとつひとつの局面で力を発揮する適切な機会に恵まれた民族はなかった。世界中のいたるところで知られていた建造供犠伝説がルーマニアと南東ヨーロッパの地域においてのみ文学作品にまで発展したのだが、この地域における民族の激動の歴史が、このような文学作品の成立に大きく貢献したと言っても過言ではない。ほかのどの場所にもまして明らかに、この地においてこそ、生け贄によって魂を入れなければいかなるものも存続不可能であるという信仰が歴史的現実によって確証されたのである。戦争は、ここ数世紀においてのみ聖なる儀礼的性質を失ったが、生け贄によらなければ共同体が存続不可能であることをルーマニア民族や南東ヨーロッパの民族につねに思い起こさせた。戦死した者の魂は、儀礼的生け贄が古代ギリシア・ローマの遠征に「魂を入れた」ように、民族に「魂を入れた」のである。

創造的な死の観念は、古来、キリスト教との関わり合いのなかで、キリスト教によって受容され、変容を被ってきた。キリスト教は、宇宙創成神話に由来するアルカイックな理論体系を「一掃する」ことなく吸収し、その精神的内実を増大したのである。実際のところ、キリスト教は普遍的宗教として、苦難の価値づけと死の積極的な解釈を核とすることで、創造的な死という観念をめぐる信仰や組織的しきたりを受容することが期待されたのだった。しかしここは、キリスト教と民衆的祭祀、古来の観念の関連について詳細に論じる場ではない。はっきりと述べなければならないのは、キリスト教の歴史的奇跡は何よりも、数多くの伝統、信仰、古来の儀礼に対する救いの能力に存するということである。単なる同化ではなく、救いである。キリスト教は民衆的しきたりやアルカイックな理論体系を吸収することで、それらの精神的意味内容を修繕し、歪められていた場合にはよりよく変え、内容を豊かにしたのである。

数世代前、数多くの祭祀・儀礼・信仰の「異教起源」の呼び名を明るみに出すことで、キリスト教を攻撃することが流行した。とりわけ救世主の受難と、（オシリス、アッティス、アドニスなどの）植物神の儀礼体系が類似していることについて風刺画に至るまで取りあげられ、（たとえば洗礼などの）キリスト教の秘蹟と典礼の「前歴史」が語られた。神学的見地からは、この類似性について何も明らかにならない。しかし受肉の秘蹟はこの類似性をすべて含意し、説明する。なぜならば救世主は、受肉することで歴史的現実に入りこみ、その説教では当時の言葉としきたりのみならず理論体系までも使ったからである。キリスト教は、所与の材料と形式を用いたために、歴史のうちに組みこまれた。キリスト教は、諸価値を大きく転換することによって古来の世界を放棄したが、新たな価値を担うことができたもの、すなわち宇宙創成論、儀礼、民衆的祭祀などは保持した。キリスト教神学によるギリシア思想の同化に関しては、すでにしばしば論じられてきた。しかし、それとは別の同化、すなわち民衆的信仰の同化から得たものがどれほど大きなものであったかについては明らかにされてこなかった。キリスト教が祖先伝来の祭祀を吸収し、変形し、統合したことは、私見では、ギリシア哲学やローマの制度を同化した以上の意味があった。なぜならばキリスト教は、ヨーロッパにおける真の精神的統一性を、何よりも民衆的生活を救済し「貴族化」することによって作りあげたからである。中世のヨーロッパは精神的統一性を、同一の哲学と同一の制度によってではなく（そもそもこのようなものは西欧においてさえけっして実現しなかった）、キリスト教が民衆の精神的生活を（激しい抵抗のあとに）公分母に導いたことによって築きあげたのだ。

キリスト教が、ほかの無数の信仰を吸収し変形したように、本稿で取りあげてきた信仰を、明確な形でなされないときでさえも、新たな光のもとに置いてきたことは自明である。もちろん同化にはつねに危険が伴う。グノーシス主義や異端の思想などを想起するとよい。しかし最終的に、あらゆる発展の危機は克服されてきた。宇宙創成神話から派生したあらゆる信仰に見出される「創造的な死」は、とりわけ南東ヨーロッパにおいては、歴史的キリスト教のうちに場を占めた。しかし場を占めたといっても、取って代わることができたのではない。たとえ宇宙創成神話をキリスト教の数多くある前形態のひとつと見なしたとしても、救世主の受難が「人的宇宙」の儀礼的生け贄と異なることは明らかである。キリスト以外の生け贄にされた存在が、より意味深くより持続性のあるほかのものにおいて輝かしく生きなおすために死ぬのに対して、救世主は「自身」において蘇える、つまり再生する。この救世主の絶対的な自立性は、人の「姿」でありながら永遠において蘇えるために、キリストの神性の何よりの証である。

しかし「創造的な死」の観念が、取って代わったのではないにせよ、キリスト教のもたらした展望のうちに場を占めたことは間違いない。したがってルーマニアの激動の歴史だけでなく、キリスト教徒の信仰も、儀礼的な死の価値づけを促進することに貢献したのである。しかしながら、もっぱら秘蹟のしるしのもとで息づいている民衆的キリスト教を、近代的都市部のわれわれのキリスト教の基準で判断してはならない。教科書によって育成されたわれわれの眼には矛盾して異端的に見えるものも、一般に民衆的見方がそうであるような総体的見方においては、有機的で普遍的なのである。

しかしこの考察は、キリスト教とアルカイックな文化との関連に関する議論につながるものであり、ここで立ち入ることはできない。

第十四章　結　論

本稿で考察対象としてきたアルカイックな世界は、われわれの世界と大きく異なるものなのだろうか。しばしば見出された、本来の観念的意味が「破損」するという作用は、歴史はつねに本来あったものを歪めるという悲観的展望をとにかく強め、「近代的」であるものすべてを軽視する事態を招いてしまうのだろうか。この問いに対して十分に答えるためには、ほかの専門書を書く必要がある。しかし本稿でもいくらかこの問題に立ち入ってから締めくくることにしたい。

第一章の終わりで、アリストテレスの物理学も（冬至と夏至の循環などの）古代の宇宙論的主題のひとつに基づいていると述べた。同様に、イデアと分有に関するプラトンの理論が、始源型と分有に関するアルカイックな理論にきわめて類似していることも、本稿と『バビロニアの宇宙論と錬金術』の読者には納得できるだろう。プラトン自身、晩年に、彼の基本理論によって提起された難問を自覚することがあった。『パルメニデス』（131Ｅ）には次の一文がはっきりと記されている。「それなら、どんな仕方で、ソクラテス」とかれ〔パルメニデス〕は言った。「形相を他の事物は分取することになると、きみはするのだろうか。部分によっても全体においても分取ができないのだとすると」。「ゼウスに誓って」とかれは言った。「この種のことがらについてすぐに満足のいく規定を出すことはとてもできないようにわたしは思います」（『プラトン全集4』田中美知太郎訳、岩波書店、一九七五年、一八頁）。『パルメニデス』の対話の翻訳者Ａ・ディエは、注解において、アリストテレスの文献

（『形而上学』987、b・13）に言及し、それによればプラトンもピタゴラス派の人々も「分有と模倣の考えがどのようなものなのかについては保留にした」という。しかしそれでもプラトンの理論は、さまざまな水路を通って現代に至るまで、ヨーロッパの諸思想に実り豊かな影響を及ぼし続けてきたと言えよう。

ある解釈者たちは議論の余地がないと見なすだろうが、アリストテレスやプラトンのような偉大な思想家以外の人々については知りえないため、特定のアルカイックな理論が、プラトンとアリストテレスを介してヨーロッパの厳密な思想に伝わったなどと論じることは本意ではない。われわれの関心を惹くのは別の事柄、すなわちアルカイックな思想だけでなく精密な思想も、同じ「模範」を用いたという事実である。活力、運動、連鎖的変動などの諸概念、さらに当然のことながら「法」の概念も、古来の諸観念において確認できる。それらは近現代と同じように構造を有しているが、異なる文脈に存しており、人間経験の異なる地平において価値を付与されている。連鎖的変動のアルカイックな象徴体系を、（神秘的生理学における耳や臍などの連鎖的変動の応用や）ヨーロッパ思想における連鎖的変動の学術的役割と比較する作業は興味深いものになろう。またアルカイックな観念の「規範」概念と学術的な「法」概念を比較することは、新しい事柄をもたらしてくれよう。たとえばいくつかのアルカイックな言語からは、中国のタオ、インドのアルタ、ダルマ、リタ、エジプトのマアト、セムのサデク、ギリシアのテミスなどの互いに対応しあう一連の中心的語彙が集められる。これらはみな「秩序」「規範」「法」「自然にかなった」ものを意味する。どのような宗教に属するのであれ、信徒はただひとつの義務を負っていた。すなわち、法を正しく解読するという義務、現実をその存在様式にそって理解するという義務である。事物はその存在様式が正確に把握されるに応じて存在する。このような考え方は、現実を正しく理解することを求める西洋的な学問方法と大きく異なるものではない。「正しく」という基準が異なっているだけなのだ。人間の心性革命は、世界の見方と価値を変える「基準」の変化、「規範」から別なものへの移行によって特徴づけられる。しかしながら構造と機能の観点からは、タオから近代の学術的な法に至るまで、「規範」のあらゆる形式に相違はない。

アルカイックな主題の存在は、よりいっそう私的なもので、創作者の個人的経験や時代的宿命からよりいっそう影響を受けたと思われるもの、すなわち芸術作品においても、変形を被っているが、確認できる。（オデュッセウスやアエネイアス、パーシヴァル、シェイクスピア劇における登場人物、ファウストなどの）英雄が目的を達する途上において出会う苦難や障害がもつ儀礼的起源は顕著である。叙事詩、劇、長篇小説に現われる試練には、「中心への道」における儀礼的苦難や障害との相応性が容易に見て取れる。確かにその道は、もはや同一の地平に現われてはいない。しかしオデュッセウスや聖杯の探求と類型論的に同根であるものが、十九世紀の偉大な小説にも見出せる。すなわちバルザック、スタンダール、トルストイ、ドストエフスキーなどにおいて、「中心への道」に含まれる儀礼的困難や苦しみと同じ模範、英語でいえば同じ「パターン」が見出せる。世界的文学は、探求、試練、罪や無知に対する戦いといった主題、儀礼的、イニシエーション的主題に関する重要な作品を創作した。数多くの罠、「宝」をつねに守っている「怪物たち」、伝説的幻影や悪魔の誘惑を伴う「中心、実在へ向う道」は、文学上の基調テーマであり続けてきた。（十六世紀から十九世紀の）行商用の小型本とそのアルカイックな起源は、よく知られているため、ここで詳述することはしない。今日でも、推理小説は犯罪者と探偵の戦い（「悪の天才」と「善の天才」、ドラゴンと美しき王子など）を物語っており、数世代前ならば孤児の王子、あるいは無邪気な子どもと恐ろしい人物の戦いが語られ、一五〇年前には「黒い修道士」、宗教裁判官、監禁された子どもが登場する小説が読まれた。これらは民衆的感性が広大な広がりを有すること、しかし主題は同一であることを示している。

確かに地平の変化のひとつひとつは、「本物であること」、民族誌や歴史に添うことを重視する感性によって、登場する対立や人物を「綿密に描く」よう仕向け、時代遅れで当たり前となった記述を削り、独創的な記述を増やすことを引き起こした。しかしアルカイックな精神性によって伝えられた模範は消え去らず、現実化の力を失っていない。なぜならばこれは、人間が宇宙における自身の位置を自覚した瞬間に現われる始源型の直観であり、普遍的な原初的見方であるからだ。人間はこの始源型の直観によって宇宙における自身の存在に価値を付与する。そのことが内向的苦悶にもかかわらず、「近代的」意識にとってさえも効力を発揮していることは、数多くの例によって確認できる。それらの例のなかから、アキレウスとセーレン・キルケゴールのものについて見てみよう。アキレウスは結婚することにより幸福で豊かな生活を送れることが予測されたにもかかわらず、ほかの英雄たちと同様に結婚しなかった。結婚によってアキレウスが英雄でなくなれば、「唯一の」存在でなくなり、不死も得られなかっただろう。キルケゴールもレギーネ・オルセンとの関係において、まさに同様の実存的悲劇を生きた。彼は「唯一の」存在であり続けるために、永続性を望むために、結婚を拒否し、「一般的に」幸福な人生を送れる様式を拒絶した。『日記』の一節には次のようにはっきりと記されている（Ⅷ・A・56）。「肉体で感じるこのトゲから身を離せば、有限的な意味において私は幸福になろう。しかし無限の意味においては幸福を失うだろう」。神話的構造は、このようにして実存主義的経験の領域においても表現されている。

アルカイックな始源型は、よりいっそう下方の価値づけの地平に「落とされた」ときでさえも、創造的であり続ける。たとえば地理上の大発見の時代まで、俗人、とりわけ航海者の空想力を掻き立てた至福者の島や楽園の神話があげられる。多くの航海者は、正確には（インド航路の探索という）経済的目的で航海したときでさえ、至福者の島、あるいは楽園の存在を求めた。航海者のなかに、楽園的な島を発見したと信じた者が少なくなかったことは知られている。フェニキア人からポルトガル人までが達成したあらゆる地理上の発見は、エデン的世界に関するこのような神話によって促された。このような冒険や探索、発見こそが精神的意味内容を獲得し、文化的創作を担ったのだ。アレクサンドロス大王のインドへの遠征は、時代が変わってもつねに不朽であり続けている。なぜならばそれは、神話的範疇と同化し、人間に欠かすことのできない「神話的地理」の必要性を満たしたからである。厳密で正確である現実的地理は、創造的なものではなかった。クリミア半島やカスピ海の海岸におけるジェノヴァ商人の貿易拠点、シリアやエジプトにおけるヴェネツィア商人の拠点は、すぐれた航海術が存在したことを証しているが、それらの商業経路は「地理上の発見の歴史にとどめられなかった」（レオナルド・オルスキ）。それとは対照的に、神話的世界に向けて出発した遠征は、伝説的領域においても地理的領域においても創造的だった。

　これ以上、事例を増やすことは無用だろう。航海者は、空想上のインド、かつてアダムが住んでいた地上の楽園の探索に出発することで、未知の大地を発見し、航海術を発展させた。当初、航海者たちが、発見した大地に対して聖書の地理用語、神話的な地理用語を当てはめて理解したことは明らかである。しかしのちに地理がきわめて現実的なものとして認識されるようになったとき、これらの島や大地は神話的性質を失ったのだろうか。けっしてそうではない。「至福者の島」は、カモンイスやそのあとの啓蒙の世紀、ロマン主義の時代、近代においてさえも存続した。しかしながら現在では、神秘の島は地上の楽園を意味するのではなく、愛の島（カモンイス）やロビンソン・クルーソーの野性的なよき島、至福の島、あるいは「異国情緒的な」島、隠された美しさをもった夢の海岸、自由の島、ジャズの島、完璧な休息の島、理想的な休暇の島、豪華客船の周航で寄港する島などとして理解され、近代人は文学や映画、単なる空想によってそれらに憧れを抱くのである。しかし、エデン的で特別な領域の役割は変わっていない。ただそれが有する価値のみが、（文字通りの）地上の楽園から異国情緒的な楽園に変わったのだ。これは「失墜」ではあるが、不毛な失墜ではない。始源型は、どれほど下層であっても人間の経験のあらゆる地平で存在に価値を付与し、「文化的価値」を創造し続ける。近代小説やカモンイスの島もやはり、中世文学における多くの島と同じように文化的価値であるからだ。

　人間は、宇宙における自身の位置を自覚した瞬間に現われた始源型の直観からだけは逃れることができない。楽園に対する郷愁は、近代的人間のもっとも下劣な行動のうちにも今なお見出せる。ほかの機会に述べたことだが、啓示された神をもはや信じないようになったときでさえ、人間はサロンでのオカルティズムやスピリチュアリズムを信じるようになった。（ソヴィエト社会主義連邦におけるように）神秘学が放棄されたときでも、代用となる神秘学、トラクターが牽引する神秘学が開花した。絶対は根絶されることはなく、ただ破損されるのみである。アルカイックな精神性は、解読してきたように、有機的であるものを渇望するが、それは現代まで継続している。しかし行為として、人間の真の成就の方法として継続しているのではなく、独立した文化的価値に対する創造的郷愁、すなわち芸術、学問、社会的神秘学などとして継続しているのである。

原註

第一章　分有と反復

（1）Mircea Eliade, "Notes sur le symbolisme aquatique"（*Zalmoxis*, II, 1939, p.131–152）を参照。

（2）Mircea Eliade, "Ierburile de sub cruce…"（*R. F. R.*, noiembrie, 1939 からの抜粋）と "La Mandragore et l'Arbre Cosmique"（*Zalmoxis*, vol. III に掲載予定）を参照。

（3）A. G. Van Hamel, *Yslands, Odinsgelaf*（în Med. der Kon. Akademie ban Wetensh. Afd. Lett. 1936）, p.20. G. Van der Leeuw, *L'homme primitif et la religion*（Paris, 1940）, p.110 による引用。

（4）Ananda K. Coomarasvamy, *The Riq-Veda as Land-Náma-Bók*（London, 1935）, p.16, etc.

第二章　民間伝承と観念体系

（1）附録における文献目録をみよ（附録：建造儀礼に関する文献目録）。本稿の本文中で言及した文献のほか、次の文献があげられる。Lazăr Săineanu, *Studii folklorice*（Buc, 1896）; P. Caraman, "Consideraţii critice asupra genezei şi răspândirii baladei "Meşterul Manole" în Balcani"（*Buletinul Institutului de Filologie Română, Al. Philipide*, vol. I, 1934, p.62–102）; D. Găzdaru, "Legenda Meşterul Manole"（*Arhiva*, 1932, p.88–92）; Reinh. Köhler, Bolte und Schmidt, *Aufsätzen über Märchen und Volkslieder*（Berlin, 1984, p.36–47）; C. Trumbull, *The threshold covenant*（New York, 1892, p.46 sq.）; Tudor Pamfile, *Prieteni şi duşmani ai omului*, p.248–55; Frazer, *The Folklore of the Ancient Testament*, vol. I, p.421; vol. III, p.13 sq; *Am Ur-quell. Monatschrift für Volkskunde*, III, Bd.（o vastă anchetă）; F. Leibrecht, *Zur Volkskunde*（Heilbrom, 1879）, p.194, 216, 284; T. Rice Holmes, *Cesar's Conauest of Gaul*（Oxford, 1911, p.34）; Hans Naumann, *Primitive Gemeinshaftskultur*（Jena, 1921, p.76 sq.）: D. I. Burdick, *Foundation Ceremonies and some Kindred rituals*（New York, 1901; 作品は入手できなかった）; P.Perdrizet, "Légendes babyloniennes dans les Métamorphoses d'Ovide"（*Revue de l'histoire des religions*, 1932, tome 105, p.193–228）; *Revue Celtique*, 1924（t. 41）, p.187 sq.（bibliografie）, 1928（t. 45）, p.166; *Studi e Materiali di Storia delle Religioni*; vol. 14, p.57（bibliografie）.

（2）Mircea Eliade, "Folklorul ca instrument de cunoaştere"（*R. F. R.*, 1927 からの抜粋）において、共感呪術を実験で検証す

るための手段に関する作業仮説として、リシェ博士によって研究された現実上の〔プラグマティックな〕潜在感覚のいくつかの事例に言及しながら論じたことがある。本研究が、ルーマニア語で書かれた本稿（フランス語版が増幅された上でもうじき出版される）の奇特な読者に対してどれほどの説得力をもつかはわからない。Ernesto Bozzano, *Popoli primitivi e manifestazioni supernormali*（Verona, 1941）に関するエルネスト・デ・マルティーノの書評（*Studi e Materiali di Storia dela Religioni*, vol.XVII, publicat 1942, p.82-83）によると、この問題はイタリア人研究者やH. Carrington, *The Psychic World*（Londra, 1937）などによっても取り組まれたという。しかし本稿は、彼らと同じ方法論をとっていない。というのも、デ・マルティーノが以下のように書いている（p.83）。「現実上の〔プラグマティックな〕潜在感覚（あるいは「精神測定学」）と共感呪術の関係を強調することは、キャリントンもボッツァーノも行なっていないことであり、時宜に適っていよう」。それは、まさに私が（一九二七年に『言葉』に記事として掲載した）"Folklorul ca instrument de cunoaştere"と"Magie şi metapsihică"において詳細に行なったことである。*R. F. R.* の研究は、*Insula lui Euthanasiu* に再録されている。

（3）*Fragmentarium*（1939）, p.56 に再録された *Speologie, istorie, folklor*（1938）を参照。

（4）P.Caraman, "Geneza baladei", *Anuarul Arhivei de Folklor*, vol. I, II.

（5）F. W. Hasluck, *Christianity and Islam under the Sultans*（Oxford, 1928）, vol. II, p.648.

（6）この問題についてはいくつかの論文において論じた。とりわけ、"Mesterul Manole"（1939）における「蛇の石」を参照。

第三章　棟梁マノーレの民間伝承詩　バルカンの異説

（1）Grimm, *Deutsche Mythologie*（ed. IV）, t. II, p.967; Sébillot, *Les Travaux publics et les mines dans les traditions et les superstitions de tous les pays*（Paris, 1894）, p.91-92; Şăineanu, op.cit.

（2）Arnaudov, p.389 sq. Caracostea, p.628-629による引用。

（3）Sébillot, op.cit., p.93; *Revue des Traditions populaires*.VI-II, p.691. ヘルツェゴヴィナのほかの異説では、棟梁が見た夢について語っている。その夢によれば、九人の兄弟を生け贄に捧げるならば、橋は崩れなくなるという。棟梁は兄弟の代わりに、九羽の雄鳥を犠牲に捧げる。Sébillot, *ibid.*, p.93-94; P.Sartori, *Ueber das Bauopfer*, p.17を参照。

（4）Krauss, *Volksglaube und religiöser Brauch der Südslaven*（Münster, 1890）, p.158 sq.; "Das Bauopfer bei den Südslaven"（*Mitteilungen der Anthropologischen Gesellschaft in Wien*, vol. XVII, 1887）, 17 sq.; Caracostea, p.634, notă.

（5）G. Dem. Teodorescu, *Poezii populare*, p.470 sq.; Caracostea, op.cit., p.637 sq.; Krauss, *Volksglaube*, p.161 sq.; Schwenck,

Mithologie der Salven, p.12. Sartori, op.cit., p.17 による引用。

（6）Caracostea, p.614, sq.; Arnaudov, p.413 sq.; "Nouvelle Revue de Hongrie," 1936.

第四章　伝説と建造儀礼

（1）J. Kurt, *Beiträge zur kenntniss d. estnischer Sagen*, p.5. Sartori, op.cit., p.13 による引用。

（2）Valeriu Şt Ciobanu, *Jertfa zidirii la ucraineni şi ruşi* (Chişinău, 1930), p.10–11. キダチハッカがキュベレ女神の祭司の血から生じたように、スミレの花がアッティスの血から生じ、呪術師の草がプロメテウスの血から生じたように、タバコがこの血の滴から生じる。Eliade, "Ierburile de sub cruce", p.8 (*R. F. R.* noiembrie, 1939 からの抜粋) を参照。この伝説には、少なくとも四つの別個の民間伝承的主題が組み込まれている。すなわち、神と悪魔の戦い、悪魔とのかかわり、建設の生け贄、「悪魔の草」の起源という四つの主題である。カラコステアは "Material sud-est european şi formă românească," *R. F. R.*, 1942, decembrie, p.622–623 において、セビヨに従って、フランスの類似の伝説を引用している。その伝説によれば、聖ギヨーム・ド・ジェローヌは夜間に倒壊する橋の建設を終えることができず、橋を最初に渡る者を悪魔にひき渡すことを約束するほかなかった。聖ジェローヌは友人みなに橋を渡らぬように警告したあと、猫を渡らせた。悪魔はその猫で満足するしかなかった。この伝説では、「だまされた悪魔」の主題のほかに、以下の章で検討する建造供犠の代理を見出せる。

（3）Gomme, "Some Traditions and Superstitions connected with Building," *The Antiquary*, III, 11. E. Westermarck, *Origin and Development of the Moral Ideas*, vol. I, London, 1906, p.462 (フランス語版は 1929, vol. 1, p.466) による引用。

（4）Paul Sébillot, *Les travaux publics et les mines dans les traditions et les superstitions de tous les pays* (Paris,1894), p.85–120 (特に p.94, 95, 96); P.Sébillot, *Le Folklore de France*, vol. IV (Paris,1907), p.89–99 ("Les rites de la construction"). ロシアとシベリアの信仰における橋に捧げられた生け贄に関しては、*Siberian Folk-Tales*, London, 1937, p.412–413, 432–434 などを参照。

（5）G. L. Gomme, *Ethnology in Folklore* (London, 1892), p.61 sq.; A. H. Krappe, "Un épisode de l'Historia Britonum," *Revue Celtique*, 1924, p.181–188. クラッペは、大聖堂の建造を妨げる亀について語るドイツ版（A. Kuhn şi Wr. Schwartz, *Norddeutschen Sagen*, Leipzig, 1848, p.206; *Der Merse-burger Dom*）を引用している。建造儀礼における地下にいる動物とその役割に関しては、本稿の以下の考察を参照せよ。

（6）Westermack, op.cit., p.462.

（7）Al. Popescu-Telega, *Asemănări şi analogii în folklorul român şi iberic* (Craiova, 1927) p.12, 14. この伝説はポルトガルでは知られていない。
（8）Sartori, op.cit. p.D.
（9）Sébillot, *Les Travaux publics*, p.98. この伝説には、東洋地域で頻繁に見られるほかの民間伝承の主題も見出せる。すなわち、天然痘をひき起こす女神と子どもの代理供犠である。
（10）R. Andrée, *Ethnographische Parallelen und Vergleiche*, vol. I, (Stuttgart, 1878), p.21.
（11）Paul Sartori, "Ueber das Bauopfer", *Zeitshrift für Etnologie*, XXX, 1898（p.1–54), p.6. そこでは、Bastian, *Die Völker des östlichen Asiens*, II, p.91 を引用している。
（12）*Revue des traditions populaires*, VIII, p.454; Sartori, p.6.
（13）E. Tylor, *Primitive Culture* の改訂版（London, 1903）vol. I, p.107.
（14）Sartori, op.cit., p.6. Waitz, *Anthropologie*, IV, 362 を引用。
（15）*Ibid*., p.6–7.
（16）Westermarck, I, p.467（フランス語版は、p.471）。
（17）Sartori, p.7. *Borneo*, R. Andrée, op.cit., p.22. Perry, *The Children of the Sun* (ed. II, London, 1923), p.229, 233; *Mările de Sun*, Andrée, op.cit., p.22; "Oceania", *Rev. Trad. Pop*., VI, p.172.
（18）R. Andrée, p.20; *Rev. Trad. Populaires*, tome XX, p.470; VII, p.691.
（19）Sartori, p.7. Liebrecht, *Zur Volkskunde*, p.287 を引用。
（20）Ad. Lods, *Israel, des origins au milieu du VIII siecle* (Paris, 1932), p.113 sq.; E. Dhorme, *L'évolution religieuse d'Israel*, I, (Bruxelles, 1937), p.212; Frazer, *The Folklore in the Ancient Testament*, vol. I, p.421–422〔江河徹ほか訳『旧約聖書のフォークロア』太陽社、一九七六年〕（ジェベルの頭蓋骨）; Robertson Smith, *Lectures on the Religion of the Semites* (ed. nouă, London, 1923), p.159, notă.
（21）Preller, *Römische Mithologie*, ed. III, t. II, p.79.
（22）Sartori, p.8. Lasauly, *Die Sühnopfer der Griechen*, u. Römer, p.247 を引用。
（23）Wallis Budge, *From fetish to God in ancient Egypt* (Oxford, 1934), p.362.
（24）W. Crooke, *The Popular Religion and Folklore of Northern India* (1896), p.237 sq. Bates, *Hindi Dictionary*, s. v. jak を

参照。

(25) De ex. *Mahabharata, Vana Parva*, ch. 127 sq. インドの文献について概観するためには、Winternitz, "Bemerkungen über das Bauopfer bei den Indern", *Mittheilungen d. Anthrop. Gesellschaft in Wien*, t.XVII 1887, p.37 と Paul Mus, *Barabudur* (Paris-Hanoi, 1935), t. 1, p.202-204 などを参照。

(26) Eliade, *Yoga*, p.101 を参照。

第五章　最初の死は……

(1) Schmitz, *Eifelsagen*, p.101, sq.; Sartori, op.cit., p.17.

(2) Sartori, p.17.

(3) Kuhn und Schwartz, *Norddeutschen Sagen*, p.77.

(4) Telega, p.14. Eugenio de Olavaria v Huarte, *El Folklore de Madrid*, (Madrid, 1884), p.57-59 の引用。

(5) Sartori, p.16.

(6) Krauss, "Das Bauopfer bei den Süd Slaven," *Mitt der Anthrop. Gessel. in Wien*, XVII, p.20.

(7) Sartori, p.14.

(8) Sartori, p.15; Westermarck, vol. I, p.461 sq.; Sebillot, *Travaux publics*, p.112 (Grecia).

(9) Westermarck, p.461 (Europa Nordică).

(10) Ralston, *Songs of the Russian People* (London, 1872), p.126; Westermarck, p.461; Krauss, op.cit., p.21 (Slavi de sud)

(11) Westermarck, I, p.460-461 (Papua, Insulele Sandwich).

(12) Westermarck, I, p.162.

第七章　「子ども」と「孤児」

(1) Sartori, op.cit., p.10.

(2) Ludwig Wucke, *Sagen der mittleren Werra* (Eisenach, 1921), p.29; L. Bechstein, *Thüringen Sagenbuch* (Wien-Leipzig, 1895), vol. I, p.260; さらに、A. H. Krappe, *Balor with the evil Eye* (Columbia Univ., 1927), p.165-166 を参照。

(3) H. Pröhle, *Sagen des Ober-Harzes*, (Leipzig, 1859), p.8; Fr. Panzer, *Beitrag zur deutschen Mythologie*, vol. II (München,

1855), p.254; Krappe, *Balor*, p.166–168.

(4) Ludwig Stackergan, *Aberglaube und Sagen aus dem Herzegtum Oldenburg* (Oldenburg, 1909), vol. I, p.127; Krappe, op.cit., p.168.

(5) A. V. Haxthausen, *Transkaucasia* (Leipzig, 1856), vol. II, p.136.

(6) M. Gaster, *The Exemple of the Rabbis* (London-Leipzig, 1924), p.169.

(7) Witzschel, *Sagen aus Thüringen*, p.95.

(8) 自らの意志で来た子ども（p.11.）、生まれてから半年も経たない子ども（p.12.）、なだめるために渡された何か甘い食べ物（p.12, nota 4）、生け贄になった子どもの最期の言葉（p.13.）。

(9) Sartori, op.cit., p.35.

(10) *Ibid*., p.35. E. H. Meyer, *Germanishe Mithologie*, p.66 を引用。

(11) C. Jung şi K. Kerénny, *Einführung in das Wesen der Mithologie* (Amsterdam-Leipzig, 1941), p.117〔杉浦忠雄訳『神話学入門』晶文社、一九七五年〕.

(12) Mircea Eliade, *Metallurgy, Magic, Alchemy*, p.31.

(13) Jung şi Kerénny, op.cit., p.41

(14) Krappe, *Baler with the evil Eye*, p.177.

(15) Eusebius, *Praeparatio Evangelii*, I, 10, 29; Porphyrios, *De abstinentia*, II, 56. さらに、Frazer, *The Golden Bough*, vol. IV, p.166〔神成利男訳『金枝篇』4　死にゆく神、国書刊行会、二〇〇六年、二一九頁（注8）〕における文献目録を参照。

(16) *Traditions wanderungen Euphrat-Rhein*, vol. I, (Helsinki, 1937, F. F. C., nr. 118), p.100.

第八章　「代用品」と「対象」

(1) Oldenberg, *Die Religions des Veda* (Berlin, 1894), p.365.; Andrée, *Ethnographische Parallelen*, p.21; Sartori, op.cit., p.18.

(2) Ciobanu, op.cit., p.5.

(3) Sartori, p.19; W. Zuidema, "Rev. des Trad. Pop." XVI, p.512; Sébillot, *Folklore de France*, IV, p.89.

(4) *Gobhila-Grhyasutra* さらに、Winternitz, articol citat *Mit. Anthrop. Gesell. Wien*, p.17 を参照。

(5) Sartori, op.cit., p.21.

（6）Sébillot, *Folklore*, p.96.

（7）S. I. Curtiss, *Ursemitische Religion im Volksleben die Heutigen Orients*（Leipzig, 1903）, p.229.

（8）*Ibid.*, p.265, 266, 267.

（9）Sébillot, *Travaux publiques*, p.99.

（10）Sébillot, *ibid.*, p.98.

（11）*Ibid.*, p.99.

（12）Sartori, p.24.

（13）Krauss, *Das Bauopfer bei den Südslaven* p.20; Sartori, p.23.

（14）Sartori, p.24–28.

（15）古代東洋の住居の土台部分からは、供犠で埋められた小像が発見された。Hélène Danthine, *Le dattier et les arbres sacrés*（Paris, 1938）, p.118を参照。

（16）Tylor, *Primitive Culture*, vol. I, p.160; Gaïdoz, *Mélusine*, vol. IV, p.14.; Sartori, op.cit., p.32.

（17）Op.cit., vol. I, p.464（フランス語版では、p.468）。

（18）Sartori, p.29.; Westermarck, p.464.

（19）Crawley, *The Mystic Rose*, p.25; Westermarck, p.463, 465.

（20）Westermarck, p.466（フランス語版では、p.470）。

（21）Robertson Smith, *Lectures on the Religion of the Semites*, p.573.

（22）Frazer, *Belief in Immortality*（London, 1922）, vol. I, p.446.

（23）Sartori, op.cit, p.7–8.

（24）Westermarck, op.cit., vol. I, p.453（英語版）。

（25）*Ibid.*

（26）J. Przyluski *Les Empalés Mélanges Chinois et Bouddhiques*, vol. IV, Bruxelles, 1936, p.1–51, p.10, p.12, 13, 24（refeinte）26.

（27）Plutarch, Parall, 5, 306.

（28）*Mettalurgy, Magic and Alchemy*（Paris, 1939）. *Zalmoxis*, I, p.85–129からの抜粋。

第九章　場所の選択と「中心」の確立

（1）この問題は、本稿で論じるには大きすぎる。家や教会地の敷地の選択に関しては、以下を参照。P. Saintyves, *Essais de folklore biblique*（Paris, 1922）, p. 104; 町の創設に関しては、*ibid.*, p. 180.

（2）Grimm, *Deutsche Mythologie*, ed. IV, vol. III p. 491.

（3）Krauss, *Volksglauben d. Süd-slaven*, p. 158.

（4）Ciobanu, op. cit., p. 8.

（5）"Globus", vol. 50, p. 299; Sartori, p. 3.

（6）R. Andrée, *Ethnographische Prallelen*, p. 24. そこではほかの事例も挙げられている。

（7）たとえば、Paul Mus, *Barabudur*（Hanoi-Paris, 1935）, vol. I, p. 260–261 を参照。

（8）Sartori, p. 4 における実例。そこには文献目録も付されている。

（9）Sébillot, *Travaux publics*, p. 6.; Sartori, p. 1.

（10）Sinclair Stevenson, *The Rites of the Twice-Born*（Oxford, 1920）, p. 354.

（11）Paul Mus, *Barabudur*, I, p. 207 を参照。

（12）Waterfield and Grierson, *The Lay of Alba*（Oxford, 1923）, p. 276. Ananda Coomaraswamy, *Symbolisme of the Dome*,（*The Indian Historical Quarterly*, vol. XIV, 1938 からの抜粋）, p. 20 による引用。

（13）Coomaraswamy, op. cit., nota 28, p. 20–21.

（14）Pag. 32.

（15）*Cosmical Homology and Yoga*, passim; *Mitul reintegrării*〔本書所収「再統合の神話」〕、とりわけ p. 60 を参照。

（16）*Satapatha Brahmana*, II, 1. 1. 8–9.

（17）*Rig-Veda*, VI, 17, 0.

（18）メフィストフェレスは「あらゆる妨げの父である」（*Faust*, vers. 6205）。*Mitul reintegrării*, p. 14 を参照。

（19）*Cosmologie şi alchimie babiloniană*, p. 28 を参照。

（20）Marcel Granet, *La pensée chinoise*（Paris, 1934）, p. 323, 324.

（21）*Cosmologie şi alchimie babiloniană*, p. 32. A. Y. Wensinck, *The ideas of the Western Semites concerning the Navel of the*

Earth (Amsterdam, 1916), p.19を引用。

(22)「臍」と「中心」の同一性に関しては、*Cosmologie*, p.37を参照。

(23) 鍛冶師は、ある場合、町の創設者でさえある。たとえば、モセンジェレとバサカタの場合がそうである。Walter Cline, *Mining and Metallurgy in Negro Africa* (Paris, 1937), p.124を参照。コンゴのバロロ族では、鍛冶師は貴族階級、さらに王族の祖先であると考えられている (*ibid.*, p.22)。「冶金術の秘密」とその宇宙論的意味に関しては、*Metalurgi, Magic, and Alchemy*, p.6を参照。

(24) L. Frobenius, *Erlebte Erdteile*, vol. VI は(フランス語版 *Histoire de civilisation africaine* を踏まえた)*Kulturgeschichte Afrikas* p.155において要約されている。

(25)「アフリカ人」は、本稿で用いるほかのあらゆる人種的名称、地理的名称と同じように、かならずしも個々の信仰が由来する唯一の源泉ではない。しかし本稿では、まず、儀礼、神話、宇宙論の意味内容と一貫性を、それらの歴史的由来を論じることなく、読み解くことにする。

(26) Plutarch, Romulus, VIII.

(27) Dionysos din Halicarnas, I, 79. さらに、Kerényi, *Einfühlung*, p.21も参照。

(28) A. H. Allcroft, *The Circle and the Cross* (London, 1927), vol. 2を参照。

(29) Lossy, *Muhsrram Mysteries* (Helsinki, 1916), p.219, 223.

(30) W. Liungman, *Euphrat-Rhein*, vol. I, p.103などを参照。

(31) Enuma Elis, *Il poema della Creazione* (trad. G. Furlani, Bologna), p.16; G. Furlani, *La religione babilonese e assira*, vol. II, p.15.

(32) Eliade, *Yoga* を参照。

(33) *Yoga*, p.87.

(34) もうじき刊行される「迷宮」に関する私の著書を参照せよ。

(35) R. Wilheim şi C. G. Jung, *Das Geheimnis des goldenen Blutes* (Zürich, 1929).

第十章　宇宙創成神話、始源型的模範

（1）Furlani, Enuma Elis, p.17, 34, 35, 100.
（2）*Cosmologie şi alchimie babiloniană*, p.77. King, *The Seven Tablets of Creation*, p.83を引用。
（3）*Cosmologie*, p.77-78: *Metallurgy*, p.14.
（4）Dixon, *Oceanic Mythology*（Boston, 1916）, p.107.
（5）*Metallurgy*, p.14; Frazer, *The Scapegadt*, p.410.

第十一章　「建築的」身体に「魂を入れること」

（1）*Barabudur. Esquisse d, une histoire du Bouddhisme fondée sur la critique archéologique des texts*（vol.I, 1935）, passim. Eliade, *Insula lui Euthanasius*（1943）に再録された"Barabudur, templu symbolic"（*R. F. R.* 1937）におけるミュスの学説に関する議論を参照［「象徴的寺院ボロブドゥール」『象徴と芸術の宗教学』奥山倫明訳、作品社、二〇〇五年］。
（2）アルカイックな時代に解されていたような戦争の聖なる性質については、ほかの機会（*Fragmentarium*, p.65）においても検討を加えた。ここに、アレクサンドル・ハシュデウが息子タデウ（ボグダン）へ一八五四年に手紙で伝えた「戦争へ赴く者への助言」の一節を改めて引用する。「戦の最中、敵の銃弾に倒れず、自身の身体で歳をとりたいのならば、清らかでありなさい。身体を汚さず、七つの秘蹟を受けに行くように、われらがキリスト、救世主の肉と血を拝領しに行くように、敬虔をもって戦いへ赴きなさい」。
（3）S. Czarnowski, *Le culte des heros et ses conditions sociales*（Paris, 1919）, p.26, 180などにおける例を参照。
（4）F. Pfister, *Der Reliquienoult in Alterium*（Giessen, 1909-1912, 2 vol.）; L. R. Farnell, *Greek hero-cults and ideas of immortality*（Oxford, 1912）; Marie Delcourt, *Legéndes et cultes des heros en Gréce*（Paris, 1942）.
（5）A. Dieterich, *Nekya*（ed. II, Leipzig, 1913）における議論を参照。「地理的」解釈に関しては、Victor Berard, *Nauzicas et le retour d'Ulysse*（Paris, 1929）, p.351を参照。
（6）Eliade, *Yoga*, p.305を参照。
（7）F. Cumont, *Les religions orientales dans le paganisme romain*（ed. IV, Paris, 1929）, p.247.; A. Parrot, *Le "Refrigerium" dans l'au delà*（Paris, 1937）, p.57, 脚注（書誌情報）。

第十二章 家、身体、宇宙

（1）R. Forrer, "Les chars culturels prehistoriques et leurs sur vivances aux époques historiques" (*Prehistoire*, I, 1932, p.119); A. Coomaraswamy, "Svayamatrnna-Janua Coeli" (*Zalmoxis*, II, 1939, p.43).

（2）*Fragmentarium*, p.52, 60, 90 などにおける事例。

（3）W. Scott, *Hermetica* (Oxford, 1925), vol. II, p.249 における情報を参照。

（4）*Yoga*, p.228, 230, 306 を参照。

（5）A. Coomaraswamy, *Symbolisme of the Dome*, p.46.

（6）Eliade, *Cosmical Hamology and Yoga* (Calcutta, 1938), p.192 を参照。

（7）たとえば、Eliade, *Mitul reintegrării* における両性具有と神的両極性の神話を参照。

（8）*Cosmologie și alchimie babiloniană*, p.31; *Insula lui Euthanasius* (1943) に再録された "*Treptele*" *lui Julien Green și Barabudur, templul simbolis* を参照。

文献目録

A. H. Allcroft: *The Circle and the Cross* (Londres, 1927).

Richard Andree: *Ethnographische Parallelen und Vergleiche* (Stuttgard, 1878).

Bastian, *Die Völker des östlichen Asiens.*

L. Bechstein: *Thüringer Sagenbuch* (Wien-Leipzig, 1895).

Victor Bérard: *Nausicaa et le retour d'Ulysse* (Paris, 1929).

D. I. Burdick: *Foundation Ceremonies and some Kindred Rituals* (New York, 1901).

Caracostea: "Material sud-est European şi formă românească" (*Revista Fundaţiilor Regale,* décembre 1942).

P. Caraman: "Consideraţii critice asupra genezei şi răspândirii baladei Meşterului Manole în Balcani" (*Buletinul Institutului de Filologie Română A. Philippide,* I, 1934); "Geneza Baladei" (*Anuarul Arhivei de Folklor,* I, II).

Valeriu Şt. Ciobanu: *Jertfa zidirii la Ucrainieni şi Ruşi* (Chişinău, 1930).

Walter Cline: *Mining and Metallurgy in Negro Africa* (Paris, 1937).

Ananda K. Coomaraswamy: *The Rig Veda as Land-Náma-Bok* (Londres, 1935); "Svayamatruna-Janua Coeli" (*Zalmoxis,* II, 1939); "Symbolism of the Dome" (*The Indian Historical Quarterly,* XIV, 1938).

Crawley: *The Mystic Rose.*

W. Crooke: *The Popular Religion and Folklore of Northern India* (1896).

Franz Cumont: *Les Religions orientales dans le paganisme romain* (4e éd., Paris, 1937).

S. I. Curtiss: *Ursemitische Religion im Volksleben die Heutingen Orients* (Leipzig, 1903).

S. Czarnowski: *Le Culte des héros et ses conditions sociales* (Paris, 1919).

Héléne Danthine: *Le dattier et les arbres sacrés* (Paris, 1938).

Marie Delcourt: *Légendes et cultes des héros en Grèce* (Paris, 1942).

E. Dhorme: *L'Évolution religieuse d'Israël* (Bruxelles, 1937).

A. Dieterich: *Nekya* (2e éd., Leipzig, 1913).

Dixon: *Oceanic Mythology* (Boston, 1916)

Mircea Eliade: "Barabudur, templu, symbolic" (*Revista Fundaţiilor Regale*, Bucarest, 1937)〔「象徴的寺院ボロブドゥール」『象徴と芸術の宗教学』奥山倫明訳、作品社、二〇〇五年〕; *Cosmical Homology and Yoga* (Calcutta, 1938); *Cosmologie şi alchimie babiloniană* (Bucarest, 1937); "Folklorul ca instrument de cunoaştere" (*Cuvântul*, Bucarest, 1927, et *Revista Fundaţiilor Regale*, Bucarest, 1937); *Fragmentarium* (Bucarest, 1939) "Ierburile de sub Cruce" (*Revista Fundaţiilor Regale*, Bucarest, novembre, 1939); *Insula lui Euthanasius* (Bucarest, 1943); "Magie şi metapsihică" (*Cuvântu*l, Bucarest, 1927); "La Mandragore et l'Arbre cosmique" (*Zalmoxis*, III, Bucarest); "Metallurgy, Magic and Alchemy" (*Zalmoxis*, I, Paris-Bucarest, 1938); *Mitul reintegrării* (Bucarest, 1942)〔本書所収〕; "Notes sur le symbolisme aquatique" (*Zalmoxis*, II, Bucarest, 1940); *Yoga. Essai sur les origines de la mystique indienne* (Paris-Bucarest, 1936).

L. R. Farnell: *Greek hero-cults and ideas of immortality* (Oxford, 1912).

R. Forrer: "Les Chars cultuels préhistoriques et leurs survivances aux époques historiques" (*Préhistoire*, I, 1932).

James G. Frazer: *Belief in Immortality* (Londres, 1922); *Folklore in the Old Testament* (Londres, 1918)〔『旧約聖書のフォークロア』江河徹他訳、太陽社、一九七六年〕; *The Golden Bough* (1911–1915)〔『金枝篇』1〜6、石塚正英監修、神成利男訳、国書刊行会、二〇〇四〜二〇一二年〕; *The Scapegoat.*

Leo Frobenius: *Kulturgeschichte Afrikas* (1933).

Giuseppe Furlani: *La religione babilonese-assira* (Bologne, 1928).

M. Gaster: *The Exemple of the Rabbis* (Londres-Leipzig, 1924).

M. Găzdaru: "Legenda Meşterului Manole" (*Arhiva*, 1932).

G. L. Gomme: *Ethnology in Folklore* (Londres, 1892); "Some Traditions and Superstitions connected with Buildings" (*The Antiquary*, III, 11).

F. W. Hasluck: *Christianity and Islam under the Sultans* (Oxford, 1929).

A. von Haxthausen: *Transkaucasia* (Leipzig, 1856).

J. Hurt: *Beiträge zur Kenntniss d. estnischer Sagen.*

C. Jung und K. Kerény: *Einführung in das Wesen der Mythologie*（Amsterdam-Leipzig, 1941）〔『神話学入門』杉浦忠夫訳、晶文社、一九七五年〕.

King: *The Seven Tablets of Creation.*

Köhler, Bolte und Schmidt: *Aufsätzen über Märchen und Volkslieder*（Berlin, 1894）.

A. H. Krappe: *Balor with the evil Eye*（Columbia Univ., 1927）; "Un épisode de l'Historia Britonum"（*Revue Celtique*, 1924）.

Krauss: "Das Bauopfer bei den Südslaven"（*Mitteilungen der Anthropologischen Gesellschaft in Wien*, XVII 1887）; *Volksglaube und religiöser Brauch der Südslaven*（Münster, 1890）.

A. Kuhn und W. Schwartz: *Nord-deutsche Sagen*（Leipzig, 1848）.

Lasauly: *Die Sühnopfer der Griechen und Römer.*

F. Liebrecht: *Zur Volkskunde*（Heilbronn, 1879）.

W. Liungman: *Euphrat-Rehein.*

Ad. Lods: *Israël, des origines au milieu du VIIIe siècle*（Paris, 1932）.

Lossy: *Muhsrram Mysteries*（Helsinki, 1916）.

E. H. Meyer: *Germanische Mythologie.*

Paul Mus: *Barabudur. Esquisse d'une histoire du bouddhisme fondée sur la critique archéologique des texts*（Paris-Hanoi, 1935）.

Hans Naumann: *Primitive Gemeinschaftskultur*（Iéna, 1921）.

Oldenberg: *Die Religions des Veda*（Berlin, 1894）.

Tudor Pamfile: *Prieteni şi dusmani ai omului.*

Fr. Panzer: *Beitrag zur deutschen Mythologie*（Munich, 1855）.

A. Parrot: *Le《Refrigerium》dans l'au-delà*（Paris, 1937）.

P. Perdrizet: "Légendes babyloniennes dans les Métamorphoses d'Ovide"（*Revue de l'histoire des religions*, CV, 1932）.

Perry: *The Children of the Sun*（2e éd., Londres, 1923）.

F. Pfister: *Der Reliquienoult im Alterium*（Giessen, 1909–1912）.

Alexandru Popescu-Telega: *Asemănări şi analogii în folklorul romăm şi iberic*（Craiova, 1927）.

Preller: *Römische Mythologie.*

H. Pröhle: *Sagen des Ober-Harses* (Leipzig, 1859).

J. Przyluski: "Les Empalés" (*Mélanges Chinois et Bouddhiques, Bruxelles*, IV, 1936).

Ralston: *Songs of the Russian People* (Londres, 1872).

T. Rice Holmes: *Caesar's Conquest of Gaul* (Oxford, 1911).

Robertson Smith: *Lectures on the Religion of the Semites* (nouv. éd., Londres, 1923) 〔『セム族の宗教』永橋卓介訳、岩波文庫、一九四一・四三年〕.

Lazar Şăineanu: *Studii folklorice* (Bucarest, 1896).

P. Saintyves: *Essais de folklore biblique* (Paris, 1922).

Paul Sartori: "Ueber das Bauopfer" (*Zeitschrift für Ethnologie*, XXX, 1898).

Schmitz: *Eifelsagen.*

Schwenck: *Mythologie der Slaven.*

W. Scott: *Hermetica* (Oxford, 1925).

Paul Sébillot: *Folklore de France* (Paris, 1904–1907); *Les Travaux publics et les mines dans les traditions et les superstitions de tous les pays* (Paris, 1894).

Siberian Folk-Tales (Londres, 1937).

Sinclair Stevenson: *The Rites of the Twice-Born* (Oxford, 1920).

Ludwig Stackergan: *Aberglaube und Sagen aus dem Herzogtum Oldenburg* (Oldenburg, 1909).

G. Dem. Theodorescu: *Poezii populare. Traditionswanderungen Euphrat-Rhein* (Helsinki, 1937).

H. G. Trumbull: *The Threshold Covenant* (New York, 1892).

Edward B. Tylor: *Primitive Culture* (nouv. éd., Londres, 1903).

A. G. Van Hamel: *Yslands Odinsgeloof.*

G. Van der Leeuw: *L'Homme primitive et la religion* (Paris, 1940).

E. A. Wallis Budge: *From fetish to God in ancient Egypt* (Oxford, 1934).

Waterfield and Grierson: *The Lay of Alba* (Oxford, 1923).

A. J. Wensinck: "The Ideas of the Western Semites concerning the Navel of the Earth" (*Verhandelingen der Koninkligke Akademie van Wettenschappen te Amsterdam,* Amsterdam, 1919).

E. Westermarck: *Origin and development of the moral ideas* (Londres, 1906).

R. Wilhelm und C. G. Jung: *Das Geheimnis des goldenen Blutes* (Zurich, 1929).

Winternitz: "Bemerkungen über das Bauopfer bei den Indien" (*Mitteilumgen d. Anthropologische Gesellschaft in Wien*, XVII, Wien, 1887).

Witzschel: *Sagen aus Thüringen.*

Ludwig Wucke: *Sagen der mittleren Werra* (Eisenach, 1921).

オーストラリアの宗教

飯嶋秀治　小藤朋保　藤井修平訳

はじめに

近年、多くの人類学者の調査と理論にかかわる関心が、宗教的、神話的、美学的、政治的、さらには経済的でさえあるシンボルの、社会的・文化的過程における役割へと再び向けられてきている。このシンボルの再興が、他の学問（いくつかの例を挙げるなら、心理学、民族学、哲学、言語学）における展開への遅まきの反応なのか、それともしばらく看過されていた中心的な関心への回帰を反映しているのかは、にわかには語れない。近年の現地調査で、人類学者たちは社会行為の文脈における神話や儀礼の収集を重ねているし、人類学的な現地調査法の進歩は、以前よりも豊かで洗練された資料を供給してきている。おそらく、こうした新たな資料が理論家たちに、より適切な説明図式の提供を迫っているのである。その原因が何であれ、文化、認知、知覚のあいだの結びつきの性質について新たな好奇心が生まれていることは否定しようがなく、こうした結びつきはシンボルの形式において明らかにされるのである。

象徴人類学や比較象徴学において、近年すばらしい調査書や論文が登場しているにもかかわらず、主題ごとにまとめられた叢書によって提示され得る共通の焦点や共通の討論の場はいまだ用意されてこなかった。本叢書〈象徴・神話・儀礼〉はこの欠落を埋め合わせることを意図している。それは人類学者による現地調査書や理論研究、比較研究だけでなく、科学と人文学の双方の分野における研究者による著作も含むように企図されている。そういった討論の場でさまざまな研究が行なわれることが競争を促し、競争は実り豊かで新しい理論を生み出すだろう。それゆえ私たちの望みは、本叢書が住むところのたくさんあるひとつの家となることであり、比較象徴学への真剣で創造的な関心をもつ、いかなる分野の実践者に対しても、もてなしを提供したいと願っている。学問が重要な知的潮流を無視し、不毛な衒学に陥るということは繰り返し起こることである。それでも私たちは、人類学者によって著された儀礼や神話に関する著作を衆目にさらすことを主要な目的とするのであり、本叢書の読者はシンボル体系の形式分析から卜占やイニシエーション儀礼への共感的な説明までの、厳密に人類学的なアプローチが呈する多様性を見出すだろう。

本叢書はオーストラリアのアボリジニの文化に関する二冊の本から始まる。一冊は人類学者、ナンシー・マンの手によるもので、彼女はその分野の最前線で仕事をしている。マンは、ある特定の社会、ワルビリ族における記号体系の構造の「発生的」説明を呈示している。すなわちそれは、それぞれに固有の意味を担う特定の意匠の組は潜在的には無限にあるが、そのなかのひとつを発生させるためにその社会の要素と結合規則がどのようにして用いられるのか、ということへの説明である。彼女は同一社会のなかの異なる文化的文脈で、この記号体系が利用される方法を検討している。

他方、ミルチャ・エリアーデの著作は現象学的および比較論的であり、文字資料に基づいているゆえに視点、方法、資料の点で強烈な対照をなしている。この著作は、宗教史学として知られる急成長しつつある学問分野が発展させてきた宗教体系へのアプローチの事例を提供している。実際、この著者はその分野のもっとも卓越した代表的人物である。

エリアーデは「多くの著者たちが未開宗教に関して宗教的無教養」であることに対して、ひとつの明晰な批評を呈示しており、素朴から複雑へという単線上での諸宗教の変容を、「上昇」と見る進化論者と、「下降」と見るロマン主義的、退化主義論者の双方を批判し、「未開」宗教の歴史性を支持している。

以下に続く章は、このようなアプローチをオーストラリアのアボリジニの諸宗教――彼らの高神、文化英雄、イニシエーションおよび死者儀礼、呪医――の資料に適用したものである。エリアーデは古典的な資料を歴史家として均衡のとれた判断力で扱い、バーント夫妻、エルキン、スタナー、ペトリを含む最良の近代的権威による研究の精髄からの抜粋を行なっている。こうした資料を用いて、彼は推論から仮説をもたらし、オーストラリア大陸のあらゆる宗教において繰り返される儀礼と信仰のいくつかの範型の存在を見出すのである。人類学者ラドクリフ＝ブラウン（彼が第二次世界大戦直後にユニヴァーシティ・カレッジ・ロンドンで行なった講義「オーストラリア・アボリジニの宇宙論」は私自身の経歴を形作る上で、決定的な影響を与えたもののひとつである）のように、エリアーデは一般的な構造と形態を発見するために直観に依拠している。こうした構造の基礎となる資料が、統制された比較と数量化という科学的方法に根拠を置いたものではないと述べることはたやすいが、よりよい資料は今や入手が不可能なのである。マックス・ブラックが十年前に予言したように、モデルと隠喩は科学文化の信頼し得る一部分と見なされるようになってきている。「なぜなら科学とは、人文学や文学と同様に、想像力の営みだからである[1]」と彼は述べているのだ。

非の打ちどころのない考古学や言語学の証拠を引用することによってエリアーデが強調するのは、メラネシアやその他の東南アジアの地域、そしてインドのようなもっと離れた地域からもたらされた影響の発見が、オーストラリアの諸宗教の真に「未開な」自然人的特徴という、極端に単純化された進化主義的観念を永久に破壊し去ったということである。イニシエーション儀礼や秘儀祭祀に関するエリアーデの発見は、東洋の宗教とシベリアのシャーマニズムに関する彼自身の博識によって、確固とした比較の視野のなかに位置づけることが可能になっている。

エリアーデは本書の結論部分にこのように書いている。「宗教史家の最終目標は、宗教的振る舞いにいくつかのタイプやパターンが存在し、それらにはそれぞれ特定の象徴論や神学が伴っていると指摘することではなく、むしろ、その意味を理解することである。そして、そうした意味は決定的に与えられたものではなく、いかなる宗教的パターンとも無関係に『石化』したものでもなく、歴史的過程のなかで創造的な仕方で変化し、成長し、豊かになっていくという意味において『開かれている』」。

彼は宗教と歴史的経過との関係という問題に関して、特に近代の宗教的運動について顕著な寄与をしている。多くのオーストラリアの集団に浸透したクランガラ祭祀はそうした運動の具体例であり、彼の見るところ、これはある精神的な危機において宗教が示す創造的な潜在力を現わしている。そうした運動はシンボルや儀礼を生み出すのであり、エリアーデが細心の注意を払いながらこれらの宗教的変容の所産に見出そうとしていたのは、宗教における意味の指標、すなわちクリフォード・ギアツの言う「メタ社会的説明」[2]なのである。

シカゴ大学
ヴィクター・ターナー

オーストラリアの宗教　内容目次

序文

エルンスト・ベンツはその輝かしい論文「非キリスト教的宗教の理解について」の末尾で、なぜ彼が「人類の宗教意識の初期段階への明晰な洞察」を切望したのかを説明した。彼が知りたかったのは、「人間がこうした諸段階を通過して現在に至った経路」であり、「いかにしてそれらが、今や私たちには閉め出され、隠された形をとった私たちの人間性の深みに潜んでいるのか」だった。「これは、こうした諸段階へ戻りたいという欲望と同じではない。むしろそれは、宗教意識の多様な形態と諸段階の展開における意味の内的な連続性について知りたいという望みである」(1)。「非キリスト教的宗教」という言葉でベンツが指していたのは、オリエントおよび極東の諸宗教――イスラーム、ヒンドゥー教、仏教、儒教、神道――であった。こうしたアジア的伝統はすべて、西洋の研究者によって「高等宗教」のなかに分類されている。ベンツはこうした宗教の象徴や儀礼や教義の意味を捉えようとする一方で、称賛に値する明晰さと率直さをもって、自らが直面する主要な困難のいくつかを語る。そのような経験にもかかわらず、西洋の多くの研究者は、L・マシニョン、G・トゥッチ、P・ミュス、Ed・コンゼ、H・コルバン、鈴木大拙などの著作のおかげで、この二世代のあいだに重要な進歩が遂げられて、知的で共感的な西洋の読者が少なくともイスラーム、ヒンドゥー教、仏教の基礎的な概念にアプローチすることが可能になっている、と考えている。

そうした進歩は確かに、「未開」[2]宗教の理解のなかでなし遂げられてきたものではない。ある人類学者や宗教史家たちは、こうした状況にだんだんと気づいてきている。オックスフォードの人類学者、E・E・エヴァンズ＝プリチャードの近刊書『未開宗教の諸理論』〔『宗教人類学の基礎理論』佐々木宏幹・大森元吉訳、世界書院、一九六七年〕を読みさえすれば、失敗の主な理由を理解することができる。エヴァンズ＝プリチャードは、E・B・タイラーからリュシアン・レヴィ＝ブリュルやブロニスワフ・マリノフスキーに至る、未開宗教に関するもっとも人口に膾炙した理論のいくつかを提示した上でそれらを批判している。同様の問題が、少なくとも部分的にはロバート・H・ローウィの『未開の諸宗教』（一九二五年、改訂版一九四七年）や『民族学理論の歴史』（一九三七年）、またヴィルヘルム・シュミットの『宗教の起源と成長』（一九三一年、原著ドイツ語版は一九三〇年刊行）、ウーゴ・ビアンキの『民族学の歴史』（一九六三年）のなかで取り上げられてきた。一時的には広く受容された多くの名高い諸理論についてのこうした批判的な再検討をここで要約する必要はない。とはいえ、こうしたあらゆる仮説、理論、そして「歴史的」再構成が、未開諸宗教の理解にとって有益であるよりはむしろ、西洋世界の文化史にとっていっそう意義深いことは、今や明らかだろう。

事実、民族学の理論の歴史、特に未開宗教の理論の歴史は、「観念の歴史」型のモノグラフの理想的な主題となる。エキゾチックな未知の文化との出会いから西洋の意識がどれほどの利益を得てきたかを、現在私たちは実感し始めている。最終的に得られた「情報」の総量が問題なのではない。私が考えているのはもっぱら、そうした異文化との出会い（たとえば、ピカソとアフリカ芸術の発見等）の創造的な結果のことである。同種の「創造的結果」は、未開宗教と対峙するなかで彫琢された諸理論のなかにまったく見出すことができない。にもかかわらず、これらの諸理論は、西洋文化史の不可欠の一部をなすのである。どんなに不完全で、どんなに関連性のないものであろうとも、それらは近代人が、「未開の」人々にアプローチし、存在の「アルカイックな」様式を理解しようとするなかで抱える根源的な不安を露呈するものである。

未開宗教に関する多くの著者たちの宗教的無知についてのひとりの人類学者の見解を読むのは、新鮮でおもしろかろう。エヴァンズ＝プリチャードは、次のように明言してはばからない。彼らが「たとえば、キリスト教神学、歴史、聖書釈義、護教論、象徴的思考、儀礼を少しでも深く読み込んでいたならば、未開宗教の観念と実践の説明を評価するのに、よりよい位置に立っていただろう」(3)。これは確かに真実であり、宗教史家は誰しも皆そうした意見を強調するだろう。(4)だが他方で、宗教的な教養それ自体は未開宗教の正確な理解を保証するものではない。宗教的教養をもっていようがいまいが、西洋の研究者はある種のイデオロギー的前提を携えて「未開宗教」に接近していく。少なくともこの二百年のあいだ、研究者たちを熱狂させてきたのは、「未開主義」というまさにその事実である。前提となる問い——現代の「未開人」は、宗教的に言って「絶対的な初め」にごく近い段階を表わしているのか、それとも逆に、そうした未開人（もしくは彼らの大半）は、多少なりとも破滅的な「退化」、つまり原始の完全状態からの堕落を示しているのか——が、彼らの探究の方向を、程度の差はあれ、暗黙裡に定めていたのである。

このふたつの相反する方向性を「進化主義的」と「ロマン主義－退化主義的」と呼んでよいかもしれない。前者の思潮は、十九世紀の一般的に実証主義的な時代精神《ツァイトガイスト》に愛好されていた。事実それはオーギュスト・コントやハーバート・スペンサーからE・B・タイラーやジェイムズ・フレイザー卿に至る学問世界を席巻していた。後者の方向性は啓蒙主義的な「高貴なる野蛮人」のイデオロギーとキリスト教神学に関連するものであり、当初はアンドリュー・ラングとヴィルヘルム・シュミットによってある程度の科学的な威信を得たのだが、民族学者と宗教史家のあいだで人気を博すことはけっしてなかった。

その根源的な差異にもかかわらず、これらのイデオロギーはふたつのことを共有している。（一）諸宗教の起源や始まりへの執着。（二）始まりは何かしら「単純で純粋」なものであったということの自明視。もちろん、進化主義者とロマン主義的退化主義者はこの原始の素朴さをまったく別様に理解していた。進化主義者にとって「単純」とは基礎的であること、すなわち、動物の行動に非常に近いことを意味した。ロマン主義的退化主義者にとって、未開の単純さとは、精神的に充足した完全な形態（ラング、シュミット）、あるいは文明によってもたらされた腐敗や堕落の前の高貴なる野蛮人の素朴な単純さ（ルソー、啓蒙主義）だった。こうしたイデオロギーはどちらも、アルカイックな宗教の展開は単純なものから複雑なものへの直線運動であると考えていたが、その方向は反対――上昇（進化論者）あるいは下降（ロマン主義的退化論者）――であった。しかし、そうした解釈が含意するのは、自然主義的あるいは神学的なアプローチであって、歴史的なアプローチではなかった。

西洋の学問は、ほぼ一世紀のあいだ、未開宗教の「起源と発展」について多くの仮説的再構成を行なってきた。[5] 遅かれ早かれ、こうした労力はすべて時代遅れとなり、今日それらは西洋の精神史にとってのみ意味をもっている。過去三、四十年のあいだ、未開文化や未開宗教の「歴史性」は広く受け容れられてきた。現代の民族学者や宗教史家で、未開人が自然人であるとか、そうであったとか信じる者はいないし、未開人が歴史のなかに生きていないとか歴史によって変化を被ることはなかったと信じる者もいない。他のタイプの文化と比較した場合の主な違いは、未開人は私たちが言う意味での「歴史」、すなわち、直線的な歴史的時間のなかで生じる一連の不可逆的な事態にそれほど興味を示さないという事実にある。彼らはむしろ、彼ら自身の「聖なる歴史」、すなわち、彼らの文化と制度を基礎づけ、人間存在に意味を授けた神話と創造の行為に関心を払うのである。

歴史に対する未開人のこうした態度はやや込み入った問題であり、ここでは議論できない。現時点で私たちにとって興味深いのは、未開人の歴史性の発見と受容が、自然主義的（もしくは神学的）アプローチから歴史的なアプローチへの移行という決定的な変化から予想されたような成果をもたらさなかったという事実である。実際、あまりにも多くの時間とエネルギーとが、さまざまな未開宗教の歴史を仮説的に再構築することに捧げられてきた。けれども、こうした精魂込めた分析の結果が説得的であった場合ですら（つねにそうであったわけではない）、未開宗教の歴史性の受容によって提起される本当の問題は答えられていないのである。結局のところ私たちが知りたいのは、ある一つのアルカイックな宗教のなかに生じた、多様な歴史的な変容の意味なのだ。私たちが知っているのは、歴史的な変化（たとえば、食料収集から定住段階への移行、発明された技術や制度の外部からの借用など）は、こうした過程の結果として多くの象徴、神話、儀礼が登場することから、宗教的な意味ももっているということである。言い換えれば、歴史環境の変化によりもたらされたそうした変容は、ただ受動的に受け容れられたのではなく、新たな宗教的創造を引き起こしたのである。私たちがつねに心にとどめておかなければならないのは、アルカイックな人間の宗教的創造力である。多くの未開人が、ヨーロッパ人と広範囲にわたって直接、接触する時点までただ単に生存していたのではなく、繁栄と発展をしてもいたのだという事実は、彼らの精神的創造力を証明する。そして、その次元の文化においては、精神的なものは宗教的なものと等価なのである。さらに言えば、宗教的創造力は技術的進歩とは独立している。たとえばオーストラリア人たちは、技術は基礎的なものにとどまっていたが、途方もない宗教体系を練り上げてきたのである。

　要するに、未開人の歴史性の発見と受容はアルカイックな宗教にふさわしい解釈学を生じさせてこなかったのである。ある部族を自然人《ナトゥーアフォルク》としてよりも、歴史的な連続体として研究することは、偉大なる進歩ではあるが十分ではない。未開人の「聖なる歴史」は人間精神の労作として考慮されるべきであり、それを心理学的、社会学的、経済的条件の「投影物」へと還元するために脱神話化してはならない。ある種の「実在」を把握するための一般的方法としての還元主義は、西洋人が抱える諸問題を解く手助けにはなるかもしれないが、解釈学的道具としては適切ではない。それはアルカイックな文化にはとりわけ適していないのである。というのも未開人の創造力は、すぐれて宗教的だからである。その倫理的、制度的、芸術的創造は、宗教的な経験と思考に頼ったり、刺激されたりする。私たちがこうした作品すべてを真剣に――旧約聖書やギリシア悲劇、ダンテやシェイクスピアやゲーテの作品を取り扱うのと同じくらい真剣に――受け取ったときに初めて、未開人は普遍史の展開のなかに、今と昔の他の創造的な諸民族との連続性のなかに、彼ら自身の適切な場所を見出すだろう。未開人が「野蛮人」でも「前論理的」民族でもなく、西洋人と同様に一貫して思考できるということや、彼らの社会構造や経済体系が彼らの理論的成熟や経験的機敏さを豊かな形で具体化しているということを繰り返すだけでは十分ではない。これは確かに真実ではあるが、私たちの理解を先に進めない。未開人は「普通の」人間であると熱烈に公言することにはなるが、彼らが創造的でもあることを示してはいないからである。アルカイックな宗教表現の総体についてなされる有能な解釈学的活動だけが、この種の創造力に特有な次元を、把握し解釈することができるだろう。

将来的に、アフリカやオセアニアの新国家の政治的、文化的代表、すなわち私たちがいまだに「未開人」と呼ぶ人々の末裔が、人類学者の調査旅行やフィールドワークに類することに強く反対することが予想されよう。彼らは、自分たちがあまりにも長くそうした、どちらかと言えば落胆するような結果をもたらしてきた研究の「対象」であり続けたことを正しく指摘するだろう。実際、よく知られているように西洋の研究者の主な関心は、物質文化の研究や家族構造や社会組織、部族法等の分析であり続けてきた。これらは、西洋の研究にとって重要で喫緊でさえある問題だと人は言うかもしれないが、特定文化の意味をその成員自身が理解し想定するように理解するには、二次的な重要性しかない（マルセル・グリオール、エヴァンズ゠プリチャード、ヴィクター・ターナー、Ad・E・イェンゼンやR・G・リーンハートその他幾人かの文化人類学者たちのような、より広く、共感的で知的な研究はどちらかと言えば例外的である）。たとえば、新興アフリカ諸国の指導者たちは、彼らの社会や技術の特定の周辺的な側面ではなく、偉大な精神的創造物――彼らの宗教体系、神話、民話、造形美術、舞踊など――の研究や解釈に西洋の研究者を従事させようとするかもしれない。彼らはまた、彼らの家族構造、社会組織、俗信といったものではなく、こうした作品に基づいて判断されることも求めるかもしれない。彼らは、フランス文化がその傑作――シャルトルの大聖堂、ラシーヌやパスカルの諸作品、その他すべての偉大な精神の諸作品――に基づいてアプローチをされ、判断されなければならず、村落と都市部の経済や出生率の変動、十九世紀の反教権主義の興隆、低俗小説の流行などその他多数のその種の問題に基づいて判断すべきではないのと、まさに同じことである、と的確につけ加えるかもしれない。後者も確かにフランスの社会史、文化史の一部ではあるが、フランスの精華の代表でもなければ好例でもない[6]。

ごく最近の誤解のうちのひとつは、まさに未開人の「常態」についての認識に関連したものである。未開人が野蛮でも知的に遅れているのでもなく通常の健常な人間だとひとたび認められると、研究者は未開人が西洋の同時代人にどの程度近いのかを見出そうとした。もちろん、いくらかの心理学者にとっては未開人と二十世紀の西洋人とのあいだにほとんど違いはない。だがこの真実を求める教条的立場は、私たちが未開人を理解する助けとはならない。というのも、私たちは依然として、個人や諸民族を心理的に常態かどうかではなく、彼らの創造性で判断しているためである。また他の研究者は、アルカイックな精神は淀んだものではなく、未開人のなかには重要な技術的発見を成し遂げたり（たとえばマードックは、農業はアフリカ人により再発見されたと主張している）、ある種の歴史感覚をもっていたりする人々がいると指摘した（たとえば、彼らの口頭伝承は重要な歴史的出来事のようすがを保存している）。さらにはある種のオーストラリア部族は、最新の数学の理論のいくつかを予見していたとも指摘された。

これらはすべて真実かもしれないが、私たちの目的にとっては関係がない。無意識のうちに私たちは、未開人をどこか私たちより後方、新石器時代や中世、原始資本主義時代等々といったところへ押しとどめたいのだと疑いさえする向きもあるかもしれない。それは未開人を直線的な歴史の視点において位置づける努力のようにも見えるが、これは私たちの歴史なのである。こうしたわけで、アルカイックな人間と近代西洋の人間のあいだの基本的平等についての寛大で熱狂的なあらゆる宣言にもかかわらず、最終的な結果は未開人を勇気づけるものではないのだ。彼らの技術的発見は、新石器時代においては重要なものであったかもしれないが、彼らはそこにとどまった。彼らの科学的な発明の才は、ギリシアのそれとも初期中国のものとも比較することはできないし、近代西洋世界との比較については言うまでもない。ある種の「歴史感覚」をもっていても、それは未開人をヘブライ人に近づけるには十分ではない。これらすべてが言おうとしているのは、未開人は西洋の興隆に重要な役割を果たした諸発見を行なうことは可能だったのだが、何らかの理由で、こうした線にそって重要な進歩をするものはほとんどいなかったということだ。これが意味しているのは結局、未開人が私たちの背後にあるということであり、もし近い未来に彼らが西洋の地位にたどり着き得たとしても、それは彼らがその目的を遂げるのを助けてもらったからであるということなのだ。

私は、そうしたアプローチが歴史的に正しいとは考えていない。科学と技術の発展への未開人の寄与がどのようなものであったにせよ、彼らの本当の才能は、その次元では表現されなかったのだ。もし彼らの歴史性、つまり歴史的な変化や危機に対する彼らの積極的な姿勢を真剣に捉えるなら、彼らの創造性がほぼ宗教的な地平のみで表現されたものであることを認めるべきだろう。私たちは人間の精神的な労作をすべて、近代西洋の価値基準で判断してはならない。これは西洋文化史のなかでさえ明らかなことである。ヨーロッパの民間伝承の文学的な傑作は、ホメロス、ダンテ、ラシーヌからは独立し、それらの審美的な前提条件とはほとんど何の関係もない。こうした理由で、それらが文学の傑作としては重要性が乏しいなどということはない。私たちは精神的な創造物をそれ自身の準拠枠のなかで受け止めなくてはならないのであり、未開人の創造性は、その頂点を宗教の次元で達成したのだ。これだけで充分に、彼らの場所は、普遍的な歴史において確保できる。けれども、私たちがこれらの宗教表現を正しく理解するよう努めることが、その条件になっている。言い換えるなら、私たちはアルカイックな宗教世界の「創造的解釈学」と呼べるものを練り上げることが必要なのである。

『オーストラリアの宗教』は、一九六四年にシカゴ大学で行なった講義に基づいている。かつての学生だったナンシー・アウアーとアルフ・ヒルテバイテルが配慮をこめて、学術誌『宗教史』に出版された文章を校正し、文体を整えてくれたことには感謝を述べたい。この序文は、一九六七年にE・J・ブリル社により出版された『信仰と歴史』(エルンスト・ベンツへの献呈論文集)において「未開宗教を理解することについて」として発表したものが初出である。

シカゴ大学
ミルチャ・エリアーデ

オーストラリアの宗教

第一章　超自然的存在と高神

オーストラリアには、ある超自然的存在が世界と人間と種々の動植物を創り、その後、天に昇るか地に入るかして姿を消した、という信仰が一般にある。「創造」の行為は宇宙創成論《コスモゴニー》というよりは、先在する原料の造型と変形であった。それは無からの創造《クレアティオ・エクス・ニヒロ》ではなく、超自然的存在の登場以前からすでに存在していた無定形の宇宙の実体に形を与えることだった。同じように人間の「創造」も、どちらかと言えば、以前には確たる形を欠いていた奇形の存在の修正だった。太古の人間が先在する物質状態から生命となったことよりも、その形態上の完成と精神的な教導を、神話は強調する傾向がある。人間が本当に創られたのは、現在の形態を受け取ったとき、そして、それ以降部族のもっとも貴重な伝統を構成することになる宗教的、社会的、文化的諸制度が人間に啓示されたときである。

人間と現行の世界の出現は、夢の時——この原初の伝説的時代を指すアランダ族の言葉を使えば、アルチェラとかアルチェリンガの時——に起こった。超自然的存在による一連の行為の結果として、自然界の地勢は変化し、人間は今日そうであるところのものとなった。オーストラリアにおいては、「夢の時」の登場人物のこうした創造の行為が、私たちを感動させるほどに壮大なものであることはない。実際、中央オーストラリアの「創造神話」の大多数が伝えるのは、ただ様々なタイプの原初存在の長く単調な彷徨のみである。この彷徨の途上で、彼らは地勢を修正し、動植物を産み出し、それ以来ずっとアボリジニによって厳正に繰り返されてきた一連の「儀礼」を執り行なった。こうした創造行為の物語が、私たちが「神話」と呼ぶものを構成している。それらは「聖なる」ものであり、部族の全宗教生活の創設の基盤と正統化の根拠としての機能を果たしている。「夢の時」は超自然的存在が地表から去ったときに終わった。しかし神話的過去は永遠に失われてしまったわけではなく、それどころか、部族の儀礼を通じて定期的に回復されるのである。のちに見るように、もっとも聖なる祭儀、特に秘儀は神話の出来事を再現し、そうして始源の伝説的時代を現在にもたらすと考えられている。

他のすべての「未開」宗教もそうだが、オーストラリアの宗教を理解するということは結局、かの時に何が起こったかを知ること、つまりどんなタイプの原初存在が始源の時に現われたのか、どんな活動を――どんな目的で――行なったのか、その後どうなったのか、を知ることである。予想されるように、学者たちのあいだでもっとも活発な議論は、原初存在の類型や構造に関するものだった。天空神なのか、「全父」なのか、獣の姿をした神話的祖先なのか、高名な首長の霊なのか。この論争は、オーストラリアの宗教の把握と、西洋の学者によるアルカイックな宗教の理解の歴史との両方にとって、きわめて意義深い。実際、この議論は近代西洋精神全般の歴史にとって啓発的である。

こうした理由から、特定の部類のオーストラリアの原初存在、いわゆる南東諸部族の全父ないし天空存在に関する議論を、いささか詳細に取り扱うつもりである。これらの部族は消滅したか、あるいは急速に文明化させられたため、私たちは彼らの完全な神話体系を知らない。しかし十九世紀後半に観察者たちが、特にA・W・ホウイットが収集した情報は、これらの部族の宗教の構造を捉えるのを十分可能にしている。南東諸部族すべての主要な特徴は超自然的な天空存在への信仰である。論述を平易にするために、私はほぼホウイットの資料のみを用いることにする。とはいえ、のちにホウイットの観察が同時代の学問に与えた衝撃を論じる際には、より初期の大家たちを参照することになるだろう。

南東オーストラリアの天空存在

一八四七年に出版されたナリニェリ族についての著作に、ジョージ・タプリンは以下のように記した。これらのアボリジニは「最高存在をヌルンデレやマルトゥンメレという名で呼んでいる。それが地上にある万物を創り、人間に戦争と狩猟の武器を与え、そして、アボリジニが行なっている生と死に関わるすべての儀礼と祭儀を制定したと言われている。彼らがある慣習を固守する理由を尋ねると、ヌルンデレがそれを命じたから、と答える。ヌルンデレは彼の子どもたちを連れてウィラ・ワレへ行った」[1]。ウィラ・ワレとは天空のことであると述べられ、さらにタプリンは付言する。「ナリニェリ族はつねに畏敬をもってヌルンデレの名を口にする」。タプリンが語るところでは、ある大規模なカンガルー猟の際に、「猟場に到着すると、そこへ来る途上で殺された一匹のワラビーが取り出され、女たちは火を焚いた。それから男たちがその周囲に立って、ある種の歌のようなものを、足を踏み鳴らしながら唄い始めた。ワラビーが火にくべられ、そこから煙が昇ると、狩猟者たちは全員で合図に従ってそこに突進し、天に向かって彼らの武器を掲げた。この祭儀はヌルンデレによって制定されたということを私はのちに学んだ」[2]。この場景は、ある儀礼の始まりの場面をホウイットに思い起こさせた。そこでは、男たちが武器や枝を空に向けて、「偉大なるビアンブンを指し示す。その名を口にすることは、祭儀の時を除いては、それもイニシエーションを受けた者がいる場合でなければ認められていない」[3]。

他の部族、ウィンバイオ族では、ヌレリがすべての土地を樹木や動物とともに創ったと信じられている。アボリジニに法を与えたあとで彼は天空へと昇って、今では星座のひとつになっている[4]。ウォチョバルク族の神話によれば、最高存在のブンジルは、かつては偉大な人間として地上で生活していたが、最終的に天空へと昇った。ブンジルは「われらが父」[5]とも呼ばれる。南東諸部族の他の最高存在――バイアメ、ダラムルン、ムンガン・

ンガウア――も同じように、「父」として語られる。たとえば、ムンガン・ンガウアは文字通りには「われわれ皆の父」を意味する。(6) クリン族とウルンゲリ族が描くブンジルはふたりの妻をもった老人で、彼の息子はビンベアル、つまり虹である。ブンジルはクリン族に生活の技術と社会制度を教えた。その後、彼は天空の国へと昇っていって、そこから部族を監督している。ホウイットが指摘するには、この天上の存在は通常、ブンジルという彼の名によってよりも、マミ・ンガタつまり「われらが父」と呼ばれる。またこうした神話においては人間的要素が動物的要素より顕著であることも、ホウイットは確認している。(7)

南東諸部族のこれらの最高存在の名前や神話の知識は、イニシエーションを受けた者だけに制限されているという点に注目することが重要である。女性や子どもはそれについてほとんど何も知らない。たとえばクルナイ族で女たちが知っているのは、ムンガン・ンガウアつまり「われわれ皆の父」と呼ばれる最高存在が天空にいるということ、ただこのことだけである。(8) 実際、イニシエーションの最終段階、もっとも秘密の段階に至って初めて、新加入者はもっとも枢要な神話――すなわちムンガン・ンガウアははるか昔地上に住んでいて、クルナイ族の祖先たちに彼らの文化のあらゆる原理を教えたという神話――を学ぶのである。ムンガン・ンガウアはイニシエーションの秘儀（ジェラエイル）を創設し、そして彼の既婚の息子トゥンドゥムが、彼とその妻の名をもつふたつのうなり板を使って、初めてそれを執り行なった。ところが、裏切り者がジェラエイルの秘儀を女たちに明かしてしまった。怒ったムンガン・ンガウアは宇宙的な大洪水を引き起こしたので、そこでほとんど全人類が死に絶えた。その後すぐ、彼は天空へと昇っていった。彼の息子トゥンドゥムとその妻はともにネズミイルカになった。(9)

イニシエーション以前に知られていること――その声が遠くの雷に似た天上の「父」がいるということ――と、新加入者が秘儀の過程で見出すものとのあいだには、明らかに大きな違いがある。新加入者は最高存在の神話を、その創造の行ない、怒り、地上からの消失を学ぶ。また彼は、ムンガン・ンガウアが姿を消したことによって神話的時代に終焉がもたらされたことも学ぶ。要するに新加入者は、劇的で時には破滅的な一連の出来事が神話的な過去に起こったことを知るのである。のちに見るように、秘密として伝承される「聖なる物語」の開示は、天上の最高存在という信仰を共有していない部族も含め、オーストラリアのあらゆるイニシエーション儀礼の核をなしている。

南東諸部族に関する乏しい資料から得られる記述を補完するために、さらにいくつかの事例をつけ加えておこう。カミラロイ族によれば、万物を創造したのはバイアメである。基本的に人間の眼には見えないのだが、バイアメは人間の姿で現われて、部族にさまざまな贈物を授けてきた(10)。イニシエーションの際にユイン族の新加入者は、ダラムルン（「父」の意。彼はビアンバン、すなわち「主人」とも呼ばれる）の神話を学ぶ。はるか昔、ダラムルンは母とともに地上に住んでいた。地上は石のように不毛で、固く、実りがなく、そこに人間はおらず動物しかいなかった。ダラムルンはユイン族の祖先を創り、生き方を教えて、さらに父から子へと伝えられる法を与え、イニシエーション儀礼を定め、その音が自分の声を表わすうなり板を作った。呪医にその力を与えるのもダラムルンである。人間が死ぬときにも、ダラムルンがやって来てその精霊の世話をする(11)。

すでにホウイットが指摘していたように、これらの名――ブンジル、バイアメ、ダラムルンなど――はすべて、ほぼ確実に同一の神を表わしている。「彼は明らかに永遠なるものである。彼は万物の始源より存在していて、今もなお生きているのだから(12)」。そうした天上の最高存在への信仰が、南東アボリジニのもっともアルカイックで真正な伝承の一部であることには何の疑いもない。この信仰は、キリスト教の宣教団が入って来るよりも前に確認されている。さらにすでに指摘したように、高次存在に関連する名前や神話や儀礼は部族の秘密であり、イニシエーションを受けた者にだけ開示される。たとえ最高存在は宣教活動の結果にすぎないと疑われるとしても、その場合には、なぜ女たちには知られていないのか、そしてなぜ神話的過去に属する宗教的・社会的伝承の中心にあるのかが問題となる(13)。世界と人間を創り、文化の基礎を人間に授けたあとに天へ昇ったとされる同じタイプの神は、他の多くのアルカイックな宗教においても確認されている、ということをつけ加えてもよいだろう。宣教活動が同じタイプの神と同じパターンの神話をいたるところに生じさせたと想像することは困難である。

ある論争の展開

一九〇四年にホウイットが著書を出版したとき、南東オーストラリアの最高存在に関する事実の大半は、一八八二年から八七年にかけて『人類学会誌 *Journal of Anthropological Institute*（*JAI*）』に発表した彼自身の論文[14]と、アンドリュー・ラングがその著作『宗教の製作』（London, 1889）に取りまとめた情報によって、すでに知られていた。ラングの介入がなければ、ホウイットが伝えた事実はオーストラリアの宗教の解釈においてより重要な役割を果たしただろう、と考えてみることもできる。実際にホウイットは一九〇四年の著書において、『人類学会誌』の諸論文でそれまで提示してきた、高神に関する当初の価値づけを自ら和らげたのである。この心変わりの理由のひとつは、ラングの著書によって起こされた騒動にあったのかもしれない。確かにE・B・タイラーはその論文「野蛮人の宗教の限界」（*JAI*, XXI［1891］, 283–301）で、キリスト教宣教の直接的ないし間接的影響という点からオーストラリアの高神を説明しようと試みていた。しかしいくつかの事例ではキリスト教の影響はありえたにもかかわらず、この仮説はそれほど説得的ではなかった[15]。一方、ラングは、オーストラリア人の信仰の真正性を弁護したのだが、E・S・ハートランドが鋭く指摘したように[16]、オーストラリアの神々をほとんどキリスト教の言葉で提示するという過ちを犯してしまっていた。ハートランドは、オーストラリア人が言っているのは「不死」とか「永遠」ではなく「とても長い生」であると正当にも述べていた（彼が十分に理解していなかったのは、「長い生」や「老齢」などの柔軟な表現が、より精巧な他の宗教の「不死」や「永遠」と同じ機能を果たしているということである)。

ラングのもうひとつの方法論上の誤りは、神話的要素を二次的ないし逸脱的なものと見なしがちだったことである。彼は「未開」宗教のなかの好ましくないものすべてに、「神話」――彼にとっては「低俗で滑稽な作り話」を意味する――のラベルを貼った。私たちはのちに、このイデオロギー的な偏見を詳しく論じるつもりである。それにもかかわらず、ハートランドの批判に動かされたラングは、それに応えて、すでに自分が『神話、儀礼、宗教』(vol. I [London, 1901], chap. xi) で「信仰における神話的要素と宗教的要素」の共存を認めていた点に批判者を注目させた[17]。これに対してハートランドは、それは自分の批判の正しさを承認していることを暗に示している、と正当にも強調した[18]。

ホウイットの発見が人々に承認されることを目指してラングは闘い続けた。その発見のホウイット自身による解釈さえも相手取って闘ったのである。「神(未開と野蛮)[19]」と題された論文で、ラングはふたたびオーストラリアの全父の真正性を支持する彼の論拠を要約したが、そこではまず、以下に示す一九〇二年八月十九日付ボールドウィン・スペンサーのJ・G・フレイザー宛書簡を引用した。

下等な野蛮人のもとでの倫理的な高等宗教の「発見」に関してですが、オーストラリアにはそのようなものはない、と私は確信しています。たいへん困ったことに、私たちはガッソンのような人々を典拠としてさまざまな主張をしてきたのです。彼は騎馬警官で、思うに申し分なく誠実なのですが、こうした問題を扱う能力はまったくありません。バイアメやダラムルンについての証言が収集されたときには、情報を細部に至るまで詳しく確保することの重要性がきちんと理解されておらず、いわゆる宗教観念をまったくもたない人間がいるなどとは想像されていませんでした。私が著書のある箇所で指摘を試みたように、こうした点に関する原住民の言葉によって誤解させられるという事態は、きわめて容易に起こりうることなのです[20]。

しかし、ラングは皮肉を込めて述べている（"God [Primitive and Savage]," p. 244a）。「ダラムルンについての主たる典拠はホウイットであることを、スペンサーは忘れていたに違いない」（*Native Tribes*, pp. 494 ff., 526, 528, 543を参照）。この時点ではラングも、最初期の著者たちのほとんどに、科学的訓練の不十分さや宗教的偏向の嫌疑がかかっていることに、はっきりと気づいていた。そのためラングはこう認めている。ジェイムズ・マニングは「宣教師がまだ到着しておらず、メルボルンが存在せず、彼の居住地の近くに教会がひとつもなかった一八三三―三四年頃に調査を開始した」にもかかわらず、バイアメとグロゴラリーを「キリスト教の教義の父と子に」あまりにも接近させて描写するという誤りを犯していた。しかしラングは、ラングロー・パーカー夫人の著作『ユーアライ族』（London, 1905）によってマニングの記述は裏づけられたと指摘し、さらに、創造をなす善意ある存在は「一八三三年、一八五五年、一八八九―九五年に、いずれもカミラロイ族およびユーアライ族と非常に親密だった三人の証人によって」確認されており、彼らの報告は宣教師の登場に何年も先行していると強調するのである[21]。

同様にラングが示すのは、イチュムンディ、カラムンディ、バルキンギ「諸民族」についての主たるインフォーマントであり、これら部族の全父について長大な叙述を著した[22]A・L・P・キャメロンを簡単に退けることはできないということだった。確かにキャメロンは、フレイザーによってこれら諸部族のトーテム制に関する権威として受け容れられていた（『トーテミズムと外婚制』I, 380–87参照）。ラングはさらに、アボリジニは「白人を喜ばせ驚かせる目的で」宣教師から学んだことを飾りつけたにすぎないというE・M・カーが『オーストラリアの民族』（I [London, 1886–87], 45）で表明した見解を引用した際に、すでにホウイット（*Native Tribes*, pp. 503–06）が「カーに応えて論破していた」ことを読者に伝えなかったとして、フレイザーを非難した（p. 151）。実際にホウイットは、クルナイ族が宣教活動に接していなかったことを明らかにしていた。それどころか、「ディエリ族と南アルンタ族のような、宣教団が長期に定住していた地域では、アルンタ族を調査したスペンサーとギレンによっても、ディエリ族を調査したホウイットあるいは彼のインフォーマントによっても、福音の光のもっとも強い影響は発見されなかった。クルナイ族のもとで（『カミラロイとクルナイ』[Melbourne, 1881] を参照）ホウイットは、イニシエーションによって彼らの秘教的な儀礼と教義に加わるまで、ブレウィンという名の悪魔しか見出さなかった(23)」と、ラングは続ける。

最後にラングは、全父に関するホウイット自身の見解を論じている。彼はまず、まだイニシエーションを受けていない一八八一年には、ホウイットがこの信仰をまったく知らなかったことに注目させる。

一八八四—八五年の『人類学会誌』に、ホウイットはそのことをたびたび熱狂的に書いていた。彼はそのとき、「私には亡くなった長《おさ》を表わしていると思われる最高精霊」の存在について語っていた。一九〇四年には [*Native Tribes*, p.503]、全父が精霊であるという見解を放棄したが、依然としてそれを部族の「長」の理想化と見なし、それが世界もしくはその大部分を創り、他の驚くべき業《わざ》をなし、聖なる期間を除いては地上の人間にとってその名自体がタブーになっているとしていた。それは「どこにでも行けて何でもできる」。同著でホウイットは一八八四—八五年の自身の表現の調子をいくぶん和らげたのだった [Lang, "God (Primitive and Savage)," p.245a]。

ホウイットは、全父信仰が「沿岸部と水の豊富な地域の社会的発達の付随物である」と確信していた。けれどもラングは、「ホウイットがその信仰をきわめて簡素でもっともアルカイックな社会組織を有する部族のもとで……そしてダーリン・リバーとその後背地に住む人々のように、海から遠く離れた厳しい状況下にある部族のもとでも記録した」(*ibid.*) ことをホウイット自身に思い出させている。加えて、スペンサーとF・J・ギレンは、オーストラリアの乾燥と不毛の中心地に住むカイティシュ族のもとで高次存在アトナトゥを発見していた。反対に、高度に発達した社会組織を有するアランダ族のもとでは、いかなる全父信仰もスペンサーとギレンによって確認されることはなかった（ただし本稿二四四頁以下を参照）。

アンドリュー・ラングが引用した一節において、全父は「明らかに永遠なるものである。彼は万物の始源より存在していて、今もなお生きているのだから。しかしそうは言っても、アボリジニの信仰では、呪術によって早まって殺されなければ誰もが到達する状態にあるにすぎない」（*Native Tribes*, p.503）とホウイットは認めている。ところがラングは、殺されることがあるのは人間だけで、死が世界に入り込む前から存在していた全父はそうではないと論評する。ホウイットはさらに、「この存在は、超自然的ではあるけれども、神的性質の痕跡はない」（*ibid.*）と書いていた。この言葉はラングを驚かせた。彼は語気を強めて言う。「善意ある永遠なる創造者に、いくつかの事例では死後の生における報酬と刑罰の分配者に、神的性質の痕跡がないなんて」。ホウイットの結論は、全父に対していかなる犠牲も、（ごくまれな事例を除いては）いかなる祈りも捧げられないのだから、「これらのアボリジニが何らかの形の宗教を意識的にもっているとは断言できない」というものだった。そしてふたたびラングは皮肉を込めて、ホウイット自身がダラムルンの礼拝を発見し記述したことを思い起こさせるのである。[24]

「宗教なき人間」から《原始一神教》へ

オーストラリアの高神の性質と構造に関するこの論争は、一連の偏見のなかで紛糾していた。「進化論」側の研究者（スペンサー、フレイザー、ハートランドなど）は、オーストラリアのアボリジニには真に高度な宗教概念はありえないと確信していた。アボリジニの精神的劣等性を確信していたためである。彼らにとっては、創造者や全知なる倫理的全父といった複雑で「高貴な」形象を「石器時代」の人間が作り上げることができたなどと信じることは不可能に思えた。このような神の形象が期待できるのは、宗教進化の頂点においてのみであり、その初期段階においてではない。ハートランドは述べている、「オーストラリアの密儀において学ばれる教えは、注意深く検討してみれば、オーストラリアの神学同様に、原住民が発見された際の野蛮状態以上に高度なものを示す何の証拠も提供しない(25)」。そのうえ少なくとも無意識的には、黒人たちの大陸の白人による征服は、宗教的ないし「科学的」に正当であるという絶対的確信も存在していた。

しかしそれほど甚だしいものでなくても、同様の偏見は他の陣営においても働いていた。ラングと彼の熱狂的な追従者ヴィルヘルム・シュミット神父は、どちらも「合理主義者」だが、そのタイプは異なる。ラングは、神話的創造力は何らかの退化のしるしであると考えていた。オーストラリアの全父に関わる神話はほとんど見つからなかったので、高度に倫理的で宗教的な諸価値が最終的に崩壊して生じた副次的なものが神話であると考えたのである。「下等として知られる部族のうちに私たちが通例見出すのは、古代ギリシアと同じように、不死の『父』、『主人』、『造物主』への信仰、そして、その信仰の宗教的性格に目に余るほど矛盾する滑稽で卑猥で空想に満ちた神話の寄せ集めである。こうした信仰は私たちが合理的と呼ぶものであり、高尚でさえある。反対に神話は、私たちが不合理や低俗と呼ぶものである」。さらに彼は続ける。「宗教的概念は、真剣な沈思黙考や従順の状態にある人間の知性から出来する。これに対して神話的観念は、戯れに満ちた気まぐれな空想から出来する(26)」。

これこそまさに、西洋に特徴的で根深い合理主義的アプローチである。「神話」を「宗教」から分離して、さらにこうした「非合理的」要素を「合理的」要素から分離することは歴史研究によって正当化できると宣言するのである。その考えによれば、「始源には」アルカイックな人間は、とても単純で合理的で倫理的な「宗教」を保有していた。その後、「戯れに満ちた気まぐれな空想」がやってきてすべてを台無しにしてしまった。ところが幸いなことに、「よき宗教」はいつでも、この過程を逆にたどり、脱神話化することによって自らを純化することができる、とされている。しかし実際には、神話は宗教の基盤なのである。それもオーストラリア以上にこの状況がはっきりと例証されている場所はどこにもない。そこで私たちはつねに――どんなタイプの宗教においても――宗教の始源の神話を見出す。確かに、「全父」や天空存在は他の超自然的存在よりも神話の数は少ないが、しかしこの事実――宗教史全体を通して確証されるこの事実――は、ラングが仮定した神話の「副次的性格」とは別の意味をもっている。

ラングが高神についての最後の論文を書いていたとき、ヴィルヘルム・シュミットはその記念碑的著作『神観念の起源』[27]の最初の巻を完成させつつあった。そのときすでに彼は偉大な言語学者そして民族学者という名声を得ており、相当な数の著作と研究論文を出版していた。ラングの見解を実証、訂正、体系化することを目指して、彼はオーストラリアの高神について利用できるあらゆる資料を読み、分析し、批判し、解釈する労を惜しまなかった。資料中のいくつかの矛盾――特に「神話的」ないし「堕落した」要素とより高尚な高神概念の共存――は、高神信仰とのちの宗教的創造物とのあいだでの交叉として説明できるだろうと彼は考えた。そこで文化と宗教の異なる諸層を特定する目的でフリッツ・グレープナーによって彫琢されていた歴史民族学の手法を応用した。数年後シュミットは『神観念の起源』第三巻で、ほぼ六百頁を費やして、南東オーストラリアの宗教の信仰と慣習について体系的な議論を発表した[28]。

老年に至ってからシュミットは、ほとんど誰もこの網羅的な研究書を読んでおらず、彼の入念な分析と文化層の精巧な体系を利用した学者もほとんどいない、と不満を漏らしたが、これは事実その通りだった。残念ながら、『神観念の起源』の第一巻と第三巻だけでなく残りの九巻もそうだった（最終巻の第十二巻は一九五五年に死後出版された）。この学識の記念碑――もっともアルカイックな民族の神観念に捧げられた一万二千頁！――の無視には、多くの理由があるが、そのいくつかはまったくこの労作にふさわしくない（多くの民族学者と宗教史家にとっては、カトリックの聖職者が未開宗教について「客観的に」書けると信じることなど不可能だった[29]。単にひとりの著者が書いた数千頁を読むことを拒否した者もいたし、ドイツ語が読めない者もいた）。しかし、『神観念の起源』の同時代の学問への衝撃が取るに足らないものであったことを説明するいっそう重大な要因もある。ひとつは著者の厳格で過剰なまでの合理主義である。原始一神教が実在したということだけでなく、歴史民族学の助けを借りてその実在を証明できるということをも彼は確信していた。ラングよりもいっそう強固に、シュミットは「未開人」のもとに西洋的な神の観念を見つけようと試みた。彼が原始一神教と呼んだものは、創造をなす全知全能の一者に対するもっともアルカイックな人々の信仰だけを意味するのではない。それはさらに、神話を含まず、いかなる神人同型論の痕跡も弱点をも欠いた、最高存在という観念の自覚でもあった。シュミット神父は、最高存在の観念が属する宗教段階はあらゆる神話の体系化に先行すると主張した。[30] そのような想定はしかし、宗教的人間《ホモ・レリギオスス》一般について、特に未開人について私たちが知っているあらゆる点と矛盾する。最高存在は例外なく原初の創造的存在であるが、「原初性」と「創造性」はまさに神話的思考の構造そのものである。たとえ世界のいたるところで、最高存在の神話が他の神的形象の神話ほど豊かでないとしても、それは最高存在が前神話的時代に属しているためではなくて、単にその活動力が始源に行なった業《わざ》において何らかの仕方で使い果たされてしまったためである。最高存在は世界と人間を創造あるいは形成し、原理的な社会制度を創設し、道徳律を布告したと言われる。このタイプの創造物語はいくぶん簡素であり、宇宙創成の時代が終わったあとにその業《わざ》と冒険を行なった他の神的存在のいっそう劇的な神話に比べると、単調に映るかもしれない（もちろん、後者の業《わざ》と冒険も原初の神話的時代に起こったものとして描かれてはいるが）。

　ひとつだけ例を挙げると、クリン族の最高存在ブンジルがその神話で、兄弟、息子、娘、ひとりかふたりの妻をもつ者として語られていることは、シュミットにとってみれば、この事例において私たちが本来のブンジルを目にしていないことの証拠である。ここで私たちが扱っているのは、それぞれ異なるタイプの神話体系に関連する後代の文化層との一連の交雑の結果ということになる。シュミットによれば、ブンジルの兄弟は双分文化に特徴的な月の神話の影響を反映していて、彼の妻と子どもたちは混合文化に特徴的な月神話と太陽神話の交叉の結果なのである。(31)

ここではもちろん、「神話的思考」(つまり月と太陽の神話体系)や異質な社会構造(たとえば双分文化)との接触が、不可避的に最高存在の本来の表象を堕落させたに違いないということが前提されている。しかし、「人間的な」矛盾と振る舞いを含むことによって、高貴で精神的な形象が堕落するという考えそのものが、「啓蒙された」西洋の観念なのである。大半のアルカイックな伝統的文化(「未開」文化、古代の中東、インドなど)では、「人間的な」放縦が神の超越的威信を貶めることはない。そのうえ、ブンジルのさまざまな「層」のシュミットによる分析は、単なる仮説的再構成に過ぎず、歴史的過程の記述ではない。そして、それが宗教史家に求められる解釈学的作業でないことは確かである。宗教史家に期待されていたのは、ブンジルの仮説的再構成(「純粋な」最高存在から兄弟や妻や子どもをもつブンジルへの移行)だけにとどまらず、さらに、こうした宗教上の変化――もちろん、そのような変化が実証されうるものであるとすれば――に対する解釈を提示することだっただろう。高次存在の「神人同型論的な形象による表現」は先行する高尚な形象の退化を必ずしも含意していない。むしろそれが表わしているのは、表現方法の修正、宗教観念の新たな「受肉」である。同様に、獣の姿で描かれる神は、必ずしも人間の姿で描かれるものより劣った粗末な宗教形態というわけではない。動物は宗教史においては近年になって初めて神聖な魅力を喪失した。数十万年にわたって、動物の形態は超越的で聖なる力の何よりの表現だった。要するに、シュミットはオーストラリアの宗教における歴史上の変化を明らかにして、その原因を説明しようとした点では正しかったのだが、これらの変化に対する彼の否定的評価は根拠のない憶測に過ぎず、西洋的前提の産物なのである。

オーストラリアの高神と西洋の時代精神

ラングとシュミット、そしてそれぞれの追従者の限界がどのようなものであったとしても、未開宗教一般、特にオーストラリアの宗教の重要な側面を研究したことは、ともかくも彼らの功績である。高次存在の概念は――より複雑な他の文化で確認される最高存在とどれほど異なっていようとも――いずれにせよ、大多数の宗教に共通していると言いうるものだった。「未開人」と「文明化された」人間との距離は架橋しえない隔たりとして出現したのではなかった。しかし、ラングの最後の論文と『神観念の起源』第一巻の出版後まもなく、西洋の時代精神は変わり、高神の問題に対する関心は次第に消えていった。エミール・デュルケムの『宗教生活の原初形態』（一九一二年）〔古野清人訳、岩波書店、一九七五年〕、ジークムント・フロイトの『トーテムとタブー』（一九一三年）〔須藤訓任・門脇健訳、岩波書店、二〇〇九年ほか〕、リュシアン・レヴィ＝ブリュルの『下等社会における精神機能』（一九一〇年）〔『未開社会の思惟』山田吉彦訳、岩波書店、一九五三年〕によって、社会学者、心理学者、宗教史家、教養ある読者らの注意は、トーテミズム――特にオーストラリアのトーテミズム――へ、そしてレヴィ＝ブリュルが前論理的心性と呼んだものへと、新たに向け直された。私たちはここで、彼らそれぞれの見解や仮説についての精緻な議論に立ち入る必要はない[32]。当面の議論にとって重要なことは、民族学者が繰り返しこれらの仮説を批判し拒絶したにもかかわらず、第一次世界大戦後の時代精神はオーストラリアのトーテミズムに跳びつき、それを宗教の起源にとってだけでなく、社会や文化の起源にとって――さらには西洋人の神経症の起源にとってさえも――意義のある中心的問題として捉えたという事実である。

オーストラリアの高神がしのぎを削って議論された一九二〇年以降、出版された数は少ないが重要な作品は、ほとんど一顧だにされずに見過ごされた。シュミットの『神観念の起源』の最初の数巻がたどった運命は、すでに見てきた通りである。一九二二年には、ラッファエーレ・ペッタッツォーニが「未開人の信仰における天の存在」という副題をもった『神――宗教史における一神教の形成と発展』の第一巻を出版した。彼はオーストラリアの高神について短いが重要な章を割いており、ラング、ホウイット、シュミット、A・ヴァン・ジェネップやその他の研究者の見解について詳細に議論してもいる。ペッタッツォーニはヴィーコを読んで神話的思考の重要性を認めており、ほぼすべての先行する解釈を退けた(33)。彼はオーストラリアの高神の真正さを疑わなかった――それは彼が重要な一次文献をすべて読んでいたからだけではなく、高神の形象を神話的創造力の産物として理解していたからでもある。ペッタッツォーニにとってオーストラリアの（および他のアルカイックな）最高存在は、天上の神々だった。だが究極的にはそれらは空や大気現象（雷、雨、虹など）の神話的人格化だった。他の学者たちは(34)、シュミットでさえオーストラリアの最高存在のいくつかを天上の神々として描いていた(35)。だがペッタッツォーニは、天空存在は神話的に認識された自然的構造をもっていると主張した。彼は天空に住んでいるだけでなく、彼の活動が天空の活動なのである(36)。予想に違わず、シュミットはこの解釈を厳しくかつ繰り返し批判した(37)。彼の主な反論は、高神は人格として捉えられており、天空からの派生と考えることも天空との同一視もできないということだった。このふたりの学者間の議論は、終生にわたって続いた(38)。その晩年の一篇の論文において、ペッタッツォーニは、「最高存在は天空存在へと還元できないということについて、今では部分的にヴィルヘルム・シュミット神父と意見を同じくする」と認めた。にもかかわらず、彼は依然として最高存在は「シュミットが考えているようにそれが主として論理的、因果的思考の産物であるということはなく、むしろこの観念は神話的思考の産物である」(39)と述べていた。ペッタッツォーニが『天の存在』の主要命題、すなわち未開の最高存在が天空の「人格化」であるという命題を脱したことを知るためには、彼の最新の著作を読むだけでよい。

ペッタッツォーニの見解はごく限られた学者の間でのみ知られ論じられた。より広い読者が得られたのはおそらくグレープナーの最後の著作『未開人の世界像』によってであり、そこではこの歴史民族学の創始者がオーストラリアの全父への見解を要約している。この「偉大な創造神」について、グレープナーは以下のように述べている。

通例、彼のほかに別の形象が存在する。それは力強いが劣位にあり、たいていは彼の息子と考えられているが、しばしば人間の原初の祖先ともされる。時には、たとえばクルナイ族のあいだでは、偉大なる神は妻をもっていないか、あるいは不可視の存在にすぎない。時折、彼は配偶者なしに息子を産み出す。彼の基本的な属性は創造者のそれであるか、もしくは少なくとも人間にとって大切なすべてのものの第一原因というものである。彼はブーメランのような最重要の道具の最初の製作者である。彼は呪術師であり、その力は限度を知らない。彼は天上の主である。彼の知識は、イニシエーションにおいて若者たちが男性の地位に受け容れられた際に授けられる。その知識は年長者たちによって与えられる……。さらに、偉大なる神がすべてのものの創造者や製作者とされるだけではなく、部族道徳の庇護者とも考えられているということはとても重要である。かつて、人間が自らのよき習慣を忘れてしまったとき、この神が大火災や洪水によって、いかに人間を罰したかという伝説が語られている……。偉大なる神の性質と意味については、彼の存在が原住民の物事の原因を知るという活発な欲求を完全に満たしていることをまず言わなければならない。だが、つねに生命に満ちた形態を生み出すことを可能としうる、とても抽象的な第一原因としての観念が未開人のなかに存在していたことをプロイスが疑った点は、おそらく正しい。この神はもちろん、自然を支配するための儀礼と呪術実践の創始者ともされている。こうした意味で、彼の存在は今日でも人間種の連続性を保証しているのである……。彼に与えられ続けてきた顕著な重要性と鮮烈さの理由は、この古代文化においては、もうひとつの別の要因、すなわち倫理に帰されるべきである。この神は物質的なもののみならず、何といっ

ても人間の社会的存在の保持者であって、それゆえ彼は人間の精髄そのものの保持者なのである。(40)

高神と文化英雄

グレープナーの説明は、南東オーストラリアの高神に関する肯定的かつ権威ある最後の説明として考えられるかもしれない。今世紀の初めから、これらの部族は彼らの文化的自律性を喪失し、物理的に消失しさえして、新たな調査がほぼ不可能となった。他方で、民族学の新世代は初期の著者の意見を疑問視する傾向にある。たとえば、ロナルドとキャサリンのバーント夫妻は偉大な統合的作品『最初のオーストラリア人の世界』において、『全父』を語るまでに至った(41)」として、ホウイットさえ疑っているようだ。「今日では南オーストラリアのほとんどで、そうした資料をもはや検討することができない」(p. 202)という事実は、バーント夫妻をして、こうした人々の宗教的信念がほとんど顧みられずに消滅していると信じさせてきた。一九四三年、メニンディー〔ニューサウスウェールズ〕で彼らは完全な形のバイアメ神話を得ることができなかった。「彼は依然としてよく知られているが、彼への間接的な言及は主にイニシエーションや儀礼の文脈にあり、特定の儀礼のあいだに現われるとされていたにすぎない」(*ibid.*)。だが、変容したあとの社会でさえ、高次存在の秘儀祭祀はもっとも耐久性があるように思われるのに。(42)

つけ加えなくてはならないのは、二十世紀の最初の二十五年に「全父」「高神」とか「最高存在」と呼ばれていたものが、今やオーストラリアの民族学者たちから「祖先英雄」「文化英雄(43)」や「天空英雄」「天空の文化英雄」（エルキン）などと呼ばれていることである。A・P・エルキンは南東オーストラリアの最高存在に関する報告に対し、バーント夫妻ほど懐疑的であるようには思われない。バイアメ、ダラムルン、ヌルンデリ、ブンジルなどについて語る際に彼が確言しているのは、彼らは「男たちに物質文化のなかのさまざまな道具を授け、社会法を与え、何よりもイニシエーション儀礼を制度化した。とりわけその儀礼においてイニシエーションを受ける者は、まず彼についての真の知識を得てから、彼の秘密の名前を学ぶ。今日の文明化されたアボリジニたちでさえ、よそ者にその名前を告げはしないだろう」[44]。けれどもエルキンはバイアメ、ダラムルンなどを「天空英雄」と呼んでいる。彼らはすべてを見知っており、天空に住み、「その場所はしばしば多くの水晶と新鮮な水をたたえているものとして思い描かれる」。イニシエーションのあいだ、呪医は「この天の国を訪問することができ、バイアメについて何がしかを見て、そして最後に、旅立った者たちはイニシエーションによって行くことが許されている場所へと赴くのである」（*The Australian Aborigines*, p. 224）。エルキンはこう続ける。天空英雄はふつう、アボリジニたちにより「父」や「全父」と呼ばれ、うなり板がその象徴であり、「かつて基本的な法、慣習、儀礼の裁可者であったし、今もそうである」（p. 225）。

エルキンによる南オーストラリアの天空英雄の表現が、ホウイットやラングの「全父」やグレープナーの「偉大な神」の記述とほぼ正確に一致していることは、容易に理解することができる。ほとんどの著名な民族学者がこうした術語の使用をためらうのは、おそらくそのイデオロギー的、神学的でさえある含意のためだろう。事実、エルキンの「天空英雄」は本当の神――彼の見解においては密儀宗教型の神――である。「資料を見るかぎり、またイニシエーションを受けた者と議論するかぎりにおいて、この天空英雄は、宗教的秘儀結社や数千年前の古い密儀祭祀に遡るさまざまな密儀の英雄と一致しているため、私はこの祭祀がそうした密儀と歴史的に関連しており、何らかの経緯によってオーストラリア人のもとにもたらされたのだと信じるまでに至っている」（p. 224）。

ここで密儀祭祀とオーストラリアのイニシエーションのあいだの歴史的関連というエルキンの仮説について議論するつもりはない[45]。私たちの試みにとって重要なことは、（一）エルキンが南東オーストラリア人の天空存在の正当性について疑わなかったということ、（二）彼がそれらの天空存在をトーテム的英雄たちに時間的に先立つものと考えたということである。実際、彼はこう述べている。

イニシエーションや秘儀的生活はオーストラリア中に広まっているが、現在のオーストラリアの中央部や北部においては、イニシエーションに関する天空英雄への信仰は失われているか、さもなければ大地と結びつけられた精霊をもつトーテム的英雄たちによって背景に退けられてきている。しかしその証拠を注意深く検討すれば、ここでのイニシエーションも、おそらく過去には天空英雄の知識を得、その世界に接近するという意味があったということが明らかになる。北西部においては、原住民にうなり板の作り方を教え、イニシエーション儀礼を広めた英雄たちは天空に所属している。不完全に形作られた存在に関する中央オーストラリアの重要かつ広く知れわたった神話は、新入者に行なわれるイニシエーションについて言及していると考えられるが、そこでは英雄や施術者は天空から来ている。[46]

中央オーストラリアのその他の神話は、天空存在とトーテム的英雄たちについて、同じ存在論的かつ時間的な順序を描写しているように思われる。すでに一九〇四年、スペンサーとギレンは（アランダ族のすぐ北、中央オーストラリアにおける）カイティィシュ部族の原初存在アトナトゥをアルチェリンガの時、すなわち「創造」の時代に先立つものとして描いていた。アトナトゥは「はるか遠い昔、天空に現われた……。彼は自らを造り、自らに名を与えた」。彼は複数の妻と息子をもち、息子たちもまたアトナトゥと名づけられた。息子のなかには彼の聖なる功業を無視する者がいたので、父は彼らを天空から追放した。息子たちは地上に降り立ち、人々の祖先になった。アトナトゥは人々に「黒き人が持っているものをすべて」送った。彼は「非常に偉大な黒き人」とされ、うなり板が回る聖なる功業を執り行ない、イニシエーション祭儀でうなり板を鳴らさない人々を罰した。[47]

エルキンはこのように書いている。「西アランダ族とルリチャ族のなかでは、夢の時の英雄たちはいくつかの神話において、以前は天空の世界と結びつきをもち、山の道を通じてそこに出入りできたと言われている。ところが天空英雄がこの道を沈めてしまったため、夢の時のトーテム的英雄たちは地上にとどまらなければならなかった」[48]。この神話伝承は重要であり、より詳細な分析に値する。ここでは主としてT・G・H・ストレロウにより出版された情報を用いる[49]。彼によれば、アランダ語圏では大地と天空はつねに存在しており、そこはつねに超自然的存在の住み処だと信じられていた。西アランダの人々は、永遠の若者（アルチラ・ンジチャ）でもある、エミューの足をした偉大なる父（クナリチャ）が天空に住んでいたと信じている。彼は犬の足をした妻と、多くの息子や娘たちをもっている。「彼らは旱魃にも影響されず、大河のように流れる天の河を通って、永遠なる緑の大地で果物と野菜によって生きていた。そして星辰が彼らの灯だった。この緑の大地には、ただ樹木と果実と花々と鳥たちのみがあった。食料となる動物はおらず、食べられる肉もなかった。こうした天空の住民はすべて星辰そのものと同じく年齢もなく、死は彼らの住まいに入り込むことができなかった」[50]。この「赤い肌をした」天空の偉大なる父は、その相貌において彼の子どもたちと同じく若かった[51]。ストレロウはこう続ける。「私自身はエミューの足や犬の足をした天空の住人の伝承を西アランダの外で記録したことはないが、アランダ語圏ではどこでも、死の力は地上に限られており、天と地のあいだのすべての連絡が絶たれたことだけのために人は死ななければならない、とする堅固な信念が保持されていたのは確かである」。ストレロウは、壊れた「梯子」に関する伝承が多くの祭儀場に見出されていることを指摘している。低地の南アランダ族のあいだには、始源においてシンプソン砂漠の聖地に立っており、最上部の枝は天空にまで達していたという巨大なモクマオウの樹の神話がある。数マイル離れたところにはまた別の、男たちが天空に昇るのにちょうどよい梯子となるモクマオウの樹があった。だがその樹はある神話的人物によって切り倒され、地上と天空の架け橋は永久に破壊されてしまった。すでにストレロウが『アランダ族の伝承』のなかで語っているふたりのンチカンチャ兄弟の神話もある。兄弟が天空へと昇るのに使った槍を引きぬくと、兄弟は地上の住人たちに死の災いをもたらした[52]。ンチカンチャ兄弟は、太陽や月や星辰と同様に大地から生まれ、他の地上に生まれたトーテム的祖先と同様のことを行ないながら、地表を彷徨した。だが、トーテム的祖先の多くが最終的に地中に帰っていく一方で、天空に昇る者たちは天の一部になると衰えも死も知ることはなかった。ンチカンチャ兄弟は、マゼラン星雲になった。[53]

ストレロウによれば、「西アランダの神話において、天空にいるエミューの足をした偉大なる父を、いかなる点からも最高存在として考えることはできないのは明らかである。というのも、彼もその家族も天空を越えた影響力を行使したことはないからである」（"Personal Monototemism," p. 726）。実際、これらの天空存在は天空を創造したり、形成したりはしなかった。また彼らは植物や動物、人やトーテム的祖先を存在せしめたわけでもなかったし、祖先の活動を刺激も統制もしなかった。要するに、こうした天空存在は地上で起こったことへの関心さえ示さなかった。悪事を行なう者は天空の偉大なる父ではなく、トーテム的祖先の怒りや部族の権威者の罰を畏れなければならなかった（*ibid.*）。創造的で意味深い行為はすべて、地上に生まれたトーテム的祖先たちにより影響を受けた。これらの祖先と関連している神話や宗教的機能は、のちに詳細に述べることにする。

宗教史的観点からすると、天空存在のひまな神への変容は西アランダ族のなかで最大の臨界点に達したように思われる。次の段階では、彼は完全かつ決定的な忘却へと落ち込むしかなかろう。このような忘却は、おそらくストレロウが天空存在についての類似の信仰を見出せなかった西アランダ族の領域外でまさに起こっていたのである。だが、無関心で隠遁しており、かつ「超越的」な偉大なる父にして永遠の若者であるこの存在のうちにも、最高存在に分類できる根拠となるふたつの特徴的な痕跡を指摘することができよう。すなわち、（一）不死性や永遠の若さ、そして至福に満ちた在り方。（二）トーテム的英雄たちに対する「存在論的」かつ「時間的」先行性——彼が大地からトーテム的祖先が登場する前に天空に長いあいだ存在し続けてきたという点——である。さらに言えば、天空の宗教的な意義は、天界に昇ることのできた天上の不死の英雄たちの神話のなかで、天と地をつなぐ「階梯」もしくは樹木に関する神話伝承のなかで、そしてとりわけ、死は大地と天界の交流が暴力的に切断されて初めて存在するようになったのだ、という広く浸透したアランダの信仰のなかで繰り返し示されてきたのである。

よく知られているように、類似の信念は多くのアルカイックな宗教において見出されている。天界との（山岳や樹木、階梯、つる植物などを通しての）原初の交流とそれに続く断絶の神話は、祖先が不死や始源の至福状態を失ったことと関係づけられている。天上の最高存在は、通常こうした運命的な出来事と結びつけられている。天と地の交流が破綻したあと、神は隠遁し、多少なりともひまな神となり、少数の特権的な人間——シャーマン、呪医、英雄たち——のみが、天界へと昇り彼に会うことができる。今のところ、こうした神話的主題のどの程度がアランダ族に知られているのかはわかっていない。だが天界の宗教的特権性が、とりわけ天体と天空存在は不死だとする観念のなかに存続してきたことは事実である。

カイティシュ族の神話において、「天空存在がこの夢の時以前に存在した」ことに注目して、エルキンは次のように推測している。「おそらくこのことは、その地域の、それどころか中央部、北部、北西部すべての領域における歴史的な順序を表わしている。イニシエーション儀礼はその当初、天空英雄に関連づけられた信仰と儀礼への参加の承認を意味していたが、のちにそれは夢の時の英雄の神話を伴う祭祀トーテミズムへの承認を含むようになった。知られるかぎりにおいて、その神話と祭祀は多くの部族で、以前の信仰と想念を最終的に覆いつくしたのである」[54]。このことは、あるときに天空存在の信仰がオーストラリア中に幅広く伝播した、ということを示唆しているのだろう。彼らの消失や変容は、天上のひまな神の退去や彼の最終的かつ決定的な忘却という一般的なパターンに従っている。けれどもここで重要なのは、夢の時の英雄（やトーテム的祖先たち）の宗教的機能が天空存在の機能と等価になっているという点である。エルキンはこのように述べている。「中央部や北西部オーストラリアにおいて、ある慣習がアルチラ、ジュグル、ウングッドなどである、すなわち夢であると述べることは、それに究極的で疑問の余地のない権威を付与することに等しい。さらに東部オーストラリアでは、ある慣習について『バイアメがそう言った』と述べることは、同種の是認を与えることである。最終的に、天空英雄が姿を現わす神話は、夢の時の英雄の神話と同種の原因論的、歴史的、社会学的機能を果たし、シンボルや儀礼におけるそれらの表現を通じて、聖なる、生気を与える世界――ここでは天の世界なのだが――への加入が遂げられるのである」[55]。

ジャマル、ノゲマイン

「夢の時」において明かされる原型と、「バイアメがそう言った」式の命令との機能的等価性についてはのちに触れよう。目下のところ、ほかのふたつの天界の最高存在と各部族の宗教生活におけるそれらの実際の役割について検討したい。西キンバリーのバード族は、ジャマルと呼ばれる最高存在を崇敬している。彼には父はいないが、私たちは彼の母の名前ならば知っている。ジャマルは結婚したことはなかった。彼は「犬を連れて歩く」と言われている[56]。ヴォルムスのインフォーマントのひとりは彼に語る。「ジャマルはあらゆる物を造った……。彼は岩の下の塩水のなかに住んでいる。海が泡立っているところにはジャマルが住んでいるのだ」[57]。けれどもこのことが意味しているのはただ、ジャマルの最初のうなり板（バード族はガラグルと呼んでいる）が今もそこ、白波の気泡の下にあるということなのである。イニシエーションを受ける若者たちは湾の石に覆われた河床に案内され、ジャマルが彼のうなり板を埋めた穴を示される。「古老たちはうなり板を旋回させるときに、ジャマルによって打たれた周囲の丘の露出した箇所や樹木の傷ついた表面を指さすことで、最初のチュルンガの途方もない力を若者たちに印象づける。それは波打ち際の石を打ち砕いたのだ」（"Djamar, the Creator," p.643）。こうした出来事ののち、ジャマルは彼のチュルンガと一緒に天空へと昇った。そこから「彼は人々を見守っており、彼らにジャマラ・マラと呼んでいる原住民の法を与える。彼は人が誰かを槍やブーメランで殺すのを見ている」（p.650）。けれども昇天したにもかかわらず、ジャマルは「ンガマグン湾におり、彼が彫りこんだあらゆる場所にガラグルは備えられている。これらは部族の土地の波立たぬ水溜まり近くにある木の洞《うろ》に、原住民たちによって注意深く隠されている」(p.643)。ジャマルの神話は、イニシエーション儀礼のあいだに明らかにされる。このとき、古老たちは神話時代にジャマルが安らいでいた樹を探して森に入る（この儀礼を通じていかに神話的時間が再現され、起源の樹が描写されるかに今一度注目しよう）。この樹から、新規加入者のうなり板が造られることになっている。(58)

高次存在としてのジャマルの性質は、文化英雄との関係にも反映されている。こうした英雄のひとり、ナルガビは、ジャマルのガラグルを近隣の部族のところに運んだ。ジャマルは、他の英雄マレルと一緒にある場所まで歩いていった。マレルはそこにとどまり、今なおそこに生きている。「マレルは秘密の歌を作ったが、それは男性のみのものである。彼はイニシエーションを済ませた若い男たちを見守り、ジャマルの法を教える」(p.650)。別の文化英雄のミナンは、踊りとなめらかな黒い石斧を作った。彼は今、ビーグル湾のある場所に棲んでいる。「ジャマルはマレルとミナンに命じた。彼は彼らの親方だった」(p.650)。最後に、また別の英雄ニンジはジャマルによって棒と石で筌《うけ》を作るように言われた。「彼はその仕事をジャマルから得たのである」。(59)

このため、ジャマルは南東地域の最高存在と対比できるように思われる。彼は創造者であり、道徳律を呈示する者であり、バード族を文明化して彼らの宗教的祭儀を監督する課題に関して幾人かの文化英雄を糾弾している。最終的に彼は天へと昇り、そこから今も人々の行動を見守っている。この複合的存在において、南東地域の高神には明確に見出されない唯一の側面は、ジャマルとチュルンガとの関係である。チュルンガとは、正式には「図像的、または隠喩的な木製の記録物」である。切り込まれた印のいくつかはジャマル自身を表わし、他の形は彼によって用いられた物や、彼より劣位の超自然的存在を表わしている。イニシエーションを受けた者だけがその描写を正しく「読める」。だが、このガラグルはジャマルの象徴というだけではない。それはジャマルがンガマグンの岩の下に隠しておいた最初のうなり板の複製品でもある。今ではその最初のうなり板は天空にも存在している。これはジャマルが今もその最初のガラグルである、ということを示唆しているようである（p. 650）。ある神的存在がそのチュルンガのなかに具現化されるという観念は、神話的英雄（祖先）たちと、中央オーストラリア諸部族に特徴的なチュルンガとの同一視を示している――この考えについてはあとでまた述べよう。現在のところは、ジャマルの身体の神秘的複数性を強調することが重要である。ヴォルムスが指摘しているように、「今日、権威を担ったこのガラグルの複製品がどこで彫られて、運ばれ、しまっておかれるとしても、そこにジャマルが、そしてンガマグンにおける彼本来の場所がふたたび生み出されるのである。そこでは彼の直接的な出現が達せられ、反復され、増殖される。『私たちは石をこの場所に持ってくることはできない。そのために私たちはこのジディ（すなわちチュルンガ）を作り――そしてジャマルが現われるのだ』」とヴォルムスのインフォーマントのひとりは語っている。(60)

ジャマルは、特に彼の「神秘的身体」と考えられうるガラグルの儀礼的重要性のために、自らの宗教的現実性を保持することが可能だった、と要約することができる。彼らのイニシエーションは、ジャマルの神話を伝達することと、天上のガラグルおよびンガマグンの岩の下に埋められた原初のガラグルと彼が同一であることを開示することから構成されている。

第二の事例は、W・E・H・スタナーが注意深く途轍もない詳細さで研究した西アーネムランドの一部族、ムリンバタ族から採られている。ムリンバタ族の宗教生活のパターンは「夢見の期間」において起こった一連の出来事によって構成されている。だが、いくらかの「純粋な精霊」もまた存在しており、その宗教的威信は驚異的な神話時代から独立している。なかでももっとも卓越した存在がノゲマインであり、彼は「天空の住人で、（ある者によると）『彼自身の意志』で、あるいは『彼自身の仕方』で生きている――そして一匹の犬を除いてはただ独りで、『父も母もおらず、兄弟も子どももない』。だが、（他の者によれば）妻子と一緒であり、その息子は狩猟用の槍で象徴されている。もし狩猟者が一度の投擲でカンガルーやワラビーを殺した場合、それは彼の息子を通じて、ノゲマインの影響力が作用したのだと考えられていた」[61]。スタナーによれば、ノゲマインを月の男と同一視している人たちがいるという。だがその他についてはそれほど確かではない。彼の住居を尋ねられると、彼らは腕を空全体に上げてただ一言発する。「高みに」と。雷鳴と稲光は「ノゲマインの人々」が起こすものだという。彼はまた精霊の子どもを送り出す役目をもっていて、「ノゲマインはよい子どもたちを送り出す」ということをスタナーは何度も聞いている。だが彼はまた、ほかの「純粋な精霊たち」について同一の情報を得てもいる。一番重要な祭祀行為とは困窮に際して食物の祈願をすることであって、スタナーの最年長のインフォーマントのひとりが覚えていたことには、彼が小さかった頃、最長老の男たちが「宿営地で食料が不足したとき、夜にノゲマインを呼んでいた」のが聞こえたという（"On Aboriginal Religion," p.264）。

ノゲマインは、他の形態によって補完されつつあり（クンマングルとククピも精霊の子どもたちを送ることができる）、その宗教的現実性を失いそうになっている天上の神の明瞭な事例である（最年長のインフォーマントのひとりだけが、彼の子ども時代の長老たちによる祈願を覚えていた）。スタナーの示すところによれば、ノゲマインのさまざまな描写のなかで不一致や矛盾があるのは、彼に対する宗教的な無関心が徐々に増大していることを示す指標である。西アランダの偉大なる父と比べ、ノゲマインは人々の手助けをするなど、なおも確かな宗教的現実性を保持している。しかし、ジャマルや、推測のかぎりではカイティシュ族のアトナトゥとは異なり、彼はイニシエーション儀礼に際して何ら重要な役割を果たさないのである。

二種類の「原初性」

だが天上の高次存在への関心の欠如や、その曖昧さ、不在が汎オーストラリア的な宗教生活のパターンを変えることはなかったようである。エルキンが述べるように、ある慣習が「アルチラ」、「夢見」であるということは、ある慣習について「バイアメがそう言った」と語ることと同じである。エルキンは、文化英雄（もしくはトーテム英雄）たちと比べられるものとして、天空存在の時間的先行性について正しく指摘している。すでに見たように、ラング、グレーブナー、シュミットが同じ見解を抱いていた。だがこの過程で重要なのは、原初的な宗教的機能もしくは原初性が、同じままだということである。その文脈がどのようなものであれ――すなわち超自然的天空神、文化英雄、ウォンジナもしくはウングッド（次章で議論する）であれ――原初の神話的時間は圧倒的な意義をもつ。かの時にもたらされたものだけが実在的で、意味に満ち、範例的で、途方もない創造力を有しているのである。私たちは西アランダ族に関して、「思弁的」と呼ぶべき原初の時――天上の永遠なる偉大な父の時代――から、実存的な価値に満ちた原初の時への移行、すなわちトーテム的祖先（や文化英雄）たちが世界を形成し、動物たちや完全で文明的な人を創造した「夢見」の伝説的時代への移行に注目した。偉大なる父の「原初性」は、アランダ族の存在に直接的な関連はない。ひとたび天との交流が阻害され、死が世界にもたらされると、アルチラの家族や天界に昇った者たちの不死性について知るのは、たいして有益ではなくなった。アランダ族や他のオーストラリアの諸部族が「不死」に接近できるのは、生まれ変わり、すなわち――あとの章で取り上げる概念である――原初の祖先の生活への永遠回帰においてのみだった。

　こうして見るとオーストラリアの宗教のパターンは、あたかも人間の状況に先立つ「原初的」なものが、その状況に直接に関係した「原初的」なものへ置き換わったことを示唆しているかのようである。そうした過程は他の宗教においても知られる。たとえば、ティアマトの「原初性」とマルドゥクの勝利によって表現された創造的な原初の時代への移行、宇宙創成論《コスモゴニー》、人間創成論、新たな神のヒエラルキーの創設が挙げられるだろう。また、ウラノスの原初性とゼウスの至高性の確立という事例と比較することもできよう――あるいは、ほとんど忘れられたディヤウスからヴァルナへ、そしてのちにはさらにインドラ、シヴァ、ヴィシュヌの一連の至上性への移行を指摘することができるかもしれない。[62]

「思弁的」な原初性から「実存的」原初性への交替において重要なのは、この過程が生命と人間存在における聖なるものの、より根源的な具現化を表わしていることである。アランダ族のトーテム的祖先たちの生成や、オーストラリアの文化英雄たちの神話を吟味するときには、この過程を具体的に描写する機会を設けることにする。豊かな発生学的イメージには深遠な宗教的意味がつきものだ。それはあたかも、壮大な宇宙創成劇の全体が生殖、妊娠、胎児的存在や助産術といった観点から解釈されているようでもある。けれどもこうした伝説的な出来事のどれも、本質的には「人間的」でも「俗なるもの」でもない。それらは原初的、創造的、範例的であり、したがって宗教的な行為なのである。究極的には、それらはただ十全に儀式を経た人間だけが把握できる神秘を表わしているのだ。

第二章　文化英雄と神話地理学

他の未開社会と同様に、オーストラリア人にとっての世界とはつねに「彼ら自身の世界」、つまり彼らが住み、その神話的歴史を知っている世界である。この慣れ親しんだ宇宙の外にあるのは無定形で未知の危険な土地で、そこには怪しげで非友好的な亡霊や呪術師が住んでいる。アボリジニは未知の領土への冒険を、仲間と一緒のときでさえ、ひどく畏れる。(1) これら見知らぬ土地は彼らの「世界」に属しておらず、したがって、創造される以前の存在様式の性質をいまだ帯びている。

だが、もっとも不毛で単調な地勢でさえも、それが超自然的存在によって「創造」されたと、より正確に言えば変形されたと信じられていれば、部族にとっての「家」になりうる。土地に形を与えることで、超自然的存在は同時にそれを「聖なるもの」とした。現在の大地は彼らの業《わざ》の結果であり、彼ら自身は人間とは異なる存在領域に属している。さらに、これらの原初存在は地勢を造型しただけでなく、「精霊の子ども」とさまざまな動物の「精霊」を、自身の身体から産み出して、いくつかの場所に置き入れた。

超自然的存在が現われ、世界の変形に着手し、広大な領土をさまよい、動植物を産み出し、人間を今日の状態にし、彼らに現行の制度と祭儀を与えた時代があった――この時代こそが「夢の時」、あるいは他の著者の言い方では、「永遠の夢の時」もしくは単に「夢見」だった。超自然的存在の顕現と活動によって聖化されたため、この神話的時間は「聖なるもの」である。他の種類の「聖なる時間」がどれもそうであるように、限りなく離れているにもかかわらず、この神話的時間は近づきえないものではなく、儀礼を通じて再現することができる。さらにそれは、「絶え間なく生じる物事に対する一種の特許状、そして、アボリジニの人々にとって重要なすべてを超越した秩序の一種のロゴスないし原理」[(2)]を構成している。あるいは、ロナルドとキャサリンのバーント夫妻が言うように、「神話の時代は……そのとき以降の人間の全行動にとって先例になるものと見なされている。この期間に、生活の型が確立され、人間が従うべき法が規定された」[(3)]。

十全に存在しているものはすべて――山、水場、制度、慣習の何であれ――、それが始源に出現したという理由から、現実的で有効で意味のあるものとして承認される。第一章で私たちは、南東オーストラリアの諸部族の天空神が遂行した「創造」の業《わざ》を論じ、また、大陸の他の地域における、類似したタイプの天上の神的存在の痕跡を指摘した。南東オーストラリアでは、起源は天空神（「全父」）の創造活動に支配されている。いかなるタイプの超自然的存在がそうした伝説的な創造の時代を支配していたのかを認識するために、以下で私たちは、始源についてのオーストラリアの他の概念を詳細に検討しよう。

アランダ族の起源神話

アランダ族によれば、始源の大地には丘も川もなく、荒涼たる平原のようで、永遠の暗闇のうちにあった。太陽、月、星辰はいまだ地の下でまどろんでいた。植物や動物も存在せず、発達途中の幼児たちのほとんど胚のような塊が、のちに塩湖や水場となる場所に力なく横たわっているのみだった。こうした形なき幼児は男や女の個体に発達することはなかった――そのうえ歳を重ねることも死ぬこともなかった。実際、地上では生も死も知られていなかった。「ただ地表の下にのみ生命はすでに存在していて、その完全状態、つまり永遠に存在している数千もの創られざる超自然的存在という状態にあった。しかしこれらでさえ、いまだ永遠の眠りのなかでまどろんでいた」[4]。

ついに、これらの超自然的存在は眠りから目覚めて地表に現われ出た。彼らの「誕生の地」はその生命と力とに満ち溢れていた。そして太陽が地の底から昇ると、大地は光に満たされた。「自身の永遠から生まれ出た（アルチラナ・ナンバカラ）」超自然的存在は、さまざまな形状と外観を有していた。カンガルーやエミューのような動物の姿で現われるものや、完全に形作られた男や女として出現するものもあった。「こうした超自然的存在はほとんど、動物（あるいは植物）に見出される要素と人間に見出される要素とが分かちがたく結びついていた。たとえば外観が動物に似た超自然的存在は、たいてい人間のように考え行動した。反対に人間の姿をしたものは、それらが分かちがたく結びついている特定の動物へと思いのままに変身できた」[5]。

一般に「トーテム的祖先」と呼ばれるこれらの超自然的存在は、地表をさまよい始めると、中央オーストラリアの地勢に今日あるような自然の特徴を与えた。なかには「文化英雄」の機能を引き受ける者もいた。彼らは「ひと塊になった人間を個々の幼児へと切り分けて、手足の指の間の膜を裂いて、耳と眼と口を切り開いた」(Strehlow, "Personal Monototemism," p. 728)。他の文化英雄は、道具と火の作り方、そして食料の調理方法を人間に教えた。地から生まれたこれらの超自然的存在のすべてがその作業を成し遂げて彷徨を終えたとき、「抗いがたい疲労が彼らを襲った。彼らが遂行した仕事は彼らの体力に極度の負担をかけたのである」(p. 728)。

そうして彼らは起源のまどろみの状態へとふたたび沈んでいって[6]、「その身体は（多くは最初に出現した場所で）地中へと消え去るか、あるいは岩や樹やチュルンガへと変わった。彼らの最後の休息場所をしるす地は、誕生の地と同じように重要な聖なる中心と見なされ、同一の名――すなわちプマラ・クタタという名――で呼ばれた。どのプマラ・クタタもイニシエーションを経た男によってのみ、それも特別な祭儀の機会にのみ近づくことができた。そこはその他の時には近寄ってはならず、違反者は死をもって罰せられる場所だった」(p. 729)。

超自然的存在の消失は、神話時代に終焉をもたらした。神話時代は――少なくともアランダ族の事例では

——、どこか楽園的な性格を帯びていた。実際、祖先たちは、「組織化された共同体で一緒に生活する人間皆にとって避けがたい障害である多数の禁止や挫折を免れていた。また、いかなる上位の力に対しても自身の行為を釈明する責任がなかった。なぜなら彼らは、善悪という人間的な観念があいまいな意味しかもっていない世界に生きる者だったからである。彼らは言わば『善悪の境界を越えて』さまよっていた」[7]。とはいえ、彼らがあらゆる道徳律を完全に超えていたということではない。T・G・H・ストレロウは、犯罪的行為が罰せられないままではなかったことを示すいくつかの神話を想起している[8]。

こうした原初の登場人物には特有の存在様式があり、今日の人間の存在様式とは異なっているが、その源泉と模範になっている。これこそアランダ族が祖先神話に直接の「実存的」関心を抱く——そしてまた、天空存在に対する彼らの無関心の——理由である。原初の祖先たちは、天空存在とは違って老いと衰えの支配下にあったが、今日の人間とは異なり不死だった。他のトーテム的祖先に「殺された」者でさえ、チュルンガの形で生き続けたのである。ところがこうした祖先たちが最終的に地中へと沈んで行く前に、彼らの行為を通して死が世界へともたらされた。こうして最初の人間は、労働と苦痛と死の世界に出現したのだった[9]。しかし祖先たちによって土地のいたるところに残されていった「生命」は、伝説的過去との連続性を保証している。私たちが「宗教」とか宗教的活動と呼んでいるのは、まさしくこの伝統的な技術と儀礼の集成であって、これによって現代のアランダ族は自身と部族の神話的過去との交流を保つことに成功している。

この「神話的過去との交流」が始まるのは、今日のすべての人間の受胎の時、つまり、自身の「不死なる」魂を構成しているトーテム的祖先の「生命」の微細な部分を胎児が受け取った時である。近年ストレロウが指摘したように、人間はふたつの魂を有しているとアランダ族は信じている。ひとつは可死的魂で、両親の交接の結果として胎児とともに生じる。第二の魂は祖先の「生命」の一部分で、妊娠した女性によって受け取られる。この第二の不死の魂こそが、個々人にその身体的特徴を与え、さらにその全人格をも創るのである（p. 730）。このためすべての新たな受胎も、祖先たちの原初の活動を反復していると言えるだろう。彼らは始源の時に、人間になる以前の無定形の塊を見つけてそれを現実の人間へと変形させた。そして地上から消え去ったあとに、彼らの「生命」の一部分（つまり不死の魂）が、胎児（可死的魂によって命を吹き込まれている）へと入り込み、完全な人間を本当に創るのである。

ストレロウのこの記述で際立っているのは、アランダの神話的祖先の、法外とも言いうるほどに特異な存在様式である。その存在論的構造は、宗教史家に知られているさまざまな超自然的存在の類型のなかでも、ある特別な位置づけを与える。神話的祖先は、天上の神々とは異なるとはいえ、それらと同じく、創造されたものではなく不死である。さらに地から生まれた超自然的存在のいくつかは——太陽や月など——、天に昇って惑星や恒星になったと言われている。これが意味するのは、地から生まれた「不死のもの」は天上の不死のものになることができた、ということである。つまり、天に昇りさえすればよかったのである。第一章で私たちはこうした「天に昇ること」に関する伝承のいくつかを扱った。始源には天との交流は可能であったし、（木やつる植物や梯子を昇れば）容易でさえあった。他の神話は死の起源を天地のあいだの交通の中断にはっきりと結びつけている。そこでは、二人の神話的祖先が天に昇ったあとに、槍を引き上げて人々に死の呪いを宣言した（pp.725–26）。したがって、アランダ族の報告に関して、創造されたものではない不死の存在には、本来、三つの種類があると言えるだろう。すなわち、（1）天上の神々、（2）地下の原初存在、（3）地上の原初の人間である。あとの二種は、無限のまどろみの期間を過ごしてきたという点で天上の神々とは異なる。さらに原初の人間は創造されたものではないが、「胚的な」不死性しか知らない。特定の文化英雄によって行なわれた解剖学的な操作を通して真に人間となったとき、原初の人間は無限の潜在能力という本来の状態を失ったのである。

トーテムの祖先の存在論的な独自性は、次の事実によっていっそう強調されている。彼らは不死でありながらも、その創造の業《わざ》によって疲弊しきったために地下へとふたたび沈んで行った——しかしまったく奇妙なことに、そこから人間の行ないを見て、その善悪を判断することができるのである。さらに、あとで見るように、彼らは人間（もちろん神話的な原初の人間）によって「殺される」ことがあって、この殺害の結果として少なくともその一部（彼らの「精霊」）は天に昇って、天体や天上の現象になった[10]。彼らの存在様式のもうひとつの特徴は、地上におけるその多数性と同時顕現性である[11]。ひとりの祖先が、（a）地の下に、（b）この世界にあるものや儀礼用具（岩、滝、チュルンガなど）のなかに、（c）「精霊の子ども」として、（d）彼の現在の生まれ変わりである（ひとりあるいは複数の）人間として、同時に存在している。さて、超自然的存在が一と多の問題に対する特異で比類のない解決として構想されるのは、宗教的思考一般の、特にアルカイックな思考の特徴である。しかしオーストラリア人に特有と思われるのは、彼らの土地（つまり神秘的地理学）と、その土地の神話的歴史（つまり祖先の事績）と、土地を「生きた」豊饒な状態に保つことへの人間の責任とのあいだにある、不思議な連関である。これらはすべて、私たちが研究を進めるにつれて、いっそう明瞭になるだろう。しかしすでに理解できるように、原初存在（神話的祖先）の存在論的構造は非常に複雑――たとえば、天空存在（これは結局、ひまな神《デウス・オティオスス》となりつつある最高存在である）の構造よりも複雑――である。それは彼らが、生と豊饒の、死と再生の神秘にかかわり、それらを具現化しているためである。

ヌンバクラと聖なる柱

これらの原初存在の範例的創造性をよりよく理解するために、いくつかの事例を検討しよう。神話はたいてい祖先たちを力強く創造的なものとして描いている。彼らは上空を飛んだり地下を歩いたりできる。いたるところを旅し、聖なる祭儀を執り行なって、地面や自然のさまざまな地形のなかに「精霊の子ども」を生み出していく。しかしその神話が想像性に富んだ劇的なものであることはまれである。たとえば、スペンサーとギレンは以下のようなヌンバクラの物語を伝えている。ヌンバクラという名は、「つねに存在する」、あるいは「無から出た」を意味している（これはアルチラナ・ナンバカラ、つまり「自身の永遠から生まれ出た」と呼ばれる、ストレロウが論じていた超自然的存在のひとつである（本稿二五六頁を見よ）。アランダ系の一部族であるアチルパ族の伝承によれば、ヌンバクラは「無から」生じると、北へと旅して、山や川やあらゆる種類の動植物を造った。彼は「精霊の子ども」（クルナ）も創り、そのうちの非常に多くを自らの身体の内部に隠した。最後に洞穴や貯蔵庫を作り、自分が生み出したチュルンガを隠した。そのときには人間はまだ存在していなかった。ヌンバクラがクルナをチュルンガに挿入すると、最初のアチルパ族の（神話的）祖先が生じた。その後ヌンバクラは、数多くのクルナをさまざまなチュルンガに植えつけて、他の神話的祖先を産み出した。そして最初のアチルパ族に、さまざまなトーテムに関わる多くの祭儀の仕方を教えた。

さてヌンバクラは、カウワ・アウワと呼ばれる柱を聖なる大地の真ん中に立てた（これを表わしている若いゴムの木の幹でできた柱が、エングウラとして知られている一連の長大なイニシエーション儀礼の期間中、祭儀場に立てられる）。柱に血を塗って清めたあとで、彼はそれを登り始めた。自分のあとに続け、と最初のアチルパ族の祖先に言ったのだが、血によって柱があまりにも滑りやすくなっていたので、人間はすべり落ちてしまった。「ヌンバクラはひとりで進んで行って、彼のあとで柱を引き上げると、二度と姿を現わさなかった」[12]。

この柱は重要なシンボリズムを担っていて、儀礼では中心的役割を果たす。ヌンバクラがそれを登ったあとに天空へと消えていったということは、カウワ・アウワが天と地を結ぶ世界軸《アクシス・ムンディ》のようなものであることを示唆している。他の場所、特にオリエントの諸文化やその影響下にある地域では、世界軸（塔、木、山などとして思い描かれる）は実際に「世界の中心」を構成している。このことはとりわけ、そこがあらゆる方向づけが生ずる聖化された場所だということを意味している。言い換えれば、「中心」が周囲の無定形の空間に構造を分け与えるのである。柱に関するアチルパ族の神話とその実際の祭儀での使用は、どちらも天との交流と方向づけの手段という、この二重の機能を非常によく描いている。ヌンバクラが消え去ったあとの最初のアチルパ族の祖先たちの彷徨を、神話は見たところ限りなく詳細に物語っている。彼らはたえず小集団で旅をして、祭儀を催し、若者に割礼を施し、時折そのなかのひとりをあとに残してゆく。こうした神話的集団がエングウラ儀礼を執り行なうときには、カウワ・アウワが「つねに立てられ、彼らの旅が目指していた方向に傾けられた」(13)。言い換えれば、彼らは聖なる柱の助けによって、これから乗り出そうと備えている未知の空間の海図を描くことができるのである。

ある日こうした神話的集団のうちのひとつに災難が降りかかった。カウワ・アウワを引き抜いていたとき、それがとても深く埋め込まれていたので、老首長が地上すぐのところでそれを折ってしまったのである。彼らは他の集団に出会うまでは折れた柱を運んで行った。疲労と悲しみのあまり、彼らは自分たちのカウワ・アウワを立てようと試みさえせず、「皆で横になると、その場所で死んだ。大きな岩に覆われた高い丘が、その地点を示すために現われた(14)」。「聖なる中心」は空間を「宇宙化《コスモス》」し、人間を越えた天の世界と人間が交流できるようにする。この「聖なる中心」なしでは人間は生きることができないのだということを表わす、これ以上に痛ましい告白を見出すことはほとんどない。カウワ・アウワを持っているかぎり、アチルパ族の祖先は周囲の「混沌《カオス》」のなかでもけっして迷うことはなかった。そのうえ、彼らにとって聖なる柱はヌンバクラの存在と活動の何よりの証拠だったのである。

バガジンビリの神話

神話におけるそうした英雄たちの創造の行ないは、宇宙創成論《コスモゴニー》に相当する。彼らの業《わざ》の結果として世界は出現した。夢の時の活動における宇宙創成的な特徴が、きわめて明白な事例がいくつもある。たとえばバガジンビリ兄弟を中心とするカラジェリ族の神話体系についても、これは当てはまる。この兄弟が登場する以前には、まったく何も――木も動物も人間も――存在しなかった。彼らは地面からディンゴの姿で現われたが、そのあとに頭が天に届くほどの巨人となった。彼らが大地から出現したのは、ちょうど最初の日の黄昏時だった。いつもその時分に鳴く小鳥（ドゥル）の鳴き声を聞いて、彼らは黄昏時だと知った。それ以前には彼らはまったく何も知らなかった。それからふたりはあらゆる種類の動植物を見て、それらに名を与えた。つまりその瞬間から動植物は名をもつようになったので、本当に存在し始めたのである。次に兄弟は星と月を見て、それらにも名を与えた。

それからバガジンビリ兄弟は北へと向かった。旅の途上で生殖器のない男と女に出逢うと、兄弟はキノコの一種でできた器官を彼らに備えつけた。兄弟は動物にピルマル（長い棒）を投げつけて殺した。その棒を見つけたカラジェリ族は、以来ずっと同じ行為を実践している。ふたりはイニシエーション儀礼を定めて、割礼用の石のナイフ、うなり板、長いピルマルなどの儀礼用具を最初に使用した。彼らは蛇を見て、蛇の産出のための歌を唄った。そして言語をさまざまな方言に分化させた。

ふたりのバガジンビリには毛髪がたくさんあったので、彼らはその何本かを引き抜いてすべての部族に与えた。（このためどの部族も、現在この英雄の身体の一部を所有している）。ところが、ある男が槍で兄弟を殺してしまった。彼らの母ディルガは、ずっと遠くにいたが、風に乗って来た死体の臭いに気づいた。彼女の胸から流れ出した母乳が、地下を通って兄弟が死んでいる場所まで流れて行くと、そこから激流のように噴出して、殺害者を溺れさせ、兄弟を生き返らせた。のちにふたりのバガジンビリは水蛇へと姿を変え、彼らの精霊はマゼラン星雲になった[15]。

この神話はカラジェリ族の全生活の基盤となっている。ふたりのバガジンビリによって制定された祭儀が、イニシエーションにおいて再演されるのだが、もはやいくつかの儀礼の意味はアボリジニにとって明らかではない。この神話のパターンは、オーストラリアのさまざまな場所でよく知られている。すなわち、文化英雄の顕現、その彷徨と文明化の活動、そして最終的な消失、である。のちに見るように、英雄（祖先）のあらゆる行為は部族のメンバーによってきちんと繰り返されている。ストレロウが言うように、「あらゆる活動はトーテム的祖先とともに始まった。ここでもやはり、原住民は伝統にためらいなく従っている。父祖たちが使った原始的武器に執着し、それを改良しようなどとは思いつきもしないのだ」[16]。しかしもちろん、こうしたことはある程度までしか当てはまらない。他の未開人と同様に、オーストラリア人はその生活を歴史の流れのなかで変えてきたのだが、こうした変化はすべて超自然的存在の新たな「啓示」と見なされているのである。

神話地理学

イニシエーション儀礼は、新しい加入者を部族の伝統へと段階的に導き入れる。そこで彼は始源《アブ・オリギネ》から生じたすべてを見出すのである。この「知識」は全体的、すなわち、神話的で儀礼的で地理的である。夢の時に起こったことを学ぶことで、イニシエーションを経た者は、活発で生産的な世界を維持するためになされなければならないことも同時に学ぶ。さらに、神話的な——あるいは神秘的な——地理学も彼に啓示される。つまり、超自然的存在が儀礼を執り行なった、あるいは他の重要なことをなした無数の場所に案内されるのである。彼がそのとき以降暮らす世界は、かつて超自然的存在が住み変形させたものであるため、意味に満ちた「聖なる」世界である。このため聖なる歴史をもつ世界、あらゆる目立った特徴が神話的出来事と関連している世界においては、つねに「方向を定める」ことができる。W・E・H・スタナーはムリンバタ族の神話地理学に関してこう書いている。「ムリンバタ族は、その土地を劇的事件が起こった明白な証拠に満ちたものと考えている。そうした事件の舞台となった場所は知られていて、名づけられていた。そのそれぞれが、偉大な出来事の証拠を形や模様として備えていた」[17]。またスペンサーとギレンも、重要なトーテムの中心地への原住民の小集団の旅行を語りつつ、ワラムンガ族の神話地理学を披露している。連なる丘は、コウモリ・トーテムの神話的祖先がたどった路をしるしている。石柱が表わしているのは、別の祖先、オポッサム人で、白珪岩の低い丘の連なりが示すのは、夢の時に神話の女たちがそこへ投げた白蟻の卵である。「私たちが一緒に旅しているあいだ中ずっと、伝承において部族の諸々のトーテム的祖先と関連づけられる地形について、老人たちは互いに語り合い、それを私たちに指し示したのだった[18]」。したがって、三日に及ぶ旅のあいだに、彼らは原初のトーテム（文化）英雄に関する無数の触知できる痕跡の間近を通って行ったのである。最後に彼らが向かったのは、神話的蛇ウォルンカが住んでいた有名な水場だった。聖なる池に近づくと原住民は「たいへん静かで厳粛になった」、そして「トーテム集団の首長たちは水際まで降りて行くと、頭を垂れて、ウォルンカにささやきかけ、穏やかなままでいてくれるように、そして自分たちは仲間だから危害を加えることのないようにと請うた。……そうしたことはどれも彼らにとってはきわめて現実的であって、ウォルンカは現に水の下で生きており、その姿を見ることはできないが彼らを見守っている、と彼らは完全に信じているということが、私たちにははっきりとわかった[19]」。

もっとも荒涼とした地勢でさえも、アボリジニにとっては、畏敬を呼び起こすものであり、あらゆる岩や泉や水場が神話時代に行なわれた聖なる劇的事件の具体的な痕跡を示している。その理由を知るためには、スペンサーとギレンの記述を省略なしで《イン・エクステンソ》きちんと読まなければならない。西洋の読者にとっては、夢の時の英雄たちに関するこれらの終わりなき彷徨[20]や偶発的出会いは、あまりにも単調なものに思われる（しかし『ユリシーズ』のレオポルド・ブルームの彷徨も、バルザックやトルストイの愛読者には単調に見えるではないか）。アボリジニにとって神話の劇的事件の形跡は、地勢に刻印された聖なる物語の読解を可能にする暗号や型板であるだけではない。それらはアボリジニが実存的に関わっている歴史を開示しているのである。アボリジニは、神話的祖先のそうした終わりなき彷徨や偉業の結果であるのみならず、多くの場合、その祖先のうちのひとりの生まれ変わりでもある。T・G・H・ストレロウが言うように、「すべての土地は古くからの生きた家系図である。原住民にとって自分自身のトーテム的祖先の物語は、全能なる手によって現在知られている世界が形作られたとき、つまり生命の夜明けである時の始源に彼自身がしたことの記述なのである。現在、彼の姿に生まれ変わっている祖先の本来の地位によって大小の差はあるが、その最初の栄光ある冒険において、彼自身もある役割を果たしたのである」［強調は引用者〔エリアーデ〕による］[21]。

慣れ親しんだ土地の神話的歴史を学ぶことで、イニシエーションを受ける者は一種の想起《アナムネーシス》を経験する。つまり、原初の時の自らの誕生やはるか昔の行ないを思い出すのである。「誕生時には、生まれ変わりを経たトーテム的祖先は、以前の自分の栄光ある生のことをまったく知らない。彼にとって先立つ月日は『眠りと忘却』だった。彼が少年として生まれたなら、のちに老人たちがイニシエーションを授け、以前の生で彼自身が制定した古来の祭儀へとふたたび導き入れるだろう」[22]。イニシエーションを通して新加入者が見出すのは、始源にすでにここにいたこと、かつて神話的祖先という姿でここにいた、ということである。神話的祖先の行ないを学びながら、彼は自身の栄光の前世について学ぶ。最終的に、彼は始源《アブ・オリギネ》からそうであったような自己を繰り返すよう教えられる。つまり、彼は自己自身という範型を見習うことになっているのである。

研究を進めるなかで、この問題を再度取り上げる機会があるだろう。今のところは、想起というオーストラリアの教義のプラトン的構造を指摘しておくのが妥当だろう。よく知られているように、プラトンにとって学習は想起、つまり知ることは思い出すことである（『メノン』81）。地上での生を終えると、魂はイデアを観想し、純粋で完全な知に与る。しかしふたたび肉体に入るとき、魂はレーテーの泉を飲んで、イデアを直に観想して獲得した知を忘れてしまう。とはいえこの知は、魂が入っていった人間のなかに潜在しているので、哲学的努力によって明らかにされうる。自然物の助けで魂は自己自身へと退き、いわば「還る」ことによって、外‐世界的状況で有していた本来の知をふたたび発見して手にすることができる。このように死とは、魂が肉体に入ることで周期的に失われる原初の完全状態への回帰である[23]。

もちろん、オーストラリアの概念をプラトンの想起説に同化することは不可能だろう。とはいえ、祖先の永続的な生まれ変わりという信念をもつことから、アランダ族がプラトンのものにかなり近い想起理論を作り上げなければならなかったという点は重要である。プラトンにとっても、アランダ族にとっても、自然物は魂が本当の自己を思い出すのに役立つ。ただし以下のような違いがある。プラトンにとっては、魂は死を経たのちにイデアを観想し、そうして知そのものに参与することができる。アランダ族にとっては、当該の知は哲学的なものではなく、神話的そして「歴史的」なものである。イニシエーションを通して新加入者が見出すのは、かの時に彼が行なったことである。つまり彼が学ぶのは、イデアではなく自身の原初の行ないとその意味であって、彼は特定の英雄の神話体系のなかに自分自身の伝説的記録を見出すのである。いくつかの自然物（岩やチュルンガなど）は、地上における彼の最初の栄光ある生の証拠として現われる。プラトンにとっても、自然物は外－世界的状況での知を魂が取り戻すのを助ける。しかしどちらにとっても、真の想起は精神的活動、すなわちギリシアの哲学者にとっての哲学、オーストラリア人にとってのイニシエーション、の結果である。

世界を「再創造」する儀礼

神話的歴史を担っているために、アランダの地理学はある構造と意味を開示している。地理的な方向づけさえもが神話的歴史に関係しているのである。アボリジニは、超自然的存在と神話的祖先がしるしづけた路をたどる。彼らが最短距離で聖地に向かうことはほとんどない。その聖地に関わる超自然的存在が通ったのと同じ経路を歩まなければならないと考えられているためである。[24]「混沌の地」を聖なる組織化された世界に変形させた神話的歴史は、さらに、集団や部族を結びつけるのにも役立つ。いくつもの道が諸部族の複数の「世界」を通過しているので、これらの部族間には「秘密の親交の同盟や、歓待と保護に対する相互の権利[25]」がある。祭祀集団のメンバーは他の部族の領土であっても英雄の路にそって安全に旅することができる。それぞれの祭祀集団は、神話の特定のエピソードとそれに関連する特定の儀礼の管理者である。「しかし過去との連続性、社会的・儀礼的承認についての十全な知識、現在と未来への完全な保障は、神話全体を知りすべての儀礼を執り行なうことによってのみ獲得そして維持されうるのだから、それぞれの『支部《ロッジ》』がそうした知識の一部分となることが必要不可欠である。こうして諸々の集団や部族は、祭祀生活によって互いに結びついているのである」[26]。

慣れ親しんだ領土内に明らかに制限されているにもかかわらず、ひとつの部族の「世界」は包括的なものとして思い描かれている。オーストラリアの親族体系のために、ある個人は他の全員と親族関係にある――あるいはありうる。友好的なよそ者が野営地に近づいて来たとすると、いつも最終的には、彼はその集団の誰かと親族関係にあるものと認められる。したがって、オーストラリア人にとっては、唯一の「世界」と唯一の「人間社会」が存在しているのである。慣れ親しんだ土地の外にある未知の地域は、「世界」に属していない――それはちょうど、冷たかったり怪しげだったりする異邦人が、亡霊や悪魔や怪物かもしれず、そのため人間共同体に属していないのと同じことである。

「世界」は生きた生産的な状態に保たれなければならない。有用な動植物に満ち、小川や河川があり、しかるべき時に雨が降るような、「始源に」そうであった状態に世界をいつまでも保つ力、世界を「保全する」力は、人間自体にはない。しかし人間は、夢の時の期間に超自然的存在や英雄がなしたことを行なうよう教えられてきた。すべての祭儀はこうした範例的行為の反復にすぎない。儀礼による神話的歴史の再現は、夢の時との交流を再活性化し、生命を甦らせて、その連続性を保証する。

要するに、儀礼は世界を「再創造」するのである。祖先英雄の彷徨や諸行為は冗長で退屈な祭儀において再演される。植物性および動物性の食物――ヤム芋、ユリ根、カンガルー、蛇、鳥――を中心としたいわゆる増殖儀礼（インティチュマ）は、夢の時になされたそれらの種の創造の儀礼的反復を通して、その更新を保証する。動物と植物の食用種の更新は「世界の更新」に等しい。このことが私たちを驚かせることはあるまい。「世界」

とは何よりもまず人間が生きる土地、人間が食物と住まいを見つける土地なのだから。のちにより詳細に見るように、栄養摂取には神聖な価値がある。食物を吸収することで、「未開人」は世界の聖性に参与する。人間として生きること、それ自体が宗教的行為なのである。というのも人間は、超自然的存在が作った状態に世界を保持し、儀礼を通して、特に「増殖儀礼」を通して世界を周期的に再生させる責任を引き受けているためである。

こうした増殖儀礼は、内容が薄く機械的なものもあれば、反対に非常に劇的なものもある。[27] たとえば、ある神話的存在は一定の場所で増殖儀礼を執り行なうと、特定の動物の生命ないし精霊の貯蔵庫として石をあとに残していったことがあった。「彼の旅の途上のまた別の場所は、血や身体の一部の喪失によって、あるいは彼の身体が石に変わることによって、聖化されて効験あらたかなものとされたのかもしれない。それ以降そうした場所は聖なるものであり、創造的で永遠なる夢の時への経路である。その場所に向けられた配慮とそこで執り行なわれた儀礼とによって、創造の力が発動されて、たとえばカンガルーの増殖を引き起こすのである」[28]。儀礼執行者は言う、「そこかしこにカンガルーが満ち溢れよ」。また彼らは「石の粉末を吹きつけたり、聖なる積石から石を投げたり、あるいは、石の粉末や土と血とを混ぜたものを聖なる場所から持って行って、種の増殖が望まれ通常はそうなるはずの土地にそれを置いたりする。……聖なる石や積石は、彼らにとって単なる石ではない。それはある意味で生きていて、生命がそこから現われ出ることがある」[29]。のちに見るように（本稿二八一頁）、「増殖」儀礼のさまざまな行為は、祖先たちの振る舞いを正確に反復している。

変容をもたらすシンボル

増殖儀礼は見たところ簡素で単調である。けれどもイニシエーションを経た者にとって、見かけ上の簡素さのなかに、時折とても複雑なシンボリズムが隠れている。そしてこれはすべてのオーストラリアの儀礼に当てはまる。一例を挙げると、北東アーネムランドでは、ゴアナ〔オオトカゲ〕の尾や脊椎を表わす紋章が、ある祭儀のあいだ、儀礼的に呈示される。

トーテムの意匠が柱に描かれ、羽根の房が取りつけられる。演者はそれをゆっくりと、大げさな身振りで小屋から取り外す。彼は胸に聖なる枝を抱えて、地面をのたうつ。歌は続き、彼は参加している見物人たち、すなわちイニシエーションを経て部族の伝統に精通している男たち全員に、秘義のひとつを明かす。

これは何を意味するのか。ここで小屋から取り出された紋章はゴアナの尾や背骨のシンボルだが、新入者にとってはこの儀礼はそれ以上のことを意味している。小屋は、ジャンガウルの豊饒の太母が精霊の国から明けの明星を越えて暁へともってきた特別な円錐形の茣蓙《ござ》を象徴している。この敷物は子宮である。聖なる場においてゴアナの尾の紋章が小屋から取り外されるということは、最初の人々、今日の東アーネムランド人の祖先が太母から生まれたことを意味する。そして今度は、彼らがさまざまな豊饒性のシンボルの組み合わせと関連づけられる。実際には、シンボルのなかにシンボルが、意味のなかに意味があり、その多くは根源的な衝動に結びついている。(30)

ここではいくつかの新しい宗教的観念（太母、子宮）が現われるが、それについてはさらに説明が必要だろう。それでもこの事例は、たいへん簡素な姿の儀礼の内部で、いかに豊かな神話体系が加入者たちに開示されうるのか、またその結果として、どのように精霊の世界との結びつきが保持され、強化されるのかを示している。部族の聖なる歴史の開示は、時に何年もかかることがある。参加者は徐々に、神話的過去の偉大さを自覚するようになる。彼は祭儀を通じて、いかにして夢の時を追体験するのかを学ぶ。こうしてやがて彼は部族の歴史に完全に浸りきるだろう。つまり彼は起源を知り、岩や植物や動物から慣習やシンボル、規則に至るありとあらゆるものの意味を理解するようになるだろう。彼が神話や儀礼に保持されている啓示を体得してゆくにつれ、世界、人生、人間存在は意味に満ちた聖なるものとなる。というのもそれらは、超自然的存在によって創造もしくは完成されたからである。人は人生のある時点において、生まれる前に自分が精霊だったこと、そして死後には出生以前の精霊の状態に再統合されるであろうことを知る。彼は人間の周期が、より大きな宇宙の周期の一部であることを学ぶ。つまり創造は、夢の時に起こった「精霊的な」行為であり、宇宙は今では「実在的」あるいは「物質的」ではあるものの、始源において行なわれた創造の行為の反復によって周期的に更新されなければならないということを学ぶのである。こうした世界の刷新は精霊的な行ない、すなわち夢の時の「永遠の存在」との交流を強化した結果である。

同様の仕組みで、人間存在は始まり、終わる——ただしそれは精霊の世界での話である。バーント夫妻が述べているように、「そもそも、男や女の本質は純粋な精霊である。生まれたあとに……物質的な形を取るが、その聖なる特質はけっして失わない。女性はこの聖性をほとんどいかなる努力もなしに保持する——特に北東アーネムランドなどの地域ではそうである。一方、男性に関しては、儀礼や組織化された祭儀に強調点が置かれている。どちらにとっても、聖性は歳を取るにつれて増していく。そして死に際して、彼らはふたたび完全な精霊になるのである[31]」。

もし聖なる祭儀が無視され、社会慣習が軽んじられるなら、世界は夢の時や超自然的存在の登場以前にあった暗黒や混沌の状態へと後退するだろう[32]。事実、アボリジニの「世界」は文化変容によってほとんど破壊されてきたし、その生き残りは挫折と不毛の人生のなかで細々と生き長らえている。「祭儀のない野営地、そこで月明かりの晩の静寂を破るのは不満げに呟く博打打ちや突然始まった喧嘩くらいで、そうした野営地では人々の生への熱意が失われるか、あるいは他のものへ向けられ、満足を与えるような手段がますます少なくなっている。聖なる儀礼の忘却を許したところでは、人々は自身の伝統や背景との意識的な接触をもはや維持しなくなる。ひとたびこの生命線が損なわれてしまうと、彼らの人生すべてはその変化を反映せざるをえなくなるのである」[33]。

もちろんこの忘却は、神話が予言するような宇宙の物理的破壊にはいまだ到るものではない。しかしその結果はほぼ同一である。すなわち超自然的存在によって創造あるいは完成された古き「世界」は、文化変容によって無意味なものとなるために、だんだんと消えていくのである。こうした精神的大変動を生き延びた者たちは、他の手段と新たな素材を用いて、自らの文化を再建しなければならないだろう。新たなオーストラリア文化の結晶化はまだ未来の話である。けれども西洋文化との遭遇の結果としての伝統的価値の衰退と荒廃は、「未開人」のあいだでは一般的な現象となっている。後にもっともアルカイックな宗教的観念と信仰が経験してきた歪曲、異種混淆、忘却を指摘する多くの機会を設け、また、西洋的な価値との悲劇的な遭遇から生まれたいくつかの新たな宗教的、文化的創造物を分析する機会も設けるつもりである。

さしあたっては、オーストラリア人の真の「世界」において生きることの必要性を強調しておけば十分である。この真の世界とは、超自然的存在によって形成され、豊かにされ、聖化された、組織立てられていて意味をもち、資源に溢れた土地である。そうした「世界」はある「中心」もしくは構造をもっている――それにより「方向づけられ」てもいて、混沌、つまり無定形で途方にくれるような空虚ではないのである。世界、動植物、人間の誕生は聖なる歴史の結果であり、その歴史は神話のなかに入念に保持され、秘儀において周期的に反復されている。このことは世界が「歴史」――夢の時のあいだに展開された聖なる歴史――をもっていることを意味するのみならず、始源の途方もない出来事を持続的に再演し、「夢見」の力を大地に果てしなく注ぎ続けることによって、人々が世界を維持する責任を引き受けてきたことを意味してもいる。夢の時との交流や神話的歴史の再演を止めるならば、世界はばらばらになり、生命は衰弱し、ついには地表から消え去るだろう。

私たちは、そうした根源的な概念から生まれたオーストラリアのさまざまな宗教的創造物にたびたび出遭うはずである。だが厳密には、それらはけっして同一のものではない。部族ごと、文化ごとに意義深い変異型、視点の変化、輝かしい革新がある。生きている文化がいつまでも同じままにとどまることはできない。それは単に、いかなる文化も完全な孤立のなかで持続はしないという理由のためである。諸文化の出会いは、同一の基盤から発生した似たような形態との出会いですら、時には微細なものではあるが、創造的な革新をつねに誘発するのである。

このように、歴史のない文化、すなわち外的な影響によって引き起こされた変化や変容がない文化など存在しないのである。しかしこの「歴史」は、未開人たちにはそのようなものとして認められていない。彼らは、多少なりとも離れた過去に起こった変容を知ってはいるのだが、こうした変容を原初的で非歴史的な時間へとたたみ込み、それらを神話的存在の行為として解釈しているのである。要するに、革新が伝統的なパターンへと受け容れられ吸収されるという単純な事実により、それは夢の時の期間に起こったことと見なされるのだ。

ウナンバル族の神生成と神話体系

ここでは北西オーストラリアの一部族、ウナンバル族の宗教的伝承をある程度詳しく呈示してゆこう。ドイツの民族学者アンドレアス・ロンメルは、この民族について明晰で巧みに表現されたモノグラフを出版している。(34) 彼らの神話体系と宗教的慣習は、いくつかの点で南東部や中央部のオーストラリアで見出されるパターンとは異なる。こうした違いは、オーストラリア人の宗教体験の複雑さと豊かさを描き出しているが、また別の理由で重要でもある。つまり、それらは本書の終わりに考察する予定の、ある種の歴史的変化を反映しているのである。

ウナンバル族は、世界の始まりを物語ることによって、彼らの生活、慣習、神話についての語りを始める。これは他の多くの未開人のあいだでも見出される習わしであり、原初の時の創造の事件がいかに重要かを示すものである。ウナンバル族はこのように語る。始源においては天と地だけが存在していた。大地の深くに住んでいたのは――そして今でも住んでいるのは――、巨大な蛇の姿をしたウングッドである。多くの場合ウングッドは大地と、また水と密接な関係にあると考えられている。空には、天の支配者であると同時に天の河の人格化であるワランガンダが住んでいる。ワランガンダは「あらゆるものを創った」と考えられている。ワランガンダが地上に水を投げて、ウングッドが「その水を深くした」ところ、雨が降り始めた。地上での生命はこのように始まったのである。(35)

ワランガンダとウングッドは協力して、創造的な夢の成果としてあらゆるものを創ったが、その創造は夜間にだけ行なわれた。ウングッドは彼自身を――あるいは彼女自身を、というのはいずれの性でも、さらには両性でさえありうるので――彼が夢見た存在に変えた。同様に、ワランガンダは彼が生み出す存在を「夢見た」。彼は天から「精霊的な力」を投じ、それを図像へと形成した。その後、彼は赤白黒に彩色されたこれらの図像を岩や洞穴に投影したので、それらは今でもその場所で見ることができる。ウナンバル族によれば、これが動植物の彩色された図像の起源だった。こうした絵はそれらが表わす存在の「精霊的中心」を構成してもいる。図像とそこに描かれた存在との関係は、「父と兄弟たち」との関係と言われている。まずさまざまな存在の「精霊的な力」を各々の図像に造型し、それから初めてワランガンダはそれらを実際に造り、大地のいたるところに送るのである。ワランガンダは口や眼のない存在（こうした器官はウングッドにより、のちに与えられた）を描いた。ワランガンダは生み出すことを続け、絶え間なく「精霊の胚」を地上に送り出した。彼は自らの造ったものを死なせるようなことはなかった。(36)

岩や洞穴の壁には、動植物の模写のそばに、ウォンジナと呼ばれる口の無い人間をかたどった図像も描かれている。それらは雨を人格化したものである。ウナンバル族によれば、ウォンジナは初め「創造の夢」の時に、ウングッドにより水の底で見出された。このため、あらゆる河、湖、井戸は、その近くにある特定のウォンジナの図像に属している。ウォンジナは生み出されてすぐ地上への旅に出て、雨をもたらし、地勢を変えて丘と平野を造った[37]。「石がまだ濡れている」あいだに、ウォンジナは巨大な「石の家」を建てた（ちなみにこれは巨石文化の伝統を示している）。それから、ウォンジナは「濡れた岩々」の上に横たわり、その「痕跡」が最初の岩絵を生み出した。ウォンジナは地中へと入って行ったが、そこは現在ウォンジナの図像が見出される場所となっている。彼らはその後、地下のその岩絵に属する水域に生きてきた。そこで彼らは絶え間なく、新たな「子どもの胚」を創造するのである。

ウナンバル族によれば、あらゆる人間はジャララと呼ばれる「子どもの胚」の形から始まる。父親が夢のなかでそれを見つけ、また別の夢のなかで自分の妻に投射する。事実、このジャララはある水場に住んでいるウォンジナの一部であるが、同様にウングッドの断片でもある。ジャララが人間の姿をとるとき、それはジャジャルと呼ばれ、その個人の「ウングッドの部分」や魂のうちのウングッドから伝わる部分を表わす。しばしばジャジャルは腎臓に位置すると言われる。ジャジャルは人が死ぬと水場に帰り、そこで新たな人間に宿るのを待つ[38]。

ある人とその「精霊の」起源である場所とのあいだには密接な関係がある。一般的に言って、人は皆その父と同じウォンジナや水場の子孫である。そのため、つねにいくらかの個人が同じ精霊の起源を共有している。彼らは、水場とそれに対応するウォンジナの図像がある地域の正当な所有者である。最長老はウォンジナの正式な化身と考えられている。自身のウォンジナについて話すとき、この長老は一人称を使う。「わしが夢の時に現われた際、わしは岩の上に自分の痕跡を残した……」。彼は雨季の前に、定期的にウォンジナの図像を岩壁に描き直す義務を負う。彼は「わしは今から自らを新たにして元気づけるとしよう。雨が降ることができるよう、自分を新しく描くのだ」と述べる。彼は赤色オーカー、白、黄の三色と木炭を使う。描き直し終えたあと、彼は水を口にふくむと、それを岩の図像に吹きかける。こうした方法で、ウォンジナは夢の時に雨をもたらしたのだ、とウナンバル族は言う。

人間の姿で描かれたウォンジナの近くには、植物や動物を表わす図像がある。事実、動植物のトーテムは人間と同じ「精霊の」源泉に由来している。こうしてアボリジニは、全自然との有機的な関係のなかに生きているのである。人類が死ぬとウォンジナもまた死ぬので、動物はもはや増えず、雨はもはや降らず、草木は干からびるだろう。つまり「世界」は創造以前の「混沌」へと後退してゆくのである。

他の多くのオーストラリアの諸部族のように、ウナンバル族はふたつの外婚集団に分かれるだけでなく、この「二元論的」体系を全世界、すなわち自然の世界にも精霊の世界にも適用する。ウングッド、ウォンジナ、人間、動植物は、太古の時代からふたつの組の一方に属している。その組は、鶴のような鳥クラングリと、七面鳥に似たバナルにちなんで名づけられている。これらの神話的な鳥は二羽の文化英雄であり、人間の姿になったあとで、あらゆる規則と制度を定めた。神話時代に彼らが行なったすべてのことは、ウナンバル族によって繰り返し行なわれなければならない。文化英雄たちの神話は、ワランガンダとウングッドの神話にいくらか類似している。彼らは天からやってきて、自らを創造したと言われ、また二匹のウングッドの蛇であるとも言われる。さらには、最初のウォンジナはこの文化英雄をかたどったものに過ぎなかった。最初の人間たちは彼らに由来し、最初のウングッドの魂は彼らによって創られた。クラングリはバナルよりも美しく賢くて、バナルはどちらかと言えば愚かである。このため彼らは頻繁に衝突した。[39] これは広く普及している神話的主題である。

イニシエーション、特に割礼式や下部切開式を通じて、青年たちは次第にこの神話伝承へと導かれる。オーストラリアの他のあらゆる場所と同様に、男たちは歳をとるにつれて、神話世界により深く浸ってゆく。呪医は太古の時代との交流を更新する上で大きな役割を果たす。部族の精神生活における彼の役割は無視できない。呪医のなかに夢の時の創造力は生き続けている。脱魂状態《エクスタシス》のあいだ、彼は魂をウングッドに送ることができる。オーストラリアの呪医の問題を議論する際（第四章）に、その力についてより詳しく見ることにしよう。

ウナンバル族とウンガリニン族

他のすべてのオーストラリア部族と同様に、ウナンバル族の伝承のなかには汎オーストラリア的と考えられる基礎的な共通要素を認めることができ、それがより特定の概念や信仰と並んで保持されている。ある部族と隣の部族とのあいだで宗教的観念がどのように異なっているのかを知るには、近隣のウンガリニン族の伝承を吟味するだけでよい。根本的には、ウナンバル族とウンガリニン族は同じ宗教的類型を共有している。けれども、いくつかの信仰はウンガリニン族においては失われたか、根本的に変更されたように思われる。あるいはそうした変異型の信仰は、以前には両部族に共有されていた類型に、ウナンバル族が革新をもたらした結果であるとも解釈できる。

ウナンバル族とオーストラリアの他の集団と同じように、ウンガリニン族は創造が起こった神話的な原初の時（ララン）を信じている。(40) ウンガリニン族はまたウングッド（虹蛇）も人間の姿をした天上のワランガラも知っているが、これらの形象の構造と機能は異なっている。ワランガラは創造者ではない。ウンガリニン族は、創造はウングッドとウォンジナの業であると信じている。ウングッドは天から甘い水を送り、水のなかに最初の祖先の組を創った。ワランガラは天空神とも文化英雄とも考えられよう。彼はあらゆる社会的かつ文化的な制度、とりわけイニシエーション儀礼を創始した。新入者はその祭儀の極秘とされる場面で、ワランガラの神話を教わる。ワランガラは今は天空にいて、精霊の子どもを送り、彼がラランの時に定めた規則が敬われているかどうかを見守っている。もしそれらの規則が敬われていなければ、ワランガラは洪水をもたらすだろう。

要するに、ウングッドは自然界すべての生命の創造者であり、ワランガラは人間の精霊的な部分の創り主なのである。けれども、ワランガラは人の姿の天空神で、ウングッドは動物の姿をした原初の神であると言うことはできない。ウングッドも原初の時の終わりに天に昇ったのである。また、ワランガラは地上では人間の姿をとっていたが、天空では蛇になったと主張している神話もある。ヘルムート・ペトリが記したように、[41] これはアボリジニにとって矛盾とは感じられない。多くのウォンジナは、創造の終わりにその人型の特質を失うことなく蛇の様相を呈するのである。[42]

　ワランガラについては、多くのことが不明瞭なままである。彼は確かに南東部族の天上の最高存在（「全父」）と似ているが、（ムンガン・ンガウアとバイアメの事例と同じく）彼に対していかなる祈りも捧げられないし、彼の全知や善意についての言及もない。ペトリが示唆しているように、[43] 起源となる創造力のあるひとつの神がふたつの神的存在に分裂したという可能性はある。だが、この問題を扱うのに必要とされる資料は存在していない。

　ワランガラに直接関係するのが、別の天空英雄ングンヤリであり、彼はイニシエーション祭儀で重要な役割を果たす。ングンヤリはうなり板を「彼の血と肘を用いて」作り、そこに彼の声を封じ込めたと考えられている。彼はまたうなり板に稲妻のモチーフを描いた――これはうなり板は落雷であるということのもうひとつの表現である。ングンヤリはうなり板に関わるあらゆる規定（うなり板は女や子どもから遠ざけ、洞穴に隠されなければならない、など）を定めた。[44] アボリジニにうなり板の神秘を明かしながらさまよい歩いたのち、彼は梯子を使って天空へと昇った。今日でも彼の影を、天の河のワランガラの近くに見ることができる。[45]

　ングンヤリについては部族の老人がいまだに記憶しているものの、彼のうなり板とその祭祀はすでに過去に属している。それらは中央オーストラリアのチュリンガと似た形の別の種類のうなり板に取って代わられた。これらのうなり板は新たな祭祀クランガラに「属して」いる。これについてはあとでより詳しく述べよう[46]（三四三頁以下）。

　ほかにもさまざまな文化英雄がいる。バナルとクラングリもウナンバル族に知られているし、二羽の小さな夜の鳥であるウォドイとジュングンは、原初の時にことをなしたのちに天へと昇り、双子座のアルファ星とベータ星になった[47]。多くの神話的祖先もいる。そして、雨や精霊の子どもと結びつけられ、この部族の神話伝承のもっとも重要な形象と思われるのがカルラである[48]。

こうして見ると、ふたつの隣り合った部族の伝承がいかに多様となりうるかがわかる。また、いかにしてひとつの祭祀が私たちのほとんど眼の前で消滅し、より劇的で攻撃的なもの（クランガラ）によって置き換わりうるかも理解できる。この過程はオーストラリアの宗教の別の層を分析する際に、念頭に置かなければならない。とはいえ、さしあたっては別の特徴が注目に値する——その特徴はウナンバル族とウンガリニン族に典型的だが、彼らに限定されてはいない。ワランガラの構造と機能とがングンヤリや他の文化英雄においても反復されることは指摘したが、彼らは皆、部族文化、とりわけイニシエーション儀礼を伝えたと考えられている。ここではあたかもある種の神話的形象と宗教的機能が持続的に再現され、現在も実行されて効果を及ぼさなければならないかのように、特定の規範的モデルが何度も反復されているという印象を受ける。他の未開文化においても、同じ現象が見出される。

順次交代する複数の人物のあいだでひとつの超自然的存在の類型と機能が模造されるこの過程に関連して、多数の神話的人物を単一の神的形象へと再統合する逆向きの過程が注目される。ウンガリニン族は、夢の時の終わりにウォンジナが地中に入ってウングッドとなると信じている。このためウングッドという蛇は、無数のウォンジナの統一体であると同時に総体であると思われている[49]。ある観点からすれば、ひとつの神的原理の発出あるいは流出と、それに続くこれら多数の実体の再統合について語れるかもしれない。たとえこの過程が元来は関係のない複数の祭祀の混合の結果であったにせよ、アボリジニたちがそうした逆説的理論をうまく取り扱うことができたという事実は残る。ウングッドが無数の別々の個体の統一体でも総体でもあるという観念は、オーストラリア人のあいだでは異例のものではない。アランダ族が、彼らの神話的祖先が旅したあらゆる場所に、それらの祖先の身体を指し示すことはすでに指摘した。彼らは、「かつて祖先の超自然的力が見るからに漲っていた多くの風景のそれぞれに、祖先が同時に存在している」[50]と信じているのである。

ウォンジナと虹蛇

ウナンバル族とウンガリニン族の信仰の大半は、いくらかの変異を伴って北部キンバリーとアーネムランドの他の諸部族のあいだでも見出される。北部キンバリーの洞穴や岩窟住居の絵[51]は部族の神話を描くと同時に、夢の時との接触を再活性化する手段としても機能する。それぞれの絵がある場所はさまざまな種類の動物と、少なくともひとつの人間の姿をした存在、つまりウォンジナの図像を含んでいる。ウォンジナは天空、雨、虹蛇、精霊の子ども、豊饒性と関係づけられている。キャペルはそれを「(男性あるいは女性の)超人間的存在であり、その住まいは洞穴」で、「水と結びつけられた生命を与える力を所有」し、虹蛇に関係している、と記述している。虹蛇はのちの宗教的創造物であるとキャペルは考えているが[52]、これらすべての神話的形象の構造的連続性はまた、それらの名の語源によって証拠立てられてもいる。E・A・ヴォルムスは、ウォンジナ、ウングル、ウングッドという語が、オーストラリアやタスマニアで広く見られる「水」を表す語根 wan、wun、win と関連することを明らかにした。字義通りには、ウォンジナは「水の近く」を、ウングルとウングッドは「水に属する」ということを意味している[53]。

A・P・エルキンは、ウンガリニン族においてはウングッドの名が神話時代および虹蛇を指しているのを観察したが、それはまたウォンジナとも等価である[54]。「ウォンジナの絵はウングッドであるために、つまりウングッドによって、もしくはウングッドの時に制定されたために、力をもっている」[55]。ペトリによれば[56]、ウンガリニン族は、原初の時の登場人物に関する三つの名前もしくは概念をもっている。それらはウングル、ウングッド、そしてウォンジナである。アボリジニはウングルとウングッドはウォンジナに似ていると考えている。だが彼らはウォンジナ「よりも偉い」。おそらくウングルという語は、虹蛇ウングッドが創造を行なった原初の時を指している。ウォンジナは、ウングッドから生まれて、ウングッドの場所で創造を続けた英雄、立法者なのである[57]。

ウングッドは、呪医を除くあらゆる人間にとって不可視である。バン・マン（「ウングッドの医者」）はウングッドが見えるだけでなく、ウングッドと語りもする。ウングッドは呪医に呪力を授けるが、その力はキンバ、すなわち水晶に象徴されている。水晶は天上的な起源をもっていると信じられている。事実、水の主および保護者であるウングッドは、虹蛇であるとともに、天空まで伸びているのである。ある観点から見れば、ウングッドは逆説的な統一のうちに反対物をまとめ、両極を結びつける試みを神話的に表現していると言えるかもしれない。

虹蛇[58]は、オーストラリアの多くの場所で重要な神話上の形象であり、水晶の姿で呪力を呪医に授けるといたるところで考えられている、ということを付言しよう。ウングッドは地下の水と地と天とに同時に属するのであり、そのため創造、雨、豊饒性や呪医の超自然的な力はひとつの同じ源泉、すなわち宇宙的構造をもった原初の最高存在にさかのぼるようである。虹蛇ははじめから《アブ・イニティオ》、世界がまさに始まるときに現われる。ウォンジナは創造を完成させたが、呪医の力が虹蛇から生じるのと同じように、ウォンジナの力は虹蛇に由来している。ここには範例的な原初の形象がある。虹蛇は、メソポタミアのティアマトや、オリエントの宇宙創成論における他の蛇型の存在と比較対照できる。だがそうした比較は、部分的にのみ妥当であるにすぎない。というのも虹蛇ウングッドは、マルドゥクによってティアマトが征服されたように、若い神により征服されたり置き換えられたりすることは、けっしてなかったからである。ウンガリニン族にとって、ウングッドとウォンジナ、そして今日まで彼らの世界を存続させてきた個々人とのあいだには完璧な連続性が存在する。さらに呪医は、虹蛇と直接的で個人的な関係を維持し続けているのである。

夢の時の創造力を反復する

ウングッドとウォンジナの宗教的現実性は、とりわけ雨と豊饒の源泉としての彼らの力によって証拠づけられる。北部キンバリーでは、岩絵が正当なトーテム氏族の男によって触れられるならば、雨が降り、精霊の子どもが肉体に宿ることが可能となる。同様に、動植物の図像の描き直しは、対応する種を増殖させると言われている。「北部キンバリーの一部において精霊の子どもを発見した男は、虹蛇が子どもの供給を維持することができるようにするために、絵が描いてある場所に行って虹蛇の絵に触れ、精霊の子どもの図像を描くことまでしなければならない」[59]。

これら精霊の子どもは、先在している。つまり、生まれるまでのあいだ、彼らは特定の居場所に逗留しているのである。「先在する精霊の大部分は、英雄の活動の結果として、はるか昔の夢の時に生まれた。しかしながらその精霊がその時々に作られる、あるいは過去だけではなく現在も活動を続けている創造的英雄により生み出されるとしている信仰もある」[60]。ペトリはウンガリニン族のもとで、精霊の子どもが夢のなかで父によって見出される、という信仰だけを発見した。そこでは男女の同棲は単なる愉しみのためであるとしか捉えられていなかった[61]。同様の観念は、ウンガリニン族の近隣の多くの部族のもとでも確認されている[62]。そして、よく知られているように、中央オーストラリア全体で生殖は性交と直接的に結びつけられてはいないのである[63]。

岩に描かれた像を彩色しなおすことによる動植物種の「増殖」は呪術的な行為ではなく、宗教的な行為である[64]。人々は自身と生命の源泉との接触を再活性化している。こうして夢の時の創造の力がふたたび地上で反復されるのである。同じ原理が、スペンサーとギレンによってきわめて豊かに記述された中央オーストラリアの「増殖儀礼」（インティチュマ、より一般的なアランダ族の言葉ではムバンビウマ）を特徴づけている。そうした祭儀は部族の神話的歴史に結びつけられた場所で、すなわちトーテム的英雄が初めて儀礼を執り行なった場所で遂行される。それぞれの演者は神話的祖先を表現する。実際、彼はその祖先にふたたび肉体を与えるのである。それぞれの祭儀はほんの数分しか続かず、その間に観衆は再演している箇所の神話的エピソードを物語る歌を唄う。それぞれの儀礼の結びには、老人たちが儀礼と諸々の装飾やシンボルの意味を新たに加入した若者たちに説明する[65]。ストレロウが述べるように、老人たちの合唱団は、「彼らが立ち会っている祭儀で、劇に仕立てられている祖先の生活の始源的情景を記念する伝統歌の数節を唄う[66]」。

ピディントンが示すところでは、カラジェリ族における増殖儀礼は、種の精霊が豊富に残存しているブガリ(「夢」)の時に創設された特定の中心で催される。時に儀礼の執行者は、共同体の神話的起源と関係している歌を唄う[67]。

このように自然種の増殖は、夢の時の英雄との接触の再活性化を通じて引き起こされ、そうした再活性化は、岩絵(ウォンジナ)の復元や起源の創造行為の再演、もしくはこの挿話が語られている神話の朗詠によって引き起こされるのである。

第三章　イニシエーション儀礼と秘儀祭祀

成年式

オーストラリア人の宗教活動はすべて、結局、超自然的存在との接触を再び作り上げ、「夢見」の聖なる時に浸るための、多様だが同型の方法と考えることができる。すべての宗教行為――儀礼、神話の朗詠、秘密の歌、聖なる道具の製作など――は、始源において起こった出来事の反復、要するに、超自然的存在が部族に啓示した模範の模倣でしかない。また、すべての個人はその根本においては「精霊的」な存在である。個々人のもっとも深奥の自己は、彼が周期的にふたたび接触しようとする聖なる世界の一部である。しかし、自分自身の本当のアイデンティティは当人には知られていないので、イニシエーション儀礼を通して開示されなければならない。このためイニシエーションは、オーストラリアの若者をその元来の精霊的な存在様式に復帰させるものだと言えるだろう。W・ロイド・ウォーナーがムルンギン族の各男性に関して述べているように、「生まれる前の人間存在は純粋に精霊的である。人生の早い時期に社会的に女の同類とされたときに、完全に俗的つまり非精霊的になるが、個人が歳を重ねて死に近づくにつれて、儀礼を通して段階的にますます聖化されていき、そして死に臨んでは、もう一度完全に精霊的で聖なるものとなる[1]」。

オーストラリアのイニシエーション儀礼は、新加入者を聖なる世界へ段階的に導き入れる[2]。すなわち、新加入者はまず母の庇護と導きの下にいた子ども時代の俗なる世界から引き離されて、そして次に聖なる歴史が開示され、最終的にはそれが自身の精霊としてのアイデンティティを理解させることになる。

　男たちが秘儀を執り行なう「聖なる場」は、儀礼に先立って準備される。聖なる場は部族ごとの伝統に従ってさまざまな仕方で整えられるが、のちにそこで舞踏や歌唱や黙劇によって順次再演される神話的出来事につねに関連している。いくつかの事例では、始源にそうであったような状態、つまり超自然的存在の顕現によって聖化されていた時の世界の姿を、聖なる場が表わしている。たとえば、R・M・マシューズによれば、かつてカミラロイ族は円形に囲われたふたつの領域を作成していた。大きい方の円は直径約七十フィート〔約二十メートル〕で、その中央には、「先端にエミューの羽毛の束が結びつけられた」高さ三ヤード〔約二・七メートル〕の柱が立てられた。小さい方の円には、二本の若い木が根を地上に出した状態で地面に固定されていて、ふたつの円は一本の道で繋がれていた。「この道の両側に、多数の形象が地面に描かれるか、あるいは粘土で作られる。そのうち最大のものは、高さ十五フィート〔約四・五メートル〕の至高存在バイアメの形象である。一対の男女は神話的祖先を表わし、十二体の人型の形象はバイアメの最初の野営地に彼とともにいた若者たちを象徴している。他の形象は動物や巣を表わしている」[3]。新加入者はこれらの像を見ることを許されておらず、像は祭儀の終わりに壊されることになっている。

　マシューズによれば、「ボーラが催される場は、バイアメの最初の野営地、そこに彼とともにいた人々、バイアメが彼らに与えた贈り物を表現している」[4]。つまり、祭儀の参加者はイニシエーション（ボーラ）が初めて催された神話の時代を追体験するのである。バイアメが地上に現われて、今でも行われている秘儀を創設した聖なる時を、彼らは再統合する。要するにこれは、バイアメの顕現と創造の業《わざ》の再現、したがって世界の再生である。なぜなら、世界はその範型、つまりバイアメの最初の野営地を再び作り出すことによって更新されるからである[5]。以下で見るように、これはオーストラリアのすべてのイニシエーション儀礼に当てはまる。儀礼では無数の黙劇が、それに関連する歌とともに、普段の野営地から離れたそうした聖なる場で披露される。それらのほとんどは、新加入者には理解できない。しかし部族の聖なる歴史のもっとも重要なエピソードの再現は、聖なる世界との接触を更新することになる。イニシエーション儀礼は、新加入者の神秘的な変成にとって重要であるのと同様に、共同体の精神生活にとっても重要なのである。

母との別離は、多かれ少なかれ劇的な形でなされる。クルナイ族のもとで見出される儀礼は劇的な要素はわずかだが、そこでは実際、イニシエーション儀礼全体がきわめて簡素なのである。「母親たちが新加入者のうしろに座る。男たちがこのふたつの集団のあいだに一列になって入って来て、母親と新加入者を分離する。教導者たちが新加入者を何回か胴上げして、新加入者は腕を空に向かってできるかぎり伸ばす……。次に新加入者は聖なる囲いのなかに導かれ、そこで仰向けに横たわり、両腕を胸の前で十字に組むと、敷物で覆われる。それ以降彼らは何も見ず何も聞かない。単調な歌のあと、彼らは眠りに落ちる。のちに女たちはその場を去る」[6]。また、他の部族においては、特に大陸の中央および北部では、女たちがただ泣いたり嘆いたりするだけでなく、少なくとも象徴的に抵抗しようと試みる。いくつかの場所では、少年を連れ去ろうと近づいてくる男たちに対して、女たちは槍を用いさえする[7]。

少年がイニシエーションを始める年齢は、六—八歳のものから十二—十四歳までと、種々異なる。祭儀の期間もさまざまで、数ヶ月から二—三年のものまである。そしてもっとも重要な相違点は、新加入者に施される身体加工の類型にある。このように多様ではあるが、オーストラリアの人生儀礼は一つのパターンに帰着する。一般的に言って、一連の成年式はどれも以下の要素を含んでいる。（a）離れた所に特設された野営地もしくは叢林への新加入者の隔離、（b）先導者から受ける教育、（c）特定の身体加工、（d）儀礼用具の開示と何らかの秘儀への新加入者の受け容れ、（e）最後に行なわれる洗浄、すなわち聖なる世界のあらゆる痕跡の洗い落としと日常生活への祭儀的回帰[8]。

やがて見るように、イニシエーションに関わる儀礼や行動の多くは、死と復活（もしくは死と再生）のシンボリズムに満ちている。実際、新加入者は責任なき無垢のなかにあった子ども時代の俗なる世界、無知の世界に背を向けて、自らを精霊的存在として再生させる準備をする。[9] すでにイニシエーションを受けた男たちのみならず、母親や部族の他の女たちも、この儀礼的死を文字通りに理解する。母親たちは、少年が怪しげで敵意ある超自然的存在に殺されるか呑み込まれることになると確信している。しかしまた、少年がふたたび生き返るだろうことも、ただし、イニシエーション以前にそうであったように、自分の子どもとして生き返るのではないことも知っている。そのため彼女たちは新加入者のことを、死者に対してするように嘆き悲しむのである。[10] 新加入者に関して言えば、隔離期間の試練と指導、特にさまざまな身体加工は、彼らの儀礼的死を繰り返し強調している。たとえば新加入者が小枝や敷物で覆われることもあるし、また、言葉を話すことが許されず、ただ音や身振りしか用いないこともある。彼らは「ある場合には、何もできない者であるかのように運ばれる。ある部族では、槍を互いに交叉させて二列に並んでいる男たちが作る頂角のところに新加入者が寝かされて、二列の男たちが動き回り、女たちが泣くあいだ、彼はそこで槍で殺されたかのように横になっていなければならない[11]」。

もっとも簡素な儀礼の施術——門歯を一本叩き折ること——でさえ超自然的存在の手による新加入者の死を象徴している。施術のあいだにはうなり板が鳴り響き、超自然的存在の顕現が示される。ウィラジュリ族の新加入者には、今からダラムルンが彼らを焼き殺しに来ると告げられる。しかし歯を引き抜いたあと、教導者はうなり板を指さして言う、「これがダラムルンだ！」新加入者はうなり板に触り、廻して鳴らすことを許され、さらに、彼らにはイニシエーションの起源神話が伝えられる。（ダラムルンは、イニシエーションのあいだに少年たちを殺し、ばらばらにして焼き、再び生き返らせて「新たな存在としたが、歯を一本抜いておいた」と自慢する[12]）。

象徴的な死

割礼は、おそらくもっとも重要なオーストラリアのイニシエーション儀礼であり、典型的な儀礼的殺害である[13]。施術の執行者は超自然的存在、より正確には悪魔的存在を具現あるいは表現している。いくつかの部族においては、施術の前にうなり板が回し鳴らされ、施術の直後に新加入者に呈示される[14]。その意味は明らかである。すなわち割礼は、うなり板の音のなかにその「声」が聞こえる超自然的存在の代理人によって実施されるのである。ただし超自然的存在の「声」の実際の源泉についても新加入者に教えられる。他の事例では、新加入者の殺害は巨大な怪物的存在——通例では蛇——による呑み込みとして表現されている。けれどもイニシエーション儀礼が新たな祭祀へと統合されるときには、割礼の意味が変わることもある。そのため西アーネムランドでは、今日の新加入者は「始源にジャンガウル姉妹が生んだ者と同一視される。包皮を切除されたばかりの少年は、その母、ここではジャンガウルから出てきたところだと言われる[15]」。

割礼ほど重要ではないが、他の施術として、割礼を行なわない部族に多く見られる儀礼である身体や顔の脱毛[16]、そして、エルキンが「死」という意味を読み取った瘢痕形成もある[17]。多くの部族では、新加入者は割礼の少しあとに第二の施術である下部切開を受ける。二つの施術の間隔は異なり、アランダ族の五—六週間からカラジェリ族の二—三年まである。下部切開の元来の宗教的意味は、いまだにやや不明瞭である[18]。いくつかの事例では両性具有の観念が特に強調されていて、たとえば北西中央クイーンズランドのピッタ・ピッタ族やボウビア族においては、下部切開の傷を陰門に似せる[19]。とはいえ、施術の主要な目的は宗教祭儀で用いる新鮮な血を得ることにあると思われる。この事例でさえ元来のモデルは月経だったということもありうる。実際、「女性の神秘」を模倣することでふたつの目的が達成される。女性が月経によって「悪い血」を取り除くのと同じように、新加入者は下部切開の裂傷によって母親の血を排出することができる。[20] そして第二に、裂傷は祭儀に必要とされる血を充分に供給する。というのも、オーストラリアのいたるところで、イニシエーション期間のある時期に血の儀式が執り行なわれるからである。

それは、新たにイニシエーションを受ける者に年長者の腕の血を塗って清めるか、あるいは血を飲むために与えることからなる。年長者たちも自分自身に、もしくは相互に血を塗って清め、そして血を飲む。この血は聖なるものである。それを指す聖なる名があり、通常は何らかの神話的英雄の行為に関連している。この血は生命、力、勇気を与え、そうして志願者をこれからなされる啓示にふさわしい者とする。同時にそれは年長者の血を飲んだ志願者をその年長者に結びつける。そしてそればかりでなく、その血はさらに志願者をイニシエーションの英雄たちにも結びつけるのである。というのも、そうした状況下で採られた血は英雄や祖先の生命なので、それを飲むことは新加入者を神話的世界へと連れて行くからである。この血が抜き採られるあいだは特別な歌が唄われなければならず、この歌が血を変化させ――言うなれば聖別して――、秘蹟の効力を与えるのである。[21]

ロナルドとキャサリンのバーント夫妻の考えでは、新加入者に血を塗って清めることは、その儀礼的死を改めて強調している（*The World of the First Australians*, p.141）。いくつかの事例では、赤土が血の代わりになっている。

もっとも重要な締めくくりの儀礼は、火の祭儀と洗浄である。火の祭儀は世界中に広まっていて、エルキンによれば、新加入者にもっとも深い印象を残すらしい。新加入者は火の近くで「焙られ」たり、目がくらむまで火を凝視したり、燃える炭を投げつけられたり、濃い煙を上げる炎へ投げ落とされたりする。[22] こうした火の祭儀はイニシエーションと浄化という二つの機能をもっている。一方で、儀礼的「焙り」は新加入者の一種の神秘的な変質を果たすと想定されている。そのような変質の範型は、数多くのアルカイックな伝統的文化でシャーマンや呪医に見てとれる「火の統御」である。[23] ある観点から見れば、火の祭儀はきわめて具体的かつ劇的な仕方でイニシエーションの結果を表わしていると言えるだろう。つまり、新加入者は精霊への変化を示すのである。いまや「自然状態」（火への恐れ、燃える炭と接触したものの必然的な燃焼など）に「精霊的」存在様式が取って代わるのである。

さらに火の祭儀は、通例では一連のイニシエーションの最後の儀礼であることを、エルキンは指摘している（*The Australian Aborigines*, p. 185）。火の祭儀で浄化されることによって、新たにイニシエーションを受けた者は俗なる世界に安全に戻ることができる。洗浄も目的は同じで、イニシエーションを受けていない者と接触する前に、聖なる世界のあらゆる痕跡（装飾に用いられた血など）を消し去ることにある。「帰還のための準備は女たちによってなされ、祭儀として執り行なわれる。新たにイニシエーションを受けた者は、死者から蘇った者として歓迎される」（*ibid.*）。

にもかかわらず、イニシエーションの本質的要素は身体加工のなかには見出されない。[24] 本質的要素はむしろ、普段の野営地から離れて暮らすあいだの新加入者の体験と教育である。叢林への隔離それ自体が儀礼としての死の体験を構成している。新加入者は子ども時代の俗なる世界に頓着しなくなっていく。彼はだんだんと部族の聖なる歴史へと導き入れられ、黙劇と祭儀の舞踏に立ち会うことを少なくとも部分的には許されるのである。あたかも、以前の状態を「死ぬ」ことなしには、人間の存在様式のいかなる本当の変化も達成されえないかのようである。「自然的」存在様式から「精霊的」存在様式への移行は、儀礼における死とそれに続く復活ないし新生を通してしか起こりえない。死はひとつの存在様式の終焉の範例的な表現である。明らかに、これはオーストラリアの宗教のみに見られる特殊性ではない。象徴的な死と復活としてのイニシエーションは、宗教史において広く知られている。しかしオーストラリア的形態に特徴的と思われるのは、宗教生活の全体が人生儀礼での体験と啓示に基礎をもつということ、そして周期的になされる一連の典礼の多くが通例そうしたイニシエーションの機会に執り行なわれるということである。

イニシエーションと想起

しかし儀礼的死は、部族の聖なる歴史に新加入者を導入させるための前提条件でしかない。神話と儀礼を学ぶなかで、新加入者はまた、その聖なる歴史の登場人物との個人的関係、そしてその登場人物に対する責任をも学ぶ。それは人間存在のあらゆる水準と次元に関係する非常に複雑なタイプの「学習」である。バーント夫妻が述べるように、

イニシエーションには人生の訓練が伴うが、それは特殊な人生への訓練である。彼らが学ぶのは、その土地の諸物の体系のなかにおける彼ら自身の位置、すなわち、人間たちの関係、自然環境と人間の関係、神々と人間の関係、である。こうしたことの基本原理はすでに学んでいると想定されているので、実修によって仕上げるだけでよい。イニシエーション儀礼を通じて伝承されるこの種の知識は、過去から相続され蓄積されてきた知識の貯蔵庫であり——確かに、その時々の状況に合わせて再解釈されてはいるが——、可能なかぎり過去の原型のうちに保たれながら伝えられてきた。[25]

もちろん「過去」は、部族の聖なる歴史、すなわち神話的時代の「夢見」に関連しているため、宗教的に非常に価値が高い。イニシエーションを通じて新加入者は、通常の知的操作では捉えられないため年長者によって啓

示され説明されなければならない隠れた意味が世界にあることを発見する。それは単に、世界、生、人間存在の意味は結局、「自然の」過程ではなく、一連の神話的出来事――要するに聖なる歴史――の結果であるという理由のためである。そして、イニシエーションのもっとも感動的な体験のひとつは、部族の聖なる歴史との個人的関係を新加入者が完全に意識するようになったときに起こる。すでに指摘したように[26]、ある点から見れば、イニシエーションは想起に等しい。イニシエーション以前に暮らしていた「自然な」直接的世界においてではなく、始源の神話的時代に初めて輝かしく出現し、その後もけっして完全には消え去ることのなかった「精霊的」宇宙において、新加入者は自分の本当のアイデンティティを発見し引き受けるのである。

このことはアランダ族のもとで特に明白である。T・G・H・ストレロウによれば、予備的な儀式（新加入者の分離、割礼、下部切開）ののち、試練の期間の最後に、新たにイニシエーションを受けた者を個人のチュルンガの所有者とする決定を年長者たちが下す[27]。新加入者は聖物の貯蔵庫に連れて行かれる。彼の父や父の兄弟がその聖地のさまざまな自然物の意味を説明する。「洞穴がある領土のトーテム氏族に属する男たちの一団が、その若者に同行する。祭儀場へと近づくためには、ひとつの正しい経路、唯一の経路しかない。それは古の貯蔵庫のそれぞれに対して、伝承によって厳密に定められている[28]」。山脈地帯ではチュルンガは洞穴に保管されている。聖地北方のアランダ族の領域では、それらは通例マルガの木の枝々のあいだに建てられた台に配置されている。聖地に近づくと、男たちは武器を下ろして、囁き声で話すかあるいは身振りを用い始める。最後に彼らはマルガの木のそばに座り、その間に指導者が台へ登ってチュルンガの束を持って降りてくる。彼はその束を男たちに配るのだが、それぞれのチュルンガが手渡される際には、それに「属する」詩の一節が唄われる。各人はチュルンガを自分の身体に押し当てる。チュルンガが新加入者に手渡されるとき、年長者はそのしるしと模様、そして歌によって描き出された神話的出来事を説明する。最終的にチュルンガは束ねて安置台に戻される。

一団は、数ヤード離れた粘土の窪地にあるふたつの石の集まる場所へ戻る。老年の指導者がひとつの石の山の頂上から粗い石を持ち上げて、その下にある赤土で塗られた丸く滑らかな石を提示する。次に、新加入者の若者の父が息子の手をとってそこへ連れて行き、滑らかで丸い石を息子の手に置く。その場にいる他の老人たちの許可を得てから、父は息子に語る、「これがお前自身の身体だ。お前はここからふたたび生まれたのだ。これはイルバリンチャの貯蔵庫の首長、偉大なるチェンテラマの真の身体だ。彼を覆う石は、イルバリンチャの泉にかつて生きていたバンディクート人の身体である。お前は偉大なるチェンテラマ自身である。お前は今日初めてこの真実を学んでいるのだ。今からお前はイルバリンチャの首長だ。その聖なるチュルンガは、すべてお前の管理下に委ねられる。このチュルンガを護れ、お前の父たちの家を守れ、お前の民の伝統を敬え。お前に語るべきことはまだたくさんある。もっと多くの詩句、より偉大でより秘められた祭儀が、お前には仲間の誰よりもよく知らされるだろう。それらはすべてお前自身が受け継ぐものだ。われらはお前に代わってそれらを預かっていたにすぎない。いまやわれらは老いている。それらをお前に譲ろう、お前は真の首長の化身なのだから。お前が年老いて弱くなるまでそれらを秘密にしておけ。そしてそのとき、もしバンディクート・トーテムの若者が誰も生きていなかったら、別の首長が生まれるまでは、われらの氏族出身で試練を耐え抜いた他の男たちに、父祖たちの伝統を生かし続けることのできる者たちにそれらを譲るのだ[29]」。

新加入者は父と老人にチェンテラマの名を含む歌を教わる。この名は、それ以降彼の真の名となるのだが、女や子どもや異邦人の前で口にしてはならない。小さな石に油と赤土が塗られ、穴に戻されて、以前のように他の石の下に隠される。日が暮れると一団は家へ帰って、イルバリンチャの首長の新たな任命を祝して聖なる祭儀を催す。首長が生きているあいだは、彼の臨席と許可がなければ、その祭儀をもう一度執り行なうことは誰にも許されない[30]。

時には、新加入者を聖地に連れて行かないこともある。ふたりかそれ以上の老人がチュルンガを持ってきて、父がそれを息子に示す。「若者よ、これを見ろ。これがお前自身の身体だ。これがチルパの祖先だ。以前の生においてさまよっていた時のお前である。お前はその時、近くの聖なる洞穴で休息するために横になった。これはお前自身のチュルンガだ。近くに来て、よく見よ[31]」。

新加入者は二十五歳で自分のチュルンガを受け取る。三十五歳から四十歳になるまでに、彼はあらゆる歌と儀礼の秘密を知る[32]。最初のイニシエーションで、新加入者にすべての秘密が教えられるわけではないのである。「彼は一生涯を通して聖なる儀礼や神話などについて学び続ける。最後の啓示が彼になされる頃には、中年ないし年配になっているかもしれない。イニシエーションは、共同体の男たちの内密の、聖なる、秘教的な生への扉を開けるにすぎない。実際の過程は、一連の階梯として長期にわたって続いていくだろう。たとえば、ある物を見ることはできてもまだ扱うことはできなかったり、ある儀礼に立ち会うことはできても参加はできなかったりする[33]」。

アーネムランドの秘儀祭祀

イニシエーションが漸進的に実施されることが、オーストラリアの宗教の大多数の特徴である。その結果、男性の「秘密結社」といった現象は明確に表現されてはいないが、イニシエーションを受けた者にはいくつかの階級がある。オーストラリアでは、定められた期間内に、各々の新加入者が受け取る資格のあるすべての知識を獲得することを、漸進的なイニシエーションが保証している。しかし若者を部族の秘められた伝統に段階的に導き入れるのは、主として、共同体全体がその宗教的平衡をとるために始源の聖なる時の回復を周期的に必要とするからである。

若者のイニシエーションと併せて、聖なる歴史の再演によって生命の更新を達成しようとする秘密祭儀の典型的事例の多くは、アーネムランドに見出される。そうした祭儀においては豊饒の太母や神話的蛇の密儀が執り行なわれる。このような秘儀祭祀はオーストラリア民族学において比較的近年になって発見された。最初の重要なフィールドワークはウォーナーによって一九二七—二九年に行なわれ、その二十年後にはロナルド・バーントが調査を行なった。[34] この祭祀はこの四、五十年間にかなり急速に広まり、そのなかには相互に影響を与えあい、融合したものもあった。このため現在私たちが手にするのは多くの場合、豊饒の秘儀祭祀の習合形態であるが、その本来の形態も依然として認識できる。もっとも広範囲に普及した祭祀のなかには、ワワラク（あるいはワワラグ、ワギラク、ワウィラク）姉妹と、（バーントの説では）女性かつ男性の、あるいは（ウォーナーの説では）両性具有のニシキヘビ、ユルングルとに関する諸儀礼がある。それらの神話は三つの儀礼複合体の基礎となっている。第一の儀礼ジュンガウォン（あるいはジュングアン）は人生儀礼、第二の儀礼グナビビ（ウォーナーの説）あるいはクナピピ（バーントの説）は主として豊饒の秘儀祭祀で、第三の儀礼——バーント夫妻の意見では「三つのうちで最重要の」——ングルマクは本来「その性質上、啓示的なもの[35]」である。

実際には、これらの儀礼群のそれぞれは、個々の儀礼において幾人かの若者が祭祀の特定の秘密に初めて導き入れられるという意味では、ひとつのイニシエーション儀礼になっている。これらに特徴的なのは、アーネムランドの他の秘教的な密儀すべてと同じく、女性の原初存在が果たす支配的役割と、性と豊饒にかかわる儀礼と象徴の重要性である。やがて見るように、これらの神話や儀礼が繰り返し指示しているのは、月経や後産の血液、精液、交接、生殖力、出生の宗教的価値である。中央および南東オーストラリアの類型と比べると、明らかに近年のものであるこの革新の意味についてはのちに取り組むことになるだろう。

三つの儀礼群のそれぞれはひとつの基礎となる神話の特定の部分を説明しているが、中心的な神話上の主題が三つの祭儀すべての根底にある程度は見出せる。主な登場人物はふたりのワギラク姉妹と一匹の神話的蛇である。それらの冒険は、祭儀のあいだに聖地で唄われる一連の歌によって物語られる[36]。姉妹がどのように南方から北部アーネムランドに来たのかを神話は語っている。出発前に、姉は氏族のメンバーと近親相姦の関係をもっていたので、旅のあいだ妊娠していた。彼女は「子連れ」と呼ばれ、妹の方は「子なし」と呼ばれる（Berndt, *Kunapipi*, p.20）。姉妹は歩いている途中で夕食用に動物を捕まえ、この動物はのちに聖なるものとなり、祭儀で役割を果たすことになるだろうと宣言した。それからしばらく休憩すると、姉は女の子を生んだ。この母が旅立てるようになったとき、彼女たちは聖なる泉ムルウルに向かった。そこで火をおこし、調理をしようとしたのだが、動物たちは火から跳び出して泉へと入っていった。袋のなかの植物も逃げて行ってしまった。動物も植物も、姉が後産の血のために不浄となっているから、ユルングル（あるいはジュルングル）を含む蛇たちが住む泉の近くに行くべきではないと知っていたのである。実際に、血の香りに誘われたユルングルは頭を泉から出して水を吹き出した。姉妹は雲を見ると、雨を避けるために小屋を建てた。明くる日の夜、ユルングルは稲妻を送り、泉から出てきてその小屋に向かって這っていった。妹は舞踏によってユルングルを遠ざけておこうと試みた。彼女の舞踏はクナピピの祭儀で再演されている。最終的に姉妹は小屋のなかへと逃げ込んだが、ユルングルは彼女たちを追っていって姉妹とその子どもを呑み込んでしまった。それからユルングルはムルウルの泉に戻ると、そこで夫に会って、自分がワギラク姉妹を呑み込んだことを他の蛇たちに自慢した。蛇たちの喧しい不吉な物音は祭儀のあいだにうなり板を回して模倣される。

この神話の最後の部分には種々のヴァージョンがある。そのひとつは以下のようなものである。「彼女たちを呑み込んだあと、雌のジュルングルはムルウルに戻った。そこでワギラク姉妹と子どもを吐き出すと、彼女たちは蟻に嚙まれて生き返るが、最終的にはふたたび呑み込まれてしまう。ワギラク姉妹の精霊は今でも聖なる泉にいる。『われわれは姉妹を見ることができないが、向こうにはわれわれが見えている。彼女たちは今ではジュルングルに属しているためである』。人間がこの場所に来るのを姉妹が見るとき、ジュルングルは精霊の姿となった彼女たちをふたたび呑み込む[37]」。

私たちは、それに基づく儀礼を記述する際に、この神話のもっとも重要なエピソードにふたたび戻ってくるだろう。また蛇の宗教的構造についても、ワギラクの主題だけでなくオーストラリアの他の神話・儀礼体系も考慮に入れた上で論じるつもりである。さしあたり、ユルングルの複合的なシンボリズムについて指摘しておこう。第一に、この蛇は性別がはっきりしていない。ウォーナーは蛇は一匹だけで、雄だと断言している[38]。これに対して、ロナルド・バーントは雄と雌の二匹の蛇がいると考えている。バーントは、ユルングルが小屋に入っていくのは「ペニスがヴァギナに入っていくようなもの[39]」だという原住民の解釈を引用している。他方で、呑み込むという行為は女性的なシンボリズムを有していると思われる。姉妹を呑み込んだあとで、ユルングルは妊娠するからである。こうした異説と表面上の矛盾は、ほぼ確実に、蛇の元来の両性性を指し示している。そして、両性性は、きわめて印象的ではあるが、「神的全体性」（観念としては反対の一致《コインキデンティア・オポジトルム》）の表現のひとつにすぎないことがわかるだろう。

ジュンガウォン

第一の儀礼群、人生儀礼ジュンガウォンは、聖なるラッパ（ユルングルと呼ばれる）による招集で始まる。新加入者は父や他の男たちに、「偉大な父たる蛇はお前の包皮の臭いを嗅ぎつける。彼はそれを求めているのだ」（Warner, *A Black Civilization*, p.251）と告げられる。一連の予備段階（親類や氏族のもとを訪れて、これから行なわれる祭儀へ招くための少年たちの旅）ののち、新加入者は飾りつけられ色を塗られて聖地に連れていかれる。聖なる柱の周りで一連の舞踏があり、「ア・ワ！ ア・ワ！」という雨音を表わす歌がそれに伴う。「彼らがそうするのは、あのふたりの古の女が雨を止めようとしたときにそのようにしたからである」(p.256)。たいていは年長の女が踊り泣き叫ぶのだが、原住民の解釈では彼女たちはワギラク姉妹と「まったく同じ」である。そのあとで、年長の男たちがユルングルとその泉について唄い、楽器のユルングルが割礼を受けていない新加入者に向けて吹き鳴らされる。この儀礼についての原住民の解釈は、「ユルングルが女や子どもたちのいる野営地へとまっすぐ這っていって、彼女たちを呑み込んだ[40]」(p.261)というものである。

他の歌が唄われ、黙劇が演じられて、神話のさまざまな出来事(ユルングルの動き、稲妻、黒い雨雲など)が示されるあいだに、男たちは自分の腕に傷をつけて血をカユプテの器に集める。踊り手は、ワギラク姉妹の経血とされているこの犠牲の血を自身に塗る。祭儀のあいだにウォーナーは次のように教えられた。

われらがこの男たちの全身につける血は、かの古の女のヴァギナから出る血とまったく同じだ。それは歌によって強力にされたので、もはやその男たちの血ではない。男の腕の穴はもはやただの穴ではない。そこから出てくる血をたたえた、かの古の女のヴァギナとまったく同じだ。これは、かの蛇がミリルミナの泉でその臭いを嗅ぎつけた血である。……男が血を身につける(祭儀において血で装飾される)とき、彼は血を得た時のかのふたりの古の女とまったく同じだ。すべての動物が逃げていったので、彼女たちはそれを調理できなかった(p.268)。

その翌日は祭儀の頂点である。踊り手には人間の血が塗られる。割礼を受けることになっている少年にも模様が描かれるが、「血は割礼前の少年には呪術的にあまりにも強力なのでけっして用いられない」(p.272)。新加入者に動物の舞踏が見せられ、年長の男たちがその意味を説く。また聖なるラッパのユルングルも見せられる。「新加入者はそれぞれこのラッパを試しに吹いてみるよう求められる。次に老人たちが新加入者全員に対して、『父と母を敬え』『絶対に嘘はつくな』『自分のものでない女を追いまわすな』『女や身分の低い男や割礼前の少年に男の秘密を漏らすな』と、つまるところ、部族の規定に従って生きるようにと命じる」(p.274)。そしてついに若者に割礼が施される。「卑猥な言葉を用いてはならない。絶対に嘘はつくな。姦通をするな」などと教えられるあいだ、彼らの傷は火で蒸される(p.278)。最終的に祭儀用のラッパは夜にトーテムの泉のぬかるみに埋められる。女たちがこの場所に近づいたときに、それを見ることがないようにするためである(p.281)。

ジュンガウォンの主な目的は若者の割礼だが、すでにイニシエーションを受けた成人だけに制限された数多くの儀礼もこの祭儀には含まれている。言い換えれば、聖なる歴史の特定のエピソードの式典に人生儀礼が統合されているのである。以前に割礼を施された若者だけがクナピピの秘儀祭祀へのイニシエーションを受けることができる。その理由は明らかだろう。この祭祀の主な目的は宇宙的な豊饒なのだから。

クナピピとングルマク

クナピピ儀礼は、ふつう食料が豊富なとき、すなわち以前に行なった祭儀で実りを得ている状態の乾期に催される。一連の儀礼は、およそ二週間から数ヶ月の間継続される。近隣の集団のメンバーたちに知らせるために伝令が送り出される。儀礼の地が叢林のなかに準備され、うなり板が製作されて、血を塗って清められる。「しばらくして、第一の儀礼が普段の野営地で催される。女たちが踊るあいだに、男たちはワギラクとクナピピの歌の『外での』版、つまり野営地版を唄う。聖なるものではないガーマ、すなわち氏族の歌も唄われる。これが数週間続く」[41]。最終的に、ある日の夕暮れにうなり板が廻され、ユルングルの声が聞こえる。クナピピの指導者とすべての女性は、ユルングルが近づいてきたときにワギラク姉妹が泣き叫んだように、応えて大声で叫ぶ。赤色オーカーを塗った若い少年たちは、その蛇と会うために聖地へと連れて行かれる。実は、彼らはユルングルへの捧げものであり、蛇は彼らを呑み込むのである。こうしてなだめられたユルングルは、ムルウルの泉を象徴する聖地に戻る[42]。女たちは、イニシエーションを受ける者が死んでしまったかのように嘆き悲しむ[43]。聖地では、歌と踊りが夜通し続けられる。その踊りは、ワギラク姉妹が火にかけようとしたものの、ユルングルの泉へと逃れてしまった動物を記念するものである。

舞踏や黙劇、歌謡は、大きな半月形の壕（ガナラ）――子宮を象徴する――が掘られるまでの数週間続く。新加入者たちはある時点でガナラのなかに入れられ、樹皮で蓋がされる。ふたつの大きなジェルマランジの紋章がガナラのそばに立てられ、樹皮の覆いが取り除かれると、少年たちはユルングルが聖なる泉から現われるのを見るように言われる。さらに踊ったあとで、ユルングルによって送りこまれた稲妻を表わす燃える枝が加入者たちのうずくまるガナラに投げ込まれる。踊り手たちはワギラク姉妹の呑み込みを再演するのである。ロナルド・バーントによれば、「ここでの呑み込みは性交を意味していると言われるが、クナピピ神話の一般的解釈としては、『母の子宮へのワワラク姉妹の回帰』を象徴していることもありうる。ワワラクの吐き出し、蘇生そして再度の呑み込みと、それに続く精霊の形での呑み込みは、そのシンボリズムを拡張し、母の子宮へのトーテム集団のメンバーの出入り（生と再生）と比較できるだろう[44]」。

儀礼を続けながら男たちは腕の静脈を切開し、互いに、そして壕のなかにも血を振り撒く。これは姉妹の血なのである。最終的に、彼らは壕を砂と土で埋めながら、その周りで踊る。主な祭儀はこれでほぼ終了する。最後の儀礼になるのは、儀式としての妻の交換と、イニシエーションを受けた者の普段の野営地への帰還である。「グランガラとして広く知られる儀礼的放縦は、クナピピ儀礼の不可欠な要素である。それは異なった集団のメンバーがともに過ごすことで善意を分かちあい、友情の絆を固めるためのものであると言われている。またグランガラは女たちをクナピピの聖なる体系のなかに引き入れ、儀礼の主目的である豊饒を象徴する[45]」。翌朝、両端に太い横木が備えつけられた二叉の柱が用意される。柱は小枝で覆われており、加入したばかりの少年たちは両手で柱を持ち上げて、その下に位置する。彼らは子宮のなかにいるのであり、ふたたび生まれて現われる――「彼らの精霊が新たに現われる」[46]のである。

第三の儀礼ングルマクは、ワギラク神話群に比較的近年になって付加されたと考えられる。これはアリゲーター・リバー地方から採り入れられたものである。ングルマクは、最初のふたつの祭祀ですでに示された豊饒の要素と両性具有のシンボリズムを改めて強調することから、本章の目的にとって重要である。この神話も多様で雑多である。そのひとつは、いかにして太母が島から来て、歩き廻り、さまざまな部族の祖先となる精霊の子どもを残したかを語っている。[47]もうひとつの神話は、ある少女が同衾することを断ったために、彼女の婚約者であるニシキヘビによって殺された様子を物語っている。ニシキヘビ（時には雄の虹蛇）は、中空の丸太ウバルを作り、そのなかに入った。やがてその少女が手を入れたところ、彼女は「咬まれ」て殺された。ウバルはもっとも聖なる物のひとつで、ングルマクのイニシエーションにおいて中心的な役割を果たす。祭儀のあいだ新加入者はその蛇に象徴的に「殺される」。彼が手をウバルのなかに入れると、蛇の頭を表わすマライーンの石と触れる。けれどもウバルのシンボリズムはさらに複雑である。いくつかの部族（たとえばグンウィング族）においてそれは太母の子宮を表わし、虹蛇と同一視されることもある。ゴルバーン島のマウング族のあいだでは、ウバルは同じく太母の子宮だが、それは雄の虹蛇の生殖器でもある。[48]中空の丸太は祭儀のあいだずっと打ち鳴らし続けられ、この反響音は男たちを聖地に呼ぶ太母の声を意味する（「いくつかの話ではこの聖地は太母の子宮であり、そこでの儀礼は再生の儀礼となる」[49]）。祭儀の第二部では、笛を吹いて虹蛇が呼び出される。蛇は移動し、身体を弓なりにそらし、空へと昇る。「彼は雨の前兆であり、大地を若返らせる者である。彼は太母の助けを借りて自然の再生を遂げるための道具なのである」[50]。

女祖先と蛇

こうした祭儀のすべて、とりわけあとのふたつは、大地の生命と豊饒を保つ密儀に結びつけられる。アーネムランドの熱帯地域において生命と豊饒は、第一に適量の雨を得ることができるかどうかにかかっている。このため女祖先と虹蛇の儀礼の筋書きは結びつけられてきた。この結びつきは、まず間違いなく最近の現象である。というのも、原初の太母の祭祀はアーネムランドに特有のものであり、メラネシアから移入されてきたことが知られている一方で、虹蛇は大陸のいたるところで見出されるからである。(51) にもかかわらず、ふたつの体系の収斂はオーストラリアの宗教の理解にとってもっとも重要である。大陸の北部に限定されてはいるが、そうした豊饒の祭祀は汎オーストラリア的な類型を明示する。オーストラリアの他の場所と同様に、女祖先の祭祀は原初の出来事を反復する。この儀礼は宇宙的生命の連続性を保証すると同時に加入者たちを聖なる歴史に導き入れ、その歴史が究極的に彼らの人生の意味を明らかにするのである。

付言すれば、「創造」の再演を行なうオーストラリアの儀礼に対するもっとも印象的な類例は、ヴェーダ以後の時代のインドで見出される。バラモン教の供犠は始源に、すなわち創造の時に行なわれたことを反復し、世界の持続と周期的な更新は、厳格で途切れない供犠の遂行によってのみ果たされる。さらに、死は自分自身を生け贄と同一視することによってのみ克服される。同様に、たくさんの例で見てきたように、オーストラリア人の宗教体系は夢の時の超自然的存在の行なう模範的行為の反復からなっている。こうした神的模範の持続的模倣によって、オーストラリア人は世界を生き生きとした豊饒なものに保ち、自らの適切な存在様式を理解し、ついには「精霊としての」死後の生を獲得するのである。構造に関して、オーストラリアとバラモン教の儀礼の観念体系のあいだの連続性を説明することはできないが、オーストラリア人の精神的創造物の「様式」を評価しようとする際には、この連続性を念頭に置かなければならない。

アボリジニたちがきわめて忠実に追体験し再演する聖なる歴史を、彼らがどのように考えているのかを知ることは興味深い。たとえばムルンギン族にとって、運命的な出来事の始まりは、原初の罪に関係づけられている。もしワギラク姉妹が「『自らの土地で悪事を働き、ドゥア・ウォンガルの男たちと性交［近親相姦の行為］をし、それからリアアラオミル族の土地にやってきて、月経を起こして蛇を荒ぶらせ［怒らせ］るようなことをしなかったのなら』、一連の出来事はけっして起こらなかっただろう。『人も動物も植物も、自由に歩き回っていた』。男女のあいだで性交はなく、子どももなく、変化もなかった。『悪事をなしてしまったあと、彼女らはそれを万人の法にしたのだった』」[52]。換言すれば、「原罪」がなければ、世界や生命、そして人間存在はそれらが今日あるようには、存在していなかっただろう、ということである。

しかし他方で、ワギラク姉妹は原初の出来事のエピソードが持続的に再演されている儀礼を男たちに教えることで、悔い改めようとした。これらの儀礼によって、季節の周期を保持するなかで人間は清められ、自然は助けられる。「これらの祭儀は、自然を助けるよう設計されている。あるいは人間の不浄な行為によって豊饒な乾期の到来が妨げられるのを制御する、と言った方がよいかもしれない」(Warner, *A Black Civilization*, p.376)。現在あるような世界、人間の特定の存在様式、そして「宗教」、これらはすべて女性の神話的祖先の最初の罪の帰結である（これがよく知られた類型であることを想起しよう。ユダヤ・キリスト教にとってさえ、「宗教」は祖先の堕落の結果なのである）。結局このことは、世界と人間存在は神的出来事の結果を表わしているのだから、それらを今あるように受け容れなければならないということを意味している。さらにこの災難の創始者は、人に「堕落した」世界でいかに生きるか、とりわけ状況の悪化をどう避けるかを教えたのである。

基本的に、女祖先の役割は両義的である。つまり彼女たちは男に聖なる密儀を授けるが、そうした密儀は彼女たちの罪の結果なのである。この両義性は、無数の同一化へと道を開くこととなった。そのひとつが、女祖先と蛇との同一化である。クナピピとは、「老女」や「私たちの母」を意味するが、これはワギラク姉妹を呑み込んだ蛇の名前のひとつでもある。(53) オーエンペリ地域では、「クナピピは時折ンガリョド、すなわち虹と同一視される。彼女は女性であり、『私たちの母』だが、蛇でもあり、また別の形態も取りうる」(54)。西部アーネムランドのアリゲーター・リバー地域では、「もっとも初期の私たちの母」は、雌の虹蛇に同一視される。(55) ふたつのシンボルの合一は、クナピピ祭祀ではずっと明瞭に表現され、下部切開された男根が蛇を、傷それ自体は太母の子宮を意味している。(56) すでに見たように、ウバルの性的シンボルは、太母も両性具有の蛇も含んでいる。

虹蛇

これらの多様な混淆と同一化は、さまざまな祭祀間の歴史的接触と融合を反映しているのかもしれない。(57) だが他方で、女祖先の両義性はより豊かで複雑な蛇の両義性と対応する。ここにはある特徴的な宗教現象がある。最高存在は、両極的で矛盾さえする一連の属性や活動を統合することによって「完全」になる。そうした過程は、以前の多くの著作で述べてきた反対の一致《コインキデンティア・オポジトルム》という根源的な宗教的弁証法によって助長され促進される。(58) 蛇の宗教的両義性はいくつかの文献で例証されている。ユルングルの性的両義性についてはすでに論じている（本稿二九六頁を見よ）。スタナーのインフォーマントは、虹蛇アンガムンギを「なじみの全父のイメージの観点から、つまり人間の原初の父や生命をもたらす者、精霊の子どもを生み出す者、生命の守護者や擁護者として」記述した。だが「彼らはアンガムンギが子宮をもつことを示唆した」(59)。ローパー・リバー地域でも、虹蛇は両性具有だと考えられている。(60)

より重要なのは、蛇の宇宙的な顕現と活動のなかに示される双極性である。ウナンバル族とウンガリニン族の信仰を分析した際には、原初の蛇ウングッドが反対物の統一という神話的表現を表わしている点に注目した。(61) 他の多くの部族のあいだでは、あるところでは虹蛇は地下水に、またあるところでは雨と天空に密接に結びつけられている。北部オーストラリアの巨大なニシキヘビは「虹であり、虹は彼の家もしくは彼のラッパであり、天と地底深くにおける全知者である」[62]。エルキンは虹蛇の巨大な岩絵に関して、それらは「上の世界とのつながりの希求を表わしている。その世界がなければ雨も降らず、その結果、『泉』や岩穴に水はなくなるだろう」[63]と述べている。虹蛇は宇宙的な形象として普遍的な豊饒と結びつけられ、創造的な側面と破壊的な側面の両方をもっている。その蛇は雨をもたらしたが、しかしまた洪水による破滅などももたらした[64]。A・R・ラドクリフ＝ブラウンは虹蛇を、「神の位置を占め、おそらくはもっとも重要な自然神」と見なしうると考えた[65]。けれども虹蛇は「自然神」以上のものである。虹蛇は女性の神秘、性と血と死後の生とに結びつけられており、のちに述べるように呪医のイニシエーションや神秘体験において中心的な役割を担ってもいる。換言すれば、その構造が虹蛇をして反対物を統一させ、最終的には「全体性」に至ることを可能にしてきたために、虹蛇は重要な神なのである。それを別の文脈に置いたならば、虹蛇はその包括的シンボリズムに潜在している無数の宗教的可能性を具現するだろう。これまで虹蛇の性的シンボルがいかにしてクナピピ祭祀のなかで重層的に組み合わされていたかを見てきたが、さらに、他の異なったシンボルがいかにして呪医の神秘体験において根本的な役割を獲得するのかも見ていくつもりである。

　要するに、神について自然現象からの説明や「起源」の探求は意味がない。いかなる宗教的創造物も、その源泉を生に、最終的には自然に有していることは明白である。けれども源泉の同定はその個々の創造物の意味を明らかにするものではない。虹蛇は蛇でなく、また同様に虹でもない。「自然の」気象現象や「自然の」爬虫類の種が宗教的価値のあるものとなるのは、それらが宗教的構造、すなわち虹蛇の構造に関係づけられているからである。

少女のイニシエーション

オーストラリア人の少女のイニシエーションは、他の場所と同様に少年のものよりも簡素である。[66] 最初の性成熟の兆しが現われると、少女は普段の野営地から数日間隔離される。子どもの世界との断絶は、月経という生理的兆候から始まる。このため少女のイニシエーションは大部分が個別的である。隔離の期間、少女たちは年配の女性によって教育される。彼女らは歌や特定の神話、とりわけ既婚女性の振る舞いと義務とを学ぶ。結びの祭儀は簡素だが意義深い。北部オーストラリアの沿岸地方には、女たちが少女にオーカーで化粧を施し、豪華に装飾する部族もいる。「儀礼が最高潮に達すると、女たちは皆、夜明けに新加入者が小川や潟湖へと向かうのに付き添ってゆく」[67]。儀礼的沐浴ののち、新加入者は一列になって「喝采を浴びながら普段の野営地へと連れて行かれ、女性として社会的に認められるのである」[68]。儀式に不可欠なのは、厳粛な雰囲気のなかで共同体に少女を披露することである。彼女がひとりの大人であること、すなわち女性固有の存在様式を引き受ける準備を整えていることが見せられる。この祭儀的宣言は、密儀が完了したことを表わしている。「何ごとか――しるし、事物、動物――を儀式において呈示することは、聖なる存在を宣言することであり、ヒエロファニーの奇跡を称賛することである。この儀礼そのものはごく簡潔なものだが、アルカイックな宗教的行為を示している。イニシエーションを受けた少女を儀式のなかで呈示することは、その儀式の最初期の段階を表わしていると言えそうである」[69]。

その他の場所では、少女たちのイニシエーションは、一群の男との儀礼的性交による、人為的な処女喪失を伴っている。[70] H・バセドーは、ララギア族とウォガイジ族における「煙の祭儀」と儀礼的沐浴について言及している。[71] グレートヴィクトリア砂漠では、少女は隔離されたのち叢林に連れて行かれ、処女膜を切られる。「翌日、彼女は赤色オーカーと白粘土で彩色され、紐の首飾りと、『生を与える』性質があり、彼女の生命力を回復させる真珠貝で飾られる」[72]。

こうした人為的な処女喪失や、若い少女との祭儀的集団性交の実施は、男性によって創られ、男たちが権威を獲得していくある段階において女性に課されるようになった身体毀損や儀礼であるに違いない。しかし少年の場合と同じく、少女の成年式も彼女のイニシエーションの単なる始まりにすぎない。いくつかの事例においては、段階的なイニシエーションについて語ることもできるだろう。北西オーストラリアの部族のあいだでは、「性的成熟に伴い、少女は女性の秘儀的コロボリー〔歌舞を伴う祭式〕に参加することができる。子どもをもったあとには、彼女は自分の女性親族のために催される儀礼を補佐することもできる。のちに彼女はダラグ（＝聖なる）の歌、男にとってはグンブ（＝タブー）である歌を徐々に学び、年老いてからはこうした手順を指導し、自らの知識を次の世代の女性に受け渡す責任を負うようになる」[73]。出産はとりわけひとつの神秘を構成する。フィリス・ケイバリーは秘密の出産歌を収集する際に、少年のイニシエーションについて男たちから情報を得たときよりも大きな困難に直面した[74]。ノーザンテリトリーとその近隣地域の大半では、女性たちは自身の秘密の儀礼を有しており、男性が入り込むことは許されていない[75]からである。

女性の秘密祭儀

キャサリン・バーントは、ヴィクトリア・リバー地域において、こうした女性の祭儀を二例、調査することができた。第一のもの、チャラダはふたりのムンガムンガ――太母の豊饒祭祀と結びついている妖精のような生き物――によりある女たちに夢のなかで「示され」た。ムンガムンガは通常は眼に見えないが、とても魅力的で、「地下を移動できたり、雲のあいだの天空を歩きまわったりできる超自然的な力をもつ。彼らが雨や、巨大な虹蛇に結びついていると明言する女性もいる」[76]。女性は自分が夢のなかで何を見たかを思い出し、祭儀を再演し、それによってその祭儀の正当な所有者となる。チャラダに参加することには、ある程度の危険も伴う。それは太母の聖なる力との接触を含意しているからだ。もっとも重要な儀礼の対象は、蛇を表わす一本の長い柱である（"Women's Changing Ceremonies," p.33）。参加者は白土や赤色オーカーを使って、自らの体に多様な美しい模様を描く。チャラダは通常、普段の野営地からいくぶん離れた特別な地で催される。男性と若い少年は舞踏の場所に近づいてはならないと警告される。たいていの歌は官能的な性格をもつが、なかには太母の旅と冒険について言及するものもある（pp. 40 ff.）。

第二の祭儀ジャワルジュは、チャラダよりも緊密に夢見の期間に結びついているために、チャラダより「さらに大いなるもの」と考えられている。そこで何が行なわれているかを男たちが目撃することを防ぐために、普段よりもいっそうの注意が払われる。「女たちは、ジャワルジュ祭儀を男性が聖地で行なう祭儀になぞらえている。それらはすべて同じ源泉と夢見の背景をもっている、と言われている」（p. 45）。いくつかの舞踏は、その祭儀の由来となるひとりないし複数の祖先的な存在であるイニングルの旅と活動とを再演する。夢見の期間に、イニングルは「不毛」の大地を横切って旅をしたが、今は天空に住んでいる。もっとも、彼らは地上で起こっていることを見に今でも地上を訪れる（p. 44）。癒しのために用いられる歌や、喧嘩や口論を止めるために用いられる歌もある。[77] これらの女性の秘密祭儀の類型が、男性により行なわれる祭儀のそれにほぼ正確に符合することを発見できるのは興味深い。それらの祭祀は、神話時代に起こった一連のありふれた出来事を再演しているのである。[78]

女性は男性の秘密祭儀への参加を認められていないが、それでも彼女らはそのいくつかのなかで補助的な役割を果たしている。たとえば男たちが秘密儀礼のために集まる際に、女性は規定のタブーを守り、多くの予備段階では踊ったり唄ったりし、儀礼的な呼びかけに応え、いくつかの最終場面に立ち合いさえする。[79] もちろん、アーネムランドの豊饒祭祀においては、女たちの祭儀での役割はより重要である。マライアンの祭儀では、女性が野営地に戻る際に男性に会うと、彼女らは身体に模様を描き、男性に加わって祭儀の柱の周りを踊る。ローパー・

リバー地域のヤブドゥルワ祭祀においては、女性は最終夜に秘密儀礼が行なわれる地の十ヤード〔約九メートル〕内に連れてこられる。「男性と女性のあいだには遮蔽物は何もない[80]」。彼女たちは特定の儀礼の道具――その神話の中心的な人物に関係するもの――が自分たちの下に浅く埋められているのを知りながら、そこに横になり眠りにつく。彼女たちは目が覚めるまでそれらの聖物に触れないが、起きたらそれらを儀式的に運ぶ。「まさにこの時に、ある重要な儀礼が進行しており、女性たちは鐘の音とともに聞こえるリズミカルな息づかいを耳にせずにはいられない。移動している最中に彼女たちが振り向けば、儀礼の実行者を見ることはできよう。けれども、彼女たちはイグアナの尻尾に火を灯し、自らの役割を十分に果たしたことを意識しながら、長く蛇行した列を作って野営地へと立ち去るのである[81]」。

「それは私たち女のものである」

かつての宗教的生活において、女性がより重要な役割を果たしていたことを示す神話伝承も存在する。いくつかの部族では、その〔神話的〕女性は儀礼の創始者であり、さまざまな聖物の本来の所有者であると考えられてさえいる。スペンサーとギレンは、アランダ族のもとで女たちが聖なる祭儀に現在よりも多く携わっていた頃の痕跡を発見した[82]。またストレロウの指摘によると、アランダ神話において女祖先は「通常、威厳があり、時には畏敬の念を起こさせる人物であり、決定と行動の自由を無制限に享受していた。彼女たちはしばしば、男の祖先よりはるかに力強い存在であり、あるときには男性は彼女らの謎に満ちた超自然的な力をたえず怖れて暮らしていた。これらの女祖先は、以前はチュルンガを持ち歩き、さまざまな聖なる祭儀を制定した。今日でも、多くの歌が男性集団によって、彼女らを讃えて唄われている……。これらの男性は自らを、自分の集団の女に属するすべての聖なるチュルンガの正当な『管財人』と見なしている[83]」。

さらには、割礼儀礼で女性がかつて果たしていた役割に関する間接的な言及もある。たとえばアランダ族のある神話は、あるとき割礼の準備を整えた少年たちを女性が見つけると、彼女たちが少年を捕まえて肩に乗せ、割礼の施術を行なったと物語っている。(84) また別の伝承は、始源において男たちは少年の割礼に火おこし棒を用いていて、それは致命傷を与えるものだったが、やがて女たちが一片の鋭い火打ち石を投げ与えたと語っている。(85) いくつかの部族においては、イニシエーションを受けた少年の包皮はその姉妹に与えられ、彼女はそれを乾かすと、オーカーで聖別し、自分の首から吊り下げるという。(86)

さらに興味深いのは、始源において儀礼の道具が女性によって発見され、所有されたとする伝承である。ウィクナタラの神話では、最初のうなり板を二人の若い少女が振り回し、こう言った。「これは私たち女のものよ、本当に私たちがそれを発見したのよ！　でも気にしないわ！　私たちは男にそれを任せるわ。それをいつも使うのは男だから！」(87)。バルゴの南の西部砂漠では、神話の女性はあらゆる聖なる儀礼を所有していたが、やがてそれらは男性によって奪われた。同様に、西部アーネムランドでのウバル祭儀は始源においては女性にのみ属していた。(88) 北東アーネムランドのジャンガウル神話は、ふたりの姉妹が小屋を建て、そのなかに聖なる紋章で満たされた籠を吊るす様子を語っている。彼女たちが離れているあいだに、その兄弟が仲間と籠を盗み、儀礼を行ない始めた。姉妹は「男たちをではなく、聖なる歌の力を畏れて、その場所に近づけなかった。男たちは姉妹からこれらの歌や紋章だけでなく、聖なる儀礼を行なう力、すなわち以前は姉妹にのみ属していた力をも奪ったのである。それ以前には男性は何ももたなかった。神話は次のように続いている。姉は『……男たちは今やそれを行なえる、彼らはそれを保管することができる……。私たちはすべてを知っている。私たちは本当は何も失ったわけではないわ。だって、私たちはそれをすべて覚えているのだから、男たちに少し知識を与えてもいいの。たとえ籠を失っても、私たちはまだ聖なる存在なのではないの？』と言った(89)」。

別の神話では、始源においてガナブダ族の男たちは何ももっていなかったのに対して、女たちが聖なる物すべてをもっていた様子が語られている。「だがある男、ジャラブルが忍び寄り、密かに女たちをひと晩見張り、彼女たちが腕環の下にその力（マイア）を蓄えているのを発見した。彼はこれを盗むことに成功した。翌朝、女たちは自分のうなり板を振り回そうとしたが、ほとんどうまくいかなかった。彼女たちは力を失っていたのである。その後、ジャラブルはうなり板を男たちがいた場所に降ろした。男たちは女性がかつていた場所にやってきて、聖なる事物を扱う責任を彼女らから奪い取ったのである」[90]。

これらの伝承の意義深い点は、（神話の）女たちが盗みの結果を、すなわち呪術・宗教的な力が彼女たちから男性の手に渡ったことを受け容れているところにある。いくつかの事例では、保持されている神秘的な知識は、夢のなかで女祖先から意図的に伝えられる。それがワギラク姉妹からウォンガの祖先たちへの伝達様式であって、彼らが熟睡しているあいだに、彼女らは秘密の舞踏と歌謡をすべて教えたのである。彼女たちはウォンガの祖先たちにこう語っている。「これらの重要なものごとを思い出すことができるよう、あなたたちにこの夢を与えましょう」[91]。

女性が儀礼の道具や祭祀の筋書きをいかにして所有したのかを語っている類似の神話は別の場所でも見出され、とりわけメラネシアや南アメリカでは顕著である[92]。予想に難くないことだが、深層心理学者たちは、そうした神話伝承に相当な注意を払った。これらの神話が、かつては普遍的に存在していた原初の状況を反映していると考える著述家さえいた。だが宗教史家は別の問題に直面している。第一に考慮すべきことは、もともとは女たちが所有していたと言われている、聖なる道具と儀礼の性質である。それらのもの、すなわち「トーテム的」紋章（ランガ型）やうなり板、仮面（南米に見られる）、性と豊饒に関係する祭儀における歌謡や舞踏、もしくは儀礼的施術（割礼）は、女たちが発見し、完成し、男性に伝えたと語られている。こうした聖物と秘密儀礼には皆、ある共通点がある。それは、これらが力に満ち、どこか「呪術的な」道具であるという点である。というのも、それらは超自然的な力を取り入れたり表現したりすることができる（例としてうなり板）、より正確に言えば、それらはそうした超自然的力の具現化を強いることができる（たとえば仮面）からである。それらはすべて、生命（血、性、豊饒）の顕現やそれに由来する「力」と関係する。しかしながら、重要な宗教的教義は――意義のある宇宙論的神話も――、女性が発見したと言われることも、元来は女性が所有していたと言われることもない。要するに、こうした伝承は過去のある時点において、男性が女性から力に満ちた多くのシンボルを盗むか、受け取ったということと、この出来事が両性の根本的な変化をしるした――つまり男性が従属的な立場を脱し、主人になった――ということを語っているのである。

だがオーストラリア人の神話から判断するなら、この根源的な変容は、女たちによってありのままに受容されてきた。盗みという主題がアーネムランドの豊饒祭祀に限定されているということも念頭に置いておかなければならない。言い換えるなら、これらの神話が語るのは、聖なる道具や儀礼の筋書きを盗み取った――あるいは受け取った――あとになって、男たちが女性の秘密祭儀を実施し始めたということである。だがすでに見たように、アーネムランドの豊饒祭祀はメラネシアからのかなり近年の影響によるものである。つまり、「それは私たち女のものである」という神話的モチーフは、「歴史的」変化を表わすものであって、「原初の」状況を表わすものではない。同様に、割礼の発見や完成の際の女性の役割を呈示する神話から導ける帰結は何もない。これは単に、オーストラリアにおいてはこの施術が「北西から伝播してきた比較的最近の慣習」[93]であるという理由による。この北西というのは、豊饒祭祀が由来する同じメラネシアの影響圏を指している。したがって、割礼の「起源」やそのもともとの意味と機能について、オーストラリアでの証拠に基づいて一般論を述べることはできないのである。

にもかかわらず、これらの神話のなかには、実際に起こり、オーストラリアの諸宗教を大幅に変容させた過程を示しているものがある。たとえば、アランダの伝承はきわめて明瞭に、神話時代の女たちのより強大な神聖さを認めていることを表わしている。このことは、かつて男女のあいだによりしっかりとした宗教的協働があったことを意味している。おそらく、男性の宗教的祭儀の大半に見られる過度の秘密主義は、元来の状況を表わしているのではなくのちの発展を示しているのだろう。オーストラリアにおけるイニシエーションの筋書きが、男性結社型《メンナーブント》の秘密結社へと移る傾向にあることはすでに述べた。この場合、関連する神話は女性がかつての宗教的な「力」を喪失したことを伝えている。「それは私たち女のものである」という主題の神話群に関しては、それは確かに北部オーストラリアの聖なる歴史の特徴的なエピソードだが、その基本要素はこの地域を越えて見出すことができる。それらは性と豊饒の儀礼を以前の宗教体系へと包含することで生じた激しい衝撃を反映している。この神話に依拠するほぼすべての儀礼の筋書きは、女性とその神秘に対するいくぶん両義的な態度を強調している。このことは、メラネシアからの影響により引き起こされた抜本的な革新の結果として説明されるかもしれない。しかし他方で、多少なりとも近年のものであるこれらの革新が起こるはるか昔から、男性性と女性性という二種類の神聖さのあいだにはつねに緊張があり、異性のもつ神秘に対して互いに羨望と嫉妬があったことを忘れてはならない。そのことは、なぜこれほど多くの女性の呪術的シンボルや威信が男性のシャーマンや呪医に盗用されたのかを説明している。男女が逆の場合についても同様である。(94)

第四章　呪医とその超自然的モデル

「高位の男たち」

宗教的知識を深めるために、一定の年齢に達した男たちは皆、部族の聖なる歴史を学ぼうとする。聖なる歴史を学ぶことは、要するに、その登場人物との接触の機会をふたたび設けて、その結果として彼らの創造力を共有することである。とはいえ、世界の他の場所と同じくオーストラリアにおいても、聖なるものの圏域と人間との関係は一様ではない。「宗教の専門家」になることを望むか、あるいはそう運命づけられた例外的な能力に恵まれた個人がつねに存在する。こうした呪医や医術師やシャーマン、すなわちエルキンの適切な呼称では「高位の男たち」は、部族の生活で中心的役割を果たす。[1] 彼らは病いを治療し、黒呪術から共同体を守り、早すぎる死の責任者を見つけ出し、イニシエーション儀礼でも重要な機能を担っている。

しかし呪医の最大の特徴は、部族の聖なる歴史に現われる超自然的存在や他の英雄との関係である。呪医は神話的祖先の輝かしい状態を本当に回復できる唯一の者、つまり、空を飛ぶ、天に昇る、地下を旅する、姿を消してふたたび現われるなど、祖先がなしたことを行なえる唯一の者である。さらに呪医のみが超自然的存在と出遭って言葉を交わすことができ、また死者の精霊や亡霊を見ることもできる。要するに呪医だけが、人間の条件を超え出ることに成功し、その結果、精霊的存在のように振る舞うことが、言い換えれば、精霊的存在の様態を帯びることができるのである。

世界の多くの場所でもそうだが、オーストラリアの呪医は自然発生的な創造物であるわけではなく超自然的存在やその部族の呪医によって「育成される」。職業として引き継ぐことによって、「召命」や選任によって、あるいは個人的探求によって、人は呪医になる。しかし、どの方法を選んだとしても、「高位の男たち」に受け容れられ、彼らから教えを受け、そしてとりわけ、いくらか華々しいイニシエーションを経るまでは、志願者が呪医として承認されることはない。たいていのイニシエーションにはエクスタシー体験が伴い、その間に候補者は超自然的存在に出会い、何らかの施術を経て、天への上昇と地下世界への下降を企てる。

こうしたエクスタシー体験はすべて、「探求」の筋書きと同様に、伝統的なパターンを踏襲している。たとえば呪医の職を志望する者は人里離れた場所、特に呪医の墓の近くに行って眠り、「選ばれた者」皆と同じようにヴィジョンを得るか、場合によっては、イニシエーションとなる啓示を受けるとされている。エクスタシー体験の基礎となるのは突然のヴィジョンで、その際に未来の呪医は、やがて彼に聖なる力を授けることになる超自然的存在に遭遇する。南東諸部族のように、呪医の「育成」過程に志願者の儀礼的「殺害」が含まれない事例（とはいえそうした事例でもやはり、志願者の存在様式の変質——人間の状態から「精霊の」状態へ——は、やがて述べるように「死」とそれに続く復活を含意している）でさえも、こうした超自然的存在との出会いはつねに劇的である。超自然的存在かその代理が、（聖なる物質の挿入などによって）志望者の身体状態を根本的に変化させ、それと同時に「精霊」としての行動方法（飛び方など）を教える。呪医の「育成」が儀礼的「殺害」を含む部族では、超自然的存在かその代理がまず候補者を死なせてから、その身体に施術を行なう。つまり中身を取り除き、聖なる物質や水晶や真珠などを入れて、新品に取り換えるのである。エクスタシー体験の性質がどのようなものであれ、志望者は別の人間になって戻ってくる。超自然的存在に直に会い、彼らに「育成され」、教えを受けたためである。そののちに老年の師から学ぶのは、多かれ少なかれ技術的な性格のもののみである。神秘的なイニシエーションが志願者を精霊的宇宙へと導き入れ、以後それが彼の本当の世界となる。

ウィラジュリの呪医のイニシエーション

結局、呪医になる三つの方法――(一)職業の継承、(二)「召命」や選任、(三)個人的「探求」――は、それなしには新加入者の存在様式に変化が起こらないような特有の体験に帰着する。このことはイニシエーションの過程のなかに明らかに見てとれる。職業として継承される場合には、その生を変容させる恍惚を引き起こす以前に、父が入念に息子を訓練する。父の手でイニシエーションを受けたウィラジュリ族の呪医の特徴的な事例をホウイットが伝えている。彼がまだ幼い少年だった頃、父は彼を叢林に連れて行って、彼の胸に二つの大きな水晶を押し当てた。水晶が身体のなかに消えていくと、それが「熱のように」通過していくのを彼は感じた。また父は「水のなかにある水晶のようなもの」を彼に与えた。「それは氷のように見え、その水は甘い味がした」。その後、少年は亡霊を見ることができるようになった。彼が十歳くらいのとき、人生儀礼で歯を抜いたあと、彼の父は一片の水晶を手に持って見せた。「私がそれを見たとき、父は地中に降りて行きました。そして、全身を赤い土埃に覆われて戻って来たのです。たいへんな恐怖でした」。水晶を生み出すよう試みてみよと、父が彼に求めたところ、彼は水晶を(おそらく自分の身体から)出した。

次に父は、地面の穴を通って息子を墓へと連れて行った。なかに入ると少年は、死者が少年を「賢く」するために全身を擦りつけてくるのを見た。死者も彼に水晶を与えた。父と息子が外に出ると、父はタイガースネークを指差して、それが自分の秘密のトーテム(ブジャン)であり、これからはお前のトーテムにもなるだろうと少年に告げた。「その蛇の尻尾には紐が結びつけられていて、私たちのところまで延びていた」。それは呪医が自分自身から引き出す紐のひとつだが、これについてはあとで詳しく述べよう。父はその紐をつかんで、「追いかけるぞ」と言った。蛇は何本か木の幹のなかを通り抜けて行って、最終的には根の周りに大きな隆起のある木のところに到着した。そこで蛇は地中に下ったので、父と息子はそれを追って、空洞になっている木の内側へと入っていった。

彼らが木から出てきたあと、蛇は彼らを地面の大きな穴へと連れていった。そこには多くの蛇がいて、少年を「賢者」にするために体を彼に擦りつけてきた。そのとき父は言った。

俺たちはこれからバイアメの野営地に行く。かつて俺が旅したとき、バイアメはマウイル（糸）に跨り、俺をもう一本の糸に乗せ、俺たちは互いの腕をつかんでいた。糸の端にはバイアメの鳥のウォンブがいた。俺たちは雲のなかを駆け抜けていった。その向こうは天空だった。医術師たちが通って行く場所を俺たちも通った。その場所はすごい速さで開閉を繰り返していた。父が言うには、もし通り抜けるときに医術師がそれに触れてしまったら、彼の精霊が傷ついてしまうので、医術師は家に帰ると病気になって死んでしまうだろう、とのことだった。あちら側で俺たちはバイアメが野営地に座っているのを見た。彼は長いあご髭をたくわえたとても大きな老人だった。彼は胡坐をかいて座っており、肩からはふたつの大きな水晶が空に向かって伸びていた。そこには、何人ものバイアメに仕える少年たちや家来たち、つまり鳥たちや獣たちがいた。(2)

要するに、新加入者の身体上の変容は水晶の吸収とともに始まる。水晶を身体に取りこんだあとの少年は、イニシエーションを経ていない者の眼には見えない「精霊」を見ることができるし、地下を旅することもできる。おそらくかつて呪医であった墓場の死者も、同様に少年に水晶を与え、さらに彼に力を注ぎ入れるために蛇がしたように、彼に身体を擦りつける。イニシエーションは天への上昇によって完了し、そこで少年と父は肩からふたつの大きな水晶が伸びたバイアメに会う。私たちはこのようなモチーフに繰り返し出会うことになるが、その意味はさまざまなタイプのイニシエーションの記述を続けていくにつれて、いっそう明確になるだろう。目下のところ、ユーアライ族の信仰によると、バイアメは彼が座っている水晶の石に固定されているということを付言しておこう。呪医は困難な旅の果てに、バイアメの天上の住居にたどり着く。四日かけて山を登り、頂上に着くと、泉でのどを潤して再び元気を取り戻す。そこで呪医はバイアメの精霊の伝令に迎えられ、この伝令が最終的には、呪医の要望を王位にある高次存在に送り届ける。(3) バイアメの天上的な構造は繰り返し強調されており、水晶のような天蓋に固定されたものとして想像されることさえある。

バイアメと呪医

ウィラジュリ族の呪医の育成においてバイアメが果たす役割は、ホウイットの記述では推測の域を出ないが、ロナルド・バーントがニューサウスウェールズのメニンディーで収集した資料によれば、決定的に思われる。志願者は若い頃すでに、「医術師」から、可能な場合は父や祖父から訓練を受ける。呪医が雨を降らせるために、呪力のある綱で天空へと昇る夜に、医術師の精霊は少年の精霊を連れて天空へと赴く。少年が十二歳になると、医術師は自分の助手のトーテムを少年に「歌い」入れる。このため部族のイニシエーションを受けるときまでには、少年は将来の職業の基本的な原理をすでに知っているが、「しかし彼には、自分が呪術を行なうだけの力、洞察力、支配力がなかった」。こうした力はすべて、儀礼と精霊的体験を通じて獲得される。志願者が二十歳から三十歳のあいだに、バイアメがその教導者の夢に現われ、その若者にイニシエーションを授けると告げる。「似たような夢を、同じ部族あるいは近隣の部族の他の守護者たちも見た……。彼ら全員が決められたときに聖なる場所で候補者たちと会った。候補者たちは葉でできた『長椅子』に座らされ、その間に医術師たちがバイアメを呼び出すために歌った。バイアメはどこからともなく座っている集団のところへやって来た。眼から放射される光を除けば、バイアメと医術師たちに見た目の違いはあまりなかった。彼は各志願者のもとへ近づき、『わしがお前を作る』と言って、力ある聖水（液状の水晶と言われている）を志願者の頭上に降らせた」。

この水が志願者の全身に広がり、彼らはこれを完全に吸収する。するとその候補者の腕から羽毛が現われて、二日で翼へと成長する。その間にバイアメは姿を消してしまい、志願者たちは師から聖水と羽毛の意味について教えられる。このふたつの神秘的道具の事例では、天への上昇というシンボリズムが明らかである。実際、イニシエーションの次の段階では、各志願者が個別にバイアメに会いに行き、飛び方と水晶の使い方を教わる。「志願者が物事を正しく見抜くことができるように、バイアメは［水晶の］かけらを彼の額に歌い入れた。また、バイアメは自分の身体から炎を取り出すと、それを志願者の胸に歌い入れて、それを解き放つ方法を彼に教えた。その後、野営地に連れ戻された志願者は、空を飛んで、歌で翼を外すと、守護者のもとへ歩いて行ってそのそばに座り、自分の体験について彼と話し合った」。

第三の体験は「育成」のあとに起こる。新人の医術師は皆、聖地へ行って葉でできた長椅子に横になる。「『歌唱』のあとにバイアメが現われ、胸を通って両端が足元に来るようなU字型にした綱を彼らひとりひとりに取りつけ、その綱を彼らに歌い入れた。それ以降この綱は、蜘蛛がその糸を用いるように、自在に扱えるようになる。それからバイアメは彼らに別れを告げて去って行った」。その後、新たに育成された医術師は数日間隔離され、呪術を人前で披露するための訓練を行なう。

バーントが得た別の説明によれば、「召命」のエクスタシー体験が何の事前の準備や調整もなしに起こることもある。呪医になりたがっていたある男が狩りをしていたとき、「彼は海の向こう側の見知らぬ国へと引きずられて連れて行かれた。そしてバイアメが、彼を非常に大きな洞穴へと担いで行き、そこで『X線』の眼で彼を貫いて心をのぞき込み、すでに大人の男になっているか、バイアメの力と知識を受けるよう父から訓練されているか、と尋ねた」。肯定の返事が得られたので、バイアメはすでに述べた方法で、彼を医術師にした。[4]

このように医術師は、ただ若者を将来の職業に備えて訓練するだけで、実際のイニシエーションはバイアメによって実施されるものと思われる。実際の呪医の育成過程についてはほとんど知られていないので、[5]先述の筋書きに含まれている純粋に幻視的な要素と具体的な儀礼の要素を区別することはできない。おそらく志願者はある時点で、いくらかは幻覚のような状態で、老いた医術師のひとりがバイアメに扮している儀礼に参加するのだろう。しかし、南東オーストラリアの呪医の理解に重要なのは、神秘的な力の源泉が天上の高次存在にかかわる点、そしてイニシエーションの本質が、空を飛ぶ能力を筆頭とする高次存在のさまざまな威信を自分のものとすることにある点である。ウィラジュリ族の伝承によれば、バイアメが地上を離れるときに医術師たちを残らず集めて彼らを「育成した」のは、自分が家に戻ったあとに自分の仕事を続けさせるためであると告げた。[6]

あるイニシエーションの筋書き

南東オーストラリアのイニシエーションの筋書きにおける本質的要素は、（一）輝く洞穴、（二）不思議な羽毛、（三）空を飛ぶこと、（四）水晶、（五）魔法の縄、であると思われる。これらはすべて天空と天上の力に結びついている。

天上的な要素は洞穴のシンボリズムでは、まったく目立たないように思われる。しかし実際には、のちに示すように、洞穴が見た目とは正反対のシンボリズムを帯びている事例が中央オーストラリアにはある。さらに南東諸部族のもとでは、イニシエーションの洞穴の光輝く性質が、その天上的な特徴を明確に強調している。ひとつだけ他の例をつけ加えると、クルナイの呪医（ムラ・ムルング）はホウイットに以下のように告げている。夢のなかで、死んだ父と他の多くの老人が海の上を飛んで彼を運び、家の前面のような大きな岩の前に彼を置いた。

その岩に隙間のようなものがあることに私は気づいた。父は私に目隠しをして、内側へと連れて行った。岩が叩かれるような音が背後で聞こえたので、岩のなかにいることがわかった。そして父が私の目の覆いを外すと、私は昼のように明るい場所にいて、老人たち全員が私を取り囲んでいた。父は洞穴の壁に無数にある明るく輝くガラスのようなものを私に示して、それを取るように言った。私はそれをひとつ取り、手に固く握りしめた。私たちがふたたび外に出たとき、それを脚のなかに入れる方法と、もう一度引き出す方法を私は父から教わった。(7)

この洞穴が輝いているのは水晶で覆われているため、つまり天空の神秘的な性質を帯びているためである。

翼と羽毛に関しては、その上昇のシンボリズムは明らかである。神秘的なイニシエーションの結果として翼が生えることは、高等宗教にも見られるよく知られたモチーフである。たとえば道教には、道《タオ》を知ると身体に羽毛が生え始めるという信仰がある。(8) またプラトンにとっても、人は「この世の美を眺めると、真の美を想起し、その翼が成長し始める」(『パイドロス』249 *e*)。それは「以前には魂すべてに翼が備わっていた」(251 *b*)ためである。このイメージは、新プラトン主義、教父、グノーシス派によって繰り返し用いられ、洗練されていった。(9) こうしたイメージはもちろん、鳥や蝶になぞらえられるか、または同一視される、翼のある精神的実体としての魂という概念と関係している。しかし重要なのは、すでにアルカイックな宗教においても同様に、神秘的なイニシエーションの筋書きが上昇、つまり鳥のように「飛ぶ」能力の獲得として考えられている点である。飛行は、人間の条件を超えて「精霊になる」ことのもっとも広く見られる表現、おそらくはもっともアルカイックな表現のひとつである。(10)

天への旅は、南東オーストラリアのほとんどの部族における呪医育成の特徴である。ウルニェリ族の志願者は、精霊によって空の孔を通ってブンジルのところへ運ばれ、彼からさまざまな力を受け取る。[11] クルナイ族では、呪医（ムラ・ムルング）とビラ・アルク、つまり「予言者、霊媒師、詩人の機能を兼ね備えた」(Howitt, p. 389) 者が区別されている。呪医はムラルト、つまり叢林の精霊によってイニシエーションを受け、精霊が彼を雲に運ぶときにつかむための鼻骨を身につけなければならない。呪医は精霊に先導されて、孔を通って天空の国へ昇って行き、そこで人々が歌い踊るのを見たあと、地上に戻って来てからその歌と踊りをクルナイ族に教えると言われている。[12] ディエリ族のクンキは髪でできた綱を用いて天空に飛翔できるので、超自然的存在や神話的祖先（ムラ・ムラ）と直接に交流できる。[13] バーントによれば、マレー南部の呪医は、自分の身体から伸びた綱に乗って空を飛んで旅することができ、どんな姿にでも、透明になることもできた。[14] 南西ヴィクトリアのいくつかの部族では、呪医の天への上昇は患者の治療における中心的な要素だったようだ。[15]

呪医の飛行能力は、オーストラリア大陸の他の地域でも知られている。たとえばアランダ族のもとでは医術師はオナガイヌワシの姿をとるが、それをエルキンは空を飛んで移動する力という観点から正しく解釈している。[16] キンバリーでは、医術師は紐で空へ昇り死者を訪問する。[17] さらに呪医と虹蛇との密接な関係も、呪医の天への上昇を暗示している。さしあたり、北部キンバリーのフォレスト・リバー地域のイニシエーションの事例を引用してみよう。そこでは上昇のモチーフが、すでに示したものとは異なる筋書きに統合されている。呪医の力は最終的には虹蛇ウングッドに由来するが、イニシエーションを執り行なうのは「充分な権限のある実践者」である。骸骨師は志願者を、「ふたりが座るための横木のついた、空からぶら下がっている」紐を用いるか、あるいは、骸骨の姿になり、座って綱を両手で手繰って自身を引っ張り上げるかのいずれかの方法で、天空へと運ぶ。後者の場合、志願者は前もって幼児に変えられ、それを呪医は小袋に入れて身体にしっかり結びつけておく。天頂の近くで「呪医は志願者を小袋から出して空へ投げ、そうして彼を『死なせる』」。天空に到着すると、『医術師』は若者のなかに小さな虹蛇と水晶を挿入する」。彼を地上に戻したあと、医術師は志願者のなかにこうした呪力のある物質をさらに多く臍から入れて、最後に彼を魔法の石で目覚めさせる。「もしすでに変成が済んでいれば、若者は通常の大きさに戻って、次の日には自分で空に行こうとする」。このエクスタシー体験ののちに、厳密な意味における教育が始まる。(18) エルキンは、幼児の大きさへの縮小、そして呪医の小袋とカンガルーの袋との類似は、これが再生の儀礼であることを示していると正しく述べている。(19)

怪物に呑み込まれるイニシエーション

バーントが伝えている南オーストラリアの西部砂漠の諸部族におけるイニシエーションは、かなり発展した同種の筋書きを提示している。まもなく「切り刻まれる」ことになるため、死者として悼まれながら、志願者はある水場に向かう。そこでふたりの呪医が彼に目隠しをして、巨大な蛇ウォナンビの顎に投げ入れると、蛇は彼を呑み込む。志願者はしばらく蛇の腹のなかに留まる。最後にふたりの呪医が二匹のカンガルーネズミを蛇に与えると、蛇は志願者を吐き出して空高く放り出す。彼が「ある岩穴のそばに」落ちると、医術師たちは彼を探しに出発して、「彼を見つけるまで、一連の岩穴のひとつひとつを訪れてそこで野営する」。ところが志願者は幼児の大きさに縮んでいる。「ウォナンビが彼をそんなふうにしてしまった」のである（母胎に相当する怪物の腹のなかでの胚の状態への退行というイニシエーションの主題が、ここでは明らかである）。医術師たちはその赤ん坊を腕に抱えて野営地に飛んで帰る。

超自然的存在によって執行される、すぐれて神秘的なこの聖化ののちに、厳密な意味におけるイニシエーションが始まり、そこでは多くの老年の師たちが主要な役割を果たす。火の輪の内側に置かれると、赤ん坊になっていた志願者は急速に成長して、成人の大きさを取り戻す。しばらく蛇の腹のなかにいたのだから、蛇のことはよく知っていて、さらには友人でもあると志願者は宣言する。それから隔離期間となり、その間に志願者は瞑想して精霊と対話する。ある日、医術師たちは彼を叢林に連れて行って、彼の身体に赤色オーカーを塗る。「彼は体を伸ばして仰向けに火の前に寝かされ、お前は死者であると告げられる。続いて医術師長が首と手首を折り、肘、股、膝《ひざ》、踵《かかと》の関節をはずしていく……。実際には、施術者は各部分を本当に切断するわけではなく、そこに石でしるしをつけるのである」。医術師はそれぞれの切り口に、命を与える貝を置き入れる。また、志願者が精霊や異邦人や動物の言うことを理解し、彼らに語りかけることができるように、耳にも貝を詰め、さらに「すべての方向に回せるように、額に貝を詰める」。「彼が新たな生を得て、いかなる武器の攻撃によっても傷つかなくするために」、彼の胃にも貝が詰め込まれる。そして呪医に「歌われる」と、彼は生き返る。全員が普段の野営地に戻ると、そこで新人の呪医は試験を受ける。イニシエーションを完了させる男が彼めがけて槍を投げるのだが、詰め込まれた貝のために彼は傷つくことはない[20]。

この例は非常に手の込んだイニシエーションの典型である。そこにはイニシエーションにまつわるふたつの主要な主題を認めることができる。つまり（一）怪物に呑み込まれること、そして（二）身体の切断、である。このうち後者のみが呪医の育成に特有である。子宮への回帰を経るとはいえ、志願者は蛇の腹のなかで死んでいるのではない。というのも、彼はそこへの逗留を覚えているからである。イニシエーションにおける本当の死は老年の医術師たちによって引き起こされ、それは呪医専用の方法で、すなわち身体の切断、器官の取り替え、呪力のある物質の挿入によってなされる。

「水場を通り抜ける」

いくつかの事例では、火によるイニシエーションは第二の試練である「水を通り抜けること」によって完成される。エルキンは呪医のそのような「育成」を、ポートスティーヴンスの北部海岸に居住するカッタング語を話す部族のもとで研究した。その祭儀は六ヶ月間続く。候補者が「死ぬ」と、彼は老年の師によって火に投げ入れられ、完全に焼き尽くされるまでそこに放置される。そうした候補者のひとりはそのとき何も「感じ」なかったとのちに明言したが、それはエルキンの註釈によれば、「何があったか見ることはできたが、催眠に近い状態にあった」ためである。最終的に「老人たちが彼の肩に手を置くと、彼は回復した。その後、彼は秘密のシンボルを見せられ、その意味を教えられた。彼はそうして新しい人間となったので、言わばもはや地上に属さず天空の世界に属していた」。エルキンによれば、すべての候補者がこの祭儀を経験するわけではないようで、いずれにせよ「賢者」を育成するには、この祭儀では不十分である。賢者の段階に達するために、新加入者は「水を通り抜け」なければならなかった。彼は聖なる水場に投げ込まれ、そこから天空存在グランブレを仰ぎ見て、力を求める。最後に呪医たちが彼を引きあげ、手を彼の肩に置いて意識を回復させる。イニシエーションは叢林で続き、そこで候補者は水晶を呑み込む。これは、のちに呪術のトリックを行なうときに吐き出すものである。その結果、新たに育成された「賢者」は、夢のなかで天空に昇って病人を治療することができるようになる。[21]

　ライトゥ・ライトゥ族においては、呪医は湖や河の底に行って、精霊のコニカティネとともに数日間そこに滞在することができる。彼は「眼を充血させ、上掛けを泥だらけにして」戻って来て、体験したことを報告する。エルキンが正しく推測するには、その降下は「おそらくイニシエーションの一部、つまり必須条件であり特権的経験であって、力を与えられる隔離期間を表わしている[22]」。このように、湖と水場も精霊や亡霊の領域である。湖の底への降下は地獄降《デスケンスス・アド・インフェロス》りを意味している。実際、ライトゥ・ライトゥ族の呪医は、医術師の墓の上に建てた小屋で一ヶ月間眠ることによって「育成される[23]」。

志願者の儀礼的「殺害」

先述したイニシエーションの多くでは、将来の呪医は象徴的な死とそれに続く復活を経験する。すでに見たように（第三章参照）、これはイニシエーションの代表的な類型である。中央オーストラリアなどでも、イニシエーションとしての死は、志願者の「殺害」と呪力のある物質の身体への挿入によって表現される。この筋書きは複数の資料によって十分に証言されている。(24) ここでは少数の特徴的な事例を概観するにとどめよう。ウォーバートンレンジ（西オーストラリア）の部族のもとでは、イニシエーションは以下のように行なわれる。志望者が洞穴に入ると、二匹のトーテム英雄（ヤマネコとエミュー）が彼を殺し、身体を切り開いて、器官を取り除き、呪力のある物質と取り替える。加えて肩甲骨と脛骨も取り除き、乾燥させて、身体に戻す前にそれにも呪力のある物質を詰める。(25)

アランダ族には呪医の育成方法が三種ある。（一）イルンタリニア、すなわち「精霊」によるもの、（二）エルンチャ（神話時代のエルンチャ人の精霊）によるもの、（三）他の呪医によるもの。第一の方法の場合、候補者は洞穴の入口の前に行って眠る。イルンタリニアがやってきて「眼に見えない槍を彼に投げつける。槍は背後から彼の首に刺さって、舌を貫通し、そこに大きな孔を開けて口から出てくる」。候補者の舌には、小指を簡単に通せるぐらいの孔が開いたままになる。二投目の槍が候補者の頭を切り落とし、彼は死ぬ。イルンタリニアが彼を洞穴のなかへ運んでいく。この洞穴は非常に深いとされていて、この精霊たちはその冷たい泉のそばで永遠の光のもとで暮らしていると信じられている（実際に、洞穴はアランダ族の楽園を表わしている）。イルンタリニアはそこで候補者の内臓を引き裂き、代わりにまったく新しいものを与える。候補者は息を吹き返すが、しばらくのあいだは狂ったように振る舞う。(26) その後、イルンタリニアは彼を野営地に運ぶが、それが見られることはない。この精霊は呪医以外の人間の眼には見えないのである。しきたりでは、新たに育成された医術師は一年間治療を行なうことを禁じられている。もしその期間に舌の孔が閉じてしまったら、神秘的な力が消えてしまったものとして候補者はあきらめる。彼はこの一年間に他の呪医からこの職業の秘密、特にイルンタリニアが彼の身体に埋め込んだ水晶の使用法を学ぶ(27)。

呪医育成の第二の方法は、エルンチャが候補者を洞穴に運ぶのではなく、地下に連れて行くという点を除けば、第一の方法に似ている。そして第三の方法は、孤立した場所での長期の儀礼を伴うもので、そこで志願者はふたりの老年の呪医によって執行される施術に黙って従わなければならない。彼らは志願者の身体を皮膚がすりむけるまで水晶で擦り、水晶を頭皮に押し当て、彼の右手の爪の下に穴を開け、舌には切傷をつける。最後に彼の額に、エルンチルダ、文字通りには「悪魔の手」と呼ばれる意匠が施される。彼の身体も装飾され、その意匠は真ん中の黒い線がエルンチャを表わし、その周りの線は見たところ、身体のなかにある呪力を帯びた水晶を象徴している(28)。

ウンマチェラ族のある高名な呪医は、スペンサーとギレンに自身のイニシエーションのもっとも重要な瞬間について語った。ある日、老年の呪医が水晶（アトノンガラ石）を投槍器を使って投げつけて、彼のことを「殺した」。

次にその老人は、彼の中身すべて、腸、肝臓、心臓、肺などまさしくすべてを切って取り出し、彼を一晩中地面に寝かせたままにしておいた。朝になると老人が来て、彼を見つめ、その体、腕、脚にアトノンガラ石をさらに入れて、彼の顔を葉で覆った。それから老人は、志願者の身体が膨れ上がるまで彼に向かって歌った。それが済むと、老人は志願者に新しい内臓一式を備えつけ、さらに多くのアトノンガラ石を入れて頭を叩くと、志願者は飛びあがって生き返った(29)。

ワラムンガ族では、イニシエーションはプンティディルの精霊たちによって執行される。この精霊はアランダ族のイルンタリニアに相当する。呪医はスペンサーとギレンに、この精霊たちがやって来て自分を殺したのだと語った。「彼が死んで横になっているあいだに、精霊たちは彼を切り開いて中身をすべて取り出してしまうが、代わりに新しい内臓一式を与え、最後に小さな蛇を身体のなかに入れると、その蛇が呪医としての力を彼に授ける[30]」。

ビンビンガ族の考えでは、精霊のムンダジとムンカニンジ（父と息子）によって呪医は聖化される。医術師（クルクチ）はある日洞穴に入ったとき、彼が老年のムンダジに偶然会い、首をつかまれ殺された様子を語った。ムンダジは彼を「真ん中からまっすぐ」切り開いて、「その中身をすべて取り出し、自分のものと交換してクルクチの身体に入れた。それと同時に、ムンダジは多くの聖なる石を彼の身体に置き入れた」。それが終わると、若い精霊のムンカニンジが彼を生き返らせ、今や彼は呪医であると告げた。それからムンカニンジは彼を天空へと連れて行って、次いで地上の野営地の近くに彼を連れて戻ると、「そこで呪医は、土地の人々が自分のことを死んだと思って嘆いているのを聞いた。長いあいだ彼はいくらか茫然とした状態にあったが、徐々に回復して、人々は彼が呪医へと育成されたことを知った[31]」。

マラ族でも、この技術はほとんど変わらない。呪医になろうとする者は火を灯し、脂肪を焼いて、ミンヌンガラと呼ばれる二体の精霊を招き寄せる。精霊はまず彼の感覚を麻痺させ、次に彼を切開し器官をすべて取り出すと、それを自身から取り出した器官と交換する。それから精霊は彼を生き返らせて天空へと運ぶ。それ以降、マラ族の呪医は夜のあいだに縄を使って天空へと昇り、そこで星の人々と対話することができるようになる[32]。

オーストラリアのシャーマンのイニシエーション

これらのイニシエーションに特徴的な要素は、(一)新しい加入者の「殺害」、(二)器官と骨の除去、新たな一式への置換、(三)呪力のある物質、特に水晶の挿入、である。中央アジア、シベリア、南アメリカ、そしてメラネシアとインドネシアの一部でのシャーマンのイニシエーションにも同種の類型が見出される。とりわけ中央アジアとシベリアの筋書きは、先に引用した事例ともっとも顕著な並行関係を示している。オーストラリアの加入者のように、シベリアと中央アジアのシャーマンは、病い、精神錯乱、あるいは「夢」の期間内に、エクスタシーを伴うイニシエーションを経験する。彼は精霊や神話的祖先によって自分が拷問され、最終的には「殺される」のを見る。こうした悪魔的な存在は、彼の身体をたたき切り、四肢を分断して頭を切り落とすと、それを茹でて、肉をこそぎ落として骨をきれいにしてから、新たな肉に置き換え、体液も取り替える。[33] 呪力のある物質の挿入というモチーフはそれほど頻繁には見られず、将来のシャーマンの肉や骨と同じ大釜で溶かされる鉄への言及がまれにあるのみである。[34] とはいえこのモチーフは、たとえばマレー半島のセマン族、[35] ボルネオのダヤク族[36]においても確認されるし、南アメリカのシャーマニズムの特徴でもある。[37]

すでに指摘したように、[38] エルキンはオーストラリアの呪医のイニシエーションのパターンを、東オーストラリアにおけるミイラ製作の儀礼と比較している。その儀礼は、ごく最近まで一種のミイラ製作が行なわれていたトレス海峡諸島を経由して導入されたと思われる。さらにエルキンは、そうしたメラネシアの影響をより高度な他の文化(エジプトだろうか?)と関連させようとしている。ここではシャーマンのイニシエーションのこうしたパターンの起源と伝播を論じるつもりはない。しかしオーストラリアの事例が、(究極的にはエジプトの?)ミイラ製作の儀礼に依拠しているとするのは根拠のない仮説である。もしそうなら、シベリアや南アメリカのシャーマンのイニシエーションも、同種のミイラ製作の儀礼からの影響によって説明しなければならないのだろうか。シベリアとオーストラリアで確認できるイニシエーションの相補的モチーフ——たとえば新加入者の天や地下への旅——の広汎な分布も、世界中のシャーマンの実践に認められる類似性も、さまざまなタイプのシャーマニズムがやがてそこから発展してくる、あるひとつのアルカイックな段階が存在したことを指し示しているのである。

もちろん、特定の形態のシャーマニズムが、時代を経るなかで、より高度でより新しい文化に強く影響されたことを否定するわけではない。たとえば中央アジアやシベリアのシャーマニズムは、イラン（本質的にはメソポタミア）やインドや仏教からの影響の明確な痕跡を示している[39]。オーストラリアの神秘的技法に対するアジアの影響の可能性を、ア・プリオリに排除することはできない。エルキンはオーストラリアの呪医の超心理学的な力を、インドやチベットのヨーガ行者の妙技と比較している。というのも、火渡り、「呪力のある綱」の使用、姿を消してふたたび現われる力、「瞬間移動」などはオーストラリアの呪医と同じく、ヨーガ行者や苦行僧においても一般的である。エルキンによれば、「インドやチベットでのヨーガやオカルト的な諸実践と、アボリジニの高位の男たちの実践や超能力とのあいだには、何らかの歴史的な関係があるかもしれない。ヒンドゥー教は東インド諸島にまで広がった。ヨーガはバリの祭祀の一種であるし、オーストラリアの呪医の驚くべき妙技のいくつかは、パプアの同業者のものに似ている[40]」。

もし仮にエルキンの推測が正しいとしたら、オーストラリアにおいても中央アジアやシベリアと事態は同じということになるだろう。しかしやはりこれも、オーストラリアの呪医の一群の儀礼や信仰やオカルト的技法が、インド文化の影響下で創られたことを意味しない。こうした儀礼や信仰の大多数に見られるアルカイックな構造は明らかである。加えてオーストラリアの呪医は、部族のもっとも秘められた最古の宗教伝統の中心に位置している。その「呪術のトリック」はアルカイックな型に属し、その大半はインドからの影響を想定するのが困難な他の未開文化（たとえば、北極圏やフエゴ島）のシャーマンや呪術師によっても実践されている[41]。

ここではこうした「トリック」のうちのひとつ、すなわち、「呪力のある縄」の簡潔な紹介のみにとどめよう[42]。不思議議な綱を用いて天に昇るウィラジュリ族の呪医の事例はすでに引用した（本稿三二六頁）。バーントが集めた情報によると、その綱はバイアメが新加入者に与え、その身体に「歌い」入れたものである（本稿三二八頁）。イニシエーションの際に、もしくはイニシエーションを完了している男たちの集会の前に、医術師たちはこの綱を「歌って出す」ことで自分の力を披露する。木の下に仰向けに寝て、彼らは「蜘蛛と同じような仕方で」綱を上方に送り出し、「両手を交互に使って登り始め、最後には木の先端に到達した」。それから彼らは隣の木に綱を飛ばし、「空中を歩いていった[43]」。

あるウィラジュリ族の男が一八八二年頃のイニシエーションの際に目撃した呪術の実演には、火渡りと魔法の綱登りが含まれていた。そこではウォンガイボン族の「賢者」が木の根元のそばに仰向けに横になって、彼の綱を「歌って」出した。綱はまっすぐ上がって行き、彼はそれを登って、高さ四十フィート〔約十二メートル〕ほどのところに巣のあるその木の先端に到達した。「登っているあいだも、彼は綱を『歌って出した』ときとまったく同じ姿勢――頭は後方に、身体を伸ばして、脚は開き、腕を体につけて――だった。彼は巣に登っていってそのなかに座り、下にいる人たちに手を振った。それから彼は、蜘蛛が糸を使うのと同じように、背中を下にして降りて来た。彼が地上で休んでいるとき、その綱が下りて来て睾丸に再び入っていくのが見えた[44]」。

同種の「トリック」は他の未開社会でも知られている。たとえばフエゴ島の一部族であるオナ族のシャーマンは三メートル近い「魔法の縄」をもっていて、それを口から出したり、呑み込んで一瞬で消し去ったりする[45]。以前の研究で論じたように、そうした呪術の妙技は、苦行僧の「縄のトリック」と比較されなければならない。実際、縄のトリックを構成するふたつの本質的要素、すなわち助手の魔術師の縄登りと身体の切断は、オーストラリアの呪医の伝統にも両者が結びついた形で見出すことができる。こうした妙技の意味は明らかで、それらは呪医の隠された力、「この世界」を超越して超自然的存在や神話的英雄のように行動する能力を明示している。「魔法の綱」で木の先端に登ることは、天に昇って天上の高次存在と会う呪医の力能の「証拠」なのである。

呪医と虹蛇

水晶やその他の呪力のある物質（真珠貝や「精霊の蛇」）を将来の呪医の身体へ挿入することは、汎オーストラリア的慣行と思われる。そうした物質の所有は「絶対に欠かせない。というのも、呪医の力はそれらと関連していて、実際それらを通して働くからである」[46]。事実、そうした物質の吸収は呪医の身体の神秘的な「変質」に等しい。南東諸部族では、水晶は天蓋から落ちてきたものと考えられている。それらはある意味で「凝固した光」である[47]。さらに、南東および北西オーストラリアのいたるところで、水晶は天界や虹と結びつけられている[48]。真珠貝も同じように虹蛇に、つまりは空と水の両方に結びつけられている。そうした物質を身体内に所有することは、要するに天上の高次存在の、あるいは、宇宙的な神の筆頭である虹蛇の神秘的本質を分有することを意味している。

事実、非常に多くの部族において、呪医はその力を虹蛇から得ていると考えられている[49]。初期のある報告によれば、ブリスベンの原住民は水晶は虹蛇から吐き出されたものだと信じていた。「呪医はどこに跳び込めばそれが見つかるか、すなわちいったいどこで虹が終わるのかを知っていた」[50]。クイーンズランドの一部族であるカビ族の呪医は、虹蛇から水晶だけでなく「呪力のある綱」も受け取る[51]。マシューズの報告では、ウィラジュリ族の新医術師は蛇のワーウィに会いに行くことができ、「その蛇は彼を自分の巣穴に案内して、コロボリーのための新しい歌を彼に唄う」。医術師はその歌を習得するまで復唱し、それから戻って仲間に歌と踊りを教える[52]。ホールズクリーク地域のルンガ族とジャラ族のもとでは、呪医を育成するのは虹蛇のクラベルで、この蛇は志望者が水場で沐浴しているときに彼を「殺す」。彼は病気になり気が狂うが、最終的には水晶に関連する力を受けとる[53]。ウナンバル族にとって、呪医の力の源泉はウングッドである。眠っているあいだに志望者の魂はウングッドのところに行って、この地下の蛇から水晶を受け取る[54]。またウンガリニン族においても、呪医の職に召命し力を授けるのはウングッド、あるいは少数の事例では天上の英雄ワランガラである[55]。

呪医の機能と威信

このように、イニシエーションは加入者の人間として条件の「変質」を引き起こす。彼が「死ぬ」と、骨と肉は取り除かれるか置き換えられて、身体には呪力のある物質が詰められる。彼は天へと飛ぶか、水のなかに跳び込むか、地下へ行くかして、超自然的存在や祖先の英雄や亡霊と出会う。最終的に彼は根本的に「変化した」存在として、息を吹き返す。実際、存在論的にも実存的にも、今や彼は人間というよりも原初存在に近くなっている。通常の死すべき者には基本的に見えない、あるいは接触できないそうした存在を見て、会って、言葉を交わすことができるだけでなく、彼自身もそうした存在のように、すなわち自分にイニシエーションを施し神秘的で超人間的な力を授けてくれたまさしくその超自然的存在のように振る舞う。原初存在と同様に、今や呪医は空を飛び、姿を消してふたたび現われ、生者と死者の精霊を見ることができるのである。

「変質」のおかげで、呪医は同時にふたつの世界に生きている。現実の部族の世界と、原初存在が地上に顕現し活動した始源の聖なる世界である。このため呪医は、部族とその神話的歴史の英雄とのあいだの一段とすぐれた媒介者になっている。呪医は夢見の時との接触を、部族の他のメンバー以上に、より多くかつよりよく再活性化させ、そうして世界を更新させることができる。加えて、始源の伝説的時代を思いのままに再統合できるために、彼は新たな神話や儀礼を「夢見る」こともできる。そうした新たな創造物は最終的に、個人的革新のしるしを帯びることなく、部族の宗教伝統のうちに組み入れられる。なぜなら、それらもまた、夢見の時という原初の永遠なる源泉に属しているからである。

呪医のあらゆる公的な機能と義務は、彼の実存的に特異な条件を根拠としている。彼は病いを引き起こす呪物を見ることができ、それらを取り除いたり消滅させたりできるので、病人を治療することができる。(56) また、天に行くことや雲を呼び寄せることができるため、彼は降雨師にもなれる。(57) そして部族を呪術による攻撃から防御するときには、呪医は黒呪術師の役目を果たす。誰も彼以上にうまく「とがった骨」を使いこなせないし、被害者に致命的な毒を「歌い」入れる上で彼を凌ぐ者はいない。呪医の社会的威信、文化的役割、政治的優位は結局、その呪術・宗教的な「力」に由来している。ウィラジュリ族では、きわめて強力な医術師は死者を蘇らせることすらできると信じられていた。(58) バーントはウィラジュリ族の呪医の役割を総括する際に、呪医の「部族のあらゆる問題、特に伝統的で宗教的な生活に関わる問題についての深い知識」を強調している。呪医は部族の代表的な「知識人」であり、同時に大きな社会的威信を有する者でもある。「首長の職を引き受けることも、トーテムの祭儀生活において指導的役割を果たすことも彼には可能だった。こうして彼は、集団の世俗的かつ精神的な指導者になることができた(59)」。

とはいえ呪医は、きわめて特権的な地位を享受してはいても、原初の時代の英雄との接触を作り直し、そうして呪術・宗教的な力を獲得できる唯一の者ではない。実際、イニシエーションを完了している部族のメンバーなら誰でも、特定の儀礼を通して神話的時代を再統合することができる。たとえば「増殖儀礼」やウォンジナの図像の儀礼的な塗り直しは、イニシエーションを経た多くの成人たちによって周期的に執行される。全員が自分個人の聖なる「歴史」を再演し、追体験する。さらに大人の男なら誰でも、少なくとも部分的には身につけることのできる特定の呪力がある。「歌う」ことや「とがった骨」によって、誰でも黒呪術を行なえる。(60) 同様に、雨を降らせることも呪医の排他的な特権ではない。専門職としての降雨師がおり、さらに雨を産み出すことのできる霊感を受けた個人がほかにもたくさんいる[61]。

そのうえ、場合によっては呪医と機能が重なる別のタイプの呪術師やエクスタシーの実践者もいる。すでに見たように、医術師は黒呪術師に対して、同じく黒呪術の技法を用いて戦うことができる。主に大陸南東部に若干の例外があるものの、攻撃目的や個人的理由のために呪医が黒呪術を行なうことはない。それに呪医が黒呪術に訴える例外的な場合でも、その黒呪術は敵対する外部の部族のメンバーを対象としている。邪術師や黒呪術師には反社会的な動因が顕著であり、それによってもっとも明確に呪医と区別される。

しかしながらそうした違いは、新しい歌や踊りの創案者である通称「コロボリーの医術師」と呪医とのあいだでは、あまり明瞭ではない。確かに呪医なら誰でも、夢での体験やエクスタシー体験の結果として、新しいコロボリーを発明することができる。大多数の部族では、精霊の国への旅によって霊感を受けた呪医を通して、この部族公認の精霊的指導者を通して部族の伝統は豊かにされていく[62]。たとえばクリン族、ウォチョバルク族、ウルニェリ族において、呪医は部族の詩人でもあり、ある場合には詩人の霊感はブンジルに直接由来する[63]。しかしすでに見たように（本稿三二一頁）、クルナイ族では真の呪医（ムラ・ムルング）が、幻視的な詩人にしてコロボリーの創始者であるビラ・アルクから区別されている。いくつかの部族では、新しい歌や踊りの作り手は特別なグループに分類される。たとえば西キンバリーでは、新しいコロボリーの発明は呪医の機能の一部であるのに対して、中央キンバリーでは、いわゆる「悪魔の医術師」が「ウングッドの医術師」からはっきりと区別されている。「悪魔の医術師」は死者の国へのエクスタシーによる（すなわち夢のなかでの）旅や、叢林の精霊との遭遇に従って、新たなコロボリーを人々に知らせるが、もう一方の医術師の霊感の源はウングッドである[64]。

結局、呪医と「コロボリーの医術師」という二分法の起源は、特定のタイプのエクスタシー体験、つまり精霊と死者の国への旅という体験の宗教的重要性が増大したことにあるのかもしれない。新しい歌と踊りの創造は、そうしたタイプの個人的で自然発生的なエクスタシー体験にますます依存するようになってきている。そのため宗教的かつ芸術的な創造性は、伝統的で閉鎖的な専門職集団の外部にいる個人のもとで発揮されたのである。

「専門家」と「革新者」

私たちは、何らかのつながりがあるふたつの異なる宗教現象のカテゴリーに直面している。すなわち、（一）呪医の多様な呪術・宗教的経験から派生する諸結果と、（二）専門家の秘教的な知識と秘密の技術を部分的に獲得することによって、非専門家が自己の「力」と社会・宗教的威信を増大させる傾向である。

呪医の多様な活動は、聖なるものを用いて呪術・宗教的な力を習得する際の、多くのさまざまな可能性によって促進されている。シャーマンや他の宗教的専門家と同じように、オーストラリアの呪医は「聖なるものの専門家」である。しかし聖なるものを用いた経験はきわめて多様であるため、さらにいっそうの「専門化」が引き起こされる。そのため先ほど見たように、いくつかの部族ではある段階で、エクスタシーによる新たな歌や踊りの作り手や降雨師が新階級を形成するようになる。「専門化」の過程がいつも、こうした機能すべてが共存している呪医集団の内部で始まるのか、あるいは反対に、専門家集団の外部で霊的な才能をもった個人のなかで起こるのかを決定するのは困難である。おそらく事態は両方向に生じたのだろう――というのもすでに見たように、呪医は同時に降雨師、詩人、新たなコロボリーの作り手でありうるし、実際そうであることも多いのに対し、逆にイニシエーションを経た男が、こうした技法のひとつを獲得して「専門家」になることもありうるからである。しかし降雨師それ自体は、伝統的な呪医の複雑な諸機能を満たしたり、その宗教的かつ社会的な威信を享受したりすることはけっしてできない。そしておそらく、専門家集団の外部にいたコロボリーの作り手に関しても、ある時点では同じことが言えただろう。

非専門家が「専門家の」技術によって呪術・宗教的な力を獲得する傾向は、よく知られた普遍的現象である。

オーストラリアでは、そうした傾向は部族のイニシエーションによって承認され、奨励されている。イニシエーションを完了した男は、部族の聖なる歴史に導き入れられるだけでなく、伝説的始源の聖性を取り戻す方法も教えられる。いくつかの事例——キンバリーなど——では、個人を宗教生活へ導き入れることそれ自体が、呪医の力のひとつ、雨をもたらす力を授ける。

一般に、呪術・宗教的な力の増加を望む非専門家には、次のふたつの道が開かれていると言えるだろう。(一)黒呪術の技法と、(二)エクスタシー体験である。もっとも基礎的な黒呪術の「とがった骨」は誰でも扱えるが、より込み入った行為(たとえば「脂肪泥棒」)は「専門家」に限定されている。さらに黒呪術への怖れと、それがもたらす邪術師だと疑われる危険は非常に広範囲に及ぶので、そうした危険を伴う技術を獲得して力を増強しようとする者はほとんどいないだろう。

反対に、夢でのエクスタシー体験は呪術・宗教的な力の何よりの源泉を表わしている。ここでも伝統的な呪医がモデルとして役立った。しかし非専門家の夢のなかのエクスタシー体験はアルカイックなパターンにそれほど厳密には依拠しておらず、そのためその宗教的で芸術的な表現は、ある場合には部族の一部の人々にいっそう深い印象を与えることができた。他方で、明確に表現された秘教的神話体系が呪医には欠けていたため、エクスタシー実践者の創造物は多様な目的のために転用、修正、行使されることがあった。いくつかの事例では、必ずしも「黒呪術」型ではないものの、コロボリーが呪術的傾向を帯びた儀礼となった。さらに西洋文化の衝撃の下での文化変容の過程において、いくつかの新たなコロボリーは独立した放浪祭祀となった。コロボリーの本来の意図、つまり、呪術・宗教的な力を増強したいという非専門家の欲望は、反伝統的で攻撃的な態度に席を譲った。こうしてこの新たなコロボリーは、主に呪医によって代表される部族の伝統的な宗教体系に対する反逆と、呪力そのものへの関心が増大していることの公的な表明を示しているのである。次章で見るように、クランガラ祭祀はそうした過程を豊かに例証している。

要するに、呪医はイニシエーションの際に啓示され教えられた超自然的存在を模倣するが、この模倣はさらに、より低い別の水準で、才能ある非専門家が呪医自身の技術を自然発生的ないし意図的に模倣することによって、反復されるのである。類似した状況は、世界の他の場所でも見出される。シベリアやオセアニアのいくつかの地域では、シャーマンの行動や技術やトランスが、エクスタシーあるいは精神病に陥るあらゆる種類の個人によって、さらには子どもによってさえも模倣される。[65] そうした現象は結局、「高位の男たち」の伝統的イニシエーションが要求する苦難や危険を伴う長い習得期間に服することなしに、「聖なるものの専門家」がもつ「力」や威信を得ようとする、非専門家の欲望や希望を例証しているのである。ある観点から見れば、この過程に「世俗化」の端緒が認められるかもしれない。というのも、それは特権をもつ宗教的エリートに対する反発をはっきりと表現しており、さらに潜在的には、そのエリートの価値や行動や制度から本来の聖なる魅力をなくしたいという意志をも表現しているからである。しかし他方で、伝統的宗教形態の世俗化は、集団ないし個人生活の他の分野を新たに聖化する過程に道を開いてもいるのである。

第五章　結論――死と終末論

死、葬儀、「検死」

呪医は死者儀礼で中心的な役割を果たす。というのも彼は、「殺人犯」を見つけることによって復讐を方向づけることができるからである。彼の霊的な力と社会的威信のおかげで、死によって引き起こされた危機は狂気じみた自殺的行為という形をとることはない。他の多くの宗教と同様に、死ぬという行為自体は相矛盾する見方で評価される。オーストラリア人は、人は死を通じてのみ至高の霊的状態に達する、すなわち純粋に精霊的な存在になると信じている。「死、この最後の通過儀礼は、彼を俗なる世界の一切から引き離し、彼（の魂）を聖の世界へと完全に送るのである」[1]。しかし他方では、ごく少数の例外（たとえば、幼児や非常に高齢の者）を除いて、新たな死はどれも破局的な危機を引き起こす。共同体の全体が精力を費して死に対応し、最初の葬式を終えたあとに死者の所有物を焼き、野営地を放棄する。誕生と同様、死は「自然な」ものではない。それは誰かによって引き起こされるのだ。すべての死者は邪術の犠牲者なのである。呪術は、戦闘中に槍で刺されるというようなまぎれもなく「自然な」原因さえ説明する。邪術師が意図したからこそ、その一撃が致命的なものとなったと理解されるからである。新たな死の際にはいつも、死が世界に登場したときに初めて感じたのと同じ恐るべき脅威を、社会は全体として追体験する。なぜなら死は避けられなかったものではなく、神話的祖先が殺されたために、あるいは彼が生き返るのを阻害されたために、人は死を免れえなくなったからである。死の不条理さは、新たなる死が起こるたびに示される。それは「自然な」出来事ではなく、霊的な手段、すなわち呪術によって実行された殺人なのだ。そのため犯人を捜して見つけ出し、犠牲者のための復讐が果たされなければならない。

オーストラリア大陸のある地域では、死ぬ間際の男が苦しんでいると、親族が彼の周りに集まり、彼のトーテム祭祀の氏族の歌を唄う。この行為は死にゆく者を慰め、彼が聖なる精霊の世界に還る準備をしているのである。死にかけている男もできるかぎり歌唱に加わる。[2] ムルンギン族のあいだでは、その歌は彼の父親や祖先たちを呼び出す。「もしわしらが唄わなかったら、悪霊（モコイ）が彼をつかまえて住み処とする森林地帯に連れて行くせいで、彼は帰ってしまうかもしれない。それよりは、彼の昔の先祖たちがやってきて、彼のトーテムの故郷である氏族の泉にまっすぐ連れて行ってくれた方がいいわけだ」（Warner, *A Black Civilization*, p.403）。

どんな人もふたつの魂を持っている。真の自己——「永遠の夢の時の魂、すなわちこれまでも、そしてこれからも、一時的または永遠に存在し、いくつかの部族においてはふたたび人間として生まれるとされる魂」——と、また別の魂、「夢に現われ、所有者の死後には別の人のなかに住み処をもつか、叢林に住んで悪戯を行ない、生きている親族を脅かして傷つけることさえある」（Elkin, *The Australian Aborigines*, p.317）魂と、である。身体からの決定的な分離に抵抗するのは、トリックスターであるこの第二の魂で、生者が儀礼の助けを借りて自らを守るのは、特にこの魂に対してである。

死にゆく者が苦しんでいるあいだに、女たちが嘆き、頭を傷つけて血を流すなどの、悲嘆と絶望の表明が始まるが、それは死後ただちに真の狂乱へと至る。黒呪術から犠牲者を守ることができたのに、それをし損ねた者に対する脅迫が口にされる。集合的な悲嘆と激憤は、死者の復讐が果たされるだろうという確信と保証が得られることによってのみ抑えることができる。ここでは犠牲者自身が、誰が自分を殺したのかを特定するのを助けるとされている。というのも、さまざまな種類の検死があるが、そのほとんどは死体から得られる指標によって、あるいは呪医に知らせるために生前の身体を利用する魂によって導かれるからである。遺体の処理方法はさまざまで、もっとも一般的な土葬や、火葬、遺体を台上に晒すものなどがある[3]——しかし、いずれもすぐさま行なわれるものではない。通常は、「公的な」死の宣言と遺骸の最終的な遺棄のあいだに二、三の段階があり、「検死」はこうした段階のひとつで行なわれる。墓の周囲の土を検分する、死者の精霊が墓の殺害者のいる土地の方向から出てくるのを見る、墓の近くで殺人を行なった者の精霊を目撃する、殺害者を夢に見るなどによって、呪医は殺害者のいる土地を見つけることができる[4]。

また、遺体、正確にはその近くにいる精霊が「殺人犯」を示すこともできる。たとえば、部族の名前を次々に言いながら死者の髪を引き抜くと、髪が取り除かれる瞬間に責めを負うべき集団が明らかになる。南オーストラリアの北東部では、遺体が三人の男の頭に乗せられ、殺害者の部族の名が述べられたときに、遺体が跳び下りるという発見方法が用いられていた。遺体を掘りだして、内臓を調べることもある。エルキンが述べているように、「検死の形態は、死者の精霊が、肉体やその一部をまだ『生かし』、制御しており、またそれを使いもすることを示している……。復讐が果たされたり、満足が得られたりして埋葬や喪の儀礼が完了して初めて、精霊はようやく身体を離れ、死者の住み処もしくはその精霊の住み処に向かうのである」(p. 325)。しかし殺害者の土地や集団を示すしるしの入念な解釈によって、検死が遅れ先延ばしになるということが復讐の重みを制限している。事実、復讐のための遠征がつねに組織されるわけではない。「代わりに呪術的な儀礼が催されたり、戦闘を伴う会合への招待が行なわれたり、女性を『支払う』ことで清算が行なわれたり、死者の集団が殺害者の集団に対して以前にもたらした死やその他のことに対する不満を挙げて、今回の死を埋め合わせたりする。いくつかの部族では、イニシエーションにおいて殺害者の集団の若いメンバーを儀礼的に殺害することが、死者の集団を満足させることにもなる」(p. 328)。

魂の死後存続

検死と埋葬儀礼は、オーストラリア人の魂の観念を理解するのに役立つ。他のあらゆる場所と同様、魂の概念とその死後の存在という概念は不明瞭で、両者が矛盾することも珍しくない。すでに見たように、ふたつの魂があり、「第一の先在する精霊」だけが重要な死後の存在を有すると考えられている。事実、その魂が還る精霊の故郷はその精霊が生まれた場所であるか、もしくはその魂の創造者が住んでいる場所である。この故郷は（東オーストラリアの大部分と西や北西の一部では）天空に、（北部と中央オーストラリアの大半では）トーテムの中心地にあり、いくつかの事例では海の向こうにあるとされる。[5] アーネムランドの北東部では、人間の精霊は死後に三つの部分に分かれると言われている。「ひとつはトーテムの中心地に還り、ふたたび生を受けるのを待つ。もうひとつのモグウォイはトリックスター的な精霊で、幅広く動き回ることができるが、その地域から離れることはない。第三のものは、死者としてしかるべき地へと赴き、すでにそこにいる創造的存在や精霊に加わり、それらと混ざりあう。[6]

予想されるように、死者の国はさまざまに思い描かれている。オーストラリアの文化水準においてすでに、肉体をもたない魂の神話地理学とでも呼びうるものの、もっとも特徴的な要素が見出される。たとえば精霊たちは、超自然的存在が投げた縄を伝って天に昇る。[7] もしくは精霊たちは眼に見えない木を渡って行くのだが、岩から延びているこの木は死者の国への橋となっており、これを渡る際にはいくつかの試練が伴う。[8] またはウィラジュリ族の場合のように、精霊は綱を伝ってバイアメの天界へと昇る。[9] あるいはクリン族のように、彼らは「日の入りの輝ける光線」に乗って天空へと昇る（Howitt, pp. 438–39）。クイーンズランド北東のハーバート・リバー地域の部族においては、死者は天の河にそって天空へと旅をする（p. 431）。カミラロイ族は死者がマゼラン星雲へ行くと信じている（p. 439）。東部キンバリーの部族にとって、死者の地は西方にある。精霊たちは「時として彼ら自身の地へ、墓や彼らの骨が隠されている峡谷へと戻る」[10]。アーネムランド北東部の部族であるイリチャ半族は、死者の地がニューギニア南海岸沿いのトレス海峡諸島のどこかにあると信じている。ドゥワ半族にとって、その場所はバラルク島である。たどりついた魂が受け容れられる前に試されるというモチーフは、オーストラリアの他の地域でも見出される。ドゥワ半族の場合、守護者は新入者がイニシエーションを受けているかどうかを調べる（R. M. and C. H. Berndt, *The World of the First Australians*, pp. 416 ff.）。アーネムランド西部のグニング族においては、道の守護者の妻が、気付かれずに通り抜けられるよう精霊を助けてくれる（p. 414）[11]。さらに、雨をもたらすために天界に昇るウィラジュリ族の呪医の体験とイニシエーションにおける試練は、その魂を死に直面させもする（p. 413）。

　死とは、本質的にはひとつのエクスタシー体験である。魂は身体を捨て去ると、死後の地へと旅立つ。他のエクスタシー状態――睡眠、病いが引き起こすトランス、シャーマンの旅――との違いは、死者の魂が永遠に身体を去るという点にあり、このため身体の腐敗や最終的な破壊をもたらすのである。ホウイットは、女性（すなわち、イニシエーションを経ていない者）さえも含む普通の人々によって達成された天への旅をいくつか引用している[12]。しかしながら、そうした自然発生的なエクスタシーによる旅はかなりまれである。それに対し、呪医は頻繁に天界や、どこであれ死者の地がある場所へと旅をする。そして、そうした伝承上の土地を実際に訪れた男たちの話すらある。ウォーナーとバーント夫妻はジャラングラという男の物語を伝えている。彼は数日のあいだ舟をこいで死者の島であるバラルクに達し、そこでさまざまな精霊たちに会ったあとで自分の村に戻ってきたが、ちょうどその夜に死んでしまった[13]。

　これらの死者の地への旅すべてには原型となる出来事がある。それは超自然的存在もしくは神話的祖先が行なった最初の旅である。南東オーストラリアにおいては、超自然的存在は天に隠遁し、同様にムラ・ムラの幾人かもその文化的活動の終わりに天に昇った[14]。呪医はこの昇天を反復し、さらに、あらゆる人間の魂も死後に同じくそうする。いま一度、とはいえこれが最後になるのだが、こう述べておこう。始源において超自然的存在が行なったことを人は行なうのである。新たな死者が出るたびに、原初の筋書きが再演される。死者の住まいに首尾よく到達し、他の精霊と結合することに、道徳的な要素はいっさい関係がない。罪に対するいかなる罰もなく、イニシエーション的性格をもつ試練があるだけである。死後の状態の違いをもたらすような魂のあいだの区別があるとすれば、それは生涯に行なった儀礼と、受け取って自らのものとした宗教的知識に関係している。すなわち、違いはイニシエーションの段階にあるのである。死と死後の存在に関するアルカイックな概念の特徴のひとつは、そうした「道徳的」価値への無関心である。この観点からすると、まるで「道徳性」は肉体のある状態の人間にだけは意味があるが、死後の状態、純粋に「精霊的」な存在様式においては意味ももたないかのようである。そのような「精霊的」な存在は、主として地上において執り行なわれた儀礼の力と蓄積された「救済の知識」による変容の影響を受ける。

　だが死後の変容の性質や規模がどのようなものであろうとも、人間の精霊の不滅性は根源的で汎オーストラリア的な概念であるように思われる[15]。このことは本質的には、夢見の時に現われた個々の精霊の不滅性を意味している。この概念は体系化される前のカルマの観念やアートマンの永遠性と比べてみることができる。ヴェーダ期以後のインドでは、オーストラリアの場合と同様に、儀礼――すなわち模範的行為の反復――と、その儀礼の神的な起源と本質の理解に由来する「救済の知識」が、不滅の精霊的主体という観念へと至ったのである。

クランガラ

メラネシア文化との接触によって引き起こされた新たな宗教的創造物についてはこれまでにも述べているが

(本稿三二八頁を見よ)、近年には西洋文明の衝撃がそれよりはるかに根源的な反応を呼び起こしている。その好例であるクランガラは、おそらくわずか六、七十年前に中央砂漠で発生し、とても急速に北部や北西部へと広まった祭祀である。[16] 宗教史家にとって興味深いのは、それが伝統的な宗教的行為と観念体系を拒絶し、呪力を称揚している点である。クランガラは、どこでも同じ神話的、儀礼的筋書きを呈示しているわけではない。一九三八年、ヘルムート・ペトリはウンガリニン族においてこの祭祀を調査したが、そこでは十分に発展していた。またアンドレアス・ロンメルが調査したウナンバル族においては、クランガラは初期段階にあった。その違いは当時からすでに注目されていた。[17] 一九四四年から翌年にかけてロナルド・バーントが上部キンバリーでクランガラ(グランガラ)を研究したとき、彼はまるで異なった状況を見出した。その本来の機能と意味が変化していただけでなく、そうした地域では、クランガラはカルワディ・カジャリ・クナピピ祭祀、すなわち「豊饒」複合体に統合されていたのである。[18]

手に入る情報から判断するかぎり、クランガラの意味と機能はウンガリニン族においてもっともよく把握できる。そこでは、この祭祀は古い世代の伝統的な宗教的価値に対する容赦ない反発と、新たな形の秘密結社の「救済力」への信頼を顕わにしている。ペトリによれば、クランガラという言葉の語源は不明だが、呪術的に強力で危険であると考えられているために、原住民たちはこの言葉を「毒」と訳している。[19] 祭祀の中心的な形象はジャンバであり、それは人の姿をした精霊として分類できるが、骸骨のような容姿で、木のように背が高く、長い性器をもっている。彼らは人間を食べ、姿を消すことも、どんな姿をとることもできる。ジャンバはイニシエーションを受けていない者には見えない。彼らは不死だと考えられている。「彼らは自らを造った」と述べられているように、それは始源において姿を現わしたからである。ペトリは彼らをウングッドに比している(*Sterbende Welt*, p. 258)。彼らの力は呪物であるグロアレによるものだが、彼らはそれを体のなかに所有している。[20] このグロアレのおかげで、ジャンバは隠されたものを何でも見ることができるのである。

この祭祀のもっとも重要な聖物は、中央オーストラリアのチュルンガと似てはいるが、時に二メートルもの長さになるミンボルと呼ばれる木製の板である。ミンボルは、クランガラが行なわれる秘密の場所に保管される。それらはジャンバの身体から生じたと言われ、この身体の眼に見える代理物である。中央キンバリーでは部族のイニシエーションを経た者だけがクランガラのメンバーになれるが、西部キンバリーにおいてはそうした条件は必須ではない。[21]クランガラの儀礼はコロボリーと踊り、身体彩色からなり、ジャンバの行為を再演する。歌は未知の言語（いくつかの単語は中央オーストラリアの方言に属しているが）で唄われる。[22]儀礼の枢要な特徴はカンガルーの肉を食べることと、ミンボルを身体に押し当てることにある。この儀礼を通じてグロアレを受け取り、力を獲得するのである。祭祀の長、「クランガラの医術師」は大量のグロアレを所有し、結果としてジャンバとの直接的な関係をもつ。彼はジャンバを見て、彼らと会話することができるのである。[23]

ヘルムート・ペトリは「黒呪術」について述べている。[24]新しい文化に接した若い男たちは、白人たちの見かけ上、限りない力に感銘を受け、呪術を通じてそれに匹敵する力を得ようと望んでいる。彼らは、呪医のように自分たちもそうした呪術的な「力」を放射して、離れた相手を殺害できると確信している。彼らは父祖たちによって受け容れられてきた価値をもはや信じてはおらず、伝統的な超自然的存在と文化英雄が与えることができなかった力をジャンバから得ることを期待している。事実、クランガラのメンバーの多くは、「白人の所作」に従ったために部族の密儀に参入することを、呪医——すなわち「ウングッドの医術師」——に拒否された若者である。「クランガラの医術師」は、こうして伝統的な呪医の競合者となった。[25]祭祀のメンバーは、「ウングッドの医術師」や年長者、伝統の保持者と対立する。彼らは、部族のイニシエーションはクランガラほど重要でなく、無視してよいとすら考えている。より古い世代にとって聖なるものであるうなり板は忘れられ、その地位はミンボルに取って代わられている。そしてジャンバが伝統的な超自然的存在になり代わっているのである。

こうしたことにもかかわらず、ここにはなお、汎オーストラリア的な神話的、儀礼的パターンの近年における再評価が見られる。ジャンバはおそらく文化英雄の一種であるし、クランガラの儀礼は伝統的な一連のイニシエーションを改変したものに思われる。ミンボルの板は中央オーストラリアのチュルンガの変異型である。クランガラの構造はオーストラリアの他のあらゆる秘密祭祀のものに似ている。彼らは神話的存在が舞踊や聖物の操作、他の特定の儀礼を通じて力を伝達することを望んでいるのである。新しい要素は、観念体系の方向性、すなわち旧来の宗教的伝統との断絶と呪力の称揚にある。クランガラが短期間で各地に伝播していったのは、それが急速に広がりつつある文化状況、すなわち西洋文明とのますます盛んになる接触により創り出された状況への応答といった性質をもっているためである。

「呪術」の圧倒的な重要性は、精神的な危機から生まれる大衆運動という観点から理解できる。この現象は宗教の歴史のあらゆる場面で知られているが、オーストラリアの別の場所でも見出されている。最近の出来事として、女性の秘密祭祀がもっぱら呪術的な理由のみによって若い世代をいかに魅了してきたかという主題にはすでに触れた[26]。インドのタントリズムの近年の段階において呪術的な要素が隆盛を誇っていることは、同様の現象を表わしている。伝統的な宗教形態の意味が失われ時代遅れになったとき、「呪術」が栄える。だが、支配的な宗教体系の儀礼と観念の本質的要素は廃棄されてしまうわけではない。その意味が弱められたり歪められたりしながら、それらの要素はさまざまな目的にかなうよう再び組織化される。オーストラリアの多くの部族の若い世代にとって、クランガラは伝統的価値の崩壊により引き起こされた重大な危機に対する唯一の可能な応答なのである。

この新しく伝播力のある祭祀が、安易な模倣の性格を示していることは重要である。『宗教学概論』で類似の宗教的過程を論じた際には、ドゥブレ・ファシル（もっとも近い訳としては「簡便な代理物」）という表現を用いた[27]。実際、そうした発展において印象的なのは、それによって何らかの目標を達成できると考えられている簡便な方法《ファシリティ》である。クランガラの事例では、伝統的な呪術師の「力」も白人の「力」も、数年前まで必須と考えられていた個人的な召命や訓練やイニシエーションもなしに、誰もが入手できると公言されている。

ウナンバル族における祭祀は、一九三八年にロンメルが調査したように西洋のシンボルと観念体系からさらに強く影響を受けているように思われる。チャンバ（＝ジャンバ）は、鉄の波板でできた住居をもち、ライフルで狩りをする。彼はそれまで知られていなかった病気、ハンセン病や梅毒をうつすことができる。彼は仲間の霊に茶や砂糖、パンを要求する。「この祭祀の言語はピジン英語であり、『ボス』が主導し、聖なる木板を『事務員』が保管し、祝祭を『郵便配達員』が告げ、祝祭のあいだの秩序と統制は特別に任命された『ピッキィバス（ポリス・ボーイズに由来する言葉）』によって維持される」。「ボス」は伝統的な呪医と同じ方法を用いるが、「そのシンボルだけが変わっている。それは今や蛇のウングッドではなく、生と死を会社組織のように組み込んだクランガラの木板である[28]」。

ロンメルによれば、この祭祀は近づきつつある世界の終わりへの怖れを表明している。彼のウナンバル族のインフォーマントは、他の多くの伝統でもなじみのある言葉で終末の時に起こる事態を以下のように描写した。「社会秩序は完全に覆されるだろう。女たちは男に取って代わるだろう。彼女らが祝祭の段取りを整えて木板を扱う一方で、男たちは食用の根菜を集めるようになり、その祝祭に参加するのを許されなくなるだろう[29]」。

ロンメルの解釈のうちのいくつか、特にこの祭祀が含意している悲観主義と反フェミニズムについては、ロナルド・バーントにより異議が唱えられてきた。バーントは、女性たちが一定の役割を果たしているクナピピの儀礼体系にクランガラが統合されていることを論証している[30]。彼はオーストラリアの豊饒祭祀の神話体系において、儀礼の力と聖性の源泉が女性に見出されることも指摘している[31]。しかし、こうした一貫性のなさや矛盾については、部族から部族へと伝播するなかで、クランガラの観念体系と目的が別様に再評価されたためだと説明できるかもしれない。

放浪祭祀と千年王国運動

クランガラが例外的なのは、ただその驚異的な生命力や成功、そして広汎な伝播のためである。二十世紀への変わり目には他の多くの放浪祭祀も記録され[32]、それらのほぼすべてにおいて、「黒呪術」の要素がはっきりと強調されている[33]。それらの祭祀の出現と成長について、以下のように記述できよう。伝播力があり呪術志向の祭祀が、伝統的パターンの部分的分裂から生じ、それに伝統的シンボルと儀礼の筋書きの再組織化と再評価が伴った、と。推測のかぎりでは、呪術志向の放浪祭祀の成功は、伝統的部族宗教へのある種の不満を原因としている。さらにクランガラの輝かしい経歴に明瞭に示されているように、たとえ祭祀がアルカイックで汎オーストラリア的な要素のみを利用して、初めはアボリジニの文化環境で生じて発展したとしても、のちの段階における人気と急速な伝播とは、主に白人がもっている道具、力、信仰と部族とのさまざまな接触の結果に帰せられることになる。

数年前まで、西洋文化との接触によって直接的な刺激を受けた、予言を伴う千年王国的祭祀の唯一知られている事例は、モロンガもしくはムルンガであった。ムルンガは二十世紀への変わり目に中央オーストラリア東部とクイーンズランドで発生し、わずか数年で中央と南部オーストラリアの全部族に及んだ。そのコロボリーは五夜連続して続き、多くの舞踏が白人に対する将来の戦争を描いていた。最後に、「水の中からやってきた太母」の精霊であるカニニが現われ、一連の黙劇のなかですべての白人を呑み込む[34]。この土着主義的かつ千年王国的な祭祀は、クランガラとのいくらかの類似を示している。悪戯好きのムルンガの精霊は、ちょうどジャンバのように呪医以外の誰にも見えない。しかし類比はここまでである。というのも、ジャンバは砂漠の精霊であるが、ムルンガは水場に関係しているからである[35]。

一九六〇年に、ヘルムート・ペトリとギゼラ・ペトリ＝オダーマンは、西オーストラリアのカニング砂漠における一種のリヴァイヴァル運動に注目したが、これは予言的、土着主義的、千年王国的な観念を欠いていた。しかし一九六三年に状況は急変した。原住民たちは彼らの伝統祭儀にこのふたりの人類学者をふたたび受け容れることを拒否し、反ヨーロッパ感情が高まっていった。(36) ペトリ夫妻が好意的な原住民から聞き出したのは、新たな祭祀がその地域にやってくると期待されていたということだった。彼らはジニミン（＝イエス）がアボリジニのなかに最近現われたということを知った。彼は黒と白の肌をしていて、全土が原住民に所属することになり、また白人と黒人のあいだにいかなる区別も存在しなくなるだろうと告げ知らせた。このことは、原住民が白人たちを征服できるくらい力強くなったときに、初めて起こるとされる。しかしながら勝利が確実となるためには、「古い法」が忠実に遵守されなければならないという条件がある。このようにイエスは伝統文化を復活させる予言者として現われており、彼はある日の昼過ぎに天から降りてきて、大きな驚きをもたらしたと言われている。彼を写真に撮影した人もいた。彼は夕暮れ時に天に昇って帰ったが、千年王国を創り出す方法としてウォルガイアの祭祀を残していった。ウォルガイアは太母型の祭祀で、おそらくアーネムランドに起源をもつものだろう。この祭祀の盛り上がりは一九五四年に初めて注目された。(37)

この祭祀に由来するもうひとつの神話は、イエスによって天から送られた石の舟について語っている。同じインフォーマントは、その舟は時の始まりであるブガリ・ガラからそこにあったと断言した。これは、イエスは部族の神話的英雄のひとりとして分類される、と言うのと同じことである。そのような存在であって初めて、彼は原初の時にその舟を送ることができたのである。この舟にはふたつの機能が授けられている。（一）豪雨が洪水を起こし、その「聖なる水」ですべての白人を殺すとき、それはノアの方舟の役割を果たすだろう。（二）その舟は金と水晶を積載していると考えられている。換言すれば、それは白人経済の影響に苦しんでいたオーストラリア社会における豊かさの観念を表わしている。(38)

こうしてペトリ夫妻は、元来は非攻撃的であったリヴァイヴァリズムが、キリスト教のセクト的再解釈によって攻撃的かつ土着主義的で千年王国的な祭祀へ進化したという結論を下した。この過程が起こったのは、アボリジニの公的な政治活動が自由化され、彼らが白人と平等の権利を獲得したあとである。このことは、土着主義的で千年王国的な運動が単なる経済的、政治的状況よりも神秘的なノスタルジアに関係していることを示している。別の言い方をすれば、これは宗教的シンボリズムと神秘的価値が、政治志向の土着主義運動にいかに浸透しているかを明らかにしているのである。(39)

この新しい千年王国的祭祀は、シンクレティズムの様相を顕著に呈するが、本質的には汎オーストラリア的な宗教的パターンに基づいている。イエスは神話時代の文化英雄に姿を変え、部族の力と究極的な「救済」は伝統が尊重されるかどうかにかかっていると宣言されている。したがってますます増加する西洋世界との接触の結果は、伝統的価値にとってつねに破壊的となるわけではないのである。さらに反西洋的態度が必ずしも悲観主義と絶望に帰着することはなく、またつねに呪術的な要素のみが称揚されるわけでもない。要するに、この祭祀の出現は「未開」宗教の将来の変容は予期できないということをふたたび明らかにしているのである。オーストラリア人の精神は、文化変容によって提起された課題に対して創造的に、そのため多様に反応する。新たな祭祀の「政治的」側面でさえも、創造的な革新を、すなわち「力」についての伝統的理解の抜本的な再評価を表わしているのである。

これらの放浪祭祀のすべてにおける、ある種の才能に恵まれた行動的な人物、すなわち呪医、「黒呪術師」もしくは「霊感を受けた」男女の役割は決定的だったように思われる。中心的な問題はつねに、伝統に対する反発や伝統のいくつかの側面の再解釈にある。これまでに述べてきた諸事例が豊かに示しているように、「古き法」のもっとも暴力的な拒絶でさえも、アルカイックな汎オーストラリア的なパターンを用いた「新たな」形として表現されたのである。過去六、七十年間に観察されたこうした根源的な分裂や変化の根底にある過程は、オセアニアやアジアから文化的影響を受けた結果より早い時期にオーストラリアで生じた、比較的小規模な変化を理解する助けとなるかもしれない。

ある「適応行動」

創造的革新と予期せぬ変容が、私たちの眼前で起こり続けている。十年ほど前、アーネムランドの北のエルコ島に、ブラマラという名の男がある記念碑を建てた。それはセメント造りの建造物で、部族のもっとも秘められた聖なる紋章であるランガを、誰にでも見ることができるように示していた。それまでランガは女性やイニシエーションを受けていない者には近寄ることができなかったのであり、これらのランガのあいだには十字架も配置されていた。ブラマラは聖書を持っていたし、長年宣教師の影響下にいたものの、祖先の宗教のキリスト教化を意図していたわけではなかった。この「記念碑」祭祀は、ロナルド・バーントの的確な呼称では、ある「適応行動」を表わしている。(40) ブラマラはあるとき、人類学者が撮影したランガが、「オーストラリア全土や他の場所のあらゆる人びと」に公開されていることに気づいた。「私たちは衝撃を受けた。これらのマライン、これらのランガをあらゆる人に見せるつもりはなかった……。それから私たちはエルコ教会でフィルムを見た。それはアメリカ・オーストラリア探検隊が撮影したもので、聖なる祭儀と紋章を写していた。そして誰もがそれを見た……。私たちには（ランガを）隠す力がなかった。彼らは私たちの所有物を持ち去ろうとしている。私たちはこれらすべてを失ってしまうのだろうか。私たちのもっとも大事な所有物、私たちのランガを！　私たちには他に何もない。まさにこれだけが私たちの財産なのに」（R. Berndt, *An Adjustment Movement*, p.40）。

アボリジニの習わしに基づいて、ブラマラはもしランガが「公開されてしまうなら、私たちはその代わりに何かを得るべきである」と考えた（p.40）。ブラマラとこの祭祀の他の指導者たちがそうした大革新から期待しているのは、何よりもアーネムランド人の文化的、政治的な結束の強化である。実際、公開されたランガはアーネムランド人の「魂」、その文化の精髄を表現している（p.87）。「記念碑はひとつの焦点と集結地点を提供する」（p.91）。ブラマラはこの機会のために特別に着飾り、額にランガをまとって記念碑の前の演壇から演説を行なった。伝統的な歌と踊りがその聖地で行なわれた。「ブラマラは演説のなかでこう語っている。私たちには私たちの歌謡と舞踏があり、それは私たちの幸福を保つ唯一の手段なのだから、それらを捨てることなく保持しなければならない。もし私たちがこれらを失えば、それは誰にとっても非常に都合の悪いことになってしまうだろう……。今やここの宣教師たちはよい報せとよい方法をもっている。私たちはふたつの精神で考え、ふたつの神を崇める。ヨーロッパ人の聖書はひとつの道である。しかしここにある記念碑のランガは私たちの聖書であり、これはヨーロッパ人の聖書とさほど違うものではない」（p.77）。バーントが気づいていたように、実際にはキリスト教はそれ自体としては押しつけがましいものではなかったのである（p.81）。

このように、文化変容の結果はますます悩みの種となるだろうが、オーストラリアの宗教の歴史はまだ完結してはいないように思える。オーストラリア人の宗教的精神の創造性が完全に枯渇してしまったとか、これから先に起こることすべてが単なる古物趣味的な関心を満たすものでしかないだろうなどと述べることはできないのである。

オーストラリア諸文化の歴史的再構成

四分の三世紀以上ものあいだ、オーストラリア人は人類学者、社会学者、心理学者、宗教史家の熱い関心の的となってきた。[41] その理由は明らかである。オーストラリア人は狩猟採集者であり、彼らと文化的に類似しているのはフエゴ島民、カラハリ砂漠のブッシュマン、北極のエスキモーの一部のみである。このため、彼らは今日においても新石器時代以前の型の文化を継続していると言うこともできるだろう。さらにこの大陸の孤立は、オーストラリア文明への科学的関心を高めることとなった。この文明は例外的にアルカイックかつ一元的であると考えられたのである。(フレイザー、フロイト、デュルケムの場合のように)意識的に、あるいは暗黙のうちに、オーストラリア人の研究をすれば宗教制度と社会制度の「起源」を発見する機会があるだろうという望みが学者たちを駆り立てていたのだ。

今日では私たちは、そうした望みが非現実的だったと知っている。せいぜい言えるのは、オーストラリア人を研究し理解することによって、ひとつのアルカイックな文化の構造と意味を把握できるだろうということである。しかし、このことから人間文化の「起源」ないし初期段階をかいま見ることはほとんどできない。さらに、近年の調査が存分に示していることだが、オーストラリア人は、ボールドウィン・スペンサーと彼の同時代人の大方が考えていたように、極度の孤立のなかで発展あるいは「停滞」したのではなかった。放射性炭素による測定がはっきりと算出した人間の痕跡に関する年代は、依然として議論の余地がある。ギルによれば、ケイラー遺跡から出土したサンプルの放射性炭素による測定は、それらが一万八千年前のものであることを示している。しかしアビーは、八千年前以前の人間の痕跡の確かな証拠はないと考えている。[42] それでもマルヴァニーは、ギルのより古い推定年代を受け容れる向きにある。[43] そして言語学者カペルは、オーストラリア人の言語の発展を考えるには八千年では不十分だと見積もり、「一万五千年から二万年のあいだあたり」としている。[44]

実際の年代がどうあれ、オーストラリア文明の源泉は、究極的には東南アジアにある。マッカーシーは、先史時代のオーストラリア文化がインドネシアやマレーシアの伝播の中心地に依拠していたと述べているし、ティンダルもその結論を支持している。[45] より重要なのは、これらの地域からケープヨーク、アーネムランド、キンバリーへの文化の諸特徴の流入によって、オーストラリアがたえず影響を受けていたことである。「換言すれば、アボリジニの文化は、一般的に考えられているような独立して発展した文化ではない。それはアジアに起源をもつオセアニア文化の連続的進歩に、限定的ではあるが依拠しながら繁栄してきたのである。こうして私たちは、オーストラリアからニューギニア、メラネシア、そしてさらに離れた地域にまで切れ目なく分布している非常に多くの慣習を、アボリジニ文化のあらゆる側面に見て取ることができる。それらには、オーストラリアの文化としては古いものも、より近年の慣習も多く含まれ、後者は北部や東部に限定的に分布しているか、または間違いなくケープヨークから導入され、のちに大陸全土に広がったものである」[46]。トレス海峡諸島民とケープヨークのアボリジニとのあいだには、長きにわたる親密な接触があった。イニシエーションの新たなパターンと英雄祭祀が、技術革新とともにニューギニアやトレス海峡よりもたらされ、ケープヨークのアボリジニ文化に浸透し、そこでは「弓矢や皮の太鼓などの非オーストラリア的な道具類が用いられていた」(McCarthy, "The Oceanic and Indonesian Affiliations of Australian Aboriginal Culture," p.253)。メラネシアとオーストラリアの文化的関係は驚くほど多岐にわたっており、多くの文献が著されてきた[47]。ウォーナーとバーントは、アーネムランドにおけるインドネシアからの影響を記録しており[48]、さらにバーントとマッカーシーは北東アーネムランドで陶器の破片を発見し[49]、マルヴァニーはインドネシアの青銅器、鉄器文化の影響がありうると考えている[50]。事実、マッカーシーはオーストラリア装飾芸術（螺旋、同心円など）に、青銅器時代に典型的な多くの要素を見出している。

オーストラリアが「孤立していた」ことはなかった。だからと言って、その発展の理由をつねに大陸外に求めなければならないというわけではない。マッカーシーは以下のように述べている。

アボリジニ文化はオーストラリアの局地的な現象ではなく、その発展を外部の影響だけに帰すことのできるものでもない。デヴィッドソンは説得力のある証拠を呈示して、特定の道具の重要な改変や進化がオーストラリア内で起きたということを明らかにした。たとえば、一枚樹皮のカヌーから襞状で多数の樹皮を縫い合わせたカヌーへ、エミューの羽毛を用いたクルダイチャの靴から有袋類や兎や木の皮を使ったサンダルへ、粘土の縁なし帽から網を使ったもの、すなわち着脱式で装飾的な寡婦帽への進化が挙げられる。さらに平たい持ち手の棒や投槍器は、ゴム柄のものや、最終的には石の刃が取りつけられたものへと発展しており、中央オーストラリアではこの投槍器が数多く用いられている。このため彼はアボリジニたちが道具に多くの知的な改良点をつけ加える能力があったと考え、さらに、彼らが資源の知的な活用によって、多種の改良の受け皿を発明あるいは発見したと指摘している。(51)

D・F・トムソンは、オーストラリアのアボリジニ研究に関するシンポジウム（一九六一年五月キャンベラ）でのマッカーシーのこの論文に続く討論の際に、ケープヨークの人々が近隣の好戦的なトレス海峡諸島民の弓矢をよく知っていたが、自分たちの戦闘槍よりも弓矢は劣ると考えて、それを借用しなかったということを指摘した。また「クイーンズランドの最北端では、他の要素が吸収されて改変されるか、あるいは彼らの既存のパターンに継ぎ足された一方で、接触を通して一部の沿岸住民が知っていた園芸文化は拒絶された」(52)。

こうして、何らかの仕方で歴史外に生きている自然人を表現する静的で「一枚岩の」文化としてかつて大いに珍重されたものは、「未開」であるにせよ高度に発達しているにせよ他のあらゆる文化と同様に、歴史的過程の結果であることが明らかになってきた。そして、アボリジニたちがある要素を受容して同化し、他の要素を拒絶し無視することによって外部の文化的影響に創造的に反応してきたという事実は、彼らが自然人としてではなく、歴史的な存在として活動していたということを示している。換言すれば、先史学者と歴史的志向の強い民族学者によって導入された歴史的な視点が、停滞した幼稚なオーストラリア文化というイメージを決定的に払拭したのである——これは例の、十九世紀の人類学者の自然主義的な解釈によって、広く普及したイメージだった。

事実、オーストラリア人と他の未開民族の特徴は、その歴史の欠如にではなく、人間の歴史性への特有の解釈にある。彼らもまた歴史のなかに生き、歴史的な出来事によって形作られている。しかし彼らは、西洋人のような人々と同じ歴史意識をもっているのではない。そして彼らはそれを必要としないために歴史記述の意識も欠いている[53]。アボリジニたちは歴史的出来事を不可逆的な時系列の形では記録しない。さまざまな変化と革新は、気づかれないままにたえず彼らの存在を変容させたが、それらは神話時代に収め込まれている。すなわち、それらは部族の聖なる歴史の一部になったのである。もっともアルカイックな人々と同様、オーストラリア人たちは現実に起こったことの時系列を必要としない。彼らの聖なる歴史が意味をもつのは、それが時系列で出来事を物語るからではなく、それが世界の始まり、祖先の出現、その劇的で範例的な行為を啓示するからなのである。

結論として、オーストラリア人の文化史の再構成は、西洋の学問にとって、また究極的には「未開」民族についての西洋人の理解にとって大いに重要である――しかしアボリジニ自身にはそれは関係がない。これは、オーストラリアの宗教史の最終的な再構成が、アボリジニの多様な宗教的創造物の意味を必ずしも明らかにするわけではないことをも意味している。近年まで、あらゆる革新と外的影響は伝統的なパターンに統合されてきた。何らかの宗教的要素――文化英雄、神話、儀礼――が比較的後代にある特定の地域より導入されたことを発見しても、それが統合されている体系の意味がただちに明らかになるわけではない。そうした外からの宗教的要素は伝統的な神話の一部となるのであり、したがってそれらの要素は全体的な文脈のうちで理解し、評価する必要がある。そのためオーストラリアの宗教を歴史的に再構成するとして、そうした企てが行なわれうることを認めても、解釈学的作業、すなわち、その歴史の解読が試みられているさまざまな宗教的創造物の理解を、学者が省くことは認められないだろう。

このことは、歴史的再構成が無駄な努力であることを意味するわけではない。たとえばそれは、まもなく述べるように割礼が比較的近年になってからオーストラリアに伝えられたことを証明する上できわめて重要だったのである。フロイト前後の無数の途方もない理論が、割礼は古代のものであるという想定に依拠していたことを考えてみるとよい。

オーストラリア人の諸宗教の歴史的解釈

先史学や歴史民族学の専門家によってもたらされた結果と比較すると、オーストラリア人の宗教的な観念、制度、信仰の歴史的分析にはごくわずかな進展しか認められない。グレープナーとヴィルヘルム・シュミットが入念に行なった最初の歴史的再構成の厳密さが、若い世代の学者に同じアプローチを用いる意欲を失わせたのだろう。[54] 加えて、すでに指摘したように、[55] 学界の関心は未開宗教の歴史的な分析と解釈から社会学的、心理学的なそれへと移り変わった。それにもかかわらず、この三十年の比較民族学的調査の結果は、宗教史家が大いに関心を寄せるいくつかの問題を明らかにする助けとなった。たとえば、割礼や下部切開というメラネシアから比較的近年になって導入された儀礼が、宗教的に最重要だとする学者は今日ではいないだろう。また、「トーテミズム」を基礎的かつ普遍的な、もっともアルカイックな宗教形態だと考える者もいないだろう。さらにアーネムランドの豊饒祭祀は、アボリジニに特徴的な宗教的創造物を表わしてはいるものの、メラネシアのさまざまな影響の結果であり、それ自体でオーストラリアの宗教のより古いパターンに光を当てることはできない。また場合によっては、成立した年代が異なる宗教制度の諸相、たとえば、もっとも簡素な形態の成年式と、もとはメラネシアからもたらされた、より込み入った儀礼とを今や識別することができる。さらに今日、巨石文化がはるか昔にオーストラリアにたどりつき、キンバリーからケープヨーク半島の大多数の部族の宗教生活に完全に統合されたこともわかっている。[56]

さらに、近年の研究は、宗教的な観念、儀礼、語彙の大陸全域にわたる驚くべき広がりをも明らかにした。いくつかの事例において、遠く離れた複数の場所にまで宗教的語彙が普及していることは難解な歴史的問題を提起している。たとえば、ヴォルムス神父は、クルナイ族や東部ヴィクトリアの他の部族の最高存在の名ブンジルが、北部キンバリーでも死者の支配者の名ブンジル・ミリとして見出されることを発見した。一方、カーペンタリア南東の沿岸部ではブンギルが「人」の意味に使われ、シーモア地方では同じ語が「オオイヌワシ」を意味する。ヴォルムスはこのように述べている。「このことを知ると私たちはすぐに、誰がこれらの言葉を伝達したのか？どの時点で？　大陸上のどんな交易経路で？　と自問する」[57]。こうした諸々の疑問がいったい歴史的な視点の下で解けるのかどうか疑わしい。というのも単純に、多くの部族はすでに消失しているか、その文化変容が絶望的なまでに進んでしまっているからである。

手に入る情報には無数の欠落があるにもかかわらず、ヴォルムス神父はキャンベラでのシンポジウムでアボリジニの宗教の「本質的特徴」の一覧表と、「おそらく偶発的である付随物」の一覧表を示すことができた。彼によれば「本質的特徴」とは、

（一）秘教的な教義の不在。（二）人格をそなえた天空存在への信仰。（三）その補助となる精霊存在——たいていは天空存在の息子——への信仰。彼らは聖なる儀礼で指導役となり、聖なる道具の提供者である。（四）天空存在が残していった聖物の現存。それらは天空存在を表わし、その力のすべてを内包している。（五）天空存在の創造行為を更新し象徴する典礼劇の実施。（六）イニシエーション。これには男女の身体への施術は含まれず、通常は髪を引き抜くことを伴う苦難の試練を含んでいる。（七）もっとも広義の供犠と祈禱の痕跡。（八）典礼を指導する者、すなわち呪医の存在。（Worms, "Religion," p. 232）

これらの「本質的な特徴」が提起する疑問のひとつとして、ヴォルムスはこう尋ねている。これらの「本質的特徴も本来は外から持ち込まれたのだろうか？　どこから？　どれが？　他のものは失われ、つけ加えられ、発展させられたり置き換えられたりしたのだろうか？　どれが、いつ、なぜ？」等々（p. 233）。

「おそらく偶発的である付随物」の一覧表に、彼は以下のものを含めている。「(一) 二次的存在——祖先の精霊、英雄の精霊——や放浪神話の出現。(二) 女性を排除した秘教的な実践の導入。(三) 特に蛇などの動物に関する、より強力なシンボリズムの出現。(四) より古く、それほど過酷でない身体損傷（髪を引き抜く、歯を砕くなど）に加えて割礼、下部切開の普及。(五) 多くの増殖儀礼、同時異所存在《バイロケーション》、綱渡り、呪文、恐怖の要素。(六) 二次埋葬、死後の生への多様な態度など」、さらには「(七) 精霊の子どもという観念」(pp. 233–34)。そして彼は自問している。「彼らの宗教のこのような偶発的な付随物はいつ始まったのか？　それらはどこからきたのか？」等々 (p. 234)。

ある程度まで、ヴォルムス神父の分類はシュミット神父のものに従っている。ヴォルムスの一覧表は試験的で、多数の未解決の問題を伴っているという違いはあるが。ヴォルムス神父が列挙した特徴のいくつかは妥当であると思われる。事実、「本質的特徴」のほとんどは、オーストラリアの宗教のアルカイックな段階に属するものなのかもしれない。さらには、「おそらく偶発的である付随物」の多く（割礼と下部切開の普及、秘教的な実践の導入など）はまさにのちの発展においてつけ加えられたものを表わしているに違いない。しかしながら、「多くの増殖儀礼」や「恐怖の要素」や「死後の生への多様な態度」や「精霊の子どもの観念」は「偶発的な付随物」であると証明できるだろうか。そうした信仰、儀礼、観念はオーストラリアの宗教のまさに始源から——繰り返しておくが、それを宗教の「始まり」と混同してはならない——「本質的な特徴」に付随していたかもしれないのである。

人類学者とオーストラリアの宗教

ヴォルムス神父の総合的な見取り図は、オーストラリアの宗教についての形態学的かつ歴史学的に分析された包括的な見方を呈示することへの近年の努力を表わしているように思われる。彼の発表に続く討論においても、民族学の最新の文献においても、そうした「包括的な」アプローチ――グレープナー、シュミット、ウィーン学派からの遺産――は学者たちのあいだに真の関心を呼び起こさなかった。だがその一方で、よく知られているように、オーストラリアの民族学者、とりわけエルキンと彼の弟子や若い同僚は、さまざまな宗教の形態と体系に関する専門的研究や形態学的分析に傾注してきた[58]。さらにエルキンやバーント夫妻、スタナーはオーストラリアの宗教の一般的な解説書を出版してもいる。スタナーの方法論にかかわるアプローチは、とりわけ宗教史家の励みになるものである。この傑出した人類学者は、オーストラリアの宗教は「別の何かの反映としてではなく、宗教として」研究されなければならないことを強く主張している[59]。彼はトーテミズムや呪術、儀礼の研究をすれば未開宗教は理解し尽くされるとする一般的な見解に対して異議を唱えている。スタナーはまた、真に科学的な宗教研究の本当の目的が「宗教のなかにいくつかの社会的あるいは心理的変数の結果」を発見することであるとする信念も等しく拒絶している（Stanner, *On Aboriginal Religion*, p. vi）。その著書でスタナーは「社会秩序が第一の、そしてある意味では原因的なものであり、宗教的秩序は二次的で、ある意味では結果的なものである」という虚偽の前提を繰り返し批判し、「その場合、研究は宗教が社会構造を『反映する』とか『表現する』といった趣旨の一般的な主張に終わるかもしれない。なぜそのような主張が重要で、興味深くすら映るのか理解しがたい。それは隠喩としてさえ明瞭ではない」（p.27）と述べている。

　スタナーが中心的に研究した部族はアーネムランド北西部のムリンバタ族だが、彼は他のオーストラリアの宗教にも等しく妥当するような意味の構造を明らかにすることを目指している。彼の分析のもっとも意外な結果のひとつは、イニシエーション祭儀であるプンジもしくはカルワディに関するものである。スタナーは、この祭儀が供犠に類似した特徴をもっていることを、説得力をもって示している（pp.25 ff）。シンボリズム、神話、儀礼を取り扱った研究（pp.60–132）は、新しく実りある発想に満ちている。世界の「創設」を描く神話にスタナーが見出す決定的な役割に、宗教史家は完全に同意するだろう。[60] ムリンバタ族は、神話時代に生じた出来事を自分たちは理解できると考えていた。彼らは自らの土地にそれらの神話的出来事の具体的な痕跡を見出し、自分たちが「その出来事の登場人物や場所、事件に親密に――個人として、男や女として、代々連なる血筋として、集団、そして範疇として――結びつけられている」と主張していた（p. 152）。原初の時に、「生のふたつの領域が分かれたが、共存し、互いに依存していた。その時代には非物質的（だが必ずしも不可視ではない）領域と物質的（だが必ずしも可視的ではない）領域があったが、それらは今も存在している。前者の領域はより大きな力をもっている」（p. 153）。主要な儀礼は原初の時の創造的な要素を再現する。「各々の儀礼は、参加者の心のなかに、文化の最初の設立を生き生きと甦らせ、人間の始源との連続性の感覚を深め、存在の構造を再確認した」（*ibid.*）。結論部においてスタナーは、「トーテムと彼らの社会のあり方が手近で慣れ親しんだシンボルを提供して、究極の宗教的関心にかかわる事柄の輪郭をこの上なく明確で簡潔に示すことができたという点は、十分に理解されてはいない」と嘆いている。[61]

この豊かで、深く、刺激的な著作を要約することは本章の意図から外れるが、スタナーが述べているような、オーストラリアの宗教に対する人類学者の理解の根本的変化を指摘することは重要である。本稿第一章では、[62] デュルケムの『原初形態』が引き起こしたトーテミズムの流行と、レヴィ＝ブリュルが練り上げた未開人の前論理的思考という仮説のやや不運な結末に言及した。どちらの解釈も反歴史的で還元主義的（それぞれ「社会学主義」と「心理学主義」）だった。半世紀後、スタナーは次のような結論に達した。「（一）もし、オーストラリアのどんなアボリジニも、かつて考えられていたように、静的文化をもって社会の静止状態のうちに生きていたのだとしたら、どの時期における調査から考えても、ムリンバタ族はアボリジニに含まれないことになってしまう。（二）彼らの宗教をトーテミズム的現象と同一視することは誤りだろう。（三）彼らの社会はその宗教の真の源泉でも目的でもない」（p. 154）。

ヴァン・ジェネップとラドクリフ＝ブラウンのいくつかの見解を発展させ一般化することによって、クロード・レヴィ＝ストロースは彼が「トーテム幻想」と呼ぶものを見事に批判した[63]。「トーテミズム」と呼ばれる単一で特定の型の宗教などない。レヴィ＝ストロースにとって、「自然的要素によって作られる体系にせよ、文化的要素によって作られる体系にせよ、トーテム表徴とは結局のところ、ある体系から他の体系に移ることを可能にするコードである[64]」。私はまた別の機会に、神話的思考に関するレヴィ＝ストロースの一般的解釈を論じなければならないと考えている。彼の構造主義的アプローチのモデルは、構造言語学、ことに音韻論に刺激を受けたものである。ポール・リクールとジャン・イポリットは『野生の思考』について、レヴィ＝ストロースは神話の統語論には関心を示しているが、意味論にはそれを示していないことを指摘していた。それでもレヴィ＝ストロースは、『野生の思考』の多くの箇所で、分類と複合的関係の体系の解読作業にとどまらず、世界における特定の存在様式に関係したオーストラリア特有の文化的創造物を鮮やかに分析している。このため彼は「意味論」にも等しく関心を抱いているようである。加えて、構造主義の学者が彼の言語学モデルを拡大すること、すなわち言説の水準で分析を実施することを妨げるものは何もない。

　構造主義の学者たちがもたらした宗教の理解への寄与、とりわけ時間の経過する過程に、つまり歴史において現われるような宗教的創造性の数多くの形態や側面の理解への寄与を評価するには時期尚早である。だがこの理解はきわめて重要なことである。というのも、宗教史家の最終目標は、宗教的振る舞いにいくつかのタイプやパターンが存在し、それらにはそれぞれ特定の象徴論や神学が伴っていると指摘することではなく、むしろ、その意味を理解することであるからである。そして、そうした意味は決定的に与えられたものではなく、いかなる宗教的パターンとも無関係に「石化」したものでもなく、歴史的過程のなかで創造的な仕方で変化し、成長し、豊かになっていくという意味において「開かれている」。つまるところ、宗教史家は解釈学を放棄することはできないのである。

原　註

はじめに

（1）Max Black, *Models and Metaphors* (Ithaca: Cornell University Press, 1962), p.243.

（2）Clifford Geertz, "Deep Play: Notes on the Balinese Cockfight," *Daedalus*, Winter, 1972, p.26.〔C・ギアーツ「ディープ・プレイ――バリの闘鶏に関する覚え書」吉田禎吾訳、『文化の解釈学Ⅱ』吉田禎吾ほか訳、岩波書店、一九八七年、四三八頁（ただし該当箇所の訳語は「社会的説明」になっている）〕

序　文

（1）Ernst Bentz, "On Understanding Non-Christian Religions," in Mircea Eliade and Joseph M. Kitagawa (eds.), *The History of Religions: Essays in Methodology* (Chicago, 1959), p.131.〔小野泰博訳、『宗教学入門』岸本英夫監訳、東京大学出版会、一九六二年、一七四頁、ただし訳文は一部改変（以下同様）〕

（2）「未開」という語は、多義的で一貫性がない。とりわけ Francis L. K. Hsu, "Rethinking the Concept 'Primitive,'" *Current Anthropology*, V (June, 1964), 169-78 を参照。だがこの語は日常語のなかに入り込み、今もなお人類学者によって広く用いられている。「未開」が意味しているのは、アルカイックで、伝統的な（つまり、文化変容していない）、無文字社会のことである。Stanley Diamond, "The Search for the Primitive," in *Man's Image in Medicine and Anthropology*, ed. by I. Galdston (New York, 1963), pp.62-115 を参照。

（3）E. E. Evans-Prichard, *Theories of Primitive Religion* (Oxford, 1965), pp.16-17.〔『宗教人類学の基礎理論』佐々木宏幹・大森元吉訳、世界書院、一九六七年、二二頁〕

（4）同著者はまた、未開宗教の研究を宗教史のより広い展望へと統合する必要性を強調している。「さて、遅かれ早かれ、もし我々が宗教についての一般的な社会学理論を持ちたいのであれば、我々は未開宗教だけでなく、あらゆる宗教を考慮に入れねばならないだろう。そうすることによってのみ、我々はその最も本質的な特徴のいくつかを理解できるのである」（*Theories of Primitive Religion*, p.113〔同訳書、一五四頁〕）。

（5）これはもちろん、十九世紀的イデオロギーの一般的傾向に合致していた。M. Eliade, "The Quest for the 'Origins' of

Religion," *History of Religions*, IV（Summer, 1964）, 154–169, *The Quest*（Chicago: University of Chicago Press, 1969）, pp. 37–53 に収録〔「宗教の《起源》の探求」『宗教の歴史と意味』前田耕作訳、せりか書房、一九七五年〕。

（6）加えて、長短の「フィールドワーク」のあとに、特定住民の文化や宗教に関するモノグラフの出版を調査者に認めてきた、伝統的な学問の慣行に対する反発も予想しなければならない。アジア人やアフリカ人の調査者が、キリスト教の歴史についてほとんど何も知らず、一、二年間南フランスの村落で宗教生活を研究したあと、『フランスの宗教』と題するモノグラフを書いたとしたら、彼らの努力がどのように受け取られるかを想像してみるとよい。

第一章　超自然的存在と高神

（1）George Taplin, *The Narrinyeri: An Account of the Tribe of Australian Aborigines Inhabiting the Country around the Lakes Alexandrina, Albert, and Coorong*（Adelaide, 1847）, p. 55; A. W. Howitt, *The Native Tribes of South-East Australia*（以下 "*Native Tribes*" として引用）（London: Macmillan, 1904）, p. 488 に引用。タプリンの資料の批判的検討は Wilhelm Schmidt, *Ursprung der Gottesidee*（以下 "*Ursprung*" として引用）, I（2d ed.: Münster, 1926）, 328, 399 ff., 408 に見出される。

（2）Taplin, *The Narrinyeri*, p. 55; A. W. Howitt, *Native Tribes*, pp. 488–89 に引用。

（3）Howitt, *Native Tribes*, p. 489.

（4）*Ibid.*

（5）*Ibid.*, pp. 489–90.

（6）*Ibid.*, pp. 490–91.

（7）*Ibid.*, p. 492.

（8）かつてホウイットはテドラ族の生き残りの老婆に出会った。彼がダラムルンについて尋ねると、彼女はこう答えた。「私がダラムルンについて知っているのは、彼が少年を男にするために雷のような騒音とともに降りて来るということだけ。私たちは彼のことをパパングと呼んでいる」（*Ibid.*, p. 493）。ホウイットの説明では、パパングは「父」を意味する。「雷のような騒音」はうなり板の音である。

（9）*Ibid.*, p. 630. また、M. Eliade, *Birth and Rebirth*（New York: Harper, 1958）, pp. 10–31（reprinted as *Rites and Symbols of Initiation* [New York: Harper Torchbooks]）〔『生と再生——イニシエーションの宗教的意義』堀一郎訳、東京大学出版会、一九七一年〕も見よ。以下で参照するのは一九五八年版である。

（10） Howitt, *Native Tribes*, p.494.

（11） *Ibid.*, p.495.

（12） *Ibid.*, p.500.

（13） *Ibid.*, pp.501 ff. シュミットはホウイットの個人的観察の価値を詳細に検討し、その結論の一部を批判した。*Ursprung*, I, 211–47, 296–301 他を見よ。また Vol. III(Münster, 1931), Index 内も見よ。

（14） たとえば、*JAI* 掲載のホウイットの以下の論文を参照。"On Some Australian Beliefs"（XIII[1884], 185–98）; "The Jeraeil, or Initiation Ceremonies of the Kurnai Ancestors"(XIV[1885], 301–27); "On the Migration of the Kurnai Ancestors"（XV[1886], 409–27); "On Australian Medicine Men"(XVI[1887], 23–58).

（15） ホウイットは、南東オーストラリアの諸部族のもとでの長期にわたる徹底的な研究から、タイラーの理論は擁護しえないということを知っていた。また、N. W. Thomas, "Baiame and the Bell-Bird," *Man*(1905), pp.44–52; Schmidt, *Ursprung*, I, 249 ff. も見よ。

（16） E.S. Hartland, "The High Gods' of Australia," *Folk-lore*, IX(1898), 290–329 を見よ。

（17） Andrew Lang, "Australian Gods: A Reply," *Folk-lore*, X(1899), 1–46; p.14 を見よ。

（18） E.S. Hartland, "Australian Gods: Rejoinder," *Folk-lore*,X(1899), 46–57; p.50 を見よ。ラングとハートランドの論争はシュミットによって、*Ursprung*(I, 273–311）で骨身を惜しまず分析された。この箇所は一神教的プレアニミズムにあてられた章（"Der monotheistic Präanimisus A. Langs," pp.134–210）に後続する長大な章（"Die Kritik der Theorie Langs," pp.211–487）の一部である。ラングの見解についての別の議論は、Raffaelle Pettazzoni, *Dio: Formazione e sviluppo del monoteismo nella storia della religioni*(Rome, 1922), I, 43–50 にも見られる。本章註33を見よ。

（19） Andrew Lang, "*God*(*Primitive and Savage*)," in J. Hastings(ed.), *Encyclopaedia of Religion and Ethics*, VI(Edinburgh, 1913), 243–47. この論文でラングはハートランドとの議論ですでに引用した多くの事例を用いている。

（20） J. G. Frazer, *Totemism and Exogamy*, I(London, 1910), 148.

（21） マニングとパーカー夫人については、Lang, "Australian Gods," pp.26 ff., 28 ff. も見よ。彼らの報告の鮮やかな分析が Schmidt, *Ursprung*, I, 151–52（マニングについて), 304 ff., 358 ff.（パーカー夫人について）でなされている。

（22） A. L. P. Cameron, "Notes on Some Tribes of New South Wales," *JAI*, XIV(1885), 351 ff.

（23） Lang, "God(Primitive and Savage)," p.245a.

（24）この論文（*Ibid.*）の最後の箇所でラングは、アランダ族とディエリ族の信仰について、特に彼らのアルチェリンガの英雄とムラ・ムラについて論じている。ムラ・ムラは天空に住み、ディエリ族はこれに雨を降らせるよう求めるのだが、ラングにとっては、そこには超自然的な力への祈りが暗に示されているのだから、これは宗教のひとつの形態なのである。

（25）"The 'High Gods' of Australia," p. 328.

（26）Lang, *Myth, Ritual and Religion*, I (London, 1901), 4-5.

（27）この研究は最初フランス語で、一九〇八年と一九一〇年に、シュミットによって新たに創刊された専門誌 *Anthropos* に掲載された。*L'Origine de l'idée de Dieu. Etude Histrico-critique et positive. Première partie: Historico-critique* (Vienna, 1910) のタイトルで復刻版も別個に流通した。ドイツ語版は一九一二年に、増補された第二版は一九二六年に出版された。

（28）*Ursprung*, III, pp.565–1114. シュミットは南東オーストラリアの宗教の信仰を、*Ursprung*, Vol.VI, *Endsynthese der Religionen der Urvölker Amerikas, Asiens, Australiens, Afrikas* (Münster, 1935) でふたたび検討した。"Australier" の見出し語を見よ。

（29）この見方に反対する、シュミットの著作への批判的だが共感的でもある評価として、Robert H. Lowie, *The History of Ethnological Theory* (New York, 1937), pp.77 ff.; *idem, Primitive Religion* (New York, 1924), pp.127–31, 167–69 を見よ。

（30）これはすでに彼の講演に見出せる。"Die Mythologie der austronesischen Völker," *Mittheilungen der anthropologische Gesellschaft in Wien*, XXXIX (1909), 240–59, p.258 を見よ。シュミットはこの見解を彼の著作においてたえず繰り返した。

（31）*Ursprung*, I, 342 ff., 371 ff.; III, 674–75 等を見よ。

（32）M.Eliade, "The History of Religions in Retrospect: 1912–1962," *Journal of Bible and Religion*, XXX (1963), 98–109, esp.99 ff. reprinted in *The Quest* (Chicago,1969), pp.12–36 esp.15ff.〔『宗教の歴史と意味』前田耕作訳、せりか書房、一九七三年、第三章「宗教の《起源》の探求」〕を見よ。エミール・デュルケムにとって、オーストラリアの高神はトーテム信仰の体系に従属している。バイアメ、ダラムルン、ブンジルその他は神格化された胞族トーテムであったと思われる。デュルケムによれば、この神格化はイニシエーション儀礼を通して起こった。*The Elementary Forms of the Religious Life*, trans. Joseph Ward Swain (1915; reprint, New York: Collier Books,1961), p.329 ff. オーストラリアや他のアルカイックな宗教の特定の側面に関するデュルケムの要を得た分析（これはきわめて価値の高いものである）と、宗教の社会的起源についての一般理論とは区別しなければならない。後者は大多数の研究者によって批判され拒絶されてきた。しかしデュルケムの主著の世間的成功は、主として、宗教経験と集合的沸騰の同一視に負っている。このことが意味するのは結局、『宗教生活の原初形態』は未開宗教の評価にとってよりも、西洋の精神性の理解にとっていっそう重要であるということだ。デュルケムの人気は、続く十年から十五年のうちにほとんどの西洋社会で発生することになったものを予言していた。事実、『原初形態』は、ヨーロッパにおける第一次大戦、ナショナリズムの台頭、ファシズムやコミュニズムの出現といった、のちに起こる出来事の理解に西洋の読者を備えさせた。個人主義と不可知論が強く反教権的なフランスで、デュルケムは集団の関心や熱狂の宗教的性格を強調した。デュルケムは読者に、どのようにして国家、社会階級、民族集団が強大なヒエロファニーとなりうるかの理解を、前もって与えていたのである。

(33) Pettazzoni, *op. cit.*, I, 43 ff.(Lang, Schmidt), 60 ff.(A. van Gennep, *Mythes et légendes d'Australie*[Paris, 1906] の批判的な議論）を見よ。ヴァン・ジェネップは、オーストラリアの高神は自然神であり、より正確には雷神（*dieux-tonnerre*）であると考えた。同書、序文、p.cxviを見よ。

(34) たとえば、Frobenius, *Im Zeitalter des Sonnesgottes*(Berlin, 1904), I, 73 ff. バイアメについてはW. Foy, Th. Preuss, Graebner など（Pettazzoni, 前掲書, I, 64 ff. を見よ）。

(35) だがシュミットは、これが天空の人格化を示唆することを否定した。本章註37を見よ。

(36) Pettazzoni, *op. cit.*, I, 67 ff., 355 ff. 等を見よ。ペッタッツォーニは「ポリネシア的宗教における最高存在」や「一神教における独自の神」を著書『神』の第二、第三巻で扱うことを企画していたが、それらは出版されなかった（I, p.xvi）。けれども一九五五年に壮大な研究書『神の全知』（Torino）を著した。オーストラリアの高神についてはpp.507–12を見よ。

(37) たとえば、Schmidt, *Ursprung*, I, 270–73, 674–90, *Anthropos*, XXI(1926), 269–72, また *The Origin and Growth of Religion*, trans. H. J. Rose(New York, 1931), pp.209–14を見よ。

(38) たとえば、R. Pettazzoni, "Monoteismo e 'Urmonoteismo'"（*Studi e materiali di storia delle religioni*, XIX–XX[1943–46], 170–77）および "Das Ende des Urmonotheismus?"（*Numen*, III[1956], 1956–59, *Numen*, V[1958], 161–63）を見よ。

(39) R. Pettazzoni, "The Supreme Being: Phenomenological Structure and Historical Development," in M. Eliade and J. M. Kitagawa(eds.), *The History of Religions: Essays in Methodology*(Chicago, 1959), p.60.〔家塚高志訳、『宗教学入門』岸本英夫監訳、東京大学出版会、一九六二年、八六頁〕

(40) F. Graebner, *Das Weltbild der Primitiven*(Munich, 1924), pp.25–27. Schmidt, *The Origin and Growth of Religion*, pp.247–48より引用。グレーブナーは一連の論文を出版し、"Zur australischen Religionsgeschichte," *Globus*, 96(1909), 341 ff., 362 ff., 373 ff. において、それ以前に見出していた三つの別個の文化領域の年代を確定しようとした。グレーブナーの調査

とその結論は、明白な理由からデュルケムにより無視された。Rudolph F. Lehmann, "Die Religionen Australiens und der Südsee, 1911–1930" *Archiv für Religionswissenschaft*, XXIX (1931), 139–86も見よ。

(41) R. M. and C. H. Berndt, *The World of the First Australians* (Chicago: University of Chicago Press, 1965), p.202. シュミットの『起源』は参考文献に引かれているが、この著者たちはオーストラリアの宗教に関する彼の見解を議論していない。

(42) バーント夫妻は、今は他界したある老人——彼の部族のイニシエーションを受けた最後の人物——から（南オーストラリアにおけるマレー川下部の）ングルンデリのほぼ完全な神話を収録した。彼らはングルンデリを「祖先英雄」と呼んでいる。実際、彼はそのように振る舞っている。ングルンデリの神話は一連の旅と冒険からなり、その過程で彼は土地を形成し、姿を変える。「とうとう彼は、自身の古くなった生命を浄化するために海のなかに跳び込み、それから天空——ワイエルワル、精霊の世界——に駆け昇った。だが、消え去る前に彼はジャラルディ族の人々に、死者の精霊は彼が作った道をつねにたどり、やがて天空の世界で彼と会うだろうと語った」(*ibid.*, p.204)。この末尾部分は重要である。ングルンデリは天空の高次存在の痕跡をいくぶん保持した天空英雄を表現しているように思われる。

(43) バイアメとダラムルンについてはR. M. and C. H. Berndt, *ibid.*, p.141を見よ。

(44) A. P. Elkin, *The Australian Aborigines* (1938; 3d ed., Sydney: Angus and Robertson, 1954; reprint, New York: Doubleday, 1964 再版), p.224.

(45) 私が知るかぎり、エルキンは「数千年前の古い密儀祭祀」で彼が何を意味しているのかをけっして明確にはしていない。エレウシスだろうか。ヘレニズム期の密儀宗教だろうか。だがそうした密儀祭祀の中心には、「天空英雄」ではなく「死と再生の神」がいたのである。おそらく彼はミトラ、死を知らぬ唯一の密儀の神について考えていたのだろう。けれどもミトラも「天空英雄」のなかには分類しえない。エルキンは、著書『高位のアボリジニ』(*Aboriginal Men of High Degree*, Sydney: Australian Publishing Co., 1945, pp.76–77) において、オーストラリアの呪医の超心理学的力と、インドやチベットのヨーガの技法とのあいだの類似性を指摘している。彼はそれらのあいだの歴史的関連を受容する方に傾いている（Eliade, ***Birth and Rebirth***, pp.99 ff.〔『生と再生』二〇一頁以下〕を見よ）。私たちはあとでこの問題に立ち返るつもりである（本稿三二八頁以下を見よ）。ひとまず、オーストラリアの呪医の医学的理念と実践と、インド原住民のそれとのあいだにも同様の類似性があるということをつけ加えたい。E. Drobec, "Heilkunde bei den Eingeborenen Australien," ***Wiener Beiträge zur Kulturgeschichte und Linguistik***, IX (1952), 280–327, p.305を見よ。とはいえ、そうした類似性はインドやチベットのヨーガからの影響を示唆するわけではない。エルキンはオーストラリアの呪医が受けるイニシエーションの型と、メラネシアからの影響を示しているかもしれない、東オーストラリアで検証されたミイラ製作の儀礼について比較してもいる（*Aboriginal Men of High Degree*, pp. 40-41）。だが彼は、メラネシアからの影響が、より高次の文化に起源した観念や技術の運び手だったと信じる傾向にあるようだ。エルキンはオーストラリアの呪医のイニシエーションをエジプトのミイラ製作の儀礼と結びつけているのだろうか。そうした仮説はG・エリオット＝スミスとW・J・ペリーの「エジプト伝播論」のひとつを思い起こさせよう。いずれにせよ、それは正当性のない仮説である。同じ型のイニシエーションは、シベリアや南北アメリカのシャーマンのうちにも見出すことができる。M. Eliade, *Shamanism: Archaic techniques of Ecstasy* (New York: Pantheon, 1964〔『シャーマニズム―古代的エクスタシー技術』堀一郎訳、ちくま学芸文庫、二〇〇四年〕）を見よ。

（46）Elkin, *The Australian Aborigines*, p. 224.

（47）B. Spencer and F. J. Gillen, *The Northern Tribes of Central Australia* (London: Macmillan, 1904), pp. 498 ff. Elkin, *The Australian Aborigines*, p. 225 はこれらが地上で行なわれる儀礼の原型であると正しく観察している。

（48）Elkin, *The Australian Aborigines*, p. 225.

（49）T. G. H. Strehlow, "Personal Monototemism in a Polytotemic Community"（以下 "Personal Monototemism" として引用）, *Festschrift für Ad. E. Jensen*, II (Munich, 1964), 723-54; 彼の *Aranda Traditions* (Melbourne: Melbourne University Press, 1947) および "La gémelité de l'âme humaine," *La Tour Saint-Jacques* (Paris, 1957), No. 11-12（呪術特集号）, pp. 14-23 も見よ。この情報のほとんどはすでにC・ストレロウ〔T・G・H・ストレロウの父〕の著作のなかで、より濃密化された形で提供されていた。註51を見よ。しかし私たちは、彼の第一言語がアランダ語であるという事実からだけでも、T・G・H・ストレロウの呈示に従いたいと思う。

（50）T. G. H. Strehlow, "Personal Monototemism," p. 725.

（51）C・ストレロウは（彼が「西ルリチャ族」と呼ぶ）クカチャ族と（彼が「南ルリチャ族」と呼ぶ）マトゥンタラ族のなかに同種の信仰を見つけた。彼らはひとりの妻と、ひとりの子どもをもつ天空存在について語っていた。ギレンもまた、アリス・スプリングスの東アランダ族集団のあいだでは、「天空には三人が住んでいると言われている――それは、エミューのような巨大な足をもった巨人とひとりの女性、ひとりの子どもで、その子はこれ以上成長することはない」（T. G. H. Strehlow, "Personal Monototemism," p. 725 に引用されている）と報告している。私たちはここで、C・ストレロウによるアランダ族における天空存在アルチラや、ルリチャ族におけるトゥクラの発見に伴う長い議論を取り上げる必要はない。C. Strehlow and M. von Leonhardi, *Mythen, Sagen und Märchen des Aranda-Stammes in Zentral-Australien*, Vols. I-IV

(Frankfurt a. M.: Veröffentlichungen aus dem städtischen Völker-Museum, 1907–20) を見よ。スペンサーはそうした神々の存在を否定した。彼は、アランダ族はアルチェリンガ、すなわち神話的な時間あるいは夢の時の話しかしないと主張した。だがすぐに、双方の主張が根本的には正しく、かつ相互に矛盾しないことがわかった（スペンサーはアランダ族の天空存在の実在を認めることを拒否したにもかかわらず）。事実、C・ストレロウのアルチラは、とりわけ原初的で神話的な夢の時、アルチェリンガの存在なのである。唯一残念だったのは、C・ストレロウの資料は「宣教団のメンバーである、キリスト教化された古老たちからの口承でしか得られなかった」(*The Arunta: A Study of a Stone Age People*, vol. I [London: Macmillan, 1927], preface, p. ix）というスペンサーの意地の悪い評言だった。T・G・H・ストレロウは、彼の父の主なインフォーマントは西アランダ族の、一八四六年頃に生まれた例外的に知的な呪医であり、「その信仰に関する権威としての彼の名声は西アランダの地域をはるかに越えており」、彼は「C・ストレロウがハーマンスバーグにとどまっているあいだずっと、古き秩序の堅固な擁護者だった」ということを正しく指摘している（"Personal Monototemism," pp. 723–24, n. 1. 同書、他のインフォーマントの経歴を見よ）。

(52) T. G. H. Strehlow, *Aranda Traditions*, p. 78. ストレロウは兄弟の呪詛の言葉を伝えている。「汝ら、惨めな死すべき運命にある卑小なる存在よ、汝らすべては今や死ななければならない。汝らは、生きているあいだ、地上からふたたび戻ることはけっしてあるまいし、死したのち戻ることもけっしてあるまい」("Personal Monototemism," p. 726)。

(53) T. G. H. Strehlow, "Personal Monototemism," p. 726.

(54) Elkin, *The Australian Aborigines*, p. 225.

(55) *Ibid.*, pp. 225–26. エルキンは「この二組の信仰は、中央オーストラリアのみならずニューサウスウェールズの北海岸においても共存している」と明記している（p. 226, n. 4）。

(56) E. A. Worms, "Djamar, the Creator," *Anthropos*, XLV (1950), 643–58; p. 650 を見よ。

(57) *Ibid.*, p. 655.

(58) *Ibid.*, p. 650 ff. バード族のイニシエーションについては、E. A. Worms, "Initiationsfeiern," *Annali Lateranensi*, II (1938), 179–80 を見よ。*Idem*, "Religiöse Vorstellungen und Kultur einiger nordwestaustralischer Stämme in fünfzig Legenden," *Annali Lateranensi*, Vol. IV (1940).

(59) Worms, "Djamar, the Creator," p. 650; E. A. Worms, "Djamar and His Relation to Other Culture Heroes," *Anthropos*, XLVII (1952), 539–60 も見よ。

（60）Worms, "Djamar, the Creator," p.657.

（61）W. E. H. Stanner, "On Aboriginal Religion, VI," *Oceania*, XXXIII(1963), 239–73; p.264を見よ（Oceania Monograph No.11, reprint, p.162も参照）。

（62）ロングによる同様の問いへの議論も参照せよ。Charles H. Long, "The West African High God: History and Religious Experience," *History of Religions*, III(Winter, 1964), 328–42.

第二章　文化英雄と神話地理学

（1）Elkin, *The Australian Aborigines*, pp.38 ff., 49 ff.

（2）W. E. H. Stanner, "The Dreaming," in T. A. G. Hungerford(ed.), *Australian Signposts*(Melbourne, 1956), pp.51–65 (reprinted in William A. Lessa and Evon Z. Vogt, *Reader in Comparative Religion*[New York: Harper & Row, 1958], pp.513–23; p.514を見よ)。本稿三六〇頁以下も見よ。

（3）R. M. and C. H. Berndt, *The World of the First Australians*, p.188. オーストラリアの「夢見」を示す言葉のリストについては p.187を見よ。*Myth of the Eternal Return*(English trans., New York: Pantheon, 1954; reprinted as *Cosmos and History: The Myth of the Eternal Return*[New York: Harper & Row,1959])〔『永遠回帰の神話——祖型と反復』堀一郎訳、未来社、一九六三年〕で私は、あらゆる人間行動を模範的な先例に結びつけなければならないとする必然性の構造と意味を分析した。

（4）T. G. H. Strehlow, "Personal Monototemism in a Polytotemic Community"（以下では "Personal Monototemism" として引用）, *Festschrift für Ad. E. Jensen*, II(Munich, 1964), pp.723–54; p.727を見よ。

（5）*Ibid.*, p.727. もちろんこれはアルカイックな狩猟者のもとで広く見られる概念である。

（6）しかし、永久のまどろみのうちで休みながらも、彼らは地上で起こっていることを知っていた（*ibid.*, p.741）。

（7）*Ibid.*, p.729. また、トーテム的祖先の「黄金時代」については Strehlow, *Aranda Traditions*, pp.36 ff. を参照。

（8）実際、「名をもたず定めがたい何らかの力が存在していて、強さにおいていかなる敵にも優越すると信じられていたもっとも強力な超自然的存在に対してさえも、最終的な失墜を引き起こすことができた」(Strehlow, "Personal Monototemism," p.729)。

（9）*Ibid.*, p.729. 死の起源神話については Strehlow, *Aranda Traditions*, pp.42 ff. 最初の死者がゆっくりとその墓から身を起

こし始めたとき、ウルブラというカササギが重い槍で彼の首を突き刺し、踵で彼を地へと踏みつけて叫んだ。「永久に固く根付いたままであれ。二度と起き上がろうとするな。永遠に地にとどまれ！」

(10) どのようにして原初存在が槍を使って天に昇り、最終的に天体となったのかを、他の神話は語っている。M. Eliade, "Notes on the Symbolism of the Arrow," in *Religions in Antiquity. Essays in Memory of E. R. Goodenough* (Leiden, 1968), pp.463-75を参照。

(11)「ウランバ族の祖先の身体は、かつて彼が旅した経路の多くの地点に示されている。ウランバの主峰、彼がそこから生まれ出てきた岩、ウランバの南の山道のそばの険しい丘、ウランバの聖なる洞穴の低部を形作る巨大な丸石、他の場所のその他多くの岩は、それぞれ個々に、『ウランバの祖先の身体』と言われている。加えて、ウランバには彼のチュリンガがひとつあって、他は別の貯蔵庫にあるのだが、原住民たちは今までその数に悩まされたことなど一瞬たりともなかっただろう。チルパ族の首長マルバンカの身体は、私が知るかぎりでは、彼と息子のかつての旅の広範囲にわたる足跡にそって見つかる主要な洞穴のひとつひとつのなかに、チュリンガの姿で見出される（あるいは見出された）」(Strehlow, *Aranda Traditions*, pp.28-29)。

(12) Spencer and Gillen, *The Arunta*, I, 355 ff. とりわけ p.360. Strehlow, *Aranda Traditions*, p.78 に引用されている、西および南アランダのンチカンチャの祖先神話では、高い槍を登ることで二人の兄弟が天空へと昇って行った（本稿二五八頁を参照）。Spencer and Gillen, *op. cit.*, pp.307 ff. で語られているもうひとつの神話では、ふたりのヌンバクラが、生きている胚のような物質（イナパトナ）から人間を創ったとある。このような、前人間的状態にある要素の変形による人間の「創造」は、チュルンガの象徴的意匠に示されている。L. Adam, "Anthromorphe Darstellungen auf australischen Ritualgeräten," *Anthropos*, LIII (1958), 1-50; pp.36 ff. を参照。

(13) Spencer and Gillen, *The Arunta*, p.382. 祭儀の柱については Strehlow, *Aranda Traditions*, pp.77 ff. を参照。

(14) Spencer and Gillen, *The Arunta*, p.388. この神話とそれにかかわる儀礼の意味については、Ernesto de Martino, "Angoscia territoriale e riscatto culturale nel mito Achilpa delle origini," *Studi e Materiali di Storia delle Religioni*, XXIII (1952), 52-66を参照。

(15) Ralph Piddington, "Karadjeri Initiation," *Oceania*, III (1932-33), 46-87 ; *idem*, *An Introduction to Social Anthropology* (Edinburgh: Oliver & Boyd, 1950), pp.91-105. バガジンビリの殺害は他のオーストラリアの神話的主題——文化英雄がイニシエーションのあいだに若者を「殺す」が、最終的には自分も部族の生き残りによって殺害される——と関連しているかも

しれない。B. Spencer, *Native Tribes of the Northern Territory of Australia*(London: Macmillan, 1914), pp.214 ff., 270 ff., 295–305を参照。

(16) Strehlow, *Aranda Traditions*, p.35.

(17) W. E. H. Stanner, *On Aboriginal Religion*("Oceania Monographs," No. 11[Sydney, 1963]), p.254.

(18) Spencer and Gillen, *The Northern Tribes of Central Australia*, p.249.

(19) *Ibid.*, pp.252–53.

(20) 祖先の彷徨という主題はオーストラリアの神話体系の特徴と思われるが、オーストラリアだけのものではない。たとえば、カリフォルニアのモハヴェ（ユマン族）にも見られる。A. L. Kroeber, *Handbook of the Indians of California*(Bureau of American Ethnography, Bull.LXXVIII[Washington, D. C., 1925]), pp.754–57; *idem*, "Seven Mohave Myths," *Anthropological Records*, XI, No. 1(1948), 4–8を参照。

(21) Strehlow, *Aranda Traditions*, pp.30–31.

(22) *Ibid.*, p.93.

(23) M.Eliade, *Myth and Reality*(New York: Harper & Row, 1963), p.124.〔『神話と現実』中村恭子訳、せりか書房、一九七三年〕

(24) Elkin, *The Australian Aborigines*, p.153.

(25) *Ibid.*

(26) *Ibid.*, p.124.

(27) R. M. and C. H. Berndt, *The World of the First Australians*, pp.227–31. Spencer and Gillen, *The Northern Tribes of Central Australia*, p.167 ff., p.283 ff. のインティチュマ儀礼の入念な記述を参照。また本稿二八一―二八二頁も見よ。

(28) Elkin, *The Australian Aborigines*, p.199.

(29) *Ibid.*, p.200.

(30) R. M. and C. H. Berndt, *The First Australians*,(Sydney: Ure Smith, 1952), pp.78–79.

(31) *Ibid.*, p.59.

(32) Helmut Petri, "Das Weltende im Glauben australischer Eingeborenen," *Paideuma*, IV(1950), 349–62を参照。

(33) R. M. and C. H. Berndt, *The First Australians*, pp.98–99.

（34）Andreas Lommel, *Die Unambal: Ein Stamm in Nordwest-Australien*(Hamburg, 1952).

（35）*Ibid.*, p.10.

（36）*Ibid.*, pp.11–12. この神話の別の版によれば、岩に絵を描いたのはワランガンダではなく、彼の命令で鳥のクジョンがそうしたのだという。ワランガンダは天上からそれらの存在の「精霊の力」を投影し、クジョンがその創造的な夢のなかでこうしたメッセージを把握するたびに、それらを徐々に描いていった。

（37）ウォンジナのその他の神話については、*Ibid.*, pp.15 ff と本稿二七九頁を参照。

（38）Lommel, *Die Unambal*, p.13. 男は他にもいくつかの魂をもつと考えられているが、それらの起源は今日のウナンバル族には知られていない。こうした魂のひとつは、「影」であり、死後に死者の国へと赴き、そこで一種の死後の生を保つのである。*Ibid.*, p.39（死後の魂の運命）も参照。

（39）*Ibid.*, p.20.

（40）Helmut Petri, *Sterbende Welt in Nordwest-Australien*(Braunschweig, 1954), pp.98 ff.

（41）*Ibid.*, p.116.

（42）ここには、仮の姿のシンボルとしての蛇の、もっともアルカイックな表現のひとつがある。

（43）Petri, *Sterbende Welt*, p.116.

（44）*Ibid.*, pp.119 ff.

（45）*Ibid.*, p.118. A・キャペルはウナンバル族とグウィニ族のもとでもングンヤリ神話を見出したが、彼が西へ彷徨した物語は欠いていた。"Mythology in Northern Kimberley, North-West Australia," *Oceania*, IX(1939), 382–402を参照。p.396も見よ。

（46）ペトリは、ウンガリニン族においてはングンヤリとうなり板は近年の起源であると考えている。それらは東部から導入された。とはいえ、いかなる種類の祭祀対象が以前に用いられ、ングンヤリと彼のうなり板によって置き換えられたのかを知るのは不可能である。もちろんアボリジニは、ングンヤリとうなり板が「まさに始まりから」彼らとともにあったと主張しているのであるが（Petri, *Sterbende Welt*, p.128）。

（47）バナルとクラングリのようにこれら二羽の英雄には差異があり、敵対的である。つまり一方はすべてを適切な方法で行なうが、他方は間抜けで無能なのだ。それらは互いに争って、ウォドイがジュングンを殺し、その血から最初のオーカーが生じた。

（48）Petri, *Strbende Welt*, pp. 132 ff., 139 ff.

（49）*Ibid.*, p.147。北部キンバリーの一集団におけるウングルとウォンジナ（ガロル）に関する類似した概念については、T. Hernández, "Myths and Symbols of the Drysdale River Aborigines," *Oceania*, XXXII(1961–62), 113–27を参照。

（50）Strehlow, *Aranda Traditions*, p.29.

（51）一八三八年三月二十六日と二十七日に、ジョージ・グレイ中尉は絵が描かれたふたつの洞穴を発見した（彼の *Journals of Two Expeditions of Discoveries*(London, 1841), I, 201–04, 213–15での記述と彩色されたスケッチを参照）。似たような岩絵を有するその他の多くの洞穴もF. S. Brockman(1901), H. Basedow(1916), W. R. Easton(1921) によって探索、記述および撮影された。一九二八年、エルキンはウンガリニン族の三組の洞穴と岩窟住居の絵を訪れ、その部族の宗教的、経済的、社会的生活に対するそれらの絵の関係を初めて一貫した方法で提示した。A. P. Elkin, "Rock Paintings of North-West Australia," *Oceania*, I(December, 1930), 257–79; *idem*, *Studies in Australian Totemism*("Oceania Monographs," No.2 [Sydney, 1933])、pp.67–73を参照。グレイの洞穴は、一九四七年六月にH・コートによって再発見された。A. P. Elkin, "Gray's Northern Kimberley Cave-Paintings Re-found," *Oceania*, XIX(September, 1948), 1–15を参照。コートは、これらふたつの洞穴について原住民からかなりの情報を集めることができた。最初のものは性的関係とウォンジナに関係しているようである（Elkin, "Gray's Northern Kimberley Cave-Paintings Re-found," p.9）。グレイによって三月二十七日に発見された第二のものは別の神話体系、すなわち虹蛇ガラルの伝承に属している（*ibid.*, pp.10–11）。比較研究のために、E. A. Worms, "Contemporary and Prehistoric Rock Paintings in Central and Northern Kimberley," *Anthropos*, L(1955), 546–66; A. P. Elkin, "The Origin and Interpretation of Petroglyphs in South-East Australia," *Oceania*, XX(1949–50), 119–57; A. P. Elkin and C. H. and R. M. Berndt, *Art in Arnhem Land*(Melbourne, 1950); Agnes Schulz, "North-West Australian Rock-Paintings," *Memoirs of the National Museum of Victoria*, No.20(Melbourne, 1956), pp.7–57; Charles P. Mountford, *Art, Myth and Symbolism*, in Mountford, *Records of the American-Australian Scientific Expedition to Arnhem Land*（以下"*Records*"と引用）, Vol. I(Melbourne, 1956) を参照。さらにR. M. Berndt, "The Mountford Volume on Aboriginal Art," *Mankind*, V(October, 1958), 249–61; A. P. Elkin, "Art and Meaning: A Review Article," *Oceania*, XXXIII(September, 1961), 54–58; F. D. McCarthy, *The Cave Paintings of Groote Eylandt and Chasm Island*, Mountford, in *Records*, II(Melbourne, 1960), 297–414も参照。またW. Arndt, "The Interpretation of the Delemere Lightning Paintings and Rock Engravings," *Oceania*, XXXII(March, 1962), 163–77も参照。

（52）A. Capell, "Mythology in Northern Kimberley," pp.389 ff., 403.

（53）Worms, "Contemporary and Prehistoric Rock Paintings," pp.549–50.

（54）Elkin, "Rock Paintings of North-West Australia," pp.263; 269, n. 8.

（55）*Ibid.*, p.276.

（56）Petri, *Sterbende Welt*, pp.102–03.

（57）ウォンジナの姿は、顎のない頭骨の印象を与えると言われてきた（Adam, "Anthromorphe und Darstellungen," p.22, n.44 参照）。描かれた図像は遺体、つまり死の際に絵に変容した英雄の身体のようなものかもしれない。その際、彼の精霊は近くのウングッドの水たまりに下降し、彼の図像がふたたび描かれるときに動き出せるよう備えているのである（Elkin, "Gray's Northern Kimberley Cave-Paintings Re-found," p.12 参照）。洞穴は多くの場合、精霊がその近くの水たまりに結びついている者の骨の最終的な処分のための場所である（Elkin, "Rock-Paintings of North-West Australia," p.278）。

（58）A. R. Radcliffe-Brown, "The Rainbow-Serpent Myth of Australia," *Journal of the Royal Anthropological Institute*, LVI（1926）, 19–26; *idem*, "The Rainbow-Serpent Myth in South-East Australia," *Oceania*, I（1930）, 342–47; Ursula McConnel, "The Rainbow-Serpent in North Queensland," *Oceania*, I（1930）, 347–49; Elkin, "The Rainbow-Serpent Myth in North-West Australia," *Oceania*, I（1930）, 349–52; Ralph Piddington, "The Water-Serpent in Karadjeri Mythology," *Oceania*, I（1930）, 352–54. John Loewenstein, "Rainbow and Serpent," *Anthropos*, LVI（1961）, 31–40 も参照。

（59）Elkin, *The Australian Aborigines*, p.201; *Oceania*, I, 262 も参照。

（60）Elkin, *The Australian Aborigines*, p.198.

（61）Perti, *Sterbende Welt*, p.163.

（62）*Ibid.*, p.170.

（63）M. F. Ashley-Montagu, *Coming into Being among the Australian Aborigines*（New York, 1938）を参照。現在においては T. G. H. Strehlow, "La Gémellité de l'âme humaine," *La Tour Saint-Jacques*, No.11–12（Paris, 1957）, pp.14–23; *idem*, "Personal Monototemism," pp.730 ff. を見よ。

（64）Petri, *Sterbende Welt*, pp.197 ff., 215–16; Elkin, *The Australian Aborigines*, pp.199 ff.

（65）Spencer and Gillen, *Native Tribes of the Northern Territory of Australia*, pp.318 ff.

（66）Strehlow, *Aranda Traditions*, pp.56–57.

（67）Ralph Piddington, "Totemic Systems of the Karadjeri Tribe," *Oceania*, II, No. 4(1932), 377-78.

第三章　イニシエーション儀礼と秘儀祭祀

（1）W. Lloyd Warner, *A Black Civilization: A Study of an Australian Tribe*(originally published 1937; rev. ed., 1958; reprint, New York: Harper Torchbooks, 1964), pp.5-6.

（2）人生儀礼や他のタイプのイニシエーションについては、Eliade, *Birth and Rebirth*〔『生と再生――イニシエーションの宗教的意義』堀一郎訳、東京大学出版会、一九七一年〕を見よ。より最新の文献表に関しては、C. Bleeker(ed.), *Initiation* (Leiden, 1965) を見よ。成年式の他の解釈に関しては、M. Whiting, R. Kluckhohn, and A. Anthony, "The Functions of Male Initiation Ceremonies at Puberty," in E. E. Maccoby, Theodore Newcomb, and C. Hartley(eds.), *Readings in Social Psychology*(New York, 1958), pp.359-70; Edward Norbeck, D. Walker, and M. Cohen, "The Interpretation of Data: Puberty Rites," *American Anthropologist*, LXIV(1962), 463-85 を参照。

（3）Eliade, *Birth and Rebirth*, p.5〔『生と再生』二二頁〕は、R. H. Mathews, "The Bora or Initiation Ceremonies of the Kamilaroi Tribe," *Journal of the Royal Anthropological Institute*, XXIV(1895), 411-27, 特に 414 ff. を要約している。最高存在の造型表現はどちらかと言えば例外的で、ユイン族とウィラジュリ・カミラロイ族においてのみ見出すことができる。この問題については、W. Koppers, "Zur Frage der bildnerischen Darstellung des Hochgottes." *Ethnologica*, N.F., II(Cologne, 1960), 1-11, esp.2 ff. を見よ。

（4）Mathews, "The Bora or Initiation Ceremonies," p.418. また、M. G. Meggitt, *Desert People: A Study of the Walbiri Aborigines of Central Australia*(Sydney: Angus and Robertson, 1962), pp.385 ff.(reissued, Chicago and Toronto, 1965) における、ワルビリ族の割礼の祭儀が催される「男たちの土地」にある、林を切り開いた空き地の記述も参照。

（5）Eliade, *Birth and Rebirth*, p.6.〔『生と再生』二三―二四頁〕

（6）*Ibid.*, p.7 は、Howitt, *The Native Tribes of South-East Australia*, pp.625 ff. を要約している。南東オーストラリア諸部族におけるイニシエーションの他の事例に関しては、Eliade, *Birth and Rebirth*, pp.7-9〔『生と再生』二五―二九頁〕を参照。

（7）Elkin, *The Australian Aborigines*, p.179.「女性の親族はみな、槍と槍投げ器をつかみ取って、男たちが少年を連れ去るのを妨げるために戦うふりをした」(Warner, *A Black Civilization*, p.251)。

（8）Eliade, *Birth and Rebirth*, p.4〔『生と再生』二〇―二一頁〕; Elkin, *The Australian Aborigines*, pp.179-84; R. M. and C. H.

Berndt, *The World of the First Australians*, pp.136–47 参照。オーストラリアのイニシエーションについての基本的な文献表は、Eliade, *op. cit.*, pp.138–44 に挙げられている。特に、F. Speiser, "Über Initiationen in Australien und Newguinea," *Verhandlungen der Naturforschenden Gesellschaft in Basel*(1929), pp.56–258; R. Piddington, "Karadjeri Initiation," *Oceania*, III(1932–33), 46–87; Norman B. Tindale, "Initiation among the Pitjandjara Natives of the Mann and Tomkinson Ranges in South Australia," *Oceania*, VI(1935), 199–224; E. A. Worms, "Initiationsfeiern einiger Küsten-und Binnenlandstämme in Nord-Westaustralien," *Annali Lateranensi*, II(1938), 147–74; Warner, *A Black Civilization*, pp.114 ff.; Meggitt, *Desert People*, pp.281–316 を見よ。

(9)「母と、父の姉妹はともに、新加入者が離れつつある俗なる世界を表現しているのに対して、父と、母の兄弟は新加入者が入りつつある秘密の生活を表わしている」(Meggitt, *Desert People*, p.293)。

(10) Eliade, *Birth and Rebirth*, pp.8–9〔『生と再生』二七—二八頁〕を参照。

(11) Elkin, *The Australian Aborigines*, pp.180–81.

(12) Eliade, *Birth and Rebirth*, p.13〔『生と再生』三五—三六頁〕に要約されているマシューズの記述。抜歯については、R. M. and C. H. Berndt, *The World of the First Australians*, pp.140–41 も参照。

(13)「ワルビリ族は明らかに割礼と儀礼的殺害を同一視している」(Meggitt, *Desert People*, p.294)。未開人一般における割礼の意味と機能について、ここで論じるつもりはない。割礼の心理学的「起源」は宗教史家にとっては重要でない。宗教史家は多様な文化や時代においてこの施術に授けられた宗教的価値と意味にのみ関心をもっている。イニシエーションの試練としての割礼については、Eliade, *Birth and Rebirth*, pp.21ff., 141ff.〔『生と再生』「第二章　イニシエーション的試練」〕を見よ。また Ad. E. Jensen, *Beschneidung und Reifezeremonien bei Naturvölkern*(Stuttgart,1933); F. Speiser, "Über die Beschneidung in der Südsee," *Acta Tropica*, I(1944), 9–29; F. R. Lehmann, "Bemerkungen zu einer neuen Begründung der Beschneidung," *Sociologus*, VII(1957), 57–74; R. M. and C. H. Berndt, *The World of the First Australians*, pp.143 ff. も参照。

(14) Eliade, *Birth and Rebirth*, pp.21–22, 141〔『生と再生』五二—五四頁〕の事例参照。オーストラリアのうなり板については、O. Zerries, *Das Schwirrholtz. Untersuchung über die Verbreitung und Bedeutung des Schwirrens im Kult*(Stuttgart, 1942), pp.84–125 を参照。シュパイザーは、オーストラリアのうなり板をメラネシア起源のものと考えている。"Kulturgeschichtliche Betrachtungen über die Initiationen in der Südsee," *Bulletin der Schweizerischen Gesellschaft für Anthropologie und Ethnologie*, XXII(1945–46), 28–61, 特に 50 ff. を参照。

(15) R. M. and C. H. Berndt, *The World of the First Australians*, p.145.

(16) とりわけ *ibid.*, p.142 参照。

(17) Elkin, *The Australian Aborigines*, pp.173, 182.

(18) Eliade, *Birth and Rebirth*, pp.25 ff.〔『生と再生』五八頁以下〕と、pp.142 ff. に挙げられている文献表を見よ。特に、H. Basedow, "Subincision and Kindred Rites of the Australian Aboriginal," *Journal of the Royal Anthropological Institute*, LVIII(1927), 123-56; Ashley-Montagu, *Coming into Being among the Australian Aborigines*, pp.302 ff.; Bruno Bettelheim, *Symbolic Wounds*(1st ed.; Glencoe, Ill., 1954), pp.173 ff.; J. Winthuis, *Das Zweigeschlechterwesen*(Leipzig, 1928), pp.29 ff.; H. Baumann, *Das doppelte Geschlecht. Ethnologische Studien zur Bisexualität in Ritus und Mythos*(Berlin, 1955),pp.313 ff.; R. M. and C. H. Berndt, *The World of the First Australians*, pp.145-46 を参照。

(19) W. E. Roth, *Ethnological Studies among the North-West-Central Queensland Aborigines*(Brisbane and London, 1897), p.180. また、Eliade, *Birth and Rebirth*, p.26〔『生と再生』六〇頁〕に引用されている他の事例も参照。

(20) この観念はニューギニアで現在も受け容れられている。あるクマン族の者がジョン・ニルスに説明するには、「これは、母胎にいたとき以来蓄積された悪い血、女からの相続物を放出するためになされる」(Eliade, *Birth and Rebirth*, p.27〔『生と再生』六二頁〕に引用)。

(21) Elkin, *The Australian Aborigines*, p.183; また、pp.173-174; Eliade, *Birth and Rebirth*, p.26 ff.〔『生と再生』五九頁以下〕も参照。

(22) Elkin, *The Australian Aborigines*, p.183. 新加入者の儀礼的「焙り」については、Eliade, *Birth and Rebirth*, p.7 および n.13(bibliography)〔『生と再生』二六頁〕; Bettelheim, *Symbolic Wounds*, pp.180 ff. を見よ。

(23) Eliade, *Shamanism*, pp.474 ff.〔『シャーマニズム』(下)堀一郎訳、ちくま学芸文庫、二〇〇四年、二九〇頁以下〕; *idem*, *The Forge and the Crucible*(New York: Harper, 1962), pp.79 ff.〔『鍛冶師と錬金術師』大室幹雄訳、せりか書房、一九七三年、「第八章　火の親方」〕参照。

(24) 「私は……肉体への施術について述べてきた。なぜなら多くの白人は、施術こそがイニシエーションであり、割礼や抜歯の儀式に立ち会えばアボリジニの秘密をすっかり理解できると思い込んでいるからである。しかしながら、身体加工はイニシエーションの重要な本質的要素ではない……。身体加工は……もし状況がそうすることを必要とするならば、省略することもできて、その場合もイニシエーションの実際的な目的や効果が危うくなることはない」(Elkin, *The Australian*

Aborigines, p.172)。

(25) R. M. and C. H. Berndt, *The World of the First Australians*, p.182.

(26) 本稿二六九頁を見よ。

(27) チュルンガの神話体系と儀礼については、Spencer, *Native Tribes of the Northern Territory Australia*, pp.143 ff.; Spencer and Gillen, *The Northern Tribes of the Central Australia*, pp.257 ff.; *idem*, *The Arunta*, I, 99 ff.; Strehlow, *Aranda Traditions*, pp.54 ff., 85–86 などを見よ。また、L. Adams, "Anthromorphe Darstellungen auf australischen Ritualgeräten, *Anthropos*, LIII (1958), 1–50 も参照。

(28) Strehlow, *Aranda Traditions*, p.114.

(29) *Ibid.*, pp.117–18.

(30) *Ibid.*, pp.118 ff.

(31) *Ibid.*, p.119.

(32) *Ibid.*, p.122.

(33) R. M. and C. H. Berndt, *The World of the First Australians*, p.138.

(34) Warner, *A Black Civilization*; Ronald M. Berndt, *Kunapipi* (Melbourne: F. W. Cheshire, 1951); W. S. Chaseling, *Yulengor, Nomads of Arnhem Land* (London, 1957) も見よ。

(35) R. M. and C. H. Berndt, *The World of the First Australians*, p.240.

(36) 聖なる歌のいくつかは R. M. Berndt, *Kunapipi*, pp.85–132 に公表されている。

(37) *Ibid.*, p.31. また、Warner, *A Black Civilization*, pp.240–49 のワワラクの女たちの神話も見よ。

(38) たとえば Warner, *A Black Civilization*, pp.238–40, 242 ff. など参照。ウォーナーにとって「ムイトもしくはユルングルは男かつ女であるが、男性として考えられている」(p.373)。

(39) R. M. Berndt, *Kunapipi*, p.25. ウォーナーは「割礼を受けたペニスは、ニシキヘビがその包皮を取っていって、施術によって偉大なる父に血が捧げられたのだから、蛇のしるしをもっている」と書いている (p.126)。

(40) ウォーナーが記録したヴァージョンでは、二人の姉妹とその子どもたちのことが語られている。pp.240 ff. を参照。

(41) R. M. and C.H. Berndt, *The World of the First Australians*, p.241.

(42) 三角形をした聖地はそれ自体がユルングルの身体であり、頂端の穴はムルウルの泉を表わしている。*Ibid.*, p.241 を参照。

（43）ある場合には、少年たちはユルンググではなく、別の蛇ルニングに呑み込まれる。この神話によれば、その蛇はユルングルがふたりの姉妹を呑み込んで吐き出すのを見て、ユルングルを真似したくなったのだという。彼は若者を呑み込みながら大地を徘徊したくなったが、彼が吐き出したとき、若者たちは死んでおり、時には骨になってしまっていた。その復讐として男たちはルニングを殺し、のちに人々は彼を表わした記念碑を建てた。それがジェルマランジと呼ばれる二本の柱である（R. M. Berndt, *Kunapipi*, pp.35 ff.）。バーントは、その儀礼のなかで若い新入者たちが「聖地に行くために普段の野営地を離れたときに、ルニングが夢見の時代に若者たちを呑み込んだように、彼に呑み込まれると言われている」（p.37）と書いている。けれどもその二匹の蛇、つまりユルングルとルニングは混同されている。というのも、普段の野営地に戻る際、男たちは女に次のように語っているのだ。「若い少年たちは皆、今日亡くなってしまった。ジュルングルが彼らを呑み込んだ」（p.41）。Eliade, *Birth and Rebirth*, p.49と149（n. 28）〔『生と再生』一〇六―一〇七、一二六頁（註28）〕も参照。

（44）R. M. Berndt, *Kunapipi*, pp.31-32。子宮への退行《レグレッスス・アド・ウテルム》というシンボルは、多くの型のイニシエーションでよく知られるモチーフである。特に、Eliade, *Birth and Rebirth*, pp.51 ff.〔『生と再生』一〇九頁以下〕を参照。

（45）R. M. and C. H. Berndt, *The World of the First Australians*, pp.242-43.

（46）R. M. Berndt, *Kunapipi*, p.53. また Warner, *A Black Civilization*, pp.280-301におけるグナビビ祭儀の記述も見よ。ウォーナーは、この儀礼群を人生儀礼と考えている。

（47）Elkin, *The Australian Aborigines*, p.226; R.M. and C.H. Berndt, *The World of the First Australians*, p.210.「ある話では、彼女は自らが作った子どもたちの割礼を試みている。最初はうまくゆかず、子どもたちは死んでしまった。こうした地域では、今日人々は割礼を行なわない。しかしとうとう彼女は成功し、子どもたちは生き残った。こうした場所では、人びとは割礼を続けている」（*ibid.*）。

（48）R. M. and C. H. Berndt, *The World of the First Australians*, p.211. ゴルバーン島では、ウバルは最初、女たちのみに属していたと言われている（R. M. and C. H. Berndt, *Sexual Behavior in Western Arnhem Land* [New York, 1951] p.122）。この主題については、本稿三〇九頁を参照。

（49）Elkin, *The Australian Aborigines*, p.226.

（50）R. M. and C. H. Berndt, *The World of the First Australians*, p.234.

（51）A. P. Elkin, Preface to R. M. Berndt, *Kunapipi*, p.xxii; Elkin, *The Australian Aborigines*, p.229; Wilhelm Schmidt, "Mythologie und Religion in Nord Australien," *Anthropos*, XLVIII（1953）, 898-924を参照。

(52) Warner, *A Black Civilization*, p.375.

(53) R. M. Berndt, *Kunapipi*, p.16.

(54) R. M. and C. H. Berndt, *The World of the First Australians*, p.245.

(55) Elkin, *The Australian Aborigines*, p.226.

(56) R. M. Berndt, *Kunapipi*, p.16.

(57) たとえば J. de Leeuwe, "Male Right and Female Right among the Autochtons of Arnhem Land," *Acta Ethnographica*, XIII (Budapest, 1964), 313–48; XIV (1965), 303–48 を見よ。著者はアーネムランドの神話と儀礼が、のちに男性によって覆されることとなる採集者たちのアルカイックな女性支配を示していると考えている。

(58) たとえば、M. Eliade, *Patterns in Comparative Religion* (New York and London, 1958) pp.419 ff.〔『聖なる空間と時間』宗教学概論③、久米博訳、せりか書房、一九七四年、一三二頁以下〕; *idem, Yoga: Immortality and Freedom* (New York and London, 1958), pp.244 ff., 267 ff. 他〔『ヨーガ』②、立川武蔵訳、せりか書房、一九七五年、六五頁以下、九五頁以下〕; *idem, Mephistopheles and the Androgyne* (New York and London, 1966), pp.78 ff.〔『悪魔と両性具有』宮治昭訳、せりか書房、一九七三年、一〇二頁以下〕を見よ。

(59) W. E. H. Stanner, *On Aboriginal Religion* (Oceania Monograph No.11 [Sydney, 1963], p.87)。クンマング、すなわちムリンバタ族の虹蛇は、「両性具有であったかもしれない」(p.96)。

(60) Ronald M. Berndt (ed.), *Australian Aboriginal Art* (New York, 1964) p.83.

(61) 本稿二八〇頁を見よ。

(62) Frederick D. McCarthy, *Australia's Aborigines: Their Life and Culture* (Melbourne, 1957), p.119. 偉大な神話的水蛇は、「しばしば虹蛇であり、虹蛇のように、天空に接している」(Elkin, *The Australian Aborigines*, p.304)。

(63) A. P. Elkin, "Art and Life," in R. M. Berndt (ed.), *Australian Aboriginal Art*, p.19.

(64) 虹蛇に関する前述の参考文献 p.79, n. 58 を見よ。Vittorio Lanternari, *La Grande Festa* (Milan, 1959), pp.329–49 は、オーストラリアの虹蛇を「雨の主」であると考え、その神話と儀礼を、もっぱらこの宇宙的現象に関係づけられたものとして説明している。

(65) A. R. Radcliffe-Brown, "The Rainbow-Serpent Myth in South-East Australia," *Oceania*, I, (1930), 342–47 とりわけ p.342. 最近では McCarthy (*Australia's Aborigines*, p.129) が同様の見解を表明している。

（66）Eliade, *Birth and Rebirth*, pp.41 ff.〔『生と再生』九四頁以下〕; Bettelheim, *Symbolic Wounds*, pp.239 ff. を参照。

（67）R. M. and C. H. Berndt, *The First Australians* (New York: Philosophical Library, 1954), p.54.

（68）R. M. and C. H. Berndt, *Sexual Behavior in Western Arnhem Land*, pp.89–91.

（69）Eliade, *Birth and Rebirth*, p.43.〔『生と再生』九七―九八頁〕

（70）Roth, *Ethnological Studies*, pp.174 ff. B. Spencer and F. J. Gillen, *The Native Tribes of Central Australia* (London: Macmillan, 1899) pp.457 ff.; R. M. and C. H. Berndt, *The World of the First Australians*, p.151.

（71）R. M. and C. H. Berndt, *The World of the First Australians*, p.152.

（72）*Ibid.*, p.152; Warner, *A Black Civilization*, p.300, n. 15 によれば、北部アーネムランドでは、少女が初潮を迎えると、死と結びつけられるフライングフォックス（大型のフルーツコウモリ）の姿に飾るという。

（73）Phyllis M. Kaberry, *Aboriginal Woman, Sacred and Profane* (Philadelphia, 1939), p.237.

（74）*Ibid.*, pp.241 ff. 子どもに関する他の女性の秘密祭儀については、Eliade, *Birth and Rebirth*, pp.45 ff.〔『生と再生』一〇〇頁以下〕を参照。

（75）Elkin, *The Australian Aborigines*, p.193.

（76）Catharine Berndt, "Women's Changing Ceremonies in Northern Australia," *L'Homme: Cahiers d'ethnologie, de géographie et de linguistique*, I (Paris, 1950), 31.

（77）キャサリン・バーントは、ある女性が重い精神の混乱状態の期間ののちに創設した近年の「個人」祭儀についても述べている。彼女は「まるで私がどうしようもなくなって、死んでしまったかのように」記憶を失った（*ibid.*, p.53）。この「トランス」のあいだ、ムンガムンガが彼女の夢に現われ、彼らが行なっていた「大きな」祭儀を彼女に見せた。ある朝彼女は「明晰な頭で、明らかにいつもの彼女自身」の状態で目覚めると（*ibid.*）、すぐあとでその祭儀を創始した。この「エクスタシー」体験は、先行する「狂気」、無意識、幻視の期間ののちに、完全な心的、精神的回復と根本的な生活の変容（「俗なる」存在から「聖なる」存在への移行）が起こることを示唆しており、シャーマン的な体験に特徴的な症状となっている。Eliade, *Shamanism*, とりわけ pp.33 ff.〔『シャーマニズム』（下）八七頁以下〕を参照。

（78）キャサリン・バーントがフィールドワークを行なったとき、女たちの秘密祭儀はすでに急速に衰退しつつあった。儀礼に参加する女性はますます少なくなっていった（"Women's Changing Ceremonies," pp.61 ff.）。多くの若い少女にとって、歌唱や舞踏の主な目当てはもっぱら官能的な点にあり（p.59 参照）、彼女たちのほとんどは、祭儀を自らの官能的生活のための呪術的な手段として用いていた（p.70）。ちなみに、宗教的祭祀が衰退しこうして呪術的操作に変容することは、二次的現象としての呪術理解にとって重要な過程である。

（79）Elkin, *The Australian Aborigines*, pp.190–91; R. M. and C. H. Berndt, *The World of the First Australians*, pp.214 ff.

（80）Elkin, *The Australian Aborigines*, p.191.

（81）*Ibid.*, p.192. バサースト諸島とメルヴィル諸島では、女性は今も聖なる儀礼に参加することが許されている。Charles P. Mountford, *The Tiwi* (London, 1958); De Leeuwe, *op. cit.*, XIV, 339を参照。

（82）Spencer and Gillen, *The Northern Tribes of the Central Australia*, pp.195, 196.

（83）Strehlow, *Aranda Traditions*, p.94. だが、今や男たちは自集団の女性を見下している。「私たちの女は祭儀的集会において用をなさない。彼女らは聖なるチュルンガについてまったく無知だ。彼女たちはわれらの偉大な女祖先の境遇から落ちてしまった。なぜかはわからない」(*ibid.*)。

（84）Spencer and Gillen, *The Native Tribes of Central Australia*, p.442.

（85）R. M. and C. H. Berndt, "A Preliminary Report on Field Work in the Ooldea Region, Western South Australia," *Oceania*, Vols. XII-XV (1942-45); XIII (1943), 257を参照。前記の註47も参照。ベッテルハイム（*Symbolic Wounds*, p.170）は、ニュー・ヘブリディーズ諸島から、女性の発明としての割礼についての類似した神話を引用している。同じ伝承がバンブティ族のもとでも見出される。そこでは割礼はある女性によって発見された。彼女は類人猿がそれを行なっているのを見たと言われている（P.Schbesta, *Les Pygmées du Congo Belge* [Brussels, 1951], p.266）。

（86）Spencer and Gillen, *The Native Tribes of Central Australia*, p.251; 女性と割礼（もしくは下部切開）の関係についての他の事例は、Spencer and Gillen, *The Northern Tribes of the Central Australia*, pp.352, 368なども参照。Bettelheim, *Symbolic Wounds*, pp.159 ff. も参照。

（87）U. H. McConnel, "Myths of the Wikmunkan and Wiknatara Tribes," *Oceania*, VI (1936), 68. ウィクムンカン神話では、その女性は「これはうなり板、私たちが見つけたの！　私たち女が！　それを見つけたのは私たちよ！」と言っている（p.82）。

（88）R. M. and C. H. Berndt, *The World of the First Australians*, p.215.「その時私たちは何ももたなかった。聖なる道具も聖なる祭儀もない、女たちがすべてをもっていた」(R. M. Berndt, *Kunapipi*, p.8; また pp.55, 59も参照)。

（89）R. M. and C. H. Berndt, *The World of the First Australians*, p.216. 盗みの儀礼的再現については *ibid.*, p.239を参照。この神話の完全なテキストは、R. M. Berndt, *Djanggawul* (London, 1952) pp.38–41. Chaseling, *op. cit.*, pp.133–34には以下の

ような別の版がある。「当時、女たちは祭儀の秘密の守り手であり、彼女の息子たちはぼんやりとした怠惰な生活を送っていた。だが女祖先が最初の大きな部族間の祭儀の準備を始めると、息子たちは嫉妬した」。彼らはもろもろの「トーテム」を盗み、ジャンガウルの姉妹がそれらを取り戻そうとしたが、彼女らは男たちの儀礼的な歌謡と舞踏の力により追い払われてしまった。姉妹は言った。「もう結構、男たちにトーテムを預けておきましょう」。こうして、それ以来ずっとそのようになっている。Charles P. Mountford (ed.), *Records of the American-Australian Scientific Expedition to Arnhem Land*, I (Melbourne, 1956), 269 ff. も参照。

（90）R. M. and C. H. Berndt, *The World of the First Australians*, p. 224.

（91）Warner, *A Black Civilization*, p. 249.

（92）Eliade, *Birth and Rebirth*, pp. 29 ff. および p. 145, n. 50; F. Speiser, "Die Frau als Erfinderin von Kultgeräten in Melanesien," *Schweizerische Zeitschrift für Psychologie und ihre Anwendungen*, III (1944), 46-64 を見よ。

（93）Elkin, *The Australian Aborigines*, p. 138. またバンブティ族（本章註85を参照）のあいだでも、割礼は近年のものである。

（94）とりわけ、Eliade, *Birth and Rebirth*, pp. 78 ff.〔『生と再生』一五七頁以下〕を参照。

第四章　呪医とその超自然的モデル

（1）オーストラリアの呪医についての最重要のモノグラフは、エルキンの *Aboriginal Men of High Degree* である。Helmut Petri, "Der australische Medizinmann," Part I, *Annali Lateranensi* (Città del Vaticano) XVI (1952), 159-317; Part II, XVII (1953), 157-225 は（明らかにエルキンの本を知らなかったにもかかわらず）確かな裏づけのある独創的な研究である。Marcel Mauss, "L'Origine des pouvoirs magiques dans les sociétés australiennes" (Paris: Ecole Patrique des Hautes Etudes, 1904), 1-55 (reprinted in Henri Hubert and Marcel Mauss, *Mélanges d'histoire des religions* [2d ed.; Paris, 1929] pp. 131-87) は、それ以前の資料の批判的議論のために今なお有用である。奇妙なことにヴィルヘルム・シュミットは、オーストラリアの宗教に当てられた部分（*Der Ursprung der Gottesidee*, III [Münster, 1931], 565-1114）のなかで、南東諸部族の呪医にはたった数頁しか捧げなかった（クルナイ族 pp. 635-38; クリン族 pp. 709-12; ウィラジュリ・カミラロイ族 pp. 902-05）。他の文献は本研究が進んでいくなかで示されるだろう。Ronald M. Berndt, "Wuradjeri Magic and 'Clever Men,'" Part I, *Oceania*, XVII (1946-47), 327-65; Part II, *ibid.*, XVIII (1947-48), 60-86 に公表された資料の一部を、エルキンはバーントのフィールドノートを基にして *Aboriginal Men of High Degree* ですでに用い、要約していた。そのため私たちは双方の情報を

参照する。

（2）Howitt, *The Native Tribes of South-East Australia*, pp.406–08. また、回転する二つの壁の隙間に時折現われる小さな開口部を通る、ウラジェリ（＝ウィラジュリ）族の呪医による天の訪問も見よ。これは Berndt, "Wuradjeri Magic," Part I, p.362 に描かれている。「天空の穴」はクルナイ族にも知られている。Howitt, *op. cit.*, p.389 を参照。これはイニシエーションに関するものとして広く知られているシュムプレーガデス岩のモチーフである。Eliade, *Birth and Rebirth*, pp.64–66, 130〔『生と再生』一三六―一三八頁、二六六―二六七頁〕を参照。

（3）K. L. Parker, *The Euahlayi Tribe* (London, 1905), pp.25 ff., 35–36; *idem, More Legendary Tales* (London, 1898) pp.84 ff. Elkin, *Aboriginal Men of High Degree*, pp.102 ff. を参照。

（4）Elkin, *Aboriginal Men*, pp.96–98. このイニシエーションのより詳細な記述は、Berndt, "Wuradjeri Magic," Part I, pp.334–38 に公開されている。

（5）エルキンのような経験豊富なフィールドワーカーから寄せられる忠告は、つねに念頭に置いておかなければならない。「成人男性を秘密の生活の完全なメンバーとするためのイニシエーションについて、完璧な知識を得ることは難しい。私が折に触れて新たに入手した断片的情報から判断するに、どの事例においても、儀礼と知識の秘密のすべてに接することが私たちに許されていたかどうかは疑わしい。そして、もしこの秘密を知ることが難しいならば、呪医が力を獲得するための儀礼を調査するのはいっそう困難である。専門職のメンバーでない者はそれについてほとんど知らないのである」(Elkin, *The Australian Aborigines*, p.300. 強調は引用者〔エリアーデ〕による)。

（6）Berndt, "Wuradjeri Magic," Part I, pp.334 ff.

（7）Howitt, *The Native Tribes of South-East Australia*, pp.408 ff.

（8）Max Kaltenmark, *Le Lie-sien tchouan: Biographies légendaires des immortels taoïstes de l'antiquité* (Peking, 1953), p.20. また、Eliade, *Shamanism*, pp.450 ff.〔『シャーマニズム』（下）二四六頁以下〕も見よ。

（9）とりわけ、P. Boyancé, "La Religion astrale de Platon à Cicéron," *Revue des Etudes grecques*, LXV (1952), 321–30; A. Orbe, "Variaciones gnosticas sobre las Alas del Alma," *Gregorianum*, XXXV (1954), 24–35; J. Daniélou, *Message évangélique et culture hellénistique* (Paris, 1961) pp.116 ff. 参照。

（10）M. Eliade, *Mythes, rêves et mystères* (Paris, 1957), pp.132 ff.（＝*Myths, Dreams and Mysteries* [New York, 1960], pp.99 ff.）〔『神話と夢想と秘儀』岡三郎訳、国文社、一九七二年、一三五頁以下〕を参照。

（11）Howitt, *The Native Tribes of South-East Australia*, p. 405; また pp. 389 ff. も見よ。

（12）*Ibid.*, p. 389. クルナイ族のビラ・アルク、ムラ・ムルング、ブンジルについては、Engelbert Stiglmayr, "Schamanismus in Australia," *Wiener Völkerkundliche Mitteilungen*, V (1957), 161–90 を見よ。ウォンガイボンの呪医も天空の国を訪ねることができた。A. L. P. Cameron, "Notes on Some Tribes of New South Wales," *Journal of the Royal Anthropological Institute*, XIV (1885), 360–61 を参照。

（13）Howitt, *The Native Tribes of South-East Australia*, pp. 358–59. Elkin, *Aboriginal Men of High Degree*, p. 119 も参照。

（14）Elkin, *Aboriginal Men of High Degree*, p. 85; Berndt, "Wuradjeri Magic," Part I, pp. 356 ff.; Part II, p. 79.

（15）Elkin, *Aboriginal Men of High Degree*, p. 85.

（16）B. Spencer and F. J. Gillen, *Native Tribes of Central Australia* (London, 1899), pp. 522 ff.; Elkin, *Aboriginal Men of High Degree*, p. 121.

（17）Elkin, *Aboriginal Men of High Degree*, p. 138.

（18）*Ibid.*, pp. 139–40.

（19）*Ibid.*, p. 140. Eliade, *Birth and Rebirth*, p. 160, n. 72〔『生と再生』二一二―二一三頁、註72〕を参照。

（20）Elkin, *Aboriginal Men of High Degree*, pp. 112 ff.; R. and C. Berndt, "A Preliminary Report of Field-Work in the Ooldea Region, Western South Australia," *Oceania*, XIV (1943), 56–61; Eliade, *Birth and Rebirth*, pp. 97–98〔『生と再生』一九七―一九九頁〕を参照。他の志願者が蛇に呑み込まれる事例は C. Strehlow, *Die Aranda und Loritjastämme in Zentral-Australien* (Frankfurt, a. M., 1908), II, 9–10; Géza Roheim, *The Eternal Ones of the Dream* (New York, 1945), pp. 184 ff.; Elkin, *Aboriginal Men of High Degree*, p. 112 (ウィラング族).

（21）Elkin, *Aboriginal Men of High Degree*, p. 91.

（22）*Ibid.*, p. 93. W・E・ロスの報告では、ブリスベンの呪医は呪力のある水晶を得るために深い池の底に跳び込んだ（"Superstitions, Magic and Medicine," *North Queensland Ethnography*, No. 5 [1903], p. 30）。もちろん、これらのシンボルと儀礼はどれも虹蛇に関係している。

（23）Elkin, *Aboriginal Men of High Degree*, p. 93. クラレンス・リバーの医術師も墓の上で眠る（p. 91）。他の事例（pp. 105–06）も参照。

（24）すでに一七九八年にコリンズ大佐は、ポートジャクソン湾岸の諸部族では、人は墓で眠ることによって呪医となると報告していた。「故人の精霊が彼を訪ねてきて、喉をつかみ、彼を切り開いて内臓をとりだすと、別のものに置き換え、そして傷が閉じられる」（Howitt, *The Native Tribes of South-East Australia*, p.405 に引用）。ウォチョバルク族とジュパガルク族では、叢林に住むンゲチャという名の超自然的存在が、志願者のわき腹を切り開いて、水晶をなかに入れる（*ibid.*, p.104; Elkin, *Aboriginal Men of High Degree*, p.85）。呪医を育成するために、ユーアライ族は新加入者を墓場に運び、数日間そこに縛った状態で放置する。最後に男が棒を持ってやって来て、若者の頭にその棒を突き刺して、レモン大の呪力のある石を傷口に入れる。それから精霊が現われ、彼に治癒技術を教えるために呪術的なイニシエーションの歌を詠唱する（Parker, *The Euahlay Tribe*, pp.25–26）。マイタクンディ族では、師自らがイニシエーションとしての殺害を実施する。彼は志願者を「殺し」て、水場に投げ込み、四日間そこに放置する。次いで師は志願者を引き上げ、火の間に置き、煙を当てて身体をしっかり乾かす（Elkin, *Aboriginal Men of High Degree*, pp.129–30 に引用されたロスの記述）。ムルクムルク族の新加入者は「悪魔」に攻撃される。悪魔たちは新加入者を殺し、腹部を切り開き、調理して喰らう。「悪魔たちは骨を入念に籠のなかに集めて、そのうちの二匹が籠を揺らすと、男は再び生き返る」（Elkin, *Aboriginal Men of High Degree*, p.137; 骸骨と骨からの再生のシンボリズムについては、Eliade, *Shamanism*, pp.158 ff.〔『シャーマニズム』（上）二七二頁以下〕参照。ウォードマン族の志願者は、死者を裁く精霊のウォルガラに切られて殺される。最終的にウォルガラが白い鷹を呼び出し、その鷹が志願者を生き返らせる（Elkin, *Aboriginal Men of High Degree*, p.137）。

（25）Elkin, *Aboriginal Men of High Degree*, p.116; Eliade, *Birth and Rebirth*, p.97.〔『生と再生』一九七—一九八頁〕

（26）将来のシャーマンの「狂気」は、シベリアのシャーマニズムでもよく知られたモチーフであり、さらに、世界の他の場所でも見出される（Eliade, *Shamanism*, pp.23 ff., 33 ff., 38 ff., etc.〔『シャーマニズム』（上）六六頁以下、八七頁以下、九四頁以下〕参照）。オーストラリアでは一般的ではないが、このモチーフはアランダ族（Elkin, *Aboriginal Men of High Degree*, p.123 に引用されているストレロウの記述参照）だけでなく、ピタ・ピタ族（Elkin, p.128 に引用されているロスの記述）や、東部キンバリー（Elkin, pp.138 ff.）でも同様に確認される。

（27）Spencer and Gillen, *Native Tribes*, pp.522 ff.; *idem*, *The Arunta: A Study of a Stone Age People*, II, 391 ff.; Eliade, *Shamanism*, pp.46–47.〔『シャーマニズム』（上）一〇四—一〇五頁〕

（28）Spencer and Gillen, *Native Tribes*, pp.526 ff.; *The Arunta*, II, 394 ff.; Eliade, *Shamanism*, p.47.〔『シャーマニズム』（上）一〇五頁〕

（29）Spencer and Gillen, *The Northern Tribes of the Central Australia*, pp.480–81; Eliade, *Shamanism*, pp.47–48.〔『シャー

マニズム』（上）一〇六頁〕

(30) Spencer and Gillen, *Northern Tribes*, p. 484; ワラムンガの呪医の第二のイニシエーションについては *Ibid.*, p. 486 を参照。また、Eliade, *Shamanism*, p. 48〔『シャーマニズム』（上）一〇七頁〕も参照。

(31) Spencer and Gillen, *Northern Tribes*, pp. 487–88.

(32) *Ibid.*, p. 488; Eliade, *Shamanism*, pp. 49–50.〔『シャーマニズム』（上）一〇九頁〕

(33) Eliade, *Shamanism*, pp. 35 ff.〔『シャーマニズム』九一頁以下〕を参照。

(34) *Ibid.*, pp. 35, 50, etc.〔同、九一頁、一〇九―一一〇頁ほか〕他の違いとして、シベリアではシャーマンの大多数は精霊や超自然的存在に「選ばれる」点、また、彼らのエクスタシー体験はオーストラリアの呪医のものよりもはるかに「劇的」である（少なくともそのように記述される）点が挙げられる。

(35) 精霊やイニシエーションの師が志願者の身体のなかに水晶を挿入する。Eliade, *Shamanism*, p. 52〔『シャーマニズム』（上）一一一―一一二頁〕を参照。

(36) 老年のシャーマンは呪「力」を小石やその他の形で挿入する（*Ibid.*, p. 57〔同、一一七頁〕）。

(37) *Ibid.*, pp. 52 ff. etc.〔同、一一二頁以下ほか〕を参照。

(38) Elkin, *Aboriginal Men of High Degree*, pp. 40–41 に言及している本稿第一章註45を参照。

(39) Eliade, *Shamanism*, p. 495 ff.〔『シャーマニズム』（下）三三七頁以下〕

(40) Elkin, *Aboriginal Men of High Degree*, p. 76–77. 私はすでに *Birth and Rebirth*, p. 100〔『生と再生』二〇二頁〕で、この一節を引用して論じた。

(41) 反対に、すでに指摘したように（本稿第一章註45）、オーストラリアの呪医とインドの原住部族の医学的な観念や実践には注目すべき類似性がある。

(42) "Mythes et symboles de la corde," *Eranos-Jahrbuch*, XXIX (1961) 109–37, reprinted in *Mephistophélès et L'androgyne* (Paris, 1962), pp. 200–237 (= "Cordes et marionnettes")〔『悪魔と両性具有』宮治昭訳、せりか書房、一九七三年、第四章「綱と操り人形」〕で私はこの問題を論じた。残念ながら、英訳版 *Mephistopheles and the Androgyne* (New York, 1965, pp. 160–88) では、引用文の訳は必ずしも原典を反映しておらず、仏訳から重訳されている。

(43) Berndt, "Wuradjeri Magic," Part I, p. 340.

(44) *Ibid.*, pp. 341–42. エルキンはこれらの事例を *Aboriginal Men of High Degree*, pp. 64–65 にバーントのフィールドノート

から引用している。

（45）E. Lucas Bridges, *The Uttermost Part of the Earth*（New York, 1948）pp.248 ff. を見よ。

（46）Elkin, *The Australian Aborigines*, p.304.

（47）Eliade, *Mephistophélès et L'androgyne*, pp.24 ff.〔『悪魔と両性具有』二四頁以下〕水晶についての古い情報源は、Mauss, "L'Origine des pouvoirs magiques," pp.136, n. 1; 137, n. 3; 139 ff. に収集され、論じられている。

（48）Elkin, *Aboriginal Men of High Degree*, pp.43 ff. を見よ。呪医の育成における水晶の役割については、pp.93, 98, 103, 107 ff. も参照。

（49）A. R. Radcliffe-Brown, "The Rainbow-Serpent Myth of Australia," *Journal of the Royal Anthropological Institute*, LVI（1926）, 19–25, esp. p.19（クイーンズランド）, p.24（ノーザンテリトリーのカカドゥ）; *idem*, "The Rainbow-Serpent Myth in South-East Australia," *Oceania*, I（1930）, 342–47; A. P. Elkin, "The Rainbow-Serpent in North-West Australia," *Oceania*, I（1930）, 349–52（フォレスト・リバー地方、カラジェリなど）; *idem*, *Aboriginal Men of High Degree*, p.144; etc.

（50）A. R. Radcliffe-Brown, "The Rainbow-Serpent Myth of Australia," p.20. 本章註22を参照。

（51）Radcliffe-Brown, "The Rainbow-Serpent Myth of Australia," pp.20–21 に引用されているＪ・マシューズの記述。

（52）Radcliffe-Brown, "The Rainbow-Serpent Myth of Australia," p.21.

（53）Elkin, "The Rainbow-Serpent in North-West Australia," p.350; *idem*, *Aboriginal Men of High Degree*, pp.138 ff.

（54）A. Lommel, *Die Unambal: Ein Stamm in Nordwest-Australien*（Hamburg, 1952）, pp.42 ff.

（55）H. Petri, *Sterbende Welt in Nordwest-Australien*（Braunschweig, 1954）, pp.250 ff.

（56）Petri, "Der australische Medizinmann," Part II, p.160, n. 238 の文献表を見よ。Lommel, *Die Unambal*, pp.45 ff. も参照。

（57）Petri, "Der australische Medizinmann," Part II, pp.175–90 を見よ。また *idem*, *Sterbende Welt*, pp.175–90.

（58）もっとも、故人もまた「強い男」であった場合のみである。Berndt, "Wuradjeri Magic," Part II, pp.82 ff.

（59）*Ibid.*, Part I, p.332.

（60）Petri, "Der australische Medizinmann," Part II, pp.160 ff.; p.164, n. 234 の「黒呪術」に関する文献表を参照。また、R. M. and C. H. Berndt, *The World of the First Australians*（Chicago, 1965）, pp.266 ff. も見よ。

（61）中央キンバリーでは、トーテム集団のそれぞれの首長は特定のウォンジナを塗り直すことで雨を産み出すことができるが、雨を止めることができるのは呪医だけである。Petri, "Der australische Medizinmann," Part II, p.187.

（62）*Ibid*., pp. 192 ff. に列挙されている事例を参照。
（63）Howitt, *The Native Tribes of South-East Australia*, p. 418.
（64）Petri, "Der australische Medizinmann," Part II, pp. 90 ff. 精霊からの直接の霊感によってつくられた歌と踊りの例もある。ディエリ族の事例では、ある男が死んだとき、精霊が彼の弟に現われて、数晩かけて彼に新しい歌を教えた。O. Siebert, "Sagen und Sitten der Dieiri und Nachbar-Stämme in Zentral-Australien," *Globus*, XCVII (1910), 185 を参照。例外としては、ダーリン・リバーのバルキンジ族のように、黒呪術の専門家が新たなコロボリーの作り手となっていることもある。Petri, "Der australische Medizinmann," Part II, p. 193 に引用されている F. Bonney (1884) の記述を参照。
（65）Eliade, *Shamanism*, pp. 252 ff.（コーリャック族、チュクチ族）and pp. 361 ff.（オセアニア）〔『シャーマニズム』（上）四一一頁以下、（下）一一三頁以下〕の事例参照。

第五章　結論——死と終末論

（1）Warner, *A Black Civilization*, p. 402.
（2）Elkin, *The Australian Aborigines*, p. 315; Warner, *A Black Civilization*, pp. 403 ff.
（3）さまざまな遺体処理の方法については、Elkin, *The Australian Aborigines*, pp. 329 ff.; R. M. and C. H. Berndt, *The World of the First Australians*, pp. 329 ff. を見よ。
（4）検死については、Elkin, *The Australian Aborigines*, pp. 311 ff.; R. M. and C. H. Berndt, *The World of the First Australians*, pp. 406 ff.; Helmut Petri, "Der australische Medizinmann," Part II, *Annali Lateranensi* (Città del Vaticano), XVII (1953), 170 ff. を参照。
（5）Elkin, *The Australian Aborigines*, p. 336; R. M. and C. H. Berndt, *The World of the First Australians*, pp. 412 ff. を参照。
（6）R. M. and C. H. Berndt, *The World of the First Australians*, p. 416. ディエリ族もまた、三つの魂を区別している（*ibid*., p. 413）。
（7）マレー河下部の例。*Ibid*., p. 412 を参照。
（8）これはよく知られ広く普及したモチーフである（Eliade, Shamanism, pp. 482 ff.〔『シャーマニズム』（下）二九九頁以下〕参照）。
（9）R. M. and C. H. Berndt, *The World of the First Australians*, p. 413; A. W. Howitt, *The Native Tribes of South-East*

Australia, pp.435 ff.

(10) R. M. and C. H. Berndt, *The World of the First Australians*, p.414 に引用されたケイバリーの記述。メルヴィル島とバサースト島では、精霊たちが「さまざまなトーテムの場所にある自らの誕生の地に還る」(*ibid.*)。

(11) 本稿三一七頁で引用している。

(12) Howitt, *The Native Tribes of South-East Australia*, pp.436 ff.

(13) R. M. and C. H. Berndt, *The World of the First Australians*, pp.417–18.

(14) Howitt, *The Native Tribes of South-East Australia*, pp.426 ff.

(15) 「相容れない見解も時折あるものの、人間の精霊の不滅性についてある程度の一致があるように思われる」(R. C. and C.H. Berndt, *The World of the First Australians*, p.419)。

(16) Helmut Petri, "Kuràngara. Neue magische Kulte in Nordwest-Australien," *Zeitschrift für Ethnologie*, LXX (1950), 43–51, esp.50; *idem*, *Sterbende Welt in Nordwest-Australien* (Braunschweig, 1954), p.263; *idem*, "Wandlungen in der geistigen Kultur nordwestaustralischer Stämme," *Veröffentlichungen aus dem Museum für Natur-, Völker-und Handelskunde in Bremen*, Ser. B., No. 1 (1950), pp.33–121, esp.90 ff. E. Worms, "Die Goranara-Feier in australischen Kimberley," *Annali Lateranensi*, VI (1942), 208–35 も参照。

(17) Andreas Lommel, "Modern Culture Influences on the Aborigines," *Oceania*, XXI (1950–51), 14–24, esp.p.22; *idem*, *Die Unambal* (Hamburg,1952), pp.82 ff.

(18) Ronald M. Berndt, "Influence of European Culture on Australian Aborigines," *Oceania*, XXI (1950–51), 229–40, esp.233.

(19) Petri, "Kuràngara," p.43. ペトリは自らの著書 *Sterbende Welt in Nordwest-Australien*, p.257 で、西部と南西部のアランダの集団において、クランとクラニタという言葉は「精霊」、「影」、「生の本質」さらに「血」を意味すると述べている。接尾辞 -ngara はキンバリーにおいては「に所属する」を示している。オーストラリア全土で、遠く離れた部族の儀礼用具は呪術的に強力だと考えられている。もちろんこれはよく知られた現象である。「異邦人」は呪術師、人喰い、幽霊として見られる。彼らの宗教的活動と道具はひどく強力であるとされる。

(20) イニシエーションを受けた者は、グロアレを聖なる木板ミンボルに彫られた螺旋や同心円になぞらえている。

(21) Petri, "Kuràngara," p.47; *idem*, *Sterbende Welt*, p.262.

(22) ジャンバ信仰の起源は、未解決のままである。ヴォルムスは、それがフィッツロイ・リバー南部の部族、マンガラ族とワルマジェリ族の祭祀体系に由来していると考えた（Worms, "Die Goranara" を参照）。しかしペトリが正しく観察しているように、これらの部族のゲランガラにおいては、ジャンバは中央オーストラリアから持ち込まれた外来の要素を表わしている。祭儀のいくつかの要素はアランダ族起源ではあるが、アランダ族のあいだにクランガラの祭祀や神話体系は見出せない（たとえば、ジャンバは見出されなかった）。ペトリは、クランガラは今日もその文化と接触ができないアランダ族西部の民族集団のいくつかから出てきたのではないか、と推測している（*Sterbende Welt*, p.216）。

（23）Petri, *Sterbende Welt*, p.259. クランガラはジャンバの見えざる活動力であるが、それは「歌」でもあり、黒呪術の技法でもある。*Idem*, "Der australische Medizinmann," Part II, p.165 を参照。

（24）Petri, "Kuràngara," p.49.

（25）Petri, *Sterbende Welt*, pp.218 ff., 256.

（26）本稿三〇六頁以下。

（27）Eliade, *Patterns in Comparative Religion*（New York,1958）, pp.383 ff., 448.〔『聖なる空間と時間』宗教学概論③、久米博訳、せりか書房、一九七四年、八二頁以下、一七五頁〕

（28）Lommel, "Modern Cultural Influences on the Aborigines," p.23; *idem*, *Die Unambal*, pp.82 ff. 参照。

（29）Lommel, "Modern Cultural Influences on the Aborigines," p.24.

（30）R. M. Berndt, "Influence of European Culture," p.233.

（31）*Ibid.*, p.235. 本稿三〇八頁以下を参照。

（32）Petri, *Sterbende Welt*, pp.263 ff. のいくつかの事例を見よ。

（33）Petri, "Der australische Medizinmann," Part II, pp.168 ff. を参照。一九三〇年代初頭に、スタナーはデイリー・リバー地域の諸部族（ノーザンテリトリー）のあいだで、ママクピク、すなわち「悪魔の医術師」ないし卓越した黒呪術師への恐怖によって喚起された集合的神経症を記述した。W. E. H. Stanner, "A Report of Field Work in North Australia: The Daly River Tribes," *Oceania*, IV（1933）, esp.22–25 を参照。

（34）O. Siebert, "Sagen und Sitten der Dieiri und Nachbarr-Stämme in Zentral-Australien, *Globus*, XCVII（1910）, 57–59; Petri, "Der australische Medizinmann," Part II, pp.166–67 による要約も参照。

（35）Petri, "Der australische Medizinmann," Part II, p.167. V・ランテルナーリは著書 *Movimenti religiosi di libertà e di salvezza*（Milano, 1960）において予言的祭祀にクランガラを含めている（pp. 220 ff. を参照）が、彼は予言的で千年王国論的

構造をもっていることが明白なムルンガについては論じなかった。

(36) Helmut Petri and Gisela Petri-Odermann, "Nativismus und Millenarismus im gegenwärtigen Australien," *Festschrift für Ad. E. Jensen*, II (Munich, 1964), esp. p. 462. この変化の原因は、アボリジニだけが利用できる協同組合を組織したあるオーストラリア白人のマルクス主義者にまでさかのぼる。人類学者は概して原住民の伝統に共感的ではないという理由で彼がアボリジニたちを説得した結果、彼らに人類学者へのあらゆる情報提供を拒否させることとなった。

(37) *Ibid.*, p.464, n. 8.

(38) *Ibid.*, p. 465. Eliade, *Méphistophélès et L'androgyne* (Paris, 1962), pp. 194 ff. (English trans., *Mephistopheles and the Androgyne* [New York, 1965] pp. 155 ff.)〔『悪魔と両性具有』二〇四頁以下〕参照。

(39) ペトリ夫妻が要約して引用しているF・ローズからの手紙によれば、カーゴ・カルト型の特徴をもつ別の運動が、一九六二年に中央オーストラリアのアンガス・ダウンズ牧場で見出された。ここではアメリカ人が、かつて戦時中にそうしたように、トラックにさまざまな物品を積載して持ってくることになっていた。当時、アメリカ人はそれらを原住民に配る予定だったが、白人たちはこれらの物品をすべて、誤魔化して着服した。Petri and Petri-Odermann, "Nativismus und Millenarismus," p.466, n. 10.「アメリカ人の到来」に関する千年王国論的なモチーフについては、Eliade, *Méphistophélès et L'androgyne*, pp.155 ff. (English trans., pp.125 ff.)〔『悪魔と両性具有』一六八頁以下〕を参照。

(40) R. M. Berndt, *An Adjustment Movement in Arnhem Land, Northern Territory of Australia* (Paris and The Hague, 1962).

(41) 初期の解釈の概観としては、D. J. Mulvaney, "The Australian Aborigines 1606–1929: Opinion and Fieldwork," *Historical Studies*, VIII (1958), 131–51, 297–314を見よ。

(42) W. E. H. Stanner and Helen Sheils (eds.), *Australian Aboriginal Studies: A Symposium of Papers Presented at the 1961 Research Conference* (Melbourne and Oxford, 1963), p.82を参照。

(43) D. J. Mulvaney, "Prehistory," in *Ibid.*, p.39.

(44) A・A・カペルの記述は、"Discussion on the Antiquity of Man in Australia," in Stanner and Sheils (eds.), *Australian Aboriginal Studies*, p.84に要約されている。オーストラリアの先史研究については、Mulvaney, "Prehistory," pp.33–51 (参考文献表、50–51); *idem*, "The Stone Age of Australia," *Proceedings of the Prehistoric Society*, XXVII (1961), 56–107; *idem*, *The Prehistory of Australia* (London, 1967) を参照。F. D. McCarthy, "A Comparison of the Prehistory of Australia

with That of Indo-China, the Malay Peninsula and Netherlands East Indies," *Proceedings of the Third Congress of Prehistorians of the Far East, Singapore, 1938* (1940), pp.30–50; *idem, The Stone Implements of Australia* (Sydney, 1946); "Recent Developments and Problems in the Prehistory of Australia," *Paideuma*, XIV(1968), 1–16; J. Haekel, "Ethnologische und prähistorische Probleme Australiens," *Wiener völkerkundliche Mitteilungen*, II(1954), 66–85も見よ。

(45) McCarthy, "A Comparison of the Prehistory of Australia"; *idem*, "The Oceanic and Indonesian Affiliations of Australian Aboriginal Culture," *Journal of the Polynesian Society*, LXII(1953), 243–61; *idem, Australia's Aborigines: Their Life and Culture* (Melbourne, 1957); N. B. Tindale, "Man of the Hunting Age," *Colorado Quarterly*, VIII(1960), 229–45.

(46) McCarthy, "The Oceanic and Indonesian Affiliations of Australian Aboriginal Culture," pp.243–61, esp.252 ff. 現在では *Bolletino del Centro Camuno di Studi Prehistorici*, ed. Emmanuel Arati, vol. IV(1968), pp. 111 ff. を見よ。

(47) McCarthy, "The Oceanic and Indonesian Affiliations," pp.253ff. における参考文献を見よ。また次の三つの註に挙げた著作の文献表も参照。

(48) R. M. Berndt, "Discovery of Pottery in North-eastern Arnhem Land," *Journal of the Royal Anthropological Institute*, LXXVII(1947), 133–38; R. M. and C. H. Berndt, *The World of the First Australians*, pp.20 ff., 424; Warner, *A Black Civilization*, pp.445 ff.

(49) R. M. Berndt, "Discovery of Pottery in North-eastern Arnhem Land"; F. D. McCarthy and Frank M. Setzler, "The Archeology of Arnhem Land," *Records of the American-Australian Scientific Expedition to Arnhem Land* (1948), II(1960), pp. 223–27.

(50) Mulvaney, "Prehistory," p.50.

(51) F. D. McCarthy, "Ecology, Equipment and Trade," Stanner and Sheils (eds.), *Australian Aboriginal Studies*, p.181. *Ibid*., *p*.188. マッカーシーの論文に引用されたD・S・デヴィッドソンの刊行物の文献表を参照。

(52) D・F・トムソンの記述は"Discussion," in Stanner and Sheils (eds.), *Australian Aboriginal Studies*, pp.192–93に要約されている。この現象はまったく独自のものではない。たとえばバンブティ・ピグミーは、彼らが幾世紀ものあいだ、ともに暮らしてきたバントゥー農耕民から植物栽培の方法を借用しなかった。P.Schebesta, *Die Bambuti-Pygmäen vom Ituri* (Brussels, 1941), II, 269を参照。

(53) Eliade, *The Myth of the Eternal Return* (New York: Pantheon, 1954)〔『永遠回帰の神話』〕; *idem, Myth and Reality* (New

York: Harper & Row, 1963)〔『神話と現実』〕を参照。
（54）Wilhelm Koppers, "Diffusion: Transmission and Acceptance," Wiliam L. Thomas, Jr.(ed.), *Yearbook of Anthropology* (New York, 1955) pp.169–81, esp.171, 178 ff. におけるやや陰鬱な記述を参照。
（55）本稿二三九頁以下。
（56）とりわけ、E. A. Worms, "Comtemporary and Prehistoric Rock Paintings in Central and Northern Kimberley," *Anthropos*, L(1955), pp. 546–66, esp.552 ff.; Gisela Odermann, "Holz- und Steinsetzungen in Australien," *Paideuma*, VII (1959), pp. 99–141 を参照。
（57）E. A. Worms, "Religion," in Stanner and Sheils(eds.), *Australian Aboriginal Studies*, pp.231–47; p.236 を特に参照。
（58）もちろんこのことは、非オーストラリア人の民族学者たちの貢献があまり重要ではないことを意味しているわけではない。その好例がヘルムート・ペトリによる最近の論文、"Kosmogonie unter farbigen Völkern der Westlichen Wüste Australiens," *Anthropos*, LX(1965), pp. 469–79 である。ペトリはこれまで知られていなかった宇宙創成論を発見し、四つの段階、ないしは時期に分けて世界の創造を説明している。とりわけ p.478 参照。
（59）W. E. H. Stanner, *On Aboriginal Religion*("Oceania Monographs," No. 11[Sydney, 1963]), p.vi.
（60）*Ibid.*, pp.152, 164, etc. 本稿第二章も参照。
（61）Stanner, *On Aboriginal Religion*, p.154. 結論部である pp.165–71 も見よ。
（62）本稿二三九頁以下。
（63）Claude Lévi-Strauss, *Le Totémisme aujourd'hui*(Paris, 1962), esp.pp.21 ff.(English trans., *Totemism*[Boston, 1963], pp.15 ff.)〔『今日のトーテミスム』仲沢紀雄訳、みすず書房、一九七〇年、二八頁以下〕; *idem*, *La Pensée sauvage*(Paris, 1962), pp.48 ff., 100 ff., and *passim*(English trans., *The Savage Mind*[Chicago, 1966] pp.35 ff., 75ff., and *passim*)〔『野生の思考』大橋保夫訳、みすず書房、一九七六年、四二頁以下、八九頁以下ほか〕
（64）*The Savage Mind*, pp.96–97(*La Pensée sauvage*, p.128)〔『野生の思考』一一四—一一五頁〕「トーテミズムは自然種の社会と社会集団の世界との間に論理的対応関係を立てる」(*The Savage Mind*, p.104; *La Pansée sauvage*, p.138)〔『野生の思考』一二三頁〕。*The Savage Mind*, pp.135ff.〔『野生の思考』一六〇頁以下〕も参照。別の学派の民族学者たちも類似の見解を表明している。たとえばAd・E・イェンゼンは、「トーテミズム的な関係は、多くの文化領域と関連する分岐体系の一部でしかなく、社会秩序はその文化領域のひとつにすぎない」(*Myth and Cult among Primitive Peoples*[Chicago, 1963]p.152）と述べている。同書のドイツ語版は一九五一年に出版されている。

南アメリカの高神

奥山史亮訳

南アメリカの高神　内容目次

南アメリカの高神

第一部

アルカイックな宗教を研究する方法の数はかぎられている。なぜならば、すべての宗教は「中心」、すなわち聖なるものに関する特徴的な知識をもっているからである。そのような「中心」は、さまざまな方法によって特定することができる。たとえば、超自然的存在に関わる諸概念を調査したり、（人間の創造、起源神話、原初的状態からの劇的な変容などの）宇宙創成神話と部族の「聖なる歴史」を分析したり、特定の民族における、「世界の内に在る」独特な経験（方向づけ《オリエンタツィオ》、世界像《イマゴ・ムンディ》、人間と自然のあいだの宗教的関係など）を理解したり、「聖なるものの体験」とそのさまざまなレベル（すなわち呪医、脱我状態になる者、シャーマン、魔術師などの「聖なるものの専門家」による体験も考慮に入れて）についての形態論を検討したりするといった方法がある。

ある見地からすると、これらの「異なる」方法は相互に依存しあっている。どのような宗教であろうと、その「中心」にはつねに超自然的存在と「聖なる歴史」が見出せる。超自然的存在は、人間が生活する世界を制作し、修正し、所有し、あるいは管理している。「聖なる歴史」によって、人間特有の存在様式が説明され、同時に、聖なるものの体験が有する意味や役割が開示される。

ある宗教の「中心」を認識するための最適な方法を選び取ることは、つねに個人的決断によるわけではない。「未開」宗教を研究するにあたり、研究者は利用可能な情報の質と量を頼りにしなければならない。だが今日、資料が絶望的なまでに不十分であったり、失われて取り返しがつかなくなったりしていることが知られている事例も多々ある。これは、消失したり、文化変容が著しく進展したりした部族が数多いことによる。さらに利用可能な情報が信頼でき豊富にある場合にも、完全だということはけっしてない。航海者、宣教師、調査地に赴いた人類学者たちが、すべて同じ問題関心をもっていたわけではない。そのため、ある場合には呪術の実践や悪魔の伝説に関する情報が豊富で、ほかの場合には神話と伝承に関する情報はあるが儀礼に関する情報がほとんどなかったりする。秘密の教義と儀式について語ってもらえることはきわめてまれであり、信仰と儀礼に関する完全な資料の総体が得られることもめったにない。

このような状況から、宗教の構造に関する研究を利用可能な資料の質と量にあわせて行なわなければならないという重要な結論が得られる。南アメリカ研究との関連でわずかな事例を挙げるならば、次のものに焦点を合わせるのが賢明である。マルティン・グジンデによって収集されたフエゴ島民の宗教観念、信仰、儀礼に関する豊富な情報。『ボロロ百科事典』に収録された豊かな神話伝承。G・ライヘル＝ドルマトフが描いたような、コロンビアにおけるコギ族の驚くほど首尾一貫し統合された神学、宇宙論、儀礼生活の総体。カート・ニムエンダジュとエゴン・シャデンによって見事な研究が生み出されたグァラニ族の終末論。本研究では、宗教生活のなかでも、こうした十分に知られている諸側面に着目する。その一方で、すでに消滅した多くの部族、滅亡しかけている多くの部族について、私たちが無知であることを自覚しておこう。

初めに、高神、宇宙の神々、動物の主といったもっとも目立つ超自然的存在について、簡単に紹介する。しかし私は南アメリカの諸宗教に関する歴史を記述しているわけではないので（私にはそのための能力も意図もない）、特にすぐれた、特徴的ないくつかの事例を概観するにとどめる。補足資料については、注記した文献目録を参照されたい。さらに後述するように、超自然的存在の類型論は不変のものではない。「高神」が動物の主に特有の性質を表わすこともあれば、逆のこともある。このような変移、変容、融合は、もともとの構造に相反する評価があったことを反映しているのかもしれない。またどんな神であれ、ほかの神々の属性や権能を取り入れる傾向があることはよく知られているが、その傾向の現われかもしれない。あるいは歴史的変容の結果かもしれない。歴史的変化が記録されることはまれだが、そういう場合には、私は進んでそれを提示するよう努めた。宗教の変容過程を理解し、その「原因」を発見し、その含意を解読することは意義のあることだからである。

フエゴ島の高神

アルフレッド・メトローによると、高神、すなわち宇宙と人間の創り主に対する信仰は、南アメリカ一帯に広がっていたらしい。「しばしば指摘されてきたことだが、この神が崇高でありながらも宗教上の活動が目立たないという対照性があるために、この神を神話上の一登場者にすぎないと見なす傾向がある。しかしながら、創造主や文化英雄が、人間の出来事にかかわらないことは普通であるにしても、南アメリカにおいて高神が疎遠であることは、インドの宗教制度に関するわれわれの不十分な知識による想定と比べても、なおのこと確固たるものではない(1)」。メトローは、ナンバ族やグァラユ族といった部族における創造主に対する祭儀の痕跡に言及している。このような高神に対する祈りもまた知られている。

高神に対する信仰が、フエゴ島の諸部族——オナ族、ヤーガン族、アラカルフ族——、すなわち南アメリカでもっとも未開である諸部族において最重要の宗教観念のひとつであることを知るとき、重大な問題が提起される(2)。メトローは、(一九二〇年から一九二六年に、フエゴ島の最高存在に関する証拠を収集した) グジンデとコッパースによる、フエゴ島民の高神に関する概念はキリスト教による影響はまったく受けていないという見解に同意している(3)。しかし高神に関する伝承の多くは、今日までに失われてしまっている。したがってメトローの次のような推測は正しい。すなわち、ヤーガン族とオナ族が消え去ろうとしているときに得られた報告は、「高神について実際よりも哲学的で抽象的な錯覚を与えるかもしれない(4)」のである。

グジンデによると、フエゴ島民は、星辰のかなたの天空に住んでいた、姿の見えない全知全能の最高存在を信じていた。アラカルフ族はその神をソラス（セラス）、「星」と呼んでいる。[5] この神は世界を創造し、天界に住んでいながら、人類の日常生活にかかわってもいる。彼はけっして眠ることなく、すべての出来事を見て知っている。新生児ひとりひとりの肉体に魂を入れるのもソラスである。魂は死の瞬間に、天国にいるソラスのもとへ還る。[6] こうした細部は、魂の宗教的価値を理解する上で重要である。明らかにこの神は、人間の魂の源であり、創造主である。

ヤーガン（ヤマナ）族はワタウイネワ――「古き者」「永遠なる者」――という高神を信じている。ワタウイネワはいくつかの別名でも呼ばれるが、その意味は「力強き者」「もっとも高き者」、とりわけ「父」などである。[7] この神は宇宙の創造主ではなく、支配者であるにすぎない。また、動物および有用植物を所有し提供もする。人間に生命を授けたり奪ったりするのもワタウイネワである。彼は天の高みに住んでおり、本来、善良で慈悲深い――もっとも、死の作り手であるため、親族を亡くして葬儀で悲しむ者には貶される。さらにワタウイネワは、天候を操って罰も与える。[8] 彼は肉体をもたず、妻子もいない。クーパーによると、ワタウイネワは「ほかの善霊に対しても悪霊に対しても、まぎれもなく抜きんでており、その意味において孤高の存在だった。部族の民間伝承や神話に彼が登場することはなかった[9]」。彼は人間の行動を監視しており、（太古に自らが啓示した）部族の掟を破る者に対しては、夭折や子どもの死などの罰を与える。

アラカルフ族のソラスとは対照的に、[10] ワタウイネワは成年儀礼のイニシエーションにおいて中心的役割を果たしている。ヤーガン族は、食料や健康を求め、自然の猛威からの保護を願って祈りを捧げる。ワタウイネワは感謝の祈りも捧げられる。クーパーの見解では、「最高存在との意思疎通においてヤーガン族にきわめて特徴的なのは、病気、悪天候、そのほかの不運、とりわけ死に際して、最高存在への不満を顕わにしたり、非難を向けたりすることがしばしばだったことである[11]」。これらのアルカイックな特徴（加えて、とりわけワタウイネワが宇宙の創造主ではなく、支配者および所有者にすぎないという事実）を考慮して、高神に対するヤーガン族の信仰は土着のものであり、宣教師の布教活動による産物ではないとクーパーは確信している。さらに、この信仰はヤーガン族の宗教生活における中心だった。「それは彼らの思想、情緒、個人的行動に深く、大きくかかわってきたのである」[12]。

このことは、ワタウイネワが成年イニシエーション儀礼（シエサイス）において果たす役割から見て取れる。クーパーはそれが最重要の儀式であり、ヤーガン族の宗教生活における中核であると考えた。ヤーガン族は、この儀礼がワタウイネワ自身によって創設されたと信じていた[13]。少年少女がともに参加する儀礼は、主に、宗教と道徳に関する教示、舞踊と歌唱で構成されていた[14]。そのいくつかの習わしは、ほかの文化における典型的な成年儀礼を想起させる。新参者たちは、ほとんど眠らず飲食もほとんどせずに激しく働き、毎日、冷たい海水で沐浴しなければならない。飲み物は空洞になった鳥の骨をストローにして飲まなければならなかった。これはアルカイックな習慣のように思われる（オーストラリアのナリニェリ族では、イニシエーションの期間、新参者は葦を使って水を吸う）。シエサイスの儀礼を終えて初めて、新参者は部族の神話伝承を聞かされた（もっとも重要な神話群は、ヨアラクス兄弟の冒険を説くものだった。これは愚かな兄と、賢く勇敢な弟の物語で、実のところ弟は文化英雄だった）。

イニシエーションの秘教的時点において役割を担っている超自然的存在は、それだけではない。もう一柱、イェタ－イタという存在は、クーパーによれば邪霊の長だが、グジンデとヘッケルは大地の精霊と考えた[15]。グジンデによると、身体を赤と白に塗ったひとりの指導者が、イェタ－イタに扮装する。少年たちが小屋のなかに隔離されていると、イェタ－イタは背後から衝立を跳び越えて少年たちに襲いかかる。指導者たちは、イェタ－イタの出現と行動、そして小屋のなかで起こること全般に関する秘密を、細心の注意を払って厳守する。しばしばワタウイネワとイェタ－イタは、同等の力を有すると考えられている。少なくともグジンデによって収集された神話の一篇においては、ワタウイネワはイェターイタと同一視されている。[16] このようなつじつまのあわない同一視は、宗教史において珍しいことではない。次のような歴史的説明が可能かもしれない。イェターイタは第一に部族の神話的祖先、特にイニシエーションの指導者だった。[17] しかしシエサイスの儀式がワタウイネワによって創設されたと信じられるようになると、イェターイタは高神の別名、あるいは別の側面と見なされるようになったのである。

キナとクロケテン

シエサイスの儀礼を二度経た男性のみが、もうひとつの秘密の儀式であるキナに参加することができた。[18] この儀礼はシャーマンによって執り行なわれた。キナの起源に関する神話は、女たちが部族を支配していた昔の時代について語っている。彼女らは、幽霊に扮して男たちを怖がらせるために、仮面を被った。優秀な狩人であった日光がやがて策略に気づき、仮面は精霊ではなく女たちであることを見破った。男性と女性のあいだに生じた恐ろしい戦いの結果、ごく幼い少女たちを除いて、女は皆殺しにされた。レムとその妻ハヌサは天へ昇り、太陽と月になった[19]（よく似た神話はオーストラリアの諸地域でも見出せる。太古には女性が呪術・宗教的な道具と力をもっていた[20]）。キナが行なわれるあいだ、女たちは大きな円錐形のテントに閉じ込められていた。樹皮やアザラシの毛皮で作った円錐形の仮面を被り、絵の具を身体に塗った（すなわち精霊に扮した）男たちは、女たちの前で歌ったり踊ったりして、自分たちに従わなければ恐ろしい罰を与えると脅した。

この儀式は典型的な男性秘密結社の儀礼であり、ワタウイネワは登場しない。よく似た事態は、フエゴ島第三の部族であるオナ（セルクナム）族のあいだでも見られる。彼らにとってもっとも重要な社会的・宗教的儀式は、クロケテンと呼ばれ、（シエサイスと同じように）少年の成年イニシエーション儀礼の役割を果たし、同時に、男性秘密結社の儀礼でもある。この重要な宗教的儀式は三ヶ月から六ヶ月も続くことがあったが、高神や文化英雄が登場することはない。クロケテンの神話と儀礼の様式は、ヤーガン族のキナと似ている。実際のところ、キナは確かにセルクナム族のクロケテンから取り入れられたのである。太古には、女たちは——月の女であり強力な魔女であったクラの指導のもとで——、「精霊」に変身できる能力をもち、男たちを怖がらせていた。これはすなわち、仮面を作り用いる術を知っていたということである。しかしある日、太陽の男であるクランが女たちの秘密を暴いた。激怒した男たちは少女らを除いて、女を皆殺しにした。そのときから、男性は女性を怖がらせる仮面と劇的な儀礼を用いて、秘密の儀式であるクロケテンを営んでいる。儀式のあいだ、女性の悪霊であるサルペンが新参者たちを苦しめ、「殺す」。しかし別の精霊である、偉大な呪医オリムが新参者たちを甦らせるのである。[21]

メトローは、女たちによる支配に対する男たちの反乱に関する神話が、アマゾン河流域に流布していることに着目した。[22]さらにヨゼフ・ヘッケルは、この種の男性秘密結社と高度な栽培文化との構造的な相互関連を、説得力をみなぎらせつつ論証した。[23]本研究では、南アメリカにおけるイニシエーションの諸類型に関する宗教的意味や歴史的成り立ちを議論することはできない。[24]ここでは、オナ族が現在居住している地域にたどり着き住み着いたあと、[25]ヤーガン族に影響を与え、とりわけ男性秘密結社の創設を伝えたということを記すにとどめる。

高神がクロケテンに登場しないという事実は、この神の「有閑無為性《オティオシタス》」と、この儀礼が次第に手の込んだ複雑なものになったことを意味する（確かに成年儀礼と男性秘密結社へのイニシエーションの融合は長い変容の過程を示し、通常は高度な文化からの影響に由来する）。最高存在は、テマウケルという本名で呼ばれることはめったにない。オナ族は普通、「上に在《お》わすお方」、「天のお方」と呼ぶ。[26]テマウケルは永遠の存在であり、全能である。身体をもたず、妻子はいない。星辰のかなたに住んでいて、この世の出来事や人間の行ないにほとんど関心がない。おそらく彼は宇宙の創造主であるが、この宇宙創成の仕事はなし遂げなかった。彼が仕事をゆだねたのはオナ族の神話的祖先であるケノスであり、ケノスが世界を形作り（天を押し上げる等々）、部族に社会道徳の規律を教えることになった。[27] テマウケルは人間の出来事にかかわることはないが、道徳的・宗教的法則の監視者であり、違反した者には制裁を科す。罰が科されるのは現世のあいだにかぎられ、病気や夭折といった形をとった。魂は星辰のかなたにあるテマウケルの住まいに赴いた。死後に魂がたどる運命についてはほとんどわからないが、この世における宗教的道徳的な振る舞いにかかわらず、万人に共通だったと思われる。

クーパーは次のように述べている。「テマウケルは、人間や社会秩序と強い繋がりをもっていたが、ヤーガン族の最高存在が日常生活にかかわったのと比べると、多くの点でオナ族の日常生活とのかかわりははるかに希薄だった」[28]。ロスロップによると、日常の宗教生活は、数多くの自然の精霊（樹木、湖、山、動物などの精霊）と強大なシャーマンの霊の活動によって司られた。[29] ほとんど意味がなくなった旧弊に見えるふたつの単純な奉納を除くと、テマウケルに関係する決まった儀礼は存在しない。ひとつ目の奉納は、夜に何かを食べたくなったとき、最初に肉のひとかけらをとって、「上に在わすお方の分」と言いながら小屋の外へ放り投げるというものである。ふたつ目の儀礼的奉納は、嵐や吹雪のときに行なわれ、天候の回復を願って、ひとりの女性が赤く燃えている石炭を一個、テマウケルに向かって投げるというものである。

テマウケルの従者であった神話的祖先ケノスに関する神話のように、テマウケルが間接的にしか登場しない重要な神話伝承群は相当数存在する。[30]

比較分析

フエゴ島の高神に関わる複雑な様相の諸例としては、ここまでの手短な概観で充分だろう。神々の名前や属性は、天空的超越性を示している。「星」（アラカルフ族）、「天のお方」「上に在わすお方」（オナ族）、「もっとも高き者」（ヤーガン族）といったようにである。神々の霊性、永遠性、全能性は確証されている。しかし宇宙の創り主と見なされているのはソラスだけである。おそらくテマウケルは宇宙創成の作業に着手したのだろうが、それをなし遂げたのは従者ケノスだった。ワタウイネワは宇宙の所有者で支配者だと言われるが、創り主ではない。

人間の創造については、情報は乏しく漠然としている。アラカルフ族は、ソラスが新生児ひとりひとりに魂を送ると信じているが、はっきりとした人間の起源神話をもっていない。ヤーガン族においても類似した伝承がある。ワタウイネワは人間に命を与えもし奪いもする。オナ族によると、最初の人間を創ったのは高神ではなくケノスだった（ケノスもテマウケルと同じく妻をもたず、造物主として文明をもたらす使命を果たしたあと、天に帰っていった。神話では重要な役割を果たしているが、ケノスのための儀礼は存在しない[31]）。

フエゴ島の三つの部族はいずれも、高神が人間の振る舞いと運命にかかわっていることを認めるが、認識の程度は同じではない。アラカルフ族のソラスに関する情報はかなり不明瞭だが、どうやら彼はひまな神《デウス・オティオスス》ではなかったらしい。テマウケルは人間の活動に干渉しないが、人間を監視し、違反者に対しては病気や夭折を罰として与える。ワタウイネワも同様に、彼の戒律を破った者に対して、その子どもたちの早世という罰を与える。さらには、これらの高神が日常の宗教生活で果たす役割に関しては部族ごとに異なっている。ソラスに関係する祈禱や儀礼は知られていない。アラカルフ族における成年式はきわめて単純なものだったが、ソラスが登場することはなかった。しかしながら、それぞれの新生児に魂を与えるのはソラスであり、死後に魂が融合するのも天のソラスだとアラカルフ族が信じていたという事実は、この神の著しく霊的な性質のみならず、生死に対する支配力の証にもなっている。アラカルフ族のこの信仰からは、人間の魂が神に源をもち、純粋に霊的な死後生が存在する（すなわち、天において、神の傍らで死後生が存在する）という観念を見て取れる。

テマウケルに対しては、病気の場合にのみ祈りが捧げられる。「汝、高みに在わす者よ。わが子をお召し上げになりませぬように。まだあまりにも幼いのですから[32]」。テマウケルが受けとる前述の二種類の奉納は、以前の時代において現在の形態よりも体系的だった崇拝の痕跡のように思える。奉納が嵐のあいだに行なわれるという事実は、テマウケルの天空的・大気的な構造を示している。すなわちテマウケルは、天に退いた永遠の全能神であるだけでなく、天候を支配、管理する者でもある。しかしテマウケルも、従者のケノスも、複雑で劇的な秘密の儀礼クロケテンに登場することはない。さらに、テマウケルはケノスと異なり、神話からも消失している。

クーパーがすでに指摘しているように、ワタウイネワはヤーガン族の祭儀生活に密接にかかわっていた。彼は、自身が創設した成年儀礼のイニシエーションにおいて中心的役割を果たしている。食料や健康、保護を求めて祈りが捧げられ、さらに感謝の祈りの対象にもなる。しかしその一方で、病気、不幸、悪天候、とりわけ死が訪れた際には不満が向けられ、直接的な懇願さえなされる。高神とのこのような「親近感」は、部族の宗教生活におけるこの神の現実的で持続的な臨在を確かに示しているが、彼が超越性を喪失したことも表わしている（喪失の過程は、この神が宇宙の創り主でなく、所有者、支配者と見なされていることにすでに暗示されていた）。たとえばワタウイネワは、シエサイス儀礼の唯一の管理者ではない。イニシエーションの秘教的な局面では、悪霊（あるいは地霊）であるイェターイタが中心の登場者となる。イェターイタは、指導者のひとりによって扮装して演じられさえする。現在、イェターイタはワタウイネワに匹敵する力をもつと見なされる場合もあり、ある神話ではこれら二柱の超越的存在が同一視されている。ワタウイネワは動物の所有者であり、人間が動物を見境なく殺すことのないように取り計らっている[33]。かなり混乱していることが認められるある神話では、この神がすべての動物を創造したと見なされているため、ツェリースはワタウイネワが元来、動物の支配者だったと推測した[34]。事実はどうであれ、ワタウイネワが動物界と関係をもっていることが彼の特性のひとつとして加わったことに、この最高存在の複雑さが示されている。

以上をまとめると、高神に対する信仰はフエゴ島民の宗教生活を覆いつくすものではなかったように見える。創造主、永遠の全能者と見なされるにつれ、高神は遠ざかり、祭儀や神話からはほとんど消え去った。フエゴ島の高神のうちでもっとも活発で力強いワタウイネワは、威厳からはもっとも離れているように見える。彼に関わる印象は、天空の全能で高遠なる存在から元来は独立していた諸要素を同化することで、宗教的現実性を維持したのではないかというものである。彼が世界の創造主ではなく単なる支配者と見なされたという事実は、ヤーガン族の関心が宇宙における実際の生活と秩序にあることを顕わにしている。バアルやゼウスが、エルやウラノスに取って代わることで得た重要性が想起される。つまり豊饒神と宇宙支配者が、古い宇宙創成の最高存在に取って代わったのである。

　フエゴ島の諸高神のあいだに存在する相違は、歴史の過程によって顕著になっていったと思われる。今となっては諸高神の変容が何に基づき、どのような経過をたどったのかを調べることは不可能だが、いくつかの推測を試みることはできる。たとえば、男性秘密結社の諸儀礼は、おそらく後代の文化段階を反映していると考えられる。おそらくこれらの秘密の儀式は高度な文化からの影響を表わしている。ヨゼフ・ヘッケルは、女性に対する「威嚇」は、初期の状況から発展したものだと主張している――すなわち、（精霊、祖先への祭儀などの）超自然的実在の取り扱いは女たちにとって危険であるという理由で、イニシエーションのあいだ、男たちが少年を少女から引き離していた時代がかつてあったということである[35]。こうした初期の状況が、最終的に、両性のあいだにおける宗教的緊張に交替した。初期の宗教的な観念や実践が廃れていき、ついには消え去ったのに対して、逆に次第に広まっていったのが前述の社会的・宗教的な敵対関係だった。悲哀と暴力に富んだ諸儀礼に引きつけられていくという点は、フエゴ島の宗教やほかの未開宗教を理解する上で重要である。ワタウイネワのように活動的な神的存在でさえ、男性秘密結社の激しく感情を揺さぶる諸儀礼からは隔たっていたのである[36]。

　フエゴ島民の宗教における始源性《アルカイスム》を理解するために検討しなければならない諸要素はほかにもある。シャーマニズム的なイニシエーションと諸々の実践も、アルカイックな様式に則っている。すなわち、小屋のなかへ新参者を隔離すること、イニシエーションを終えた者にだけ見える第二の皮膚、さらに第三の皮膚が露出するまで顔を擦ること、病気を「魂の喪失」と解釈することなどである[37]。さらに、神話的祖先が天空から綱を使って降りてきたが、その綱が切れて地上に取り残されるという伝承も重要である[38]。この神話は、仏教伝来以前のチベットの宗教においても見出され[39]、間違いなくアルカイックな宇宙論的・神学的な複合体に属している[40]。そのほか、動物が天に昇って恒星や惑星になる神話といった狩猟文化に特徴的な神話的主題も挙げられよう[41]。

歴史的諸問題

最初から農耕以前の社会のみにかぎって南アメリカの高神に関する分析を行なったならば、本研究の分析はより首尾一貫したものとなっただろう。もちろん栽培文化からの影響を受けていない狩猟・採集部族はまず存在しない。その一方で、数多くの栽培民が狩猟民の宗教的世界観の一部を保持してきた。ある場合においては、構造的・系譜的には狩猟文化に関係する宗教観念が、農耕部族によって思いがけないほどしっかりと保持されていることもある（たとえばムンドゥルク族）。多くの部族のあいだで、農耕儀礼はより古い狩猟儀礼や食料採集民による儀式的奉納から構成されてきた――そしてこのことは南北アメリカ大陸においても当てはまる。南アメリカの諸文化は、習合的かつ頽落的な側面を提示する。こうした状況から、宗教史家はより柔軟な方法によって資料を整理することを迫られている。

メトローとツェリースは、高神に対する信仰は普遍的ではなく、（少なくともツェリースの見解では）宗教の最古の形態を表わすものでもないが、南アメリカにおける諸部族のあらゆる段階の文化において見出されると強調している。高度に文明化したアンデスの住民と初期の宣教師たちからの影響もつねに念頭におかなければならない。「辺境」の諸民族に関しては、状況はそれほど明確ではない。クーパーは、彼らの文化は退化したのではなく遅れているのだと主張する[42]。しかし、文化的貧困化と、その結果としての宗教様式の「単純化」が、ある辺境部族のうちで生じた可能性を忘れてはならない。

これらのことは、高神に関する分析を進めるにつれていっそう明らかになるだろう。高神の形態論は、（たとえば動物の主や太陽神などの）ほかの神々との共存や、さらには融合さえも含み、その豊饒さは宗教史家にとって未解決の問題となっている。

アラウカノ族――神々と儀礼

フエゴ島民の北方の隣人であるパタゴニアの住民の宗教についてほとんど知られていない。テウェルチェ族のあいだにも高神への信仰の痕跡が見られる。しかしその神は、人間に対して好意的であるにもかかわらず、祭儀をもたず、宇宙の創造主であるとも道徳律の創設者であるとも見なされず、すでにひまな神《デウス・オティオスス》となっていた。彼はむしろ死の神として知られていた(43)。

チリとアルゼンチンのアラウカノ族はアンデス文明から影響を受けたことが知られ、その宗教的状況はまったく異なっていた。アラウカノ族の祝祭にはンヘネチェンと呼ばれる最高存在への祭儀があり、それは「人間の支配者」「大地の支配者」「父」「青き（空の）父なる王」を意味している(44)。彼は、存在するものすべての創造主であり、人間と動植物に生命と豊饒を与えるものと見なされた。彼は自然を制御し、人間の運命に直接関わる活発な神だった。ある情報によると、ンヘネチェンは火山に住み、妻子はいたが両親はいなかった。食料と生活を求めて祈られることはあったが、許しを請われることはなかった。実際のところ、ンヘネチェンは精神生活や道徳秩序にかかわることはなく、死後の状況は彼から与えられた報いや罰によって左右されることもなかった。

より古い資料はピリャンという神について語っている。この神は、空の中央に玉座をもち(45)、その意志と力を稲妻、洪水、宇宙的破局を通じて現わす。ほかの報告によると、彼は山や火山に住んでいる(46)。しかし一八二七年の文書では、ピリャンは比類ない精霊と記されている。すなわち彼は、永遠の全能主神（「トキ」）であり、ほかの小さな神々を支配している。(47) 多くの資料によると、ピリャンに捧げられる特別な祭儀は存在しないとされ、ピリャンはンヘネチェンの先駆であり手本だったと想定できよう。カサミケッリャは、古い時代にピリャンに帰せられた属性がすべて今ではンヘネチェンに与えられ、その逆もまた起こっていると述べている。(48)

ピリャン＝ンヘネチェンの本来の構造が、アンデス文化、キリスト教文化との接触によって大きく変化したことは確かである。諸々の資料には不一致や矛盾が明らかに見られるが、それは、少なくとも部分的には、この連続的な変容の異なる一時点を反映している（このような過程は、宗教史においてはよく知られている。ザルモクシスに関するヘロドトスとストラボンの記述を比較してみるだけでよい）。その一方で、「異教」の神々と「残忍」な儀礼に関する初期の宣教師たちによる紹介においては、旧来の異端研究や、中世の北欧諸民族の改宗に関する報告から借用された定形表現が使われていることを念頭におかなければならない。そのような定形表現の最終的な源泉となったのは、明らかに、旧約聖書の宗教的語彙と、かつて人気を博したギリシア的解釈《インテルプレタティオ・グラエカ》、ラテン的解釈《インテルプレタティオ・ラティーナ》との混合だった。

しかしこのことは、われわれが用いている最古の文書の価値を貶めるものではない。高度なアンデス文化やキリスト教からの影響が大きなものであったとしても、それが土着の諸宗教における根本的な様式を消し去ることはなかった。以下で見るように、かなりアルカイックな多くの諸要素が、最近まで残存してきた。アラウカノ族の宗教のたいへん興味深い点は、何よりもまず、過去数世紀の変化が外来の諸要素を受動的に同化してきただけでなく、伝統的な構造と価値体系を新たに創造的に統合してきたことを示しているという事実にある。

この点はンヘネチェンの祭儀が示す驚くべき豊かさをみれば明らかである。ンヘネチェンを中心として個人が行なう実践には、祈りを捧げること、初物の果実の奉納、時折行なう動物の供犠などがあった。飲食の前には、少量の肉や飲み物が神に捧げられ、その際、これからも飲食物をお恵みくださいますように、という短い祈りが唱えられた。公的に行なわれる祭儀ンヒリャトゥンは、（祭壇として用いられる）四角い演壇の設置、動物の供犠、舞踊と歌唱、最高存在に対する祈願からなっていた（とりわけ食料、好天、羊や牛の多産、共同体の成員が長寿で幸福であることが願われた）。場合によってはマチ（男女のシャーマン）が主導的な役割を果たし、（大地にしっかりと埋め込まれた太い柱、あるいは丸太である）レウェを登り、脱我状態になって最高存在に祈りを捧げた。

マチのイニシエーションとンヒリャトゥンの儀式については、ほかの機会に論じたことがある。[49] したがってここでは本研究に関わるテーマにかぎって見解を述べておく。ンヒリャトゥンは、アラウカノ族に特有の土着のものと考えられる。そのいくつかの特徴（たとえば動物の供犠）については、ヨーロッパ人と最初に接触してから数十年のうちにすでに記されていた。しかし現代の儀礼形式になったのは、ごく最近のことのように思える。確かにンヒリャトゥンの「農耕化」については、数多くの著者が強調してきた。その祈願のほとんどは、降雨、豊饒、幸運を求めて捧げられている。[50] アルゼンチンのアラウカノ族のあいだでは、儀式は散発的なものとなり、レウェに登る儀礼は廃れてしまった。その結果、アルゼンチンにおけるマチの役割は、チリのアラウカノ族においてほど重要ではなくなった。[51]

それにもかかわらず、アルカイックな要素のいくつかはいまだに残存している（マチのシャーマニズム的なイニシエーション、その脱我状態、レウェに登る儀礼など、はっきりとアルカイックな要素がわかる例は言うまでもない）。たとえば、ンヒリャトゥンを実施する決定は、幻視あるいは夢告の結果によると言われる。[52] マチの補助者であるピウィチェンには神話上のモデルがある。[53] さらに、最初のンヒリャトゥンは（孤児である少女を生け贄として）洪水のときに行なわれたと伝えられ、その儀式は世界を「再創造」したり、将来の破局から世界を護ったりする役割を担った（この主題は間違いなくアルカイックである）。最終的に、実施された供犠のタイプは、ンヒリャトゥンが二世紀以上におよんだキリスト教の宣伝活動からの影響を受けなかったことを示している。

本来、犠牲に捧げられたのは人間であり、動物が生け贄になったのは後代になってからである。しかし人間であっても動物であっても、同じように生け贄の心臓が取り出され、参列者全員がそれに触れた。カサミケッリャは、この種の供犠は「農耕化」の証でなく、むしろ神秘的な聖餐の一種であると考えている——というのも、アラウカノ族にとって心臓は、力と高貴さの場と考えられていたためである。「農耕的」解釈に抗するもうひとつの論拠としては、犠牲者の身体を農耕地に埋葬することや遺灰を撒くことについて記した文書がないことが挙げられる。(54)

もうひとつの重要な儀式は、冬至に行なわれた新年儀礼だった。集団での沐浴、至高存在への祈りにおいて、宇宙の再生という元来の観念を確認できる。

アラウカノ族の実例は重要である。なぜならば、それは長期間におよぶ文化変容を被った民族において、高神が宗教的現実性を保持することを可能にするいくつかの条件を例示してくれるためである。クーパーは最高存在の観念について、少なくとも一世紀半前までさかのぼって跡づけた。しかしアラウカノ族は十八世紀中頃より前の時点ですでにヨーロッパからの影響を受けていたため、最高存在がキリスト教的な諸観念の影響を受けてどれほど作り直されたのかについて判断することはできないという結論にクーパーは至った。キリスト教からの影響を考慮せずとも、高神に関する元来の観念が大きく変容してきたことは明らかである。高神が自然に対して力を及ぼし、自然を統御していたために、高神に対する祭儀は次第に改変され、洗練されていった。特徴的なことに、高神は霊的価値にかかわることなく、人間の死後の運命を決定することもなかったが、ピリャンやンヘネチェンのような高神は、祈願と供犠の対象だった。その祭儀は、宇宙的宗教と呼び得るものに発展した。確かにンヘネチェンは、世界の創造主のみならず、とりわけ生命と豊饒の源、食料、幸運、健康を与える者と見なされたのである。

本研究は、一九六四年に行なった講義を基にした、南アメリカの諸宗教に関する連載論文の前半部である。脚注と書誌情報について、加筆をほどこした。原稿の修正と編集を丹念に行なってくれた助手のノーマン・J・ジラルド氏に感謝する。

第二部

南アメリカの民族学は情報不足の点も多々あるが、宗教史家にとって豊かな資料を提供してくれる――その豊かさのために、とりわけ力を発揮できる研究領域だと思えるほどだ。おびただしい数の文書資料の集積が存在する。それは時として悩ましいほどにむらがあるが、現在に至るまでほぼ四世紀にわたり収集されてきたという利点をもつ（実のところ、アルフレッド・メトローはその悲劇的な死の数年前、宣教師や旅行者の文書のみに基づく南アメリカの宗教史を構想していた[1]）。南アメリカ民族学のもうひとつの際立った特徴は、伝統社会に今残っているものが文化変容によって急速に変わり傷つけられているにもかかわらず、部族の宗教体系を完全に復元することも不可能ではないということである。まったく予期していなかったことだが、たとえばライヘル＝ドルマトフはデサナ族の神学、部族の宗教や社会構造のモデルと正当化言説を発見した（本稿四四七頁以降を見よ）。

しかし宗教史家にとっては、南アメリカの重要性は何よりもその宗教的創造物の豊かさと複雑さにある。さしあたり、宗教的創造物のその豊かさと複雑さが、どの程度、難解でいまだに不明瞭な南アメリカ文化史の所産なのかは、未解決の問題としなければならない。実際には、南アメリカ諸文化の歴史を正確に復元することは可能であるという主張には、疑問をはさむ余地がある。たとえば一九一二年にヴィルヘルム・シュミットが南アメリカの文化圏と文化層[2]を記述できると考えた確信は、現在ではまったくありえない。シュミット自身の、熱意はこもっているものの硬直し時期尚早だった総合的成果は、それを公開した年にはすでに時代遅れになっていた。[3]

しかし実際のところこの種の知識は、南アメリカの宗教的創造物を理解し、その独創性を判断する上で必要ではない。もちろん、宗教を考察と研究の対象とするとき、その部族の社会経済的段階と文化状況を知ることは、つねに価値があり役にも立つ。たとえば狩猟社会や採集社会は、栽培社会では失われたか大きく変容しているアルカイックな諸要素を保持する傾向が強い。南アメリカ大陸でもっとも古代的ないくつかの狩猟・採集文化は――農耕文化の人々からの影響や、場合によってはキリスト教の初期伝道との遭遇による影響を被ったにもかかわらず――、十八世紀初頭まで残存したようである。しかしこの状況は、十九世紀から二十世紀にかけて大きく変化した。民族学者たちによって多くの部族がいまだに狩猟民、採集民に分類されているが、[4]それらのうちには栽培文化と接触してきた部族もある。[5]さらに、熱帯雨林地帯におけるいくつかの狩猟部族が表わしているのは、実際には、「発展した農耕社会が、基本的な経済様式には不適切な環境に追いやられた、その残滓」[6]だという可能性も考えなければならない。また、農耕社会はもちろん、狩猟・採集部族のいくつかですら、アンデスの都市文明からの影響を直接的、間接的に被っていることも忘れてはならない。

この混成的で習合的、場合によっては雑種的で退廃的ですらある社会・経済・文化状況は、矛盾しているようであるが、宗教史研究にとって理想的な領域を提示する。なぜならば、何よりも宗教の形式変化が多様で豊かだからである。さらにとりわけ、宗教の諸形式の弁証法的な可能性と呼びうるもの――すなわちある宗教形式が完全に歪められたり廃れたりする以前に、変化、変形、ほかの諸要素との結合、擬装、堕落などの過程を経る上で行き着きうる限界――に関するこの上ない諸事例を提供してくれるからである（そのうちのいくつかは、最近まで研究者たちが予想だにしなかったものである）。そうした変容過程は、南アメリカのあらゆる宗教的存在において確認できるが、何よりも活発で多種多様な所産をもたらすのは「高神」の例においてである。この事実の重要性は、本稿の末尾において、より明らかになっているだろう。

ボトクド族からムンドゥルク族まで

ヘッケルは、ニムエンダジュのフィールド調査に基づいて、ブラジル東部のボトクド族においてその宗教の第一の特徴は、天に住んでおり、「白髪の父」、あるいは「老（大）人」と呼ばれる最高存在への信仰だと結論している[7]。その最高存在は、天空の精霊たち（マレット）の長であるが、ほかの精霊と異なり、地上に降りてくることはない。以前の時代には彼と直接接触した人々がいたと説く伝承が存在するが、彼の顔を見たことのある人はいない。白髪の巨人として描かれ、顔は眼の上まで赤い毛で覆われていたという[8]。やさしい性格であり、シャーマンは病気やほかの苦難の際に、彼に祈りを捧げる。しかし怒りを顕わにする時もある。怒りは雷雨となって現われ、そのようなときボトクド族は次のように懇願する。「お怒りにならないでください。老マレット様！[9]」。ほかの天空の精霊たちは、この高神とシャーマンの仲介役を担い、さらに死者の魂を天に連れて行く[10]。

いくつかのジェ部族――カネラ族、アピナイェ族、シェレンテ族など――では、太陽が高神として仰がれている。のちほど南アメリカのほかの太陽神も取り上げて、これらの神々について論じることにしよう（本稿四四四頁以下を見よ）。アマゾンのトゥピーグァラニ系部族の住民のあいだでは、最高存在の姿は多種多様な改変を施されてきたようである。創造主である「偉大な父」タモイに捧げられた祭儀の痕跡が、トゥピナンバ族のあいだに見出される。その祭儀は強い終末論的傾向を帯びている。日食のあいだ、トゥピナンバ族はタモイに対して祈り嘆き、世界を破壊することのないように懇願する。ポルトガルに征服されたあと、この終末論的要素はいっそう強まり、世紀を越える長さの一連の千年王国運動として現われるようになった。トゥピナンバ族は、神話におけるタモイの国、住民が死ぬことも老いることもない一種の楽園を探し始めた。同系列のほかの部族のあいだでも、類似した千年王国運動が確認できる。そのうちの一部族、アパポクバーグァラニ族には次のような神話がある。ナンデルヴシュ（「われらの偉大な父」）は、しばらく前に遠い国へ退いた。それは、この神の胸から発する光のほかは永遠の闇が広がった領域である。いつの日かナンデルヴシュが世界を破壊すると考えられているため、アパポクバーグァラニ族は「悪が存在しない土地」を探求し始めた。そこはナンデルヴシュの妻ニャンデシー（「われらの母」）が暮らす場所である。[11]

トゥピーグァラニ族が救世主待望論に基づいて移住したことは、南アメリカ先住民の宗教生活におけるもっとも興味深い逸話のひとつであり、別の文脈において論じるつもりだ。ここでは、ナンデルヴシュが人類の運命に対して関心をまったくもたないことだけをつけ加えておけばそれでよい。そのうえ、彼を対象とする祭儀が存在した証拠はない。未来のいつの日にか、この神が世界を破壊すると信じられているが、その事実がもしなければ、この神はひまな神《デウス・オティオスス》と見なすこともできよう。グァラニ系部族のひとつムブヤ族の最高存在は、より強く現実感と「存在感」を保持している。彼は世界に生命を与え、狩猟の成功と健康を願って祈りが捧げられている。[12]

宇宙の破局に関する神話は南アメリカではよく知られているが、[13]そのすべての例でトゥピーグァラニ族型の千年王国運動が生み出されているわけではない。たとえば、ブラジル奥地からきたトゥピ系部族で、トゥピナンバ族よりもアルカイックな文化段階にあるムンドゥルク族は、世界の終わりに関する神話と、カルサカイベと呼ばれる習合的な最高存在に対する信仰の両方をもっているが、救世主待望運動はもっていない。カルサカイベはきわめて複雑な神で、本来はトリックスターの諸特徴を強く帯びた高神だったが、やがて文化英雄に変化したらしい。[14]アルベルト・クルーゼはカルサカイベを、創造主にして文明をもたらす神であると捉える。この神はかつて地上へやってきて、人間の魂、空と星、動植物、そしてそれらの守護霊を創造した。ムンドゥルク族には狩猟と農耕の技術を教え、二元論的な社会組織をもたらした。彼は全能者と見なされているが、ムンドゥルク族の文化全体の創設者とは考えられていない。彼の子どもたちは妻との性交によって産まれたのではない。というのも、彼は妻に近づくことはなかったからだ。離れた場所から言葉によって妻を妊娠させ、その結果、妻は息子を産んだ。二番目の息子は、カルサカイベが木片を彫って産み出した。これらはすべて高神の特徴ではなく、むしろ造物主か文化英雄の特徴である。またカルサカイベが不死だと考えられていることも記さなければならない。彼は人間の忘恩に失望し、空が存在せず霧のみが存在する領域に退いた。別の伝承によると、彼は太陽になったという。自分の子どもであるムンドゥルク族を見守り続けており、その安寧を気遣い、彼の法を犯した者には罰を与える。ムンドゥルク族は狩猟や漁撈の前、さらに病気の際に、カルサカイベに祈りを捧げる。しかし最終的にこの神は世界を破壊し、人類を燃やし尽くすだろう[15]。

周知のように、世界の終わりは必ずしもつねに人間の罪や不従順によって引き起こされるわけではない。宇宙を新たにする、すなわち再創造するために、その滅亡が避けられないという場合もある。宇宙の創始者と見なされる神自身がいつの日にか宇宙を破壊すると多くの事例で説かれているという事実は、そのような高神が疎遠ではあるが、ひまな神《デウス・オティオスス》ではないことを示している。

プラとその同族語

ツェリースによると、ギアナ奥地のカリブ民族は、「一神教」あるいは単一神教の傾向をトゥピ民族よりも顕著に示している[16]。Ａ・クルーゼとＪ・ヘッケルによる近年の調査は、きわめて混乱し錯綜した事柄を解明した。ヘッケルの推測では、ブラジルのギアナ地方とオリノコ河流域の住民のあいだでは、プラ、ポレ、プルといった名前がある超越的な原理を示している。元来、これらの語彙は「力」「神聖」「宇宙」の観念を意味したが、のちには高神に対する直接的な呼び名として使われるようになった[17]。すなわち、「プラ」という語彙、さらにその同族語が示したのは、もっとも初期には、最高存在に固有の名前というよりは、聖なるものや力あるものに対する一般的名称だった[18]。ヘッケルは一九五八年当時に彼が利用できたあらゆる資料を比較した上で、もともとカリブ族が有した高神の概念は次のように分析できると結論した。それによれば、高神は名前をもたず、天空あるいは宇宙の光と結びついていた。彼には、召使いでもある仲間がいたが、その仲間は文化英雄とは見なされていない。高神は天へ昇っていったが、人間を生み出し、人間と意思の疎通を図るために、地上の特定の場所へ戻ってきた。世界の創造に関してはごくわずかに語られるだけだが、人間が事物から創られた様子を語る神話は数多く存在する。「プラの宗教」には、一般に天空的志向が存在するようである。精霊たちは天に住んでおり、死者が赴くのも天空の楽園である。いくつかの神話によれば、高神はみずからの皮膚を脱ぐことで若返ることができ、人間にも同じ能力を与えようとしたという。しかしさまざまな原因により、人間はその恩恵を受けることができず、死なずにいられる能力はもっていない。ヘッケルはさらに、スリナムのカリブ系カリーニャ族のあいだでは、「神と召使い」という対の語彙で意味される二元論が、宇宙の両極性に関係する造物主的な双子の神に対応すると述べている。カチュヤナ族のあいだでは、高神は月の神の諸要素を同化することで実質的に変化している。

　以上は、ヘッケルが、アマゾン河とオリノコ河のあいだに居住する諸部族がもともと有していた宗教観念と考え、復元したものの要約である。もちろんこれは仮説的復元であり、以下で見るように批判の余地もある。しかしながらヘッケルの要約は、本稿で扱う主題への予備的な方向づけとしては有益である。問題が生じるのは、特定の部族に着目し、ひとつひとつ精査していく場合である。たとえばアリケナ族のあいだでは、プラは「神」を意味する。プラとその召使いのムラは、肌が赤くあご髭が白い小さな見映えのよい男として想像されている。彼らには、両親も兄弟姉妹も配偶者もいない。さらに不死であり、蜘蛛と同じように皮膚を脱ぐことができるために、老いることもない。彼らは高みから万物を見ることができるように、天空の山の頂上に立っている。しかし支配者はプラだけである。プラとムラは、始源の時に、水、空、大地とともに出現した。空と大地がどのようにして生まれたのかは誰にもわからないが、空は霧でできていて、小さな男女が住んでいることが知られている。彼らはプラの召使いであり、雷鳴と稲光の創り手である。天にはいくつかのくぼみがあって、そのなかにはさまざまな動物たちがいる——これがすなわち星座である。

神話の時代にプラと召使いは大地に降りてきて、今日、アリケナ族が住んでいるその場所にプラが自分の小屋を建てた。彼は木から一組の人間の男女を彫り、ふたりに生命を与えた。この男女に不死を授けたいと願って、プラはふたりに熱い液体の入った壺に入って、そのなかで皮膚を脱ぎ捨てるように命じた。しかし人間はプラの指示に耳を傾けず、その結果、死すべき存在となった。人間の共同体における道徳や社会法則は、プラが歌を唄って授けた。プラはある日、人間に向かって次のように言った。「子どもたちよ、父さんは今から天へ行ってくるが、お前たちはここで待っていなさい」。しばらくすると、人喰い蛇のマルマリヌが人間をひとりだけ残してすべて捕まえて呑み込んだ。残ったひとりはプラのもとへ逃げていった。プラと召使いは蛇を探しに出かけたが、出くわした蛇に呑み込まれてしまった。しかし最終的に、この怪物の腹を切り割いてなんとか逃げ出すことができた。それからプラは、木片から新しい人間を一組彫り出し、ふたたび天に昇っていった。しかし彼の苦労は終わらなかった。大地で人間が増えるにつれ、彼らは神を軽んじ背くようになったからである。結局、プラは火を放ち洪水を起こして世界を破壊した。ごくわずかの人間だけが、巨大なノロジカの背中に上って、この破壊を生き延びることができた。しかしながらプラは、人間が邪心をもつことから、いつかまた世界を焼き尽くすだろう。[19]この二回目の宇宙的大変動に関する予想は、トゥピナンバ族やアパポクバ－グァラニ族の終末論的恐怖を思い起こさせる。

ブラジルのギアナにおけるアリケナ族（ワリキャナ族）に関するプロタシウス・フリケルの研究は、いくぶん異なる高神の姿を示している。ワリキャナ族は、高神を原初の太陽の姿で描いている。その神はときとしてプラという名前で呼ばれるが、プラはまた、世界、呪術・宗教的な諸力、原初的人間、文化英雄を指すのにも使われる言葉である。プラは天に住んでいて、宇宙の三つの要素に権威を及ぼしている。彼の召使いで仲間でもあるムラは、月のいくつかの要素とトリックスターの諸特徴を示している。プラとムラは一緒になって、狩りに使う弓から人間を創った。ほかの情報提供者によると、プラは、原初の太陽から発した光に満たされたときの世界そのものとして描かれる。魂は死後、天へ赴き、そこで天空の氏族の一員となるが、最終的には大地に戻ってきて転生する。ワリキャナ族は次のように表現している。「他界に行くためにわれわれは死ぬのだ」。死と復活のこのような循環の全体は、永遠に続く太陽の回転をモデルにしているようだ。[20]

アリケナ族住民（ワリキャナ族、カチュヤナ族）以外の他のカリブ族においては、プラは高神の名前としては使われていないようである。しかしいくぶん離れ文化的に異なる民族共同体では、プラと類似した名前が使われている事例がある。たとえばコロンビアの南部と東部に位置する農耕部族、サリバ族に、プルという神名がある。H・フォン・ヴァルデ＝ヴァルデックの一九三一―三二年における調査では、プルが眼に見えず、被造物ではなく、世界に先立って存在した高神であることが明らかにされた。プルはまさしく空気のようなものと考えられており、自然のあらゆる諸力と諸事物を生み出す創造的な力である。彼は人類を支配し、人間の振る舞い次第で幸運か病気をもたらす。並はずれたエネルギーをもつ――風や火などの――自然現象は、プルからの放射物と考えられている。太古、すなわち神話の時代に、プルは雨を降らせ、それによって大地を肥沃にした。人類を罰したいときには、彼は最大限の破壊力を解き放つ。世界はプルが引き起こした洪水によって完全に破壊されたことがすでに一度ある。[21]

ヘッケルは、プルとその同族語が重要な宗教用語として見出される地域を、前述の土地よりもさらに拡大しようとした。[22] 彼は、アラカ川、デミニ川〔アマゾン河支流〕近辺の半遊牧的部族であるスララ族とパキダイ族が、ポレと呼ばれる非人格的な力を崇拝していると指摘した。[23] スララ族とパキダイ族は文化的にはベネズエラのワイカ族と関係がある。ワイカ族には、オマウアあるいはオマヤリ（後者は前者の一位格らしい）と呼ばれる超自然的存在がいる。この神は、大地と大半の生物を創造し、しばらくはワイカ族のもとにとどまっていたが、のちに洪水を引き起こし天に退いた。オマウアとワイカ族のシャーマンたちのあいだには特別な関係がある。[24] ウィルベルトは、サネマ族のオマオを高神と捉え、ベッヒャーはワイカ族のオマウアと、スララ族とパキダイ族の高神ポレを比較している。[25] しかしながらツェリースは、ワイカ族がカリブやアルアクといった近隣の部族から、オマウア神の名前とおそらくそのいくつかの機能も実際に採り入れたことを論証した。[26] ヘッケルはツェリースの主張を受け容れつつも、ワイカ族はカリブ族からの影響を受ける前から、スララ族とパキダイ族の高神に比せられる神をおそらくよく知っていたのだと論じている。[27]

意味上のひとつの難問

ヘッケルの仮説は妥当性がないわけではないが、ツェリースは近年、ヘッケルに対する反論を発表した。ツェリースは、たとえばワイカ族のあいだでは、ボレという語が死者の霊を意味すると同時に犬やジャガーも指すという事実に注意を向ける[28]――これはおそらく、南アメリカではジャガーが、人間が死後にとりうる最上の形態だからだろう。さらにアラライボ族のあいだでは、ポレと呼ばれる灌木の霊に対する信仰が存在する。ポレは類人猿の姿で森のなかをうろつき、狩人が近づいてきたときに、狩りの対象となるさまざまな動物に警告を発する。[29] スララ族とパキダイ族に、バナナがポレという名前の眼に映らない精霊からの贈り物であると説く神話が存在することもつけ加えられよう。ベッヒャーによると、ポレは非人格的な力と理解することもできるが、ワイカ族のあいだでは、はっきりと人格化された死者の霊と同一ではないにせよ、きわめて類似しているという。さらに、バナナは死者の霊と関係をもち、葬儀において役割を担っている。[30]

ツェリースは収集した諸事実に基づき、ボレやポレといった語彙を中核とする宗教的複合体の存在を主張する。この複合体には以下の諸要素が含まれる。すなわち、死者の霊（ワイカ族とグァヒーボ族）、動物の支配者（アラライボ族）、（スララ族とパキダイ族の神話に登場するバナナのような）贈り物を授ける眼に映らない霊。これは月とある関係をもつが、非人格的な力であるとも考えられている。月、死、動物の主、栄養補給、多産性のあいだには一定の構造的一貫性があるように見える。ツェリースは、ボレ、ボレロ、ポレなどの同族語を含む意味論的全体群が、灌木のなかの聖なる力と死者の聖なる力を強調するものだという事実に強い印象を受けている。このためツェリースとしては、ワイカ族、シリアナ族、その他の関連する諸部族がカリブ族のプラに相当する高神を知っていたというヘッケルの仮説を受け容れることはできないのである。[31]

われわれは言語や歴史文化に関するこのような議論に立ち入る必要はない。「ポレ」という語に関するヘッケルの理解（すなわち、この語は本来、力、聖性、宇宙の観念を表わしていたが、次第に高神の呼び名となったと捉える理解）が正しいとすれば、この中核的な宗教的複合体がさまざまに価値を付与されたという事実は理解に難くないと指摘するのみで十分である。換言すれば、高神に対するワイカ族の信仰（近隣のカリブ族からオマウナという名前を借用したことから類推できる信仰）は古く土着的なものに見えるが、もうひとつのきわめて重要な宗教的源泉、つまり、森林、狩りの獲物、死者、食用となる果物に関連した力と聖性を中心とする源泉も拒絶したり排除したりしなかったのである。同一の意味論的複合体――すなわちプラ、ポレ、ボレ等々――が、ある場合には非人格的な聖なる力を示し、他の場合には創造的な高神を示し、さらに別の場合には、死、狩りの獲物、多産性といった同じく重要なテーマを示すために用いられたことは、まったく驚くべきことではない。聖なるものの弁証法そのものは、いかなる宗教形態をも高貴で至上の地位に高める傾向がある。もちろんこのことは、プラのようなカリブ族の高神が、たとえばワイカ族の葬送に関わるボレにいくらか類似した、先在する宗教的母胎から発展してきたと言おうとしているのではない。「宇宙創成」の神々、あるいは「最高」の神々が、死者の霊や動物の支配者から発展してきたとは考えにくい。死霊や動物の支配者は、ある世界が存在し、（たとえば死の出現などの）「聖なる歴史」の始源に相当する世界における最初の変化が生じたことを含意し、前提とするからである。それよりももっともらしいのは、ワイカ族および関連する諸部族が聖なる力、プラの葬儀に関わる価値を発展させたのに対し、カリブ族の住民たちは同じ語を高神の卓越した名前として用いたという状況である。

超自然的存在の運命

ギアナのもうひとつのカリブ系部族、タマナク族の見解では、大地は超自然的存在であるアマリバカと彼の兄弟ボッチによって創造された。アマリバカは大地から天空へ出発する前に、不死という贈り物を人類に与えたいと願って、これから肌を脱ぎ捨てるので、若返るためにこの動作を真似するようにと人間たちに告げた。しかしひとりの女性が疑ったことに対してアマリバカは腹を立て、その女性は死ぬと宣告した。こうして世界に死がもたらされた。(32) この神話はプラに関するある逸話と類似している（本稿四二八頁を見よ）。さらにアマリバカは、カリーニャ族の女神アマナ（本稿四三九頁以下を見よ）の男性版と見ることができる。ほかに気づくのは、カリブ系のマキリタレ族の神ガナリといくつか類似点があることである。(33) ここで興味深いのは、習合的に形成され、部分的には退化している神の姿に繰り返し直面するという事実である――この状況が、南アメリカの多くの住民集団を特徴づけているように思われる。(34)

アラワク系パセ族も高神の観念をもっていた。その神は宇宙の創造主で、天のもっとも高い処に住んでいた。(35) 牧畜部族であるグアヒロ族は、マレイワという名の宇宙創成的な造物神を知っていた。アームストロングとメトローは、この神を高神にして文化英雄でもあると考えている。マレイワは大地から引き出すことで人間を創り、その人間たちが最初のグアヒロ族になった。特にこの神話の主題は、南アメリカ北部および北アメリカの一部の部族によく見られる。グアヒロ族の信仰によると、マレイワは部族に文明をもたらし、最終的にはグアヒロ族を救った。それは、大洪水のときに人間が避難できる山の標高を高めたことによる。今日でも、雨を降らし、グアヒロ族が生きる上で得ようとするすべてのよきものをもたらしてくれるのは、マレイワである。(36)

オリノコ河のデルタ地帯に居住するワラウ族は、カノボ（「偉大なる父」）という名前の天空の高神を崇拝している。カノボは木や石、粘土で作られた、人を模した小像によって表わされることがある。ワラウ族は文化の古い段階の名残を保持しているが、アンデス諸文明からの影響を強く受けたことは注目すべきである。おそらくそのためにカノボの像は、祭司がしばしばみずからの住居としていた礼拝所に礼拝を捧げる目的で安置されているのだろう。これらのことはすべて、ワラウ族が本稿で研究してきた部族の多くとはまったく異なる文化段階にある民族だということを示している。しかしながら私たちがワラウ族も議論の対象としたのは、カノボに捧げられた年に一度の大きな供犠のあいだに行なわれる事柄の重要性のためである。この祭りは河川が氾濫するときにも行なわれるが、普通は伝染病や死が——とりわけ子どものあいだで——流行ったときに行なわれる。祭りのあいだ、ワラウ族はカノボの「神殿」の真ん中に中心となる柱を建て、その周りで踊り、子どもたちの安全を祈る。「神殿」の祭儀はアンデス文明からかなり新しい影響を受けているように思われるが、儀礼が柱を中心に行なわれることはアルカイックな遺風だとウィルベルトは考えている[37]。のちほど、そのほかの類似した南アメリカの儀礼を検討する際に、ワラウ族によって保持されたこの遺風の重要性をより詳しく確認することにしよう。

ウイトト族の宗教と神話に関するプロイスの包括的な研究では、ウイトト族の主神、多くの点で彼らの唯一の実在する神と言えるのは、モマ（「父」）だという結論に達した。プロイスはモマは月と等しいと考えた。モマあるいはノマは両親をもたず、「言葉」の力、すなわちある種の呪文や神話に内在する超自然的な力のみによって生を受けた。しかしその一方で、モマは「言葉」の化身そのものであり、彼が最初の人間たちに伝えたのもこの「言葉」だった。現存するすべての宗教儀式を創設したのはモマだが、彼自身に向けられた崇拝は存在しなかった。「しかし彼は神学上の一観念を超えていた。彼がいなければ歌唱も儀式も効力をもたなかっただろう」[38]。

プロイスによると、ウイトト族の信じるところでは、宇宙創成は次のような経緯だったという。モマは現存する万物を事物の「非在の本体」の「出現」（ナイト）から生み出した。すなわち存在するものすべての「もと」

から万物を創った。この創造的役割にちなんで、モマは自身をマイムエマ、すなわち「存在しない（説明できない、幻の）者、または存在しないものを所有する者」と名乗っている。前記の神話を補完するもうひとつの神話では、モマは自身の身体から動植物を生み出したと語られている。プロイスは、モマの「言葉」による創造のわざと「ヨハネによる福音書」の冒頭部分が著しく似ていることに驚いたが、[39]キリスト教からの影響があったと捉える必要はないと考えた。しかしそれとは対照的に、ウイトト族における唯一の天空神であるウシニアムイについては、プロイスはキリスト教からの影響を見て取れるという。この天空神は不死の神だが、とりわけ首狩りや人喰いの風習と関わっている。モマが特に植物を生み出し、その豊饒性を保証することも注目すべきである。モマはまた最初に死すべきものだったが、毎年、果実のなかに甦る[40]――これらすべては、モマがもつ月の性質に関連している。

アマゾン河流域のほかのふたつの部族、トゥカノ族とクベオ族については少し触れるのみで十分だろう。彼らの至高神はウマニヒンクである。この神は天に家があり、そこで配偶者とともに暮らしていて、死者の霊を迎えると言われる。大地と河川を創造したと考えられているが、現在は人間の生活に介入することはない。ゴールドマンはウマニヒンクについて、キリスト教の影響による産物ではないかと考えている。[41]二十世紀初頭にクベオ族を訪ねたコッホ＝グリュンベルクは、ゴールドマンとはかなり異なる見解を示した。彼はウマニヒンクは部族の祖先だが強力な呪術師でもあり、動物や人間の姿に変身できると考えた。この神は天に昇る前に、ある山頂の家に住んでいた。さらに文化英雄のいくつかの特徴を示し、不思議にも戦士として生まれたり、マニオクをもたらしたりした。[42]このように、キリスト教からの影響も見られるが、これらの宗教的表現にはいくつかの独自の特徴と主題も見出すことができる。また一般的に言って、「キリスト教からの影響」が現存する高神の観念を余すところなく説明し尽くせるものではないことも留意すべきである。それどころか、ある高度な宗教が現存する宗教観念に首尾よく影響を与えたという事実は、ある特定の民族が「すぐれた」宗教経験と複雑な神学的表現に興味をもち、それらを受け容れる力があることを間接的に説明している。

熱帯雨林とサヴァンナに居住するパノ〔パノアン〕語族に属する諸部族に、大きな注意を向ける必要はない。情報が乏しい上に、利用できる情報にも異論が多いからである。コニボ族は、ムエラヤと呼ばれ、天を支配し、シャーマンの守護者である神を信仰していると言われる。ジラルドへの情報提供者のひとりによると、シャーマンたちはムエラヤを死すべき一般人の眼には見えない高神と考えている。ムエラヤは天、地、人間を創造し、天の中心に住み、シャーマンが祈願したときには天から大地に雨を降らす(43)。パノ系言語を話すもうひとつの部族、カシナワ族は、「古い母」である妻とともに天空に住んでいる「古い父」について語っている。彼は雷の神であると同時に神話的祖先であり、魂の導き手でもある。というのも、彼は死者の魂を天に連れてきて、天を旅するあいだ魂を守護するからである(44)。

タカナ族の事例

多くの事例を見れば見るほど、南アメリカの高神の形態論はよりいっそう複雑、難解に感じられてくる。そしてこの点において、利用可能である最重要の資料でさえ論じ尽くしたとはとうてい言い難い。カリン・ヒシンクとアルベルト・ハーンは、つい先頃、ボリビアのタカナ族に関するきわめて興味深い情報をもたらした(45)。この部族は長いあいだ農耕を営んできたが、ヒシンクが気づいているように、その宗教観念体系と祭儀は今なお狩猟・採集者の精神世界と密接な関連がある。この場合においても、俊英で透徹したひとつの研究が驚くほど豊饒で多様な神話伝承の存在を明らかにしてきた。タカナ族は、現在の大地が誕生する前に、洪水や火災によって順次破壊されてきたいくつかの世界が存在したこと、さらに現在の大地にも同じような運命が待ち受けていることを信じている（Hissink and Hahn, pp.37, 41 ff.）。大地はおのずから存在するようになったと考えられているが、最高存在であるカキアワカ、あるいは動物の主であるデアボアバイによって創造されたと説く別の資料も存在する。動物、人間、植物も、最高存在か動物の主によって創造されたと考えられていた（*ibid.*, pp.54 ff.）。宇宙創成神話と起源神話のこの種の重なりは意義深い。

カキアワカは神々のなかで最高位にあると見なされ、万物の源と考えられているが、彼の宇宙創成の行為について特に語られることはない。三頭の巨大な動物に守られた山中の洞窟に住む、白い顎髭の老人として描かれている。別世界からやってきたと言われ、世界の臍、すなわち中心であり、さらに山の主、シャーマンたちの指導者であり、みずからの象徴として小さな黒い石をもっている。しかしカキアワカは文化英雄でもあり、現世の女とのあいだに息子トゥリアナをもった。この息子は父によって北方領域の主、戦争の主とされた（*ibid.*, pp.89 ff.）。人や鳥の姿をして、エドゥツィと呼ばれる下位の神々が、カキアワカの補助者と考えられている。彼らの住み処は山中か異世界にあり、実際には彼らは――たとえば太陽、月、火などの――自然神、あるいは自然霊である。エドゥツィたちは現在の世界が現われる前のみならず、さらに先行するすべての世界が誕生する前から存在していた。神話時代に誕生したいくつかの新たな動物の種は、現にエドゥツィによって創られたのである。カキアワカと同じようにエドゥツィは、現世の女を妻とし、シャーマンとなる人間を選び、指導する役割を果たしている（*ibid.*, pp.99 ff.）。

しかしタカナ族には、双子の英雄や大地の母などのほかの超自然的存在もいる。大地の母は、地下に住む年老いた白髪の女性と想像されているが、はっきりとしない神である。前述したがさらに言及すべきは、エヒベ・デハ（文字通りには「森の主」の意）としても知られるデアボアバイである。彼の外見はジャガーに見えるように顔を塗った小柄な男であり、その上、不死身だと言われている（*ibid.*, pp.153 ff.）。これも前述したことだが、デアボアバイは宇宙の創造主と見なされているが、同時に文化英雄かつ死者の主でもある。神々のなかにはチブテという神もいて、デアボアバイの機能と役割を多くの点で引き継いでいるようである。すなわちチブテも、森と動物の主であり、加えて宇宙、人間、動植物の創り手だと考えられている。小柄だが強く、褐色の肌の毛深い男のようである。ジャガーに似るように顔を塗っている。弓と二本の矢で狩りを行ない、デアボアバイの姉妹の息子と考えられている（*ibid.*, pp. 163 ff.）。

ヒシンクが記しているところでは、タカナ族は創造主かつ文化英雄であるデアボアバイは、カキアワカやエドゥツィよりもはるかに古いと主張しているという（*ibid.*, p. 522）。このことは必ずしも、動物の主に対する信仰が高神の観念に先行したことを意味しない。もっとも、そのような前後関係だった可能性は排除できず、いくつかの例では事実に即しているかもしれない。しかしタカナ族の場合に生じたのは、おそらく、カキアワカの神が農耕文化やより高度な都市文化からいくつかの要素を吸収したのに対して、同じ時にデアボアバイはアルカイックな狩猟文化の段階以来、続いてきた性質を保ったということである。(46) もちろん、カキアワカの本来の形式――すなわち外来の影響を被る前の形式――はわからないということは認めなければならない。たとえばカキアワカが世界の臍、世界の中心と呼ばれていることは、アンデスからの影響と思われる。さらに、彼が別世界からやってきたと語る神話においても外来の影響を見てとれる。要するにカキアワカの姿は、タカナ族の文化の外からやってきた、ある「すぐれた」宗教観念の影響を受ける過程で、ある程度、変容したと推測できよう。そのため動物の主の姿を、カキアワカのような修正された形式の高神と比較すると、動物の主の方が確かに古いのである。この種の過程は、高神の「年齢」と動物の支配者の「年齢」の比較を試みる際には、つねに念頭に置かなければならない。一般的に言って最高存在は、祭儀から姿を消してひまな神《デウス・オティオスス》になるという傾向を示すが、それとは対照的に、大気と豊饒の神、文化英雄、主神、至高の救世神の属性と機能を同化することもある。そうすることでもっともアルカイックな特徴を失いながらも、みずからの至高性は保持するのである。

タカナ族の古い伝統と新しい伝統が、農業の導入によってはっきりと区分されることは、植物の起源神話によって証明される。ツェリースは、死者の身体や殺された神の身体から植物が生まれたと説く植物起源神話が、南アメリカの狩猟・採集民のあいだに確認されることを明らかにした。[47] ヒシンクはこれを裏づける数多くの事例をタカナ族の神話に見出している（*ibid.*, p.524）。将来の論文で古栽培文化の宗教観念を論じる際に、この重要な神話をふたたび取りあげることにしよう。ここではタカナ族の神話が野生植物の起源のみを説明しており、栽培植物については語っていないことを指摘しておく。栽培植物はエドゥツィによって別世界から地上にもたらされたとされるが、その起源について語られていないことは重要である（*ibid.*, pp. 47, 395, 524 ff.）。

大女神と高神

高神の地位が女神によって占められる例もある。女性神格のこの種の至高性は、判断しうるかぎりでは、特定の社会構造、特徴的な存在様式や経済活動とは直接の関係をもたない。しかし入手している情報の質は最良なものではないので、部族の宗教生活における女神の役割をすべての事例において確認できるわけではない。たとえば、チャマココ族はエチュテウアルハと呼ばれる太母を崇拝している。彼女は偉大なる精霊である彼女の夫を含む、宇宙の万物を司っている。彼女は雲の母であるため、チャマココ族は降雨を願って彼女に祈りを捧げる。しかしながらメトローは、利用できる資料が乏しいため、この女神の位置づけは決めがたいと考えている。[48] それに対してバルドゥスはすでに一九三一年に、エチュテウアルハとコロンビアにおけるカガバ（コギ）族の宇宙母を比較していた。[49] 以下の頁でこの問題をより詳細に確認するが、ツェリースがその比較について、少なくとも形態学的に有益であると述べていることにここで触れておく。[50]

ベネズエラ南部に絶滅の危機に瀕している遊牧民ヤルロ族は、ひとつの興味深い事例を示している。彼らはクマという名前の大女神を崇拝している。いくつかの資料によるとこの女神はふたりの兄弟、水蛇のプアナとジャガーのイチャイの助けを借りて世界を創造した。しかしある情報提供者は、彼女について次のように語った。「万物はクマから生じ、ヤルロ族の行ないはすべてクマによって定められた」。さらに付言するところでは、「ほかの神々や文化英雄たちは、彼女の法に従って行動している」[51]。しかし神話のなかでは、クマは寛大な母としては描かれていない。実際には彼女は、大地に人間たちを住まわせることに反対だった[52]。彼女は最初のヤルロ族を創造した。人々はクマの息子によって文明を授けられたが、のちになって罪を犯した。この罪のため、クマは洪水を引き起こし、人類の大半を滅ぼした。死者たちはクマが治める西方の楽園へ赴き、そこで子どもとして生まれ変わり、永遠に楽園のような生活を送るのである――ヤルロ族が言うには、それは白人が彼らの土地にやってくる前に送っていたような生活である[53]。シャーマンはトランスのあいだクマの土地に旅し、そこで見たものについて詳細に報告する[54]。シャーマンたちは、男女がそれぞれの輪を作って踊る、その中心にある柱の前でトランスに陥る。その柱は、地上と天を結ぶ世界軸《アクシス・ムンディ》を表わしている。これはワラウ族の儀礼で建てられる柱と似ているが（前掲四三三頁）、クマは天ではなく西方の領域に住んでいることに留意すべきである。ヤルロ族の聖なる柱は、天空神の忘れられた祭儀の痕跡のように思える[55]。

スリナムの北部海岸地域のカリブ語系住民であるカリーニャ族とガリビ族は、きわめて興味深い神話と神学をもっているため、詳細に分析する価値がある。しかしながらここでは、高神の地位がアマナ（「臍のない者」）すなわち「誕生しなかった者」という名の大女神によって占められているという事実に注目したい。彼女は美しい女性の姿で想起されるが、その体の末端は蛇の姿になっている[56]。彼女は蛇の皮を脱ぎ捨ててたえず再生できるので、永遠に生き続ける。アマナは万物を生み出し、現在もすべてを包みもっている。さらにどのような姿にでもなることができる。天上の水域に住んでおり、プレアデス星団〔すばる〕から力を及ぼしている。霊‐蛇と、蛇‐太陽は、彼女を指す別の呼び名である。アマナはタムシとヨロカン＝タムルという双子を産んだ。この双子の兄弟については、光と闇が相互に規定しあうように、併せて考えなければならない。タムシは善きものすべての創造者であり、カリーニャ族の祖先でもある。彼は月の冷たい光のなかに住んでおり、楽園の主でもある。対照的に、ヨロカン＝タムルは闇と悪の根源だが、トリックスターや敵対者と見なされることはない(57)。彼は自然の諸霊（ヨロカン）の主、すなわち祖父（タムル）である。この双子の組み合わせは、南アメリカの神話を強く特徴づける宇宙的両極性、霊的両極性を表わしているようである(58)。

アマナとその双子は、何よりもまずシャーマンの観念体系に属しているように思われる。実際、シャーマンたちはトランスのあいだにアマナと直接、接触することができる。その時には、シャーマンがアマナによって空に引き上げられるか、あるいはシャーマンによる交神のあいだにアマナが儀礼小屋へ降りてくるかのどちらかである(59)。アマナとは対照的に、双子はトランスに入ったシャーマンによって呼び出されることはありえない。しかし彼らは、シャーマンがもつヒョウタンのなかの石によって象徴的に表わされている。

カリーニャ族の宗教生活には、本稿で論じることのできないほかの重要な側面が数多くある。しかしながらさらに、タムシは母親のアマナと同じくプレアデス星団に住み、邪悪な勢力、とりわけその星座を呑み込もうとする星辰霊と戦っているということも記さなければならない。悪が引き起こす破局は、実際、過去に幾度か起こっており、そのたびにタムシが世界を再創造してきた。しかし宇宙的災厄が、将来のいつの日にかふたたび起こることは確かである(60)。前述のように、この種の神話的主題、終末論的主題は、とりわけトゥピ－グァラニ諸部族のあいだで確認される（本稿四二五頁）。

コギ族の宇宙母

コロンビアのシエラネバタ・デ・サンタマルタ山脈に居住する部族、コギ族、あるいはカガバ族のあいだでも、母が至高神である(61)。この偉大なる母が世界、動物、食用植物、さらに人間を生み出した。すべては「母の息子たち」であり、生まれて死んでふたたび生まれるという無限の循環をなす母の「法」に従っている。コギ族の文化英雄たちを生み出したのも母である。文化英雄のある者は火を発見し、ある者は衣服の作り方を発見し、ある者は舞踊を発明し、ある者は文化のほかの面を創設した。しかし息子たちのなかには邪悪な者も存在し、病気などの悪いことをもたらしたり、暴力や攻撃を人間にそそのかしたりした。万物は母の息子たちであり、すべてのコギ族も母の息子なので、全員でひとつの巨大な家族を構成している。母は本質的には善良で、子どもたちを心配し守っている。コギ文化における道徳律のすべては、母に対する息子の行動規範に基づいている。文化英雄や「父たち」[62]とコギ族の個々人との関係は、親、兄弟、いとこ、ほかの親戚との関係に類似している。

生と多産性は、強大な対抗勢力である死（ヘイセイ）に対置される。生と多産性が女性の本質的顕現《エピファニー》と考えられたように、死は男性、「男性的概念」である。コギ族にとって、「善と悪、女性と男性、光と闇という対の概念は永続的な戦闘状態にあり、日々、相互に破壊しあっている」[63]。しかしこれもまた、母の「法」に包摂され、母の「法」に属している。このように人格的な力には三つの範疇がある。与える者である母、許す者である「支配者」、求める者である死である。人間個々人は誰も、生きているあいだに繰り返す個人的儀礼によって、自身とこれら三種の力との「調和」を得ようと努めている。

コギの人間は、母から離れることはけっしてない。人間は生まれることで、一種の子宮内の状態からもうひとつの宇宙的状態に移行する。死によって、三つ目の子宮内の状態、すなわち墓に入る。四つ目の段階では、死者の世界に生まれ変わる。そこでは、いつまでも母と一体でいることができるが、母の了解を得て日常世界へふたたび生まれることもできる[64]。母は宇宙的女性であり、そうしたものとして遍在している。しかしひとつの神格としては世界の下にいて、大きな石の上に座っている姿として想像されている。彼女は肉付きがよいが美しく、全裸で長い黒髪の女性である。

世界そのものは、内側に九つの層がある卵の形として考えられている。母には九人の娘がいるとされ、それぞれの娘は黒土、赤土、粘土、砂状の土など、耕作用の土壌の種類を表わしている。これらの多様な土壌は、宇宙卵のなかの層と対応しており、さらに価値観の尺度を象徴してもいる。人間は真ん中にある第五の層——黒土の層——に住んでいる。この世界では、母はすべての女性によって具現化され、彼女たちのうちで、彼女たちを通して生きている。しかし、母は、自然、主として原初の水、雨、動物、鉱物においても具現する。大地の洞窟と裂け目は、母の開口部を表わしている。[65] さらに人間が儀式を行なうためになかにこもる祭儀のための家は、母を表わしている。その家に入りながら、「われらはほかならぬ母の胎内にいる」と語られる。[66]

コギ族の生活において、再生の観念は重要な役割を果たしている。先に、個人が「母の内部」を永遠に循環するあいだに経めぐる四つの段階、あるいは存在様式に言及した。しかし神話は、より完全で望ましい過去の時代について語っている。それは人間の生命を周期的に刷新することができた過去である。この神話伝承は、祭司（ママ）が、丘にある「門」を通過すること、あるいは聖なる干潟で水を浴びることで若返ることのできた始源の時について語っている。[67] これはよく知られ広く流布している主題であり、象徴体系——死と再生の——が明らかである。ママは死者の世界へ実際《イン・コンクレート》に降りていき、若さを取り戻して帰ってきたのである。

逆説的であるが、男性原理の宗教的価値づけは両義的である。父なる男根であるハテイ・セ[68]は時折、宇宙母に次いで言及されるが、実際には人格神ではなく、蛇や杖、ほかの男根的象徴の形をとる男性的観念を表わす、散発的な象徴である。しかしながらヘイセイ、すなわち死は、偶発的、散発的なものではなく、母と同じくどこにでも存在し強大である。ヘイセイは、蛇、矢など男性性のどんな形態と象徴においても存在する。ヘイセイの人格化は、母の人格化ほど入念になされてはいないが、実際にはコギ族にとって母以上に「現実的」に感じられている。このことは、日常生活という文脈のなかでは、死が母よりも頻繁に言及されるという事実から明らかである。母は子どもたちにやさしく、彼らを守っている。それに対してヘイセイは、あらゆる場所にいるらしい。家のなか、畑、荒野にもいる——つねに人間の近くに存在するのである。[69]

まとめると次のように言える。男性原理は、性に関する領域において、その力と創造性を発揮することはできなかったようである。生命、創造性、多産性は、母のみがもつ特権、機能だったので、男性原理は生の否定と同一視されたらしい。そのためこの事例においては、男性性－女性性の両極性が聖婚という形で解決されることはなく、その代わりに大幅な再解釈を経て、生と死というそれ以上縮減できない対立になるのである。それにもかかわらず、最終的な勝利を母の側が収めることには議論の余地がない。母が結局、死者さえもその胎内、庇護のもとにおくためである。

したがって、宇宙母は生の神的顕現《テオファニー》として、この相補的両極性を受け容れ、聖化する。まさにこの神学はふたつの帰結をもたらす。ひとつ目は、二元論的象徴論が世界、社会、個人にまで及ぶように一般化されるということである。[70] ふたつ目は、「調和的に存在すること」「等しいこと」「同一視されること」などと訳せる重要な概念ユルカについて、ひとつの根拠が設けられるということである。こうして「調和的に存在する」という観念と、創造的エネルギーと破壊的エネルギーを均衡させるための知識が、コギ族にとって、人間の行動を導く原理になる。[71]

母は、高神の特徴すべてをもっている。すなわち彼女は、世界、生命、人間だけでなく、ほかの神々や英雄たちの源泉である。母がコギ族の宗教生活において高い地位を保持したのは、おそらく両極性と対立関係のすべてが宇宙、動物、人間生活に関する数多くの表現としてすばやく価値づけられたためである。こうして究極的実在、あるいは聖なるもの、創造性の源泉、意味の構造――すなわち、存在する、すべての意味のあるもの――は、生命に由来するか、その縮減しえない神秘を示している。類似した神学とシンボリズムを見つけるためには、中世インドにおける壮大な母の宗教を想起しさえすればよい。さらにインドにおいてと同様にコギ族のあいだでも、母の宗教を内的に首尾一貫させ、徹底して体系化することは、ほぼすべて祭司たちの仕事である。実際に、コギ族の祭司たち、すなわちママは、母から直接、知識を受け取ったと考えられている。彼らは部族の宗教生活においてきわめて重要な役割を担っており、彼らの伝統的、秘教的な教義が、膨大かつ深遠、明瞭であることは否定しがたい。

太陽神

南アメリカの宗教における太陽の神々の重要性を評価する際に、メトローは次のように記した。「ペルーでは太陽がインカ王朝の祖先でもあり主神でもあったが、そこを除くと、太陽と月はブラジル東部のジェの小さな三部族、アピナイェ族、シェレンテ族、カネラ族においてのみ有力な神だった。グァラニ族と彼らの近代の子孫であるアパポクバ族のあいだにも太陽崇拝の痕跡が存在したが、それはあまり重要ではなかった[72]」。

まもなく確認するように、このような大雑把な一般化には細心の注意を払うべきである。太陽と月、ほかの星辰と星座がフエゴ島からギアナ地域に至るすべての神話において重要な役割を果たしていることは意義深いが、関連する諸部族の実際の宗教生活において中心的登場者として現われることはほとんどない。太陽と天体は、空に昇り、そこで天における現在の形になった文化英雄、あるいは神話的動物と考えられている。このような神話的主題は、狩猟民、漁撈民、農耕民のあいだに等しく見られる[73]。

狩猟文化において太陽の人格化が見られることは、太陽神の始源性《アルカイスム》の証と理解できよう。それが正確にはどのようであったかについてはわからないが、従来の状況がある過程を経て修正されてきたようである。このことは入手可能な資料から推測できる。たとえばメトローは次のように指摘している。マタコ族のあいだでは「太陽は神話上の登場者だが、神の機能は果たしていなかった。というのも、祈りが彼に捧げられたことはなく、彼のために儀式が行なわれたこともなかったからである」。しかし脱我状態のシャーマンは彼を「訪ねて」、直面している問題を解決するために助けを請うた[74]。高神の場合には、祭儀が存在しないことは、彼らの宗教的効力が発揮されていないことを意味しない[75]。マタコ族のあいだでシャーマンが依然として太陽を「訪ねて」いるという事実は、太陽のアルカイックな性質を強調し、さらに高神（「聡明な神」）の本来の構造が存在していることを示している。

このような脱我状態での「訪問」の宗教的重要性は、のちほど、聖なる柱に登る儀礼を検討する際に理解されよう。

ローウィは、ブラジル北部と中部に居住するジェ部族群の大半が、太陽と月を単なる神話の登場者ではなく真の神と考えていると主張した。(76) それらは人類を創造したとされ――カネラ族とアピナイェ族のあいだで――、シェレンテ族は太陽を「われらの創造主」と呼んでいる。東ティンビラ族とアピナイェ族は、穀物の収穫や病気の治癒を願って太陽に祈りを捧げる。カネラ族は、降雨、狩りの安全、穀物や野生の果物の豊かな収穫を願って太陽の神々に祈りを捧げる。しかしとりわけアピナイェ族のあいだでは、太陽神は卓越した地位にある。彼は「父」と呼びかけられ、彼に対する祈りは村から離れた場所で、太陽に向かって決まった祈願文を用いずに行なわなければならない。また、集団で太陽神のために行なう儀式と太陽神に捧げる歌が存在する。その地位が卓越したものであることは、太陽に関わるシンボリズムが、基本的に、村の円形の見取り図に、周囲の小屋に到る道を放射状につけ加えるものであったことからも明らかである。さらに太陽のシンボリズムは、アピナイェ族が儀礼で用いる丸いミートパイにも反映しており、実際にそれは太陽を象徴していると言われている。狩りのあいだは、夢あるいは幻視によって太陽からの直接的啓示を受け取ることができる。ニムエンダジュはある村長の幻視を記録した。それによると父なる太陽は「背が高く、肌の色が明るく、後ろ髪が地面に着きそうなほど髪が伸びている」外見で、「両眼はふたつの星にそっくりであり、とてもハンサムだった」。(77) イェンゼンとヘッケルは、アピナイェ族のこの父なる太陽のうちに太陽に形を変えた高神を見ようとしている。(78)

一方、シェレンテ族では、太陽と月が祈りを捧げる者に直接、姿を見せることはない。幻視者は指示を受けとるが、それはもっぱら金星や木星、あるいはそのほかの太陽の仲介となる星を通してである。月の使節・代理を務めるのは主に火星である。しかしこのような啓示は、儀礼の遂行によって得ることはできない。シェレンテ族は主要な宗教儀式である盛大な断食会のあいだに、儀礼用の柱に登って太陽を敬っている。(79)

南アメリカの太陽神に関する私たちの理解は、より近年の研究によって深まってきた。アマゾン河流域の一部族でイギリス領ギアナ〔現ガイアナ共和国〕とブラジルの国境あたりに居住するワイワイ族のあいだでは、太陽は民族の宗教生活において中心的役割を担っており、儀礼的奉納と祈願が捧げられ崇拝されている。シャーマンは、歌と祈りによって太陽神と意思を通わせる。重要なのは、シャーマンが随伴する精霊の助けを借りずに直接、太陽神と交流することである。シャーマンは太陽神を「父」と呼ぶ。さらにある神話は、ふたりのシャーマンの天空「訪問」について語っている。これは太陽をなだめ、雲ひとつない空でふたたび輝いてもらうために行なわれたものである。[80]脱我状態のシャーマンは天と太陽のもとへ旅することができ、死ぬときにはシャーマンの魂は長い木製の梯子を登って空に向かう。[81]簡潔に言うと、太陽は部族全体にとって重要かつ人気のある神であり、豊富な儀礼活動の焦点であり、同時にシャーマンたちと特殊な関係をもっている。祭儀のレベル（部族全体の宗教生活における）と脱我体験のレベル（たとえばエリートあるいは「専門家」のあいだでの）の両方で、このような位置と効力を示すことは、複雑かつ強力な宗教構造の証である。ワイワイ族の太陽神は宇宙創成にかかわる要素や、その他の（人間の創造、運命の支配者といった）特徴を欠いているので、高神と見なすことはできない。[82]しかし、ワイワイ族から遠くないブラジルのギアナ高地に住んでいるアリケナ族のあいだでは、原初の太陽は高神の属性すべてを備えている。

以上の説明で、南アメリカのいくつかの太陽神の豊かさと複雑さについて示すことができただろう。太陽神は時には生命の創造者、庇護者であり、部族全員が参加する濃密で活力の溢れる祭儀を捧げられる。また太陽神に近づくことができるのは、もっぱら仲介の神々を通してであったり、あるいは脱我状態になって天に飛翔することのできるシャーマンたちだけであったりする。したがって父なる太陽の性質が示し得る範囲は、ほかの種類の高神についても見られるような幅がある。すなわち太陽神は、部族の宗教生活のまさに中心のこともあれば、仲介者を通してのみ接近可能であったり、あるいはシャーマンのみが接近可能であったりする。そのうえ、このような太陽神が祭儀から消えてひまな神《デウス・オティオスス》となったとしても、なおシャーマンを助けることもある。

もちろんこうした幅や差異は、次の点を反映しているのかもしれない。（一）太陽神の類型的多様性、（二）一般的には知られていない文化史に関連する一連の変容と修正、（三）われわれにもたらされる情報の不足。その不足の原因は、「フィールドワーカー」たち（旅行者、宣教師、人類学者）が、部族の宗教生活や神話伝承を十分に調べなかったか、あるいは現地を訪れるのが遅すぎたことにある。その結果、現在では質が低下し、ほとんど忘れ去られている伝統文化の断片と残骸しか見つけられなかったのだろう。

集積された情報がどれほど不十分であるのかを判断する指標は、アマゾン河流域の小部族、デサナ族に関して、かつて集積された民族学的文書の全集成と、同じ部族についてライヘル゠ドルマトフが近年になってもたらした豊富で正確かつ首尾一貫した資料を比較することで得られる[83]。デサナ族は、言語学上はトゥカノ族に属し、赤道直下、コロンビア・アマゾニアのワウペス川流域の森林に住んでいる。彼らは漁撈や栽培をさげすんでおり、自分たちが狩人であり、狩猟生活のみが人間にとって価値ある生き方であると主張している。それにもかかわらず、狩猟による収穫は彼らの全食料の二五％を供給するに過ぎず、残りの食事は漁業や栽培といった活動によってまかなわれている[84]。彼らの人生暦に関連した集団的儀式に加えて、デサナ族（さらにワウペス゠パプリ地域におけるほかのすべての部族）は、バヤリ（あるいはブラジルの共通語でダブクリ）と呼ばれる定期的な集まりを催し、宇宙創成神話と部族の起源神話がそこで詠唱される。

デサナ族の見方では、太陽はいつも存在しており、パジェ・アベ（「父なる太陽」）と呼ばれている。ライヘル゠ドルマトフの情報提供者によると、「それは言語や思想ではなく（存在の）状態だった[85]」。「存在の状態」は黄金色の光の状態であり、そこから全創造物が生じた。この光がひとたびこの偉業を成し遂げると、太陽は創造したものの組織化に着手し、宇宙的生活の周期、社会制度のための規範、個人の振る舞いに関する規則を制定した。創造者としての太陽は、実際には空に浮かぶ発光体と同一視されることはなく、創造的原理であり、そうしたものとして存在し続け、眼には見えないが、それから発せられる有益な影響を通して知ることができる。太陽は創造のわざを終えると、地下に存在する楽園的な領域アクスピコンージアに退いた。しかしながら彼は、みずからの代理として、今日見えているあの発光体を蒼穹に遣わし、その光を通じて明るさ、暖かさ、保護、とりわけ豊饒を授けることで力を及ぼし続けている。

宇宙は重なり合う三つの層に分けられる。上層は天空の層、中層は地上の層、下層は楽園の層である。天空域でもっとも重要な構造物は天の河で、中間の領域を肥沃にする生産力をもった巨大な流れとして理解されている。このようにして、天の河は、宇宙において天と地の層のあいだの通行の手段という役割を担っており、脱我的な幻視と幻覚に属する領域と捉えられている。実際、領域全体は、粉末の麻薬ビクソ（ピプタデニア）を神格化したビクソーマクセによって治められている。シャーマン（パイェ）とビクソの煙を吸った者は天の河を昇り、そこでシャーマンはビクソーマクセに、ほかの神々とのあいだの仲介を務めてくれるようにと依頼する。[86]神々のなかでは動物の支配者（ワイーマクセ）がもっとも知られているが、神々はすべて、父なる太陽がみずからの創造物を守るために創造したのだった。[87]これらすべての仲介者たちは太陽の代理である。そのため最終的には、宇宙のエネルギー、宇宙的生命、豊饒性はすべて父なる太陽に依拠している。[88]

人間の起源に関する神話は存在しない。しかしながら、父なる太陽が大地に人間を住まわせることを決め、パムリーマクセという名前の神話的人物に命じて、ワウペス川流域の諸部族の祖先たちをもともといた楽園的、子宮的な領域から彼らの今日の現住地まで案内させたことは知られている。その旅は、大蛇でもある巨大なカヌーに乗った移動だった。ここに込められている性的なシンボリズムは、パムリという名の語源によって確かめられる。これは、射精する男根——すなわち新たな創造者を大地に住まわせるために派遣する父なる太陽——を示唆する言葉だからである。[89]

性は生命の源だが、死、カオス、破壊をもたらすこともありうる。太陽はみずからの娘と近親相姦を犯し、娘はそのあと死亡した。しかし父なる太陽は、タバコの煙で燻蒸することで娘を甦らせることができた[90]。この近親相姦の罪のあとカオスの時代が続き、そのあいだ数多くの獣と悪魔が現われ、世界の生命そのものを危機に陥れた。しかし創造主は、近親相姦の禁止を宣言することで秩序を取り戻した。こうして彼は、最初の、そして最重要な社会倫理上の規則を定めたのである[91]。

個人が儀礼に参加する場合、儀式的にタバコをふかし、さまざまな動物に祈りを捧げることが主な役割であり、それによって特別な力や卓越性を得ることができる。父なる太陽、動物の主、そのほかの超自然的存在などの神々に捧げる祈りは、祭司（クム）、あるいはシャーマン（パイエ）を介して行なわれる[92]。集団の祭りの場合には、男たちは粉末麻薬ビクソの煙を吸い、祭司から天の河に向かっていく脱我の旅のさまざまな段階と意味を説明される[93]。父なる太陽は最初のシャーマンであり、今日でもすべてのパイェの力と職務は直接、太陽に由来している。実際、シャーマンは父なる太陽の代理であり、麻薬ビクソを用いることで、太陽が創造しみずからの使節として任命した超自然的諸力と接触する[94]。その霊的な太陽光によって、パイェは人間には見えないものが見える力を得て、それによって宇宙の別の層に「入り込む」ことができるようになる。さらに、父なる太陽の性的シンボリズムは、シャーマンの神秘的活動において明らかである[95]。

祭司（クム）の職務もまた、父なる太陽によって創設された。祭司は治癒者ではなく、特に社会生活と家庭生活のさまざまな倫理的側面にかかわる。彼は共同体の祭りに参加し、幻覚を引き起こすビクソを用い、その煙の吸飲者が脱我体験の神秘的価値を理解できるように手助けをする。しかし祭司の第一の職務は、食料が共同体のすべての成員に配布される大きな儀式のあいだ、「神の聖歌」と呼ばれるものを唱えることである。彼は小さな祭壇と、太陽とその娘を模して彫られた儀礼用の木像を携えている。クムはシャーマンをしのぐほどの内的な光を発し、その力はつねに、不可視だがその効力を通して認識される強烈な光に喩えられる。その「光」の助けを借りて、クムは万人の思考を見出すことができる[96]。クムのもうひとつの職務は、三歳になった子どもに「名づけ」の儀式を執り行なうことである。その儀式は、宇宙創成神話の詠唱によって始まり、そのあと、祖先たちが蛇の形をしたカヌーに乗ってやってきた話が語られ、その子どもの系譜を物語ることによって終わる。これらの神話の儀礼的詠唱は、少年少女のイニシエーションの際にも繰り返される[97]。

したがって、デサナ族にとって父なる太陽は創造する高神であるだけでなく、宇宙におけるあらゆる聖性の源泉にして根源《フォンス・エト・オリゴ》も表わしているようだ。ほかの神々や、シャーマンや祭司のような聖なるものの専門家たちは皆、父なる太陽の創造物あるいは代理である[98]。デサナ族（さらにワウペス川流域のすべてのトゥカノ部族）の父なる太陽にとりわけ特徴的なのは、太陽光、聖性、創造性、性的シンボリズムのあいだにあるほかならぬ緊密なつながりである。実際そこでは、同様の性的意味をどのような形でも帯びていない宗教的な観念、神格、活動は存在しない。性がヒエロファニーとして遍在する理由は、太陽の光と熱が、宇宙の生命、動物の生命の起源と永続性をもたらすものとする捉え方に見出せるかもしれない。しかしここで同じく重要なのは、父なる太陽が創造ののち、大地の下にある楽園的領域に退いたという事実である――その領域は、宇宙における子宮と解釈され、そのため宇宙的創造性と霊的諸力の源泉とも解釈された。こうして神との意思の疎通は、性的接触を受けるような表現で想像される。すなわち「宇宙的子宮のなかで庇護と栄養を得るために、さらに子宮の外で生きることを可能にする必須の活力を得るために、宇宙的子宮に侵入する」といったようにである[99]。

神話において性および性的活動を価値づけることによって、力強く全体的にはっきりと表現されたこの宗教体系の大きさが隠されてはならない。その宗教体系においては、性は、生命、多産性、幸福、持続性のすぐれた表現であり、さらに本質的に、生命の聖性への信頼に由来する庇護のこの上ない表現である。しかし前述のように、デサナ族の神学は、きわめて複雑である。すべての創造物は「究極的実在」から生まれるが、その実在のもっとも高尚な表現が父なる太陽なのである。これをほかの言葉、現代哲学の用語で表現すると、父なる太陽は「存在の根拠」を有する者と言える。父なる太陽の宇宙的活動および霊的活動は、その存在論的充溢の帰結である。この種の宇宙の創成と神の創成は、発出によって生じたものであり、人間自身の霊的活動の範型でもある。父なる太陽は眼には見えないままだが、太陽光は生命と智恵の源泉である。これに倣って手本としているのが祭司と賢者の内的光であり、これも眼には見えないが、彼らの生み出した成果において、またそれを通じて捉えることができる。

本稿では、ライヘル＝ドルマトフのモノグラフによって明らかにされた資料を強調してきたが、それは質が高く、そのうえ、方法論的意義が際立っているためである[100]。何よりもこの資料はひとつのアルカイックな宗教の理論的一貫性、豊かさ、複雑さを明らかにしてくれる。しかしそうした資料であることそれ自体によって、ライヘル＝ドルマトフの研究に先行するデサナ族関連の資料、そして一般的にほかの「未開」部族の資料に関して、多くの重要な問題も提起する。すなわち、次のような問題である。デサナ族の宗教生活はこのように体系的に提示されたが、これは例外を表わしているのか——つまり著者はたまたま、類まれな部族に出会ったり、例外的に表現の明快な情報提供者に出会ったりしたのだろうか。あるいは、南アメリカの民族学の総体における一般的な欠落を示しているのだろうか。この数十年において、南アメリカで急速な文化変容が起こったことは知られている。かなり多くの場合、フィールドワークを行なう研究者が来るのがまったく遅すぎたことも確かである。しかし研究成果が不足していたり凡庸であったりすることの原因が、調査者の側の問題関心のあまりの狭さにある場合もある。ライヘル＝ドルマトフの資料の卓越性は、一般にわれわれがこれまで見過ごしがちだったものを認めるようにと迫ってくる。それは、ある特定の「未開」の宗教体系が示す質の高さと壮大さである。そうした見過ごしによって、諸々のアルカイック神学のもっとも興味深く貴重な諸側面が調査されることもなく、おそらくは永遠に失われてしまったのである。

本稿は、一九六四年に行なった講義に基づく南アメリカの諸宗教に関する連載論文の第二部である。註と書誌情報を追加してある。本稿の推敲と修正を注意深く行なってくれた助手のウィリアム・R・ラフルーア氏に感謝する。

原註

第一部

（1）A. Métraux, in Julian H. Steward (ed.), *Handbook of South American Indians* (Washington, D. C.: Bureau of American Ethnology, 1946–50), V, 559–60. この全六巻の研究について、以下では *Handbook* と記す。

（2）南アメリカの民族学、考古学、言語学、形質人類学に関するもっとも網羅的な資料集としては、*Handbook* 全六巻を見よ。より近年の調査については、Wendell C. Bennett, "New World Culture History: South America," in A. L. Kroeber (ed.), *Anthropology Today* (Chicago, 1953), pp. 211–25 で要約されている。さらに、Timothy Y. O'Leary, *Ethnographic Bibliography of South America* (New Haven, Conn., 1963) も参照。南アメリカの先史時代については、Oswald Menghin, "Vorgeschichte Amerikas," in Karl Y. Narr (ed.), *Abriss der Vorgeschichte* (München, 1957), pp. 176–79, 190–200 がある。南アメリカの諸宗教に関して、最新かつもっとも包括的な研究成果は、Walter Krickeberg, Hermann Trimborn, Werner Müller, and Otto Zerries, *Die Religionen des alten Amerika* (Stuttgart, 1961) に収録されている（本研究では、L・ジョスパンによるフランス語訳 *Les religions amérindiennes* [Paris, 1962] におけるツェリースのテキスト pp. 327–465 を用いている）。

（3）マルティン・グジンデによる多くの刊行物のうち、本研究ではおもに *Die Feuerland-Indianer*, Vol. I: *Die Selk'nam* (Mödling and Vienna, 1931); Vol. II: *Die Yamana* (1937)、さらにより一般的な解説書である *Hombres primitivos en la Tierra del Fuego* (Sevilla, 1951) を用いる。ヴィルヘルム・コッパースのもっとも重要な研究成果は、*Unter Feuerländern* (Stuttgard, 1924) と "Die Originalität des Hochgottglaubens der Yamana auf Feuerland," *Tribus*, Vol. IX である。一九二八年までに利用可能であった関係資料は、Wilhelm Schmidt, *Ursprung der Gottesidee* (Münster, 1929), II, 875–1007 で分析されている。それより古い資料については、John M. Cooper, *Analytical and Critical Bibliography of the Tribes of Tierra del Fuego and Adjacent Territory* (Bureau of American Ethnology Bulletin 63 [Washington, D.C., 1917]) を見よ。

（4）Métraux, in *Handbook*, V, 561.

（5）星は神の眼である。以下を参照。Gusinde, *Hombres primitivos*, p. 320; Schmidt, *Ursprung*, II, 969. 主にグジンデの予備調査的な刊行物に基づいているが、より古い資料も用いた研究として、R・ペッタッツォーニの "Allwissende höchste Wesen bei primitivsten Völkern," *Archiv für Religionswissenschaft*, XXIX (1931), 209–43 (pp. 221–22 は、ソラスと星との関係を取

り上げている); *idem, L'onniscienza di Dio*(Torino, 1955), pp.617–18; *idem, The All-knowing God*(London, 1956), pp.425–26がある。

（6）Gusinde, "Elemente aus der Weltanschauung der Ona und Alakaluf," *XXI Congress of International Americanists*(Göteborg, 1925), I,123–47, esp.137–40; Junius Bird, in *Handbook*, V, 79. ほかの資料によると、南方のアラカルフ族は二柱の神、すなわち慈悲深い神であるアルカケルシスと邪悪な神であるアリ・キルクシスを区別するという。A・デ・アゴスティーニ神父による *I miei viaggi nella Terra del Fuoco*(Torino, 1928) を引用しているペッタッツォーニの"Allwissende höchste Wesen," pp.218–19を見よ。後者はこの「二元論」に、「原始的天空神が、天候に対する二面的な関係をもつという通常の二重性」を見ている（*The All-knowing God*, p.423)。邪悪な神はタクアトゥ（トクアトゥ）という名でも知られている。彼は巨人、それも「上背も横幅もたいへん大きな巨人」だと、サレジオ会士P・マッジョリーノ・ボルガテッロは *Nella Terra del Fuoco*(Torino, 1925), p.31に記している。「黒い巨人が……森や山をつねに歩き回っていると思われている」(ペッタッツォーニによるR・フィツロイの引用。"Allwissende höchste Wesen," p.219)。タクアトゥは怠惰、あるいは不注意な男女を見つけると連れ去ってしまう。Pettazzoni, *L'onniscienza*, p.617と *The All-knowing God*, p.323を見よ。アラカルフ族の少数の生き残りに見られる文化変容の程度については、J. Emperaire, *Les nomads de la mer*(Paris, 1955), pp.248–71に明示されている。

（7）ワタウイネワは動物の創造主とする神話もある（以下の註34を見よ)。

（8）R. Fitzroy, *Narrative of the Surveying Voyages of H.M.S. Adventure and Beagle between the Years 1826 and 1836*(London, 1839), II, 179–80によって一八三〇年にイギリスにもたらされたフエゴ島民に関する情報を参照。この文献は、Pettazzoni, "Allwissende höchste Wesen," pp.210–11に引用されている。さらに *L'onniscienza*, p.620も参照。

（9）John M. Cooper, in *Handbook*, I, 102. しかしグジンデは、ワタウイネワがケスピクス、すなわち「精霊」とも呼ばれることに注目した。*Die Yamana*, p.1054を見よ。スネトラーゲはグジンデの著書に関する書評（*Zeitschrift für Ethnologie*, LXX [1938], 506）において、この重要な点に関する結論を指摘した。ツェリースにとってこれは、ワタウイネワを「高神」と見なすことを批判するもうひとつの論拠となっている。*Wild-und Buschgeister in Südamerika*(Wiesbaden, 1954), p.36を見よ。

（10）アラカルフ族のあいだにおける少年のイニシエーションはヤーガン族のものと類似しているが、より単純である。Bird, "The Alacaluf," in *Handbook*, I, 72–76を参照。

（11）Cooper, in *Handbook*, I, 102.

（12）*Ibid.*

（13）Gusinde, *Die Yamana*, p.883.

（14）ヤーガン族の成年儀礼に関しては次の文献を見よ。Cooper, in *Handbook*, pp.98 ff.; Gusinde, *Die Yamana*, pp.930 ff., および *Hombres primitivos*, pp.265-98; S. K. Lothrop, *The Indians of Tierra del Fuego*(New York: Museum of the American Indian, Heye Foundation, 1928), X, 165-69; Schmidt, *Ursprung*, II, 946-53, および *Ursprung*, VI,(Münster, 1935), 458 ff.; Cooper, in *Handbook*, pp.98-99; W. Koppers, *Primitive Man and His World Picture*(London, 1952), pp.140 ff.; M. Eliade, *Birth and Rebirth*(New York, 1958), pp.28-30〔『生と再生』堀一郎訳、東京大学出版会、一九七一年、六三―六七頁〕; A. Oyarzun, "La institucion de la iniciacion entre los Yagane," *Revista chiliena de historia y geografia*, No. 49(1943), pp.318-62.

（15）Cooper, in *Handbook*, I, 99; Gusinde, *Die Yamana*, pp.942 ff.; Josef Haekel, "Jugendweihe und Männerfest auf Feuerland: Ein Beitrag zu ihrer Kulturhistorischen Stellung," *Mitteilungen der oesterreichischen Gesellschaft für Anthropologie, Ethnologie und Prähistorie*, LXXIII-LXXVII(1947), 84-114, esp.89 ff.

（16）Gusinde, *Die Yamana*, p.884. しかしグジンデの情報提供者によると、このことはイニシエーションの最中に、新参者を怯えさせるために彼らに対してのみ語られたという。換言すると、成人はイェターイタの「実在」を信じていないということである。Gusinde, "Offensichtlich ist Yetāita nur als Gespenst und imaginäre Schreckgestalt aufzufassen," *Anthropos*, LVIII(1963), 283 も参照。

（17）Haekel, *op.cit.*, p.100; Eliade, *op.cit.*, p.29〔『生と再生』六五―六六頁〕.

（18）Cooper, in *Handbook*, pp.104 ff. この儀礼は、アラカルフ族のインチンハナ（*ibid.*, p.96）とオナ族のクロケテン（*ibid.*, p.120）に相当する。キナに関しては以下の文献も見よ。Lothrop, *op.cit.*, pp.170-71; A. Oyarzun, "La fiesta de la kina," *Revista chiliena de historia y geographia*, CV(1945), 126-53; Oskar Eberle, *Cenalora: Leben, Glaube, Tanz und Theater der Urvölker*(Olten and Freiburg in Breisgau, 1955), pp.186-247. クロケテンに関しては、*ibid.*, pp.262-306 を参照。

（19）Lothrop, *op.cit.*, p.177; E. Lucas Bridge, *The Uttermost Part of the Earth*(New York, 1948), pp.412-14. グジンデによって発表された異説によると、女性たちと一部の男性は動物に姿を変えられたという。*Die Yamana*, pp.1337 ff. を見よ。

（20）M. Eliade, "Australian Religions, Part III: Initiation Rites and Secret Societies," *History of Religions*, VII(1967), 86-90 を見よ。〔本書所収、「オーストラリアの宗教」第三章参照〕

(21) M. Eliade, *Birth and Rebirth*, pp.29–30〔『生と再生』六六頁〕; Lothrop, *op.cit.*, pp.92–95を見よ。なかでイニシエーションの一部が行なわれた小屋はハインと呼ばれた。これは、ヤーガン族の言葉でイニシエーションの小屋を指すキナと確かに関連した言葉である（Lothrop, *op.cit.*, p.94）。さらに、仮面は高さがあり円錐形をしており、ヤーガン族のものと類似している（Lothrop, *op.cit.*, pp.170–71, figs. 92, 93を参照）。仮面を被ることで演じられた登場人物の名前と役割に関しては、バークレイとコジャージによって報告されている（Barclay and Cojazzi in Lothrop, *op.cit.*, pp.94–95）。しかしもっとも詳細な記述は、Gusinde, *Die Selk'nam*, pp.840 ff., 921 ff., 949 ff. に見られる。

(22) Métraux, "A Myth of the Chamacoco Indians and Its Social Significance," *Journal of American Folklore*, LVI(1943), 113–19, esp.118.

(23) Haekel, *op.cit.*, p.111.

(24) *Ibid.*, pp.102–07; Métraux, "Boys' Initiation Rites," in *Handbook*, V, 372–82; Lowrie, in *Handbook*, V, 336–39を見よ。

(25) ジュニウス・バードによると、オナ族の祖先は現在居住している土地に西暦一〇〇〇年頃にやって来た。ヤマナ族はオナ族がやって来るよりも、少なくとも一千年前からその土地にいた。Bird, "Antiquity and Migrations of the Early Inhabitants of Patagonia," *Geographical Review*, XXVIII(1938), 250–75を見よ。Antonio Serrano, *Los aborígines argentinos: Síntesis etnográfica*(Buenos Aires, 1947), pp.225 ff. によると、オナ族は、人種・言語・文化的には、パタゴニア人（あるいはチョネカ人）に属するという。

(26) テマウケルに関しては、Gusinde, *Die Selk'nam*, pp.485 ff., および Gusinde, "Das höchste Wesen bei den Selk'nam auf Feuerland," in *W. Schmidt Festschrift*(Vienna, 1928), pp.269–74を見よ。それよりも早い時期の報告は、次の文献に引用され議論されている。Schmidt, *Ursprung*, II, 887–91; Pettazzoni, "Allwissende höchste Wesen," pp.223–28, *L'omniscienza*, pp.615–16, および *The All-knowing God*, pp.422–23. ホセ・マリア・ベアウボイルは、Pimaukel（原著者の綴りによる）がある創造力をもった神話上の最初の男性だったと主張する。多くの動植物を創造したのは彼である。José Maria Beauvoir, *Los Shelknam, indígenas de la Tierra del Fuego*(Buenos Aires, 1915), p.166を見よ。しかしこの伝承においてわれわれが確認しているのは、おそらく、テマウケルとセルクナム族の文化英雄かつ神話的祖先であるケノスとの融合だろう。

(27) ケノスの神話は Gusinde, *Die Selk'nam*, pp.571 ff. に収集されている。さらに、Gusinde, *Hombres primitivos*, pp.396 ff. も見よ。別の文化英雄であるクアニプに関する手の込んだ神話群も存在する。伝説として語られるクアニプの言動のなかで、彼がさまざまな人々を動物に変えたという話は重要である。Lothrop, *op.cit.*, pp.99 ff. を見よ。そこには、Antonio Cojazzi,

"Los indios del archipélago fueguino," *Revista chiliena de historia y geografía*, IX-X(1914), 351 ff. の報告が再録されている。さらに、Serrano, *op.cit.*, p.229 も見よ。

(28) Cooper, in *Handbook*, I, 123.

(29) Lothrop, *op.cit.*, p.96.

(30) Cooper, in *Handbook*, pp.124 ff. はグシンデの情報を用いている。

(31) Gusinde, *Die Selk'nam*, pp.574–75, 576–79.

(32) Gusinde, "Das höchste Wesen," pp.272–73.

(33) Gusinde, *Die Yamana*, pp.1050 ff.

(34) Zerries, *Wild-und Buschgeister*, pp.35–36. さらに、Zerries, "Wildbeuter und Jägertum in Südamerika—ein Überblick," *Paideuma*, VIII, Heft 2(December, 1962), 98–114, esp.102–03 も見よ。高神と動物の支配者との関係については、近刊の論文において検討を加える。

(35) Haekel, *op.cit.*, pp.101 ff.

(36) シュミットは、フエゴ島民と北米でもっとも「未開」の部族を比較し、彼らが本来有した始源性《アルカイスム》を証明しようとした。*Ursprung*, II, 1000–1033 を参照。それとは対照的に、E・M・ローブは、南北アメリカの高神がメソアメリカ諸文明の宗教観念に由来すると考えた。E. M. Loeb, "The Religious Organizations of North Central California and Tierra del Fuego," *American Anthropologist*, N.S.(1931), pp.517–56 を見よ。この仮説は、Schmidt, *Ursprung der Gottesidee*(Münster, 1935), VI, 111 ff. においても検討されているが、説得的ではない。

(37) M. Eliade, *Shamanism: Archaic Techniques of Ecstasy*(New York, 1964), pp.131, 153, 327 を見よ〔『シャーマニズム』堀一郎訳、ちくま学芸文庫、二〇〇四年、(上)二三二、(下)五八―五九頁〕。

(38) Lothrop, *op.cit.*, p.98.

(39) Eliade, *Shamanism*, pp.430 ff.〔『シャーマニズム』(下)二二八頁以下〕とEliade, *Méphistophéles et l'Androgyne*(Paris, 1962), pp.207 ff.〔『悪魔と両性具有』宮治昭訳、せりか書房、一九七三年、二三三頁以下〕を見よ。

(40) *Méphistophéles et l'Androgyne*, pp.210–37〔『悪魔と両性具有』第四章〕で取り上げた資料を見よ。

(41) Otto Zerries, "Sternbilder als Ausdruck jägerischer Geisteshaltung in Südamerika," *Paideuma*, Vol. V, No. 5(1952) を見よ。

（42）J. M. Cooper, *Temporal Sequence and the Marginal Cultures*(Washington, D. C., 1941); Cooper, "Areal and Temporal Aspects of Aboriginal South American Culture," *Primitive Man*, XV(1942), 1-38を見よ。

（43）Cooper, in *Handbook* I, 157; Zerries, *Les religions amérindiennes*, p.337.「テウェルチェ」という語は、パタゴニアとパンパスのさまざまな住人について記すために見境なく用いられ、正確さを欠くことも念頭におかなければならない。Federico A. Escalada, *El complejo"tehuelche": Estudios de etnografia patagonica*(Buenos Aires, 1949), pp.xiv-xv, 23, 27 ff. を参照。

（44）しかし彼は、「若い男ンヘネチェン・若い女ンヘネチェン」、「上に在わす古代の王・上に在わす古代の女王」、「青き（空の）父なる王・青き（空の）母なる女王」とも呼ばれている。この神に対するこれらやその他の名称については、Rodolfo M. Casamiquella, *Estudio del nillatun y la religion araucana*(Bahia Blanca, 1964), pp.182 ff. を見よ。重要な資料はすべてそこに挙げられている。カサミケッリャは、ンヘネチェンとピリャンの両性具有的性質が最古の資料には見られないと述べている（*ibid.*, p.189）。おそらく、両性的であるのはアンデスからの影響を表わしている。

（45）Casamiquella, *op.cit.*, pp.167 ff. に挙げられている資料を見よ。F. de Augusta and S. de Fraunhäusl, *Lecturas araucanos*(Padre Las Casas, 1934), p.213に再掲されたP.Luis de Valdivia(1621)の説教では「ピリャンは空で鳴り響く」などと記されている。

（46）Casamiquella, *op.cit.*, p.170では、Córdova y Figueroaが引用されている。

（47）G. Salusti, *Storie delle missioni apostoliche dello stato del Chile*(Roma, 1827), II, 118. このテキストはAugusta and Franhäusl, *op.cit.*, p.222に再掲されており、Casamiquella, *op.cit.* pp.178-79に翻訳されている。これにより、ある著者たちがピリャンを「魂」の観念と同一視した理由がわかる。Casamiquell, 11a *op.cit.*, p.167 ff. を見よ。アウグスタはさらに、一八五三年から（死去した）一八七三年までアラウカノ族のあいだで研究を行なったR・P・オクタビアーノ・デ・ニッサによる未刊の原稿から引用し、アラウカノ族が次の三柱の神をもつと述べている。すなわち、全知全能だが祭儀のないンヘネチェン、アラウカノ族のみの神（でンヘネチェンのように普遍的ではない）と記されているピリャン、眼に見えずほとんどの供犠が捧げられる対象になっている邪悪なる神ウェクフである。Augusta and Fraunhäusl, *op.cit.*, p. 228とCasamiquella, *op.cit.*, pp.176-77を見よ。おそらくこれは、さまざまな側面から見られた同一の神だと思われる（本稿の以下の記述を見よ）。

（48）Casamiquella, op.cit., p.184. ピリャンとンヘネチェンの構造的同一性は、ラトチャムによって一九二四年に指摘されていた。さらに以下の研究にも見られる。Copper, in *Handbook*, II, 748 ff.; José Toribio Medina, *Los aborigines de Chile*(Santiago de Chile, 1952）の新版に対するカルロス・ケラーによる序文（p.lxix）; Serrano, *op.cit.*, p.339. カサミケッリャはンヒリャトゥンの期間におけるマチの祈りを引用している（本稿の以下の記述を見よ）。その祈り（典礼祈禱）ではピリャントゥンという動詞がンヘネチェンに関して用いられている。

（49）Eliade, ***Shamanism***, pp.122 ff., 324 ff.〔『シャーマニズム』（上）二二二頁以下、（下）五六頁以下〕Casamiquella, *op.cit.*, pp.15–16; W. A. Hassler, *Nguillatunes del Neuquén* (Buenos Aires, 1957）を見よ。

（50）アラウカノ族の祈願のいくつかはAugusta and Fraunhäusl, *op.cit.*, pp.256 ff. に翻訳されている。さらにアウグスタとロブレス・ロドリゲスを引用しているCasamiquella, *op.cit.*, pp.155–58も見よ。

（51）Casamiquella, *op.cit.*, p.42を参照。

（52）E. W. de Moesbach, *Vida y costumbres de los indígenos araucanos en la segunda midad del siglo XIX* (Santiago, 1936), p.372; さらに、Casamiquella, *op.cit.*, pp.37–38で引用されたロドリゲスも参照。

（53）Casamiquella, *op.cit.*, pp.44 ff., 特に48–49における資料を見よ。

（54）*Ibid.*, pp.117–20. アラウカノ族の人身供犠については、Medina, *Los aborigenes de Chile*, pp.232 ff. における資料を見よ。さらに、チリのアラウカノ族における「キリスト教化」が表層的で効果が薄かったことに関しては、Mischa Titiev, "Araucanian Culture in Transition," *Museum of Anthropology, University of Michigan, Bulletin* 15 (1951), 特にpp.129 ff. も見よ。

第二部

（1）一九六二年六月に個人的に得た情報。

（2）Wilhelm Schmidt, "Kulturkreise und Kulturschichten in Südamerika," *Zeitschrift für Ethnologie* 45 (1913): 1014–1130を見よ。

（3）José Vicente César, "W. Schmidt e a etnologia Sul-Americana," in *Anthropica*, Studia Instituti Anthropos, vol. 21 (St. Augustin bei Bonn, 1968), pp.40–65, esp.pp.53 ff. を見よ。W・コッパースのような忠実な弟子でさえも、南アメリカの文化群に関するシュミットの学説を批判することをためらわなかった。"Eine Würdigung des wissenschaftlichen Lebenswerkes von Professor Pater Schmidt und seine Bedeutung für die Amerikanistik," *Anais do XXXI Congresso Internacional de Americanistas* (São Paulo, 1955), 2:1129–51, esp.1136を見よ。その一方で、シュミットの言語学的功績はきわめて価値ある

ものであり、彼の著書 *Die Sprachfamilien und Sprachenkreise der Erde* (Heidelberg, 1926) において南アメリカの言語を論じた章（pp.209–67）は今でも有益である。Herbert Baldus, *Bibliografia critica da etnologia Brasileira* (São Paulo, 1954), p.649 を見よ。César, pp.42 ff. も参照。「ウィーン学派」の若いメンバーであるヨゼフ・ヘッケルは、全六巻の *Handbook of South American Indians* (Washington, D. C., 1946–50) に基づいて、修正を加えられた「文化層」概念を応用しようとした。J. Haekel, “Neue Beiträge zur Kulturschichtung Brasiliens,” *Anthropos* 47 (1952): 963–91; 48 (1953): 105–57 を見よ。しかし H. Baldus, “Kritische Bemerkungen zu einem brasilianischen Thema,” *Anthropos* 49 (1954): 305–09 による批判も見よ。

（4）G. P. Murdock, “The Current Status of the World's Hunting and Gathering Peoples,” in *Man the Hunter*, ed. Richard B. Lee and Irven Devore (Chicago, 1968), pp.13–20, 特に p.19 における一覧表を見よ。また Otto Zerries, “Wildbeuter und Jägertum in Südamerika–ein Überblick,” *Paideuma* 8, no. 2 (1962): 98–114 を参照。

（5）Claude Lévi-Strauss, *Anthropologie structurale* (Paris, 1958), pp.116 ff. および 123 ff. における見解を見よ〔『構造人類学』荒川幾男他訳、みすず書房、一九七二年、一一七頁以下、および一二三頁以下〕。おそらくもっとも顕著な実例は、ピエール・クラストルによって近年調査されたアマゾンの狩猟・採集部族であるグァヤキ族である。“Ethnographie des indiens Guayaki,” *Journal de la Société des Américanistes* 57 (1968): 9–61 を見よ。グァヤキ族は「おそらく農耕をまったくもたない唯一のインディオの部族」(p.50) だが、農作物を好み、トウモロコシやマニオク（キャッサバ）を奪うために、パラグアイの農民のプランテーションを時折、襲撃する（p.51）。しかしながら十七世紀の資料では、グァヤキ族はトウモロコシ栽培者として描かれている（p.59）。簡潔に述べると、この部族は栽培民の技術と生活様式を放棄し、よりアルカイックな文化段階に退行したと言える。後述するように、狩猟は南アメリカの多くの社会にとって、理想的かつ模範的な一種のモデルである。狩猟経済への実際上、あるいは半ば想像上の退行がもつ宗教的意味は、本稿の末尾でより明確になる。

（6）Donald W. Lathrop, “The Hunting’ Economies of the Tropical Forest Zone of South America: An Attempt at Historical Perspective,” in *Man the Hunter*, ed. Richard B. Lee and Irven Devore (Chicago, 1968), pp.23–29 における p.29 からの引用。本稿では、熱帯雨林の先史をめぐる論争に立ち入る必要はない。とりわけ Lathrop, p.28, n. 3 によって引用されている Meggers と Evans の研究を見よ。また Oswald Menghin, “Vorgeschichte Amerikas,” in *Abriss der Vorgeschichte*, ed. Karl J. Narr (Munich, 1957), pp.162–212, esp. pp.192–94 (“Amazonische Kulturen”); さらに Peter P. Hilbert, *Archäologische Untersuchungen am mittleren Amazonas* (Berlin, 1968) も見よ。

（7）Curt Nimuendaju, “Social Organization and Beliefs of the Botocudo of Eastern Brazil,” *Southwestern Journal of*

Anthropology 2(1946): 93–115, esp.105 ff. J. Haekel, 47: 972 ff. と Otto Zerries, in *Les religions amérindiennes*(Paris, 1962), p.340 も見よ。

(8) A. Métraux, in *Handbook of South American Indians*, ed. Julian H. Steward(Washington, D. C.: Bureau of American Ethnology, 1946–50), 1: 539. この全六巻の研究について、以下では *Handbook* と記す。

(9) R. Pettazzoni, *L'onniscienza di Dio*(Turin, 1955), pp.613–14 と n. 36 によって引用された資料を見よ。

(10) ボトクド族のシャーマンに関しては、本連載の三番目の論文を見よ〔その論文は発表されていない〕。

(11) Métraux, "The Tupinamba," in *Handbook*, vol. 3, 特に 131 ff. グァラニ族については *Handbook*, pp.89 ff. を見よ。さらに Jean Vellard, *Une civilisation du miel*(Paris, 1939), pp.168 ff.; Zerries, in *Les religions amérindiennes*, pp.343 ff.

(12) Vellard, p.170.

(13) 以下の文献を見よ。P.Ehrenreich, *Die Mythen und Legenden der südamerikanen Urvölker*(Berlin, 1905), pp.30–31; M. Moura Pessoa, "Mito do dilúvio nas Américas," *Revista do Musea Paulista*(São Paulo), n.s., 4(1950): 7–47; Simone Dreyfus, *Les Kayapo du nord* (Paris and La Haye,1963), p.159 および nn.1–3. 南アメリカ諸部族の未来に破局が起こると信じられていることについては、M. Eliade, *The Quest*,(Chicago, 1969), p.104, n. 26(bibliography)〔『宗教の歴史と意味』前田耕作訳、せりか書房、一九七三年、一九四頁、注(26)〕を見よ。

(14) Alfred Kruse, "Karusakaybë, der Vater der Mundurucu," *Anthropos* 46(1951): 915–32; 47(1952): 992–1018; 特に 46: 920 ff. と 47: 1013 ff. を見よ。カルサカイベに関するいくつかの神話は、R. Pettazzoni, *Miti e leggende*(Turin, 1959), 4: 375–89 においてイタリア語に訳されている。Robert F. Murphy の有益なモノグラフ *Mundurucú Religion*(Berkeley and Los Angeles, 1958) では、カルサカイベは単なる文化英雄と考えられている (pp.12–13)。しかしマルティン・グジンデ (*Anthropos* 55 [1960]: 304) とツェリース (*Les religions amérindiennes*, p.345) は、カルサカイベ本来の最高存在としてのよりアルカイックな地位を説得的に明らかにした。

(15) D. Horton, "The Mundurucu," in *Handbook*, 3: 271–82 を見よ。

(16) Zerries, in *Les religions amérindiennes*, p.346.

(17) A. Kruse, "Purá, das höchste Wesen der Arikena," *Anthropos* 50(1955): 404–16; J. Haekel, "Purá und Hochgott," *Archiv für Völkerkunde* 13(1959): 25–50, esp.48 ff. を見よ。

(18) Haekel, "Purá und Hochgott," p.35.

(19) Ibid., pp.26-27 は、クルーゼの論文（"Purá…"）とG・ポリュクラテスの論文 "Ein Besuch bei den Indianern am Rio Trombetas," *Ethnos* 22(1957): 128-47 に基づいている。

(20) Protasius Frikel, "Zur linguistisch-ethnologischen Gliederung der Indianerstämme von Nord-Pará(Brasilien)und den anliegenden Gebieten," *Anthropos* 52(1957): 509-63, 特に 516 ff.; Haekel, "Purá und Hochgott," p.29.

(21) H. von Walde-Waldegg, "Notes on the Indians of the Llanos of Casanare and San Martin," *Primitive Man* 9(1936): 38-45; Haekel, "Purá und Hochgott," pp.44-45.

(22) Haekel, "Purá und Hochgott," pp.39 ff.

(23) Ibid., p.40. ヘッケルの結論は、H. Becher, "Bericht über eine Forschungsreise nach Nordbrasilien," *Zeitschrift für Ethnologie* 82(1957): 112-20 に基づいている。さらに、Becher, *Die Surára und Pakidái: Zwei Yanonami-Stämme in Nordwest Brasilien*, Mitteilungen aus dem Museum für Völkerkunde Hamburg, no. 26(Hamburg, 1960) も見よ。

(24) Zerries, *Waika: Die Kulturgeschichtliche Stellung der Waika-Indianer des oberen Orinoco im Rahmen der Völkerkunde Südamerikas*(Frankfurt, 1964), pp.237 ff. オマウアに関するヘッケルの報告と議論（"Purá und Hochgott," pp.42 ff.）は、主にツェリースの先行する諸論文に依拠している。以下を見よ。"Schöpfung und Urzeit im Denken der Waika-Indianer des oberen Orinoco," in *Proceedings, 32nd International Congress of Americanists, 1956*(Copenhagen, 1958), pp.280-88, "Die Vorstellungen der Waika-Indianer des oberen Orinoco über die menschliche Seele," in *Proceedings*, pp.106 ff., と "Some Aspects of Waica Culture," *Anais do XXXI Congresso International de Americanistas*(São Paulo, 1955), 1: 73-88. Johannes Wilbert, *Indios de la region Orinoco-Ventuari*(Caracas, 1963), pp.212 ff. と 221ff. は、サネマ族のオマオと彼の双子の兄弟であるサオア（ワイカ族のヨアウ）について、とりわけ神々と祭司、シャーマンとの関係について興味深い情報を示している。ウィルベルトの貴重な資料に関しては、南アメリカのシャーマニズムを論じる際に戻ってくることにする。

(25) Wilbert, pp.204 ff.: Becher, "Bericht…," pp.116 ff.

(26) Zerries, in *Les religions amérindiennes*, pp.353 ff.; Zerries, *Waika…*, pp.239 ff.

(27) Haekel, "Purá und Hochgott," p.42.

(28) Zerries, "Medizinmannwesen und Geisterglaube der Waika-Indianer des oberen Orinoco," *Ethnologica*, n.s., 2(1960): 485-507, 特に 504 ff.; Zerries, *Waika…*, p.245.

(29) Zerries, *Waika…*, p.246. さらに Zerries, *Wild-und Buschgeister in Südamerika*(Wiesbaden, 1954), pp.293 ff. も参照。

（30）Becher, "Die Yanonami," *Wiener völkerkundliche Mitteilungen* 5 (1957): 13–20 と "A importância da banana entre os Indios Surara e Pakidai," *Revista de antropologia* 5 (São Paulo, 1957): 192–94; Zerries, "Medizinmannwesen und Geisterglaube...," p.504 と *Waika...*, p.245 を見よ。さらに Angelina Pollak-Eltz, "Kulturwandel bei den Waika am oberen Orinoco," *Anthropos* 63/64 (1968/69): 457–72, esp. 460 も参照せよ。

（31）Haekel, "Purá und Hochgott," pp.42 ff.; Zerries, "Medizinmannwesen und Geisterglaube...," p.505; Zerries, *Waika...*, p.244.

（32）Haekel, "Purá und Hochgott," pp.33 ff.; C. H. de Goeje, "Philosophy, Initiation and Myths of the Indians of Guiana and Adjacent Countries," *Internationales Archiv für Ethnographie* 44 (1943): 27, 116 ff. を参照せよ。

（33）Zerries, in *Les religions amérindiennes*, p.352; J. M. Cruxent, "Guanari, dios bueno Maquiritare," *Boletin indigenista* (Caracas) 1 (1953): 325–28.

（34）ヴィルヘルム・ザーケによると、バニワ族（ネグロ川流域のアラワク族）の最初の人間であるイナピリクリは、骨だけをもとにして創られた――すなわち不死だった。彼は全知で、妻をもたず、仲間を粘土から造った。次いで人間を大地の穴から引き出し、彼らに諸々の社会制度を与えた。Saake, "Aus der Überlieferung der Baniwa," *Staden-Jahrbuch* (São Paulo, 1958), 6: 83–91 と "Die Juruparilegende bei den Baniwa des Rio Issana," *Proceedings, 32nd International Congress of Americanists, 1956* (Copenhagen, 1958), pp.271–79 を見よ。しかし、イナピリクリが習合的な神であることは明らかである。彼は文化英雄であり、神話的祖先であり、さらにトゥパナ、すなわち「神」である。Zerries, in *Les religions amérindiennes*, p.345 を見よ。

（35）Métraux, in *Handbook*, 3: 711; Zerries, in *Les religions amérindiennes*, p.355.

（36）J. M. Armstrong and A. Métraux, "The Goajiro," in *Handbook*, 4: 369–83, 370 ff. 祖先が地中から生まれたという神話は、南アメリカではよく知られている。Herbert Baldus, *Ensaios de etnologia Brasileira* (São Paulo, 1937), pp.190–95; Baldus, "Vertikale und horizontale Struktur im religiösen Weltbild südamerikanischer Indianer," *Anthropos* 63/64 (1968/69): 16–21 を見よ。Dreyfus, *Les Kayapo du nord*, p.143, n. 2 における参考文献の補遺を見よ。

（37）Johannes Wilbert, "Rasgos culturales circuncaribes entre los Warrau y sus inferencias," *Memorias de la Sociedad de ciencias naturales La Salle* (Caracas) 16 (1956): 237–57, esp. 239 ff. Paul Kirchhoff, "The Warrau," in *Handbook*, 3: 869–81, 特に 879–80 を見よ。マードックはウィルベルトの調査（"Die soziale und politische Organisation der Warrau," *Kölner*

Zeitschrift für Soziologie und Sozialpsychologie 10 [1958]: 272-91）に基づいて、ワラウ族を狩猟・採集民族に分類している（*Man the Hunter*, [n. 4 above], pp. 18-19）。

（38） Métraux, in *Handbook*, 5: 562.

（39） Konrad Th. Preuss, *Religion und Mythologie der Uitoto*, 2 vols. (Göttingen, 1921 and 1923), 1: 25.

（40） Ibid., 1:32 ff., 153, etc. Métraux, in *Handbook*, 5: 562; Steward, in *Handbook*, 3: 760; Zerries, in *Les religions amérindiennes*, pp. 359-60を見よ。モマの食人習俗に関しては、Zerries, in *Les religions amérindiennes*, p. 411; Adolf E. Jensen, *Das religiöse Weltbild einer frühen Kultur* (Stuttgart, 1948), pp. 108 ff. を見よ。人喰いに関するエヴァルト・フォルハルトによる宗教的解釈、さらにルイス・ボグラールによってもたらされた南アメリカの新たな資料については、将来の論文において論じる。

（41） Irving Goldmann, *The Cubeo, Indians of the Northwest Amazon*, Illinois Studies in Anthropology, no. 2 (Urbana, Ill., 1963), p. 255を見よ。もちろん、宗教生活と価値観に関するこの著者の大まかな理解を念頭におかなければならない。たとえば、「クベオ族の宗教は神をもたず、それゆえ礼拝もない」(Goldmann, p. 253)。

（42） Theodor Koch-Grünberg, *Zwei Jahre unter den Indianern: Reisen in Nordwestbragilien*, 2 vols. (Berlin, 1909-10), 2: 159 ff.; Zerries, in *Les religions amérindiennes*, p. 361.

（43） Rafael Girard, *Indios selváticos de la Amazonia Peruana* (Mexico City, 1958), pp. 249 ff.

（44） Métraux, in *Handbook*, 3: 681; Zerries, in *Les religions amérindiennes*, p. 362.

（45） Karin Hissink and Albert Hahn, *Die Takana*, vol. 1, *Erzählungsgut* (Stuttgart, 1961). さらに、Métraux, *The Native Tribes of Eastern Bolivia and Western Matto Grosso* (Washington, D. C., 1942) と "Tribes of Eastern Bolivia and the Madeira Headwaters," in *Handbook*, 3: 381-454も見よ。

（46） 高度な文化と宗教からの影響に関しては、Hissink and Hahn, pp. 459 ff.（インカ）, pp. 496 ff.（キリスト教）, pp. 539 ff.（中央アンデスの諸文明との比較）を見よ。

（47） Zerries, "Die kulturgeschichtliche Bedeutung einiger Mythen aus Südamerika über den Ursprung der Pflanzen," *Zeitschrift für Ethnologie* 77 (1952): 62-82, esp. 79 ff. と "Kulturplanzen im Mythos der Indianer Südamerikas," *Paideuma* 15 (1969): 64-124, esp. 103 ff. を見よ。

（48） Métraux, in *Handbook*, 5:563. しかしながら、青年男子のイニシエーションの最後に催される重要な祭りアニャポソの期間、女性たちが身を隠し、顔を地面に押しつけさえする者がいることは重要である。精霊を表わした仮面が実際には人間であることが女性たちに見つかると、部族全体が滅びると信じられている。Métraux, in *Handbook,* 1: 359 ff. を見よ。アニャポソ祭りの神話学的な背景は、メトローによって研究された。彼の論文 "A Myth of the Chamacoco Indians and Its Social Significance," *Journal of American Folklore* 56 (1943): 113–19 を見よ。さらに、Haekel, "Jugendweihe und Männerfest aus Feuerland: Eine Beitrag zu ihrer kulturhistorischen Stellung," *Mitteilungen der Oesterreichischen Gesellschaft für Anthropologie, Ethnologie und Prähistorie* 73–77 (1947): 84–114, esp. 85 ff. および 108 ff.; Eliade, "South American High Gods, Part I," *History of Religions* 8 (1969): 343〔本稿第Ⅰ部四〇七頁〕も見よ。

(49) Baldus, "Die Allmutter in der Mythologie zweier südamerikanischer Indianerstämme," *Archiv für Religionswissenschaft* 29 (1932): 285–92 を参照。エチュテウアルハに関しては、Baldus, "Indianerstudien im nordöstlichen Chaco," *Forschungen zur Völkerpsychologie und Soziologie* 11 (1931): 1–230, esp. 77 ff.

(50) Zerries, in *Les religions amérindiennes,* p. 340.

(51) Métraux, in *Handbook,* 5:563. Vicenzo Petrullo, *The Yaruros of the Capanaparo River, Venezuela* (Washington, D. C., 1939), p. 241 を見よ。クマは道徳律の創設者でもある（ibid., p. 229）。

(52) Petrullo, p. 241.

(53) Ibid., pp. 244, 250. 死後生に関しては、Petrullo, pp. 227 ff. を見よ。

(54) Ibid., pp. 249 ff.

(55) メトローは、クマとカガバ（コギ）族の「万物の母」を比較した。*Handbook,* 5:563 を見よ。カガバ族に関する最新の情報がこれら二柱の神を関連づける根拠となるかについては、以下で検討する。

(56) de Goeje, *Philosophy, Initiation and Myths of the Indians of Guiana and Adjacent Countries* (Leiden, 1943), pp. 26 ff., 35 ff., 117 ff. Haekel, "Purá und Hochgott," pp. 30 ff. を参照。さらに、Manfred Rauschert, "Materialien zur geistigen Kultur der ostkarabischen Indianerstämme," *Anthropos* 62 (1967): 165–206 も参照。

(57) カリーニャ族特有の悪霊はヤワネである。de Goeje, p. 38 を見よ。

(58) とりわけ Baldus, *Die Jaguarzwillinge* (Kassel, 1958) を見よ。

(59) de Goeje, p. 34; Haekel, "Purá und Hochgott," p. 32.

(60) de Goeje, p. 118.

(61) Gerardo Reichel-Dolmatoff, *Los Kogi: Una tribu de la Sierra Nevada de Santa Marta-Colombia*(Bogotá, 1951), vol. 2を見よ。この研究の最初の部分は、*Revista del Instituto etnologico nacional*(Bogotá)4(1949–50): 1–314に掲載された。さらに、プロイスの研究を踏まえた以下の研究を見よ。Milciades Chaves, "Mitologia Kágaba," *Boletín de Arqueologia*(Bogotá)2(1949): 423–519; Willard Z. Park, in *Handbook*, 2: 865–86; H. Trimborn, in *Les religions amérindiennes*, pp.125 ff. 一九六二年までのライヘル＝ドルマトフによる刊行物すべてのリスト、さらにプロイスの出版物に関しては、Timothy J. O'Leary, *Ethnographic Bibliography of South America*(New Haven, Conn., 1963), pp.31–34を見よ。

(62) さまざまな実在――宇宙的、人間的、宗教的など――の「支配者」が存在する。たとえば、夏、病気、仮面などの「支配者」である。

(63) Reichel-Dolmatoff, *Los Kogi*..., 2: 82.

(64) Ibid., p.86.

(65) Ibid., pp.86 ff. さらにReichel-Dolmatoff, "Notas sobre el simbolismo religioso de los Indios de la Sierra Nevada de Santa Marta," *Razón y fabula: Revista de la Universidad de los Andes*, no. 1(1967), pp.55–72, esp.pp.63–67も見よ。これについては、Eliade, *The Quest*, pp.138 ff.〔『宗教の歴史と意味』一二七頁以下〕において要約した。

(66) Reichel-Dolmatoff, *Los Kogi*..., 2: 151; p.87を参照。

(67) Ibid., pp.87–88.

(68) "Padre Pene"(ibid., p.89).

(69) Ibid., p.91.

(70) Eliade, *The Quest*, p.139〔『宗教の歴史と意味』一二九頁〕.

(71) 「蛇は邪悪である。それにもかかわらず、人は蛇と同意《エスタン・デ・アクエルド》していなければならない――それは、人間は蛇に象徴される悪意ある力と一体化することで、同じ家族の一員であるかのように、「兄弟」と捉えられるという意味においてである」(Reichel-Dolmatoff, *Los Kogi*..., p.92); 引用者〔エリアーデ〕による英訳。

(72) Métraux, in *Handbook*, 5: 565.

(73) Zerries, "Sternbilder als Ausdruck jägerischer Geisteshaltung in Südamerika," *Paideuma* 5(1952): 220–35を見よ。特にp.233の地図を見よ。

(74) Métraux, in *Handbook*, 5: 564.

（75）とりわけ Eliade, *Patterns in Comparative Religion* (New York, 1958), pp.99 ff.〔『太陽と天空神』宗教学概論①、久米博訳、一九七四年、一六四頁以下〕を見よ。

（76）R. C. Lowie, in *Handbook*, 1:509 ff.; Zerries, in *Les religions amérindiennes*, p.341. ジェ部族群に関する民族学的分析については、” David Maybury-Lewis, “Some Crucial Distinctions in Central Brazilian Ethnology,” *Anthropos* 60 (1965): 340–58 を見よ。

（77）Curt Nimuendaju, *The Apinayé* (Washington, D. C., 1939), pp.136 ff.

（78）Adolf E. Jensen, *Myth and Cult among Primitive Peoples* (Chicago, 1963), p.130; Haekel, “Neue Beiträge zur Kulturschichtung Brasiliens,” *Anthropos* 47 (1952): 989.

（79）Lowie, in *Handbook*, 1: 510.

（80）Niels Fock, *Waiwai: Religion and Society of an Amazonian Tribe* (Copenhagen, 1963), pp.33–35.

（81）Ibid., pp.128, 166 ff.

（82）ワイワイ族には、マワルという人類の創造主がいた。しかしマワルは創成神話で語られるのみであり、彼に関する儀礼や呪術は存在しない（Fock, p.25; さらに pp.38 ff. 93 ff. も見よ）。

（83）G. Reichel-Dolmatoff, *Desana: Simbolismo de los Indios Tukano del Vaupés* (Bogotá, 1968)〔ライヘル＝ドルマトフ『デサナ――アマゾンの性と宗教のシンボリズム』寺田和夫・友枝啓泰訳、岩波書店、一九七三年〕. さらに、Marcos Fulop, “Aspectos de la cultura Tukana: Cosmogonia,” *Revista colombiana de antropologia* 3 (1954): 99–137 と “Aspectos de la cultura Tukana: Mitologia,” *Revista colombiana de antropologia* 5 (1956): 337–73 も見よ。古い資料は、Ute Bödiger, *Die Religion der Tukano im nordwestlichen Amazonas* (Cologne, 1965) に編集され要約されている。

（84）Reichel-Dolmatoff, *Desana*…, p.8. デサナ族は、狩猟をこの上ない男性的活動であると考え、そのため自分たちを「男性的」であると見なしている。その一方で、漁撈を「女性的」と考え、釣りを行なうピラ－タプヤ族のような部族は性質上、女性的であり、「妻の供給源」であると考えられている（pp.12–13）。

（85）“No era palabra o pensamiento, sino un estado” (Reichel-Dolmatoff, Desana…, p.31).

（86）Ibid., pp.32 ff.

（87）神々の創造に関する神話は、ibid., pp.19 ff. を見よ。神々の構造と役割に関しては、pp.56 ff. で取り上げられている。

（88）Ibid., p.58; p.33 を参照。

(89) Ibid., p.18 の神話を見よ。さらに、pp.40 ff. も見よ。

(90) Ibid., p.20. もちろん、神話は月経と儀礼的燻蒸の起源について説明している。

(91) Ibid., p.42.

(92) Ibid., p.117.

(93) Ibid., p.131 ff.

(94) Ibid., pp.97 ff.

(95) パイェの魂は「光によって与えられた知識がなければ力をもたない……。彼は太陽の光の一部なのである」。シャーマンの魂の光は、太陽の光と同じように、黄金色であり、「すなわち豊饒をもたらす太陽の力を表わしている」(Reichel-Dolmatoff, *Desana*..., p.98)。「神秘的な光」に関する包括的分析については、Eliade, *Mephistophélès et l'Androgyne* (Paris, 1962), pp.17–94〔「神秘的な光の体験」『悪魔と両性具有』宮治昭訳、せりか書房、一九七三年〕を見よ。

(96) Reichel-Dolmatoff, *Desana*..., pp.105 ff.

(97) Ibid., pp.109, 114–15. このように宇宙創成神話が繰り返し詠唱されることの意義については、Eliade, *Myth and Reality* (New York, 1963), pp.33 ff.〔『神話と現実』中村恭子訳、せりか書房、一九七三年、三六頁以下〕を参照。

(98) 動物の支配者のような重要な存在が、父なる太陽によって創造されたということはとりわけ興味深い。

(99) Reichel-Dolmatoff, *Desana*..., p.115. しかしこの箇所にかぎらず、文章全体を読むべきである。

(100) クロード・レヴィ＝ストロースはライヘル＝ドルマトフに宛てた手紙で、『デサナ』の刊行後、南アメリカの民族学は一変するだろうと述べた。ライヘル＝ドルマトフのモノグラフが、たったひとりの、きわめて知的な情報提供者からの情報に基づいていることは確かである——しかしマルセル・グリオールの『水の神』の場合にも同じことが当てはまった。デサナ族の神学が「専門家たち」によって厳密に作り上げられたことは明らかである。というのも、月は、最初から太陽の兄弟だと断言されているが、宗教生活や神話では何の役割も担っていないのである。

「再統合の神話」解題

奥山史亮

二〇一二年にクルジュ・ナポカの学術文庫から『マイトレイ・デヴィ――マック・リンスコット・リケッツ往復書簡』(Ed. Mihaela Gligor, *Maitreyi Devi–Mac Linscott Ricketts, Corespondenţă, 1976–1988*, Cluj-Napoca, Casa Cărţii de Ştiinţă, 2012)という著書が刊行された。周知のようにマイトレイは、エリアーデが一九二八年から三一年のインド留学時に師事したスレーンドラナート・ダスグプタの娘であり、彼女との恋愛劇が『マイトレイ』のモデルとなった。本書はそのマイトレイと、エリアーデから直接指導を受け、エリアーデ研究者として知られるリケッツが交わした書簡、それにマイトレイとエリアーデ、エリアーデ夫人のクリスティネルが交わした書簡を収録したものである。書簡では、エリアーデとマイトレイの恋愛劇、小説『マイトレイ』を刊行するに至った経緯について言葉が交わされている。ルーマニアでは、『マイトレイ』やそのほかの文学作品、さらにそれらに関する論文集やエッセイ集がいまだに刊行され続けており、エリアーデの文学作品に対する高い関心がうかがえる。

エリアーデの文学作品に対する関心は、ルーマニアだけでなく、日本やアメリカにおいても確認できる。二〇〇三年から二〇〇五年にかけて住谷春也、直野敦編・訳『エリアーデ幻想小説全集』全三巻が作品社から刊行された。アメリカでは、フランシス・コッポラが『若さなき若さ』をもとに監督した映画「コッポラの胡蝶の夢」が二〇〇七年に公開された(日本公開は二〇〇八年)。現在では、エリアーデの宗教研究よりも文学作品の方が、読まれる機会が多いと言えるかもしれない。宗教だけでなく文学にも強い関心を示したエリアーデの姿が明らかになりつつあり、彼の活動全体を総合的に見るための視点の提示が焦眉の課題となっている。

本書は、Mircea Eliade, *Mitul reintegrării* の全訳である。本書の初版はブカレストのヴレメア社から一九四二年に刊行された。ここに邦訳したテキストには、*Drumul spre centru*, ed. Gabriel Liiceanu, Andrei Pleşu, Editura Univers, 1991, pp.326–387 を使用した。他国語への翻訳には、ロベルト・スカニョによるイタリア語訳、*Mito dells reintegrazione*, Milan, Jaca Book, 1989 がある。

本書は、神話伝承や宗教的象徴のほか、ゲーテやバルザックなどの文学作品も考察対象としている。そのため、エリアーデの思想における文学作品の位置づけについて整理する上で、本書は貴重な資料となる。エリアーデにとって文学作品を「読む」ことは、文学作品を「書く」ことと同じく重要な意味を有する営みであった。近現代社会では、アルカイックな社会における神話の役割を文学作品が果たすようになったと考えたためである。もちろん、共同体全体の規範秩序を正当化する役割を果たしていた神話に文学作品が取って代わったというのではない。しかし、不可逆的な俗的時間から脱却しようとする心性は普遍的なものであり、その心性に応じる宗教性が文学作品には残存しているとエリアーデは考えた。したがって、文学作品を「読む」ことは、その作品が有する聖なる構造へ参与することであった。現代社会における聖の残存を主題とした論文「現代世界の神話」には、以下のように記されている。「なぜなら現代人もまた多様であるが同質の手段によってみずからの『歴史』から解放され、質的に異なった時間的リズムを生きようと努力している。そして現代人は、そうすることによって知らず知らずのうちに神話的行動に回帰している。このことは、現代人が利用しているふたつの主要な『逃避』の方法、見ることと読むことを考察すればいっそうはっきりとわかるであろう。……。読むことは、極わずかな費用で時間的体験の変容を可能にするという意味で、『安易な道』となっている。現代人にとって読書は、よい意味での気晴らしであり、われわれを死へと導いてゆく取り返しのつかない変転から逃れたいという密かな願望が潜んでいるものとみなし得る、時間を支配するという幻想をわれわれに許すものである」（岡三郎訳『神話と夢想と秘儀』国文社、一九九四年、四二一―四四四頁）。エリアーデによれば、歴史のうちを生きる人間は、時代を問わず、聖なるものと一体であった原初的全体性、神話的時間に対する郷愁をもつ。そして、原初的全体性に再統合されることを、あらゆる手段によって試みるのである。

エリアーデは、戦前から数多くの文学作品を読んでおり、特に興味をもった作品については、文芸雑誌『言葉』やルーマニア文化の変革のために組織された思想グループ「クリテリオン」の講演会などで主題として取りあげていた。当時、愛読したのは、イタリアの小説家パピーニやゲーテ、バルザックなどの作品であった。とくにバルザックに対する関心は終生衰えることなく、後年の『日記』や『回想』でもバルザックの名前は言及されている。

エリアーデがバルザックを初めて読んだのは、中学生の頃であった。友人であるミルチャ・マルクレスクからバルザックの『鮫肌』を借り、たちまちバルザックの虜になったという。『ゴリオ爺さん』や『ゴプセック』を読んだあと、ほかの作品を買い集めるためにブカレスト市内のあらゆる書店をめぐり歩いたと『回想』に記されている。「バルザックについては、一日にほぼ一冊を読み、それは執念に近くなっていた。ミルチャ・マルクレスクと私はバルザックの熱心な宣伝員であった。……。バルザックは儀式に近いものとなった。休み期間中に私たちは各自の発見について現状報告をして、『人間喜劇』の登場人物の目録を作成することに力のおよぶかぎり努めた。〔中略〕。書店で、あるいは入館できた図書館で、手に入るかぎりの作品をすべて入手してしまったあと、私たちはそれぞれお気に入りの本に向かった。中学校の数年間だけでも、私は『ゴリオ爺さん』を五、六回読み直したと思う。私にとって『ゴリオ爺さん』は、いつまでもバルザック作品の典型であった。かつての情熱と旧交を温めたくなったとき、それを読み返すとつねに同じ喜びを見出せた。一九四七年、パリでもそうであった。このときには、バルザックの生涯が書きたくなって、一八二九年、『梟党』の出版まで書きあげた。しかしバルザックの作品で私をもっとも魅惑したのは幻想的長編、『セラフィタ』『鮫肌』『百年祭』『殉教者伝』『追放された男』のような比較的知られていない中編であった」（石井忠厚訳『エリアーデ回想（上）』未来社、一九八九年、九六―九七頁。一部、引用者が修正した箇所もある）。

前記の引用個所から読み取れるように、エリアーデは、亡命先のパリで苦しい生活を強いられている最中に、バルザック作品に慰めを見出すことがあったという。『宗教学概論』の執筆中であった一九四七年八月二九日の記述には以下のようにある。「落胆したまま、河岸に散歩に出かけた。バルザックの本を探した。ガニエル版の『従弟ポンス』（モーリス・アランが序文と脚注を書いている）を見つける。夜、読み始める。幸いなことにかなりよく覚えていた（幸いなことにというのは、覚えていなかったならば、『概論』の執筆を放棄していたであろうから）」（石井忠厚訳『エリアーデ日記（上）』未来社、一九八七年、八八頁）。同年八月三一日の記述では、『従弟ポンス』の三二章を読みながら、神秘主義者、幻想家としてのバルザックについて戦前に講演したことを回想している。『従弟ポンス』の三二章とは、「オカルトについて」と題された章であり、オカルト科学や占い術などの営みが人間の精神にとって不可欠な要因であることが、諸存在の根本である超越的一者に関する思索とともに記されている。

本書『再統合の神話』は、エリアーデがとりわけ関心をもっていた『セラフィタ』を考察対象のひとつとしている。エリアーデがバルザックの作品をこれほど詳細に分析した研究書は、管見のかぎり見当たらない。しかし『セラフィタ』を分析する際に用いられた概念は、始源の完全性や対立物の一致、両性具有の始源型、聖の残存など、エリアーデの読者にとってはなじみのものである。さらに分析方法も、グノーシスやインド、ギリシア、オリエント世界などのさまざまな神話と比較することで、両性具有の始源型を明確化していくというものであり、亡命後の宗教研究と類似している。このことは、エリアーデの方法論が亡命前の早い時期から確立されていた証左と言えよう。

実際に本書は、エラノス会議での発表を経て一部を改稿した上で、一九六二年にガリマール社から刊行された『悪魔と両性具有』（*Méphistophélès et l'androgyne*, Gallimard, 1962）の第二章に収録された。同書の序文では、収録した諸論文が、ヨーロッパ外の地域に暮らす人々のいくつかの宗教的行動と精神的価値を明らかにすることで、ヨーロッパ人と非ヨーロッパ人の対話を促進することを目指すと記されている。さらに、このような対話を行なうことでヨーロッパ人たちがみずからの文化における非ヨーロッパ的側面を意識することが何よりも重要であるとエリアーデは述べる。一九四二年に刊行された『再統合の神話』では「対話」という言葉を用いてはいないが、ヨーロッパ、西アジア、インドにまでおよぶ諸地域の神話伝承を対象とする本書は、前記の目的にかなう著作と言える。

エリアーデがバルザックを偉大であると考えたのは、アルカイックな神話に描かれた両性具有者の始源型をきわめて明瞭に直観し、文学作品として描き直した点にある。バルザックによって描き直された両性具有者は、アルカイックな神話で語られていた両性具有の神々のように、現代人の前にあらわれる。『セラフィタ』は、それゆえに、現代世界において、不可逆的時間に抗する神話として読まれるだろうとエリアーデは述べる。

現代世界における宗教性に関するこのような見解は、後に、聖なるものの「偽装」と言葉を変えて繰り返し提示されることになる。遺作となった『世界宗教史』の「序」においても、「『聖なるもの』の完全な偽装――より正確に言えば、『俗なるもの』との一体化」に分析を加えることで同書は締めくくられるであろうと予告されていた。残念ながらこの最終章が書かれることはなく、『世界宗教史』は未完となった。

初期の作品である『再統合の神話』は、主題を宗教現象のみに定めずに、あるいは定めることができずに、神話に描かれた宗教性と文学作品に描かれた宗教性に明確な区別をつけることなく論じている。それは、エリアーデが宗教学者として未熟であったことの表われであるのかもしれない。しかし晩年のエリアーデが死の間際まで取り組んだ聖と俗の一体化の問題について、若き日のエリアーデが挑んだ貴重な資料として本書を読むこともできる。

「棟梁マノーレ伝説」解題

奥山史亮

二〇一〇年にルーマニアの大手出版社ポリロムから『私はなぜルーマニアに戻ったのか』(Ed. Sandra Pralong, *De ce m-am întors în România*, *Polirom*, 2010) という著書が刊行された。戦中あるいは戦後に亡命したルーマニア人たちが、亡命に至った経緯、国外での生活状況、帰国した目的、ルーマニアの未来について私見を綴ったエッセイ集である。エリアーデの甥であるソリン・アレクサンドレスク、エリアーデと交遊のあった映画監督のラドゥ・ガブレアや文筆家のイオン・ヴィアヌらの文章も収録されている。本書は刊行以来、順調な売り上げをみせているが、本書のほかにも帰国した亡命者に関する著書は大量に出版されており、亡命した人間の言葉に高い関心が寄せられていることがわかる。

ルーマニア人にかぎらずヨーロッパ諸国の人間は、国境を越えて生活することをさまざまな状況によって迫られる場合がある。そのような地域の文化を研究するためには、人間の移動、それにともなう文化の移動を踏まえながら、異国や故国に関する言葉を解釈する作業が不可欠である。エリアーデもまた大きな移動を経験した人間であった。しかしエリアーデの言葉が、彼の経験した移動を踏まえて解釈されることはこれまでほとんどなされてこなかった。本書は、Mircea Eliade, *Comentarii la Legenda Meşterului Manole* の全訳であるが、後述するように、エリアーデの言葉を移動と重ね合わせて理解するための最適の文献である。まず、本書が刊行された当時の状況について概観したあと、本書の特徴を明確化したい。なお、本書の初版は、ブカレストのプブリコム社から一九四三年に刊行された。ここに邦訳したテキストには、*Meşterul Manole. Studii de etnologie şi mitologie*, ed. Magda Ursache, Petru Ursache, Cluj-Napoca, Editura Eikon, 2007, pp.137–239を用いた。他国語への翻訳には、イタリア語訳の *I riti del construire*, Milan, Jaca Book, 1990とフランス語訳の *Commentaires sur légende de maître Manole*, Paris, L'Herne, 1994がある。

エリアーデは、一九四〇年にルーマニアを出国し、一九四五年にフランスへ亡命するまでの期間、数ヶ月のイギリス滞在を除き、在ポルトガルのルーマニア大使館に文化参事官として勤務していた。文化参事官として彼は、ルーマニアとポルトガルの文化交流を促進するための出版活動や両国の文化人との交流などに尽力した。そのあいだに、ルーマニア大使館刊行の雑誌『動向』（*Acção*）にさまざまな論説記事を掲載するほか、本書『棟梁マノーレ伝説の注解』や『サラザールとポルトガルの革命』『ルーマニア人』『再統合の神話』を刊行した。さらに渡仏後に刊行した『宗教学概論』『永遠回帰の神話』、文学作品の『巨人』を起草した。ポルトガル滞在期は、ルーマニアとポルトガルが共有する宗教性について文化参事官として記述することを迫られ、地域横断的な文化現象として「宗教」に関する思索を深めた時期、さらにソヴィエトのルーマニア侵攻の報告を受けて、故国に残った家族や友人の安否、民族としての存続について不安を募らせながら研究活動を行なった時期であった。

棟梁マノーレ伝説については、本書のほか、「棟梁マノーレ伝説」（"Legenda Meşterului Manole," 1943）「死に関するルーマニアの神話」（"Un mit românesc al morţii," 1944）など『動向』に掲載された論説においても取りあげられている。それらによれば、棟梁マノーレ伝説は、ハンガリーからルーマニア、ウクライナ、ブルガリア、旧ユーゴスラヴィアなどの東欧地域一帯に流布した人身供犠を主題とする民間伝承詩である。ルーマニア版はもっとも完璧な形態を保持しており、ルーマニアを代表する文化財産であるという。エリアーデがそのように評する理由として強調するのは、この民間伝承詩に描かれた「創造的な死」（Moartea creatoare）がルーマニアの歴史で果たした役割である。

エリアーデによれば、棟梁マノーレ伝説では、生命は宇宙の諸存在のあいだを移行するものとして描かれている。その死生観が明示されるのは、マノーレが転落死した場所から泉がわきでるという箇所である。エリアーデは、マノーレの魂は転落によって途切れてはおらず、泉へ移行することで存続したと考える。同じく生け贄に捧げられた妻の魂も尽きておらず、宿る身体を肉体から修道院へ変えることで存続している。そのためマノーレと妻は、泉から湧き出た水と修道院の石壁へ姿を変えて生を継続し、この世ではない神的存在が司る領域で再会をはたしたと解釈される。このような死生観においては、死は魂の絶対的消滅ではなく、異なる存在様式へ移行する契機であるという。

この民間伝承詩に描かれた「創造的な死」という観念は、エリアーデによれば、国土を守るために戦い命を落とした同胞たちの死に、国や民族の新たな在り方へつながる創造的犠牲という意味を与える役割を担ってきた。ルーマニアはその歴史の長期にわたって他国からの侵略を受け、国土を守るために数多くの人間が命を落とした。エリアーデによれば、「創造的な死」によって多くの歴史的苦難を意味づけしてきたからこそ、ルーマニア民族はその歴史に堪えてくることができた。さらに、このような死の価値づけは、スタリングラードでの敗戦を経てソヴィエトの侵攻にさらされるルーマニア民族が歴史的苦難に堪えることを可能にし、民族が存続するためのかけがえのない文化財産であるという。これらの叙述からは、棟梁マノーレ伝説から抽出した死生観に関して、大戦の渦中にあるルーマニアの状況を強く意識しながら思索したことがわかる。『回想』には以下のように記されている。「数多くの同国人やヨーロッパ人と同様に、私は北アフリカへのアメリカ軍の上陸を心強いしるしと解した。アメリカはヨーロッパの諸問題が優先されるべきことを認めているのだと。しかしこの作戦は期待された諸成果を伴わなかった。……。私の頭からはスタリングラードで包囲されている軍隊の苦しみが離れなかった。そこにはルーマニアの数個師団もいたのである。もはや私は睡眠薬なしでは眠れなかった。私はできる限り自分を守ることに努めていた。とりわけ書くことによって自分を守っていた。暫定的に『黙示』と題した小説を書き始めていた。その主人公は虚言癖のある衒学者だった。その年のうちに中断し、幾度か再開したが結局は放棄した。二月、建築儀式の比較研究に関する長い論文を書き出し、数ヵ月で仕上げた。その年の末、『棟梁マノーレ伝説の注解』という題で出版した」(石井忠厚訳『エリアーデ回想(下)』未来社、一九九〇年、八二頁。一部、引用者が修正した箇所もある)。

その一方で、本書では、棟梁マノーレ伝説に描かれた死生観がルーマニアのみに存在するものではなく、他地域の創成神話においても確認されることも強調されている。比較の対象とされたのは、インドやメソポタミア、イラン、北米など多岐にわたる地域の創成神話である。これらの創成神話では、創造神は世界を創造するために始源の怪物を殺し、その死体を諸存在の材料とした。エリアーデは、怪物の生は創造神の殺害によって中断されることなく、宇宙の諸存在へ形態を変えながらも存続したと解釈した。そして、棟梁マノーレ伝説と諸地域の創成神話は、魂が新たな存在様式へ移行し継続する点で、同種の死生観を有すると結論する。このような叙述からは、宗教現象を普遍的な営為として捉えようとするエリアーデの試みをすでに見て取ることができる。

さらにエリアーデは、マノーレ伝説に見られる死生観を宗教研究で取り上げるだけでなく、同時期に執筆した文学作品においても表現していた。ポルトガル期に起草され、渡仏後に亡命雑誌で刊行された作品に短編小説『巨人』がある。本編は、語り手（宗教思想の研究を行なった経験のある人物で、エリアーデ本人がモデルと思われる）が、ある日突然背丈が伸び、身体が巨大化するようになった友人エウジェン・クコアネシュと彼を取り巻く人々のとまどいを報告するという形式で書かれている。全文が語り手の一人称で書かれており、クコアネシュの考えや感情は語り手の言葉を通してのみ知ることができる。クコアネシュの身体が変化するようになった原因は、医学者の調査によっても明らかにならない。クコアネシュはしだいにほかの人間との意思疎通が困難になり、都市での生活を断念する。語り手の助けを借りてマスコミや野次馬の追跡をかわしながら、人里離れたブチェージ山麓へ向かう。語り手や恋人と別れたのち、クコアネシュは行方をくらます。最後に、途方もない身の丈の巨人に関する数件の目撃談が報告されて本編は締めくくられる。

クコアネシュの身体的変化は、単に巨大化するだけではなく、身体が周囲の自然のなかにとけこみ、肉体と自然の境界がしだいに曖昧になっていくものとして描かれる。また、身体のみならず、発する声も自然の諸物がたてるような音へ変化し、人間の言葉としては聞き取れないものになっていく。クコアネシュに生じた以上のような身体的変化の意味は、本編では語られない。しかし、『棟梁マノーレ伝説の注解』における考察を踏まえて検討を加えることにより、仮説的解釈を提示することは可能である。

『棟梁マノーレ伝説の注解』においては、宇宙の諸存在のあいだを魂が移行する死生観の文化的役割が着目されていた。さらに、森羅万象が始源的巨人の死体から創造されたことを物語る諸地域の創成神話と棟梁マノーレ伝説との比較検討が行なわれていた。本書の解釈を踏まえると、クコアネシュに生じた変化は、彼の魂が人間としての肉体を離れ、森羅万象そのものである始源的巨人の肉体へ再統合された出来事と考えられる。確かにクコアネシュは、マノーレのように泉という特定の事物に変化したのではなかった。しかし、人間としての生を継続することが不可能になりながらも、宇宙の諸物のうちで異なる存在様式で生を継続する点において、クコアネシュの身体的変化はマノーレと共通するものである。『巨人』は、マノーレ伝説を現代人のために、とりわけルーマニア人のために語りなおした神話と言えよう。

民間伝承詩に描かれた死生観を高く評価するこれらの著述活動を大戦期に継続した理由のひとつは、既述のように、同胞たちが戦時の危機にさらされているという想いにあったと考えられる。周知のように、このようなエリアーデの祖国愛には、国のために命を捨てることを称賛した鉄衛団運動への共感に基づくものであるという批判が向けられてきた。この問題については慎重な資料調査が要請されるため、ここで立ち入ることはできない。しかしエリアーデの政治関与を論じる際に忘れてならないことは、ポルトガル期の活動は、「神・祖国・家族」という標語を掲げ、民族主義や祖国愛を煽ったサラザール政権下で活動する文化参事官として行なったものであるという点である。ルーマニアからポルトガル、そのあとのフランスへ至る移動の過程で、エリアーデが「宗教」「文学」「政治」に関する言葉をどのように重ね合わせたかという問題を解明することは、これからのエリアーデ研究のみならず、宗教学の学問史にとっても重要な課題である。そのための資料として本書『棟梁マノーレ伝説の注解』は、きわめて有用な文献となろう。

「オーストラリアの宗教」解題

飯嶋秀治

本書、ミルチャ・エリアーデの『オーストラリアの宗教』(*Australian Religions: An Introduction*, Ithaca and London: Cornell University Press, 1973) は、境界的な作品である。ここではまず本書の概要を述べ、オーストラリア・アボリジニ研究の文脈を、思想史、エリアーデの人生史、アボリジニ研究史、宗教史・宗教学史、の四つの文脈から位置づけ、最後に翻訳上の問題に言及したいと思う。

一　本書の概要

本書は、アメリカの象徴人類学者ヴィクター・ターナーの「はじめに」にもあったように、一九七三年、コーネル大学出版局より、「象徴、神話、儀礼叢書」のシリーズ第一弾として、ナンシー・マンの『ワルピリ・イコノグラフィー』と共に刊行された。ただ、本書の根幹をなす第一章から第五章は、一九六六年から一九六七年に出版された『諸宗教の歴史』第六巻と第七巻に収録されている。

第一章では、アボリジニの神話に登場する超自然的存在（複数形）、特に最高神（複数形）が、キリスト教との文化接触以前からあった神話なのか否か、という主題を中心に宗教研究史をひもとき、それが文化接触以前からの神話であると論じる。

第二章では、アボリジニの世界において、そうした超自然的存在が、アボリジニの目前に開かれている風景のあちこちに神話が埋め込まれており、その先祖が彷徨した各所での儀礼が、神話時代の夢見の時を再創造し、それにより現在に生きるアボリジニが原初の創造性へと立ちかえる機会であると論じる。

第三章では、イニシエーション儀礼においてはそれまで少年だった新加入者が儀礼の過程において象徴的な死と再生を迎えるが、起源神話における女性たちから奪われた儀礼としての成年式を、オーストラリア史で反復してきた歴史過程の反映として分析する。

第四章では、アボリジニの中でも、高い地位を承認された呪医の存在が紹介され、その育成過程でやはり象徴的な死を迎えることやその道筋、また呪医の文化革新者としての適合性について論じる。

第五章では、アボリジニ世界における伝統的な死とその葬儀の紹介をした後、魂が死後どのような過程を経ると言われているのかを紹介し、そこから、文化接触後に見られた新たな神話とその千年王国運動を、「適応行動」として論じる。そこから、アボリジニの諸宗教を考察してゆく上でどのような点が争点になりうるのかを、「歴史的再構成」「本質的および付随的特徴」「人類学者の解釈と宗教史家の解釈」の三点に沿って学説をまとめている。

こうして見れば、本書の構成が、学説史に挟まれた中で展開する、アボリジニの起源神話、現在の神話や儀礼の地理的展開、そこに生まれおちたヒトの成年式、通常の人々では対応できない病いや死に対応する呪医の世界、それら全てが象徴的な死に直面した文化接触と変容時における神話・儀礼の創造力の再生、という形で、全編にわたり通過儀礼的な死と再生が塑型反復される構造になっているかのようである。

とはいえ、明確な結論が出ているというよりも、出版当時において幾つかの、今後探求されるべき諸課題を示唆した本書を、あえて本叢書に入れる意味をいぶかしく思われた読者もいるかもしれない。そこで次に、本書出版当時の文脈を説明しておきたいとおもう。

二　アボリジニ研究の黎明期から現在へ――人類史と宗教史の夢見と目覚め

（一）宗教史家ミルチャ・エリアーデ（一九〇七―一九八六）の本書は、例えば精神医学史のアンリ・エレンベルガー（一九〇五―一九九三）や、構造人類学者クロード・レヴィ＝ストロース（一九〇八―二〇〇九）と並べて比較してみると興味深い。戦前の欧州に生まれ、戦後に浩瀚な書籍を記してきたが、三者とも時代の境界人だったと言ってよかろう。彼らが共通して直面したのは時代のパラダイムである進化論であり、それを「無意識」「始源」「構造」というそれぞれの学問の核の形成へと向かわしめた。

（二）エリアーデが理論的な骨格を顕著にした『聖と俗』を著したのは五十歳の時。そして本書の初出論文を執筆したのは彼が六十歳、本書にまとめた際には既に六十六歳であった。並べて見ると、一見、『聖と俗』が、世界の諸宗教の資料を用いて「聖なるもの」の時空における聖体示現の自己展開として理論に帰納させたのに対して、本書『オーストラリアの宗教』は、彼の理論をオーストラリア大陸の諸宗教で演繹して見せたという体になっていると思われるかもしれない。だが実はこの間、人類史と宗教史との間には大きなパラダイム転換を迎えており、それが人類進化のジャワ起源説からアフリカ起源説への移行であった。それゆえ、『聖と俗』においてはまだ説得性を持ち得ていたアボリジニの始源性は、十年の間に説得性を失っていった。また本書初出論文が書かれ、本書が出版されるこの七年はアボリジニにとっては激動の期間であり、差別撤廃のためのフリーダム・ライドが組織され（一九六五）、その成果もあってオーストラリア国民として迎え入れられ（一九六七）、北部準州では土地権が承認される（一九七六）までの先住民権運動の胎動期にあたっている。アボリジニを巡る人類史と宗教史の「夢見」の期間は、こうして「目覚め」の時期を迎えていた。注意深い読者は、こうした文脈が「序文」の文言に現われており、その主だった予見はかなり現実のものとなっていることを悟るであろう。

（三）アボリジニ研究史においては、アボリジニの言語の詳細が知れ始めたのは、宣教師と言語学者との関心の深まりによった。スペンサーとギレン以前にも既に他地域やアランタ民族において親族研究などがなされていたが、その民俗語彙に沿った内在的解釈は、ギレンの登場以降になった。ところがスペンサーとギレンの記念碑的な民族誌が、西欧の人文諸学問への分化期にあった（後の）宗教学、人類学、社会学、精神分析学、民俗学といった諸領域に、多大な影響力を及ぼしつつあった、まさにその時、宣教師として赴任していたカール・ストレロウの詳細にわたる民族誌がドイツで刊行され始めた。これがアランタ民族誌の論争史の幕開けとなり、この論争はその後、スペンサーの再調査（それが『アルンタ』となる）[1]、またカールの息子で殆どネイティヴなみのアランタ語を駆使できたT・ストレロウによる諸研究を生んだ。本書の特に第一章、第二章でエリアーデが依拠したのは、こうした初期の諸研究の成果であった。他方、戦後には、ラドクリフ＝ブラウンに指導を受けたエルキンやそのエルキンの指導下で育ったバーント夫妻らの諸研究が続き、本書第三章、第四章でエリアーデが依拠する、アボリジニの国内研究の諸成果が出てきた。

　ところが上述したように、本書出版の頃、進化史上の「始源」の位置を追われたアボリジニは現実的にも学知的にも大きな転換期にあった。「その後」エリアーデの本書にはこれまで芳しくない評価が多い。解題ということなので、詳細な書誌は避けるがいわく「エリアーデの仕事は、一九六四年以前に利用可能な民族誌に依拠しており、実質があり充分に練り込まれた研究というより、フィールドで行われていたかもしれないことの概略」（チャールズワース、一九八四年）、「オーストラリアの資料は前半の仮説（嚥下と吐出＝個人の死と再生）の堅固な支持を備えるが、後半（嚥下と吐出＝混沌と創造）はより不確かであり、その根拠はおそらくより実質がなかろう」（ハイアット、一九七五年）、「エリアーデとローハイムの宇宙論への注目は、アボリジニの儀礼のシンボリズムのなかで、特に、地域の所有や開示関係、徒弟関係といった文脈から取り出された物語の考察に依拠して表象された」（メイヤース、一九八六年）、「民族誌を顕著に西欧中心的に読解しながら、エリアーデは、オーストラリアじゅうで、人びとが至高の存在に帰する偉大なる最初の原因を認識した、と暗示している。この主張への彼の根拠は実際には二つの地域、南東部における侵略の中心地と、集中的に宣教されたハンメスルバーグ地域に限定されていた」（スワイン、一九九三年）、「スタナーはレヴィ＝ストロース、エルキン、エリアーデらと共通して、アボリジニの宗教は『内的』に、社会現象に還元されることなくその意味という観点から解釈され、理解されるのが最善であり得るという前提を保持していた」（キーン、二〇〇五年）、など。特に、アランタ民族研究

において は、今や、当時の旱魃や洪水の記録からアランタ民族の諸神話がスペンサーとギレンの到着前に生じた諸現象から創出されたものと解釈されており（キンバー、一九九六年）、スペンサーとギレンのテキスト自体も、もともとのフィールドノートからどのように構築されてきたのかといった考察さえされている（ギル、一九九八年）。こうした批判は主に、エリアーデが宗教学者であったために、「テキスト上の宗教」以外の文脈を看過していたという批判であるが、彼のテキスト操作自体への批判も宗教学内部で検討が行われている。

（四）宗教史・宗教学研究の文脈において、本書や『聖と俗』その他に見られるオーストラリア・アボリジニ研究の資料操作批判をおこなったのが、エリアーデの後にシカゴ大学の宗教学・宗教史学の牽引役となったジョナサン・スミスの *To Take Place: Toward Theory in Ritual*（一九八七年）である。彼はエリアーデが『聖と俗』で重要な位置を与えた、チルパ族のカウア・アウアという「聖なる柱」の挿話を九項目に分け、検討している。

一、柱はヌンバクラにより、ガムの樹から〔とられ〕装飾された。
二、柱に血を塗りつけた後、ヌンバクラは柱を登り、天空へと消えた。
三、柱は「世界軸」である。
四、ヌンバクラの引き上げに続き、柱は儀礼的役割を演じる。
五、柱はつねに彷徨する祖先たちに運ばれている。
六、祖先たちは柱が倒れた方向によって彼らが旅する方向を決める。
七、柱は事故で折れてしまう。
八、祖先たちは、柱が折れたために死んだ。
九、なぜなら柱の破損は「世界の終わり」のようなものであるからである。

一項目（七）のみは事実だが、三項目（三、六、九）をエリアーデの解釈として拒絶しその他の五項目（一、二、四、五、八）に疑問を呈して再解釈した。なので、宗教学・宗教史学においても本書の時代的限界は否定しようがない。

にもかかわらず、本書が宗教学の古典叢書と呼び得るのは、エリアーデが『聖と俗』で打ち立てたモデルの前提の誤りに気付いた時、それら資料にいま一度真摯に取り組み、「始源」を「創造」へと読み替えたことで、一つの時代の境界を跨ぎ越そうとした姿勢にあると言えよう。

三　翻訳について

翻訳自体は難航した。エリアーデの著作には学部学生の頃に読んでおり、当時読んだ諸学問の著者のなかでも大きな感銘を受けた著者であったので、引き受けたものの、単著の翻訳は初めてであった。

ただ共訳体験者の話を聞くと、訳語や文体の調整に手間取ると聞いていたので、その意味では監訳者という今回のシステムは幸いであった。まず私が第一稿をつくり、東京大学大学院博士課程の藤井修平さん、同修士課程の小藤朋保さんとともに修正作業を行なった。

なお、私の場合はエリアーデを体系的に読んできたわけではないので、本書の術語のほとんどは、監修者である奥山倫明氏が採用してきた訳語に従っている。また本書の依拠する民族誌は訳者の専門とするアランタ民族を大きく超えていたので、長らくオーストラリア北部でアボリジニの人類学的研究をしてきた椙山女学園大学の杉藤重信教授に第一稿に目を通していただき、場所や術語、著者名の表記に関して指導を仰いだ。ここに記して深謝する。

註

（1）現在アルファベットで Arrernte と表記されるアランタ民族は、これまでスペンサーとギレンには Arunta、ストレロウには Aranda、言語学者には Arrernte と表記されてきた。英語もドイツ語も t／d の弁別があるが、アランタ民族には t／d の弁別はない。このため、アランタ語と英語およびドイツ語の間で表記が揺れ動いてきたのであるが、どちらかが正確ということではない。

参考文献

Charlesworth, Max. 1984 "Introduction" in Max Charlesworth et al. eds. *Religion in Aboriginal Australia: An Anthology*. University of Queensland Press.: 383–390

Kimber, R. G. (Dick) 1996 "The dynamic century before the Horn Expedition: a speculative history." In S. R. Morton & D. J. Mulvaney eds *Exploring Central Australia: Society the Environment and the 1894 Horn Expedition*. Surrey Beatty &Sons: 91–102

Gill, Sam D. 1998 *Storytracking: Texts, Stories, and Histories in Central Australia*. Oxford University Press.

Hiatt, Lester R. 1975 "Swallowing and Regulation in Australia Myth and Rite" in L. Hiatt ed. *Australian Aboriginal Mythology*. Australian Institute of Aboriginal Studies.: 143–162

Keen, Ian2005 (1986) "Stanner on Aboriginal Religion" In In Max Charlesworth et al. eds. *Aboriginal Religions in Australia: An Anthorogy of Recent Writings*. Ashgate: 61–77

Myers, Fred R. 1986 *Pintupi Country, Pintupi Self: Sentiment, Place, and Politics among Western Desert Aborigines*. University of California Press.

Smith, Jonathern Z. 1987 *To Take Place: Toward Theory in Ritual*. Chicago University Press.

Swain, Tony 1993 *A Place For Stranger: Toward a History of Australian Aboriginal Being*. Cambridge University Press.

「南アメリカの高神」解題

奥山倫明

一　エリアーデ宗教学における本稿の位置

一九五六年に渡米、翌年、シカゴ大学での教授職を得たミルチャ・エリアーデは、ほぼ五十歳からの三十年ほどの晩年を、安定した生活を基盤として研究と執筆に捧げてゆく。一九五六年のシカゴ大学ハスケル講演における主題は、のちに『生と再生』（堀一郎訳、東京大学出版会、一九七一年）にまとめられるものであり、また翌年にはドイツ語で『聖と俗』（風間敏夫訳、法政大学出版会、一九六九年）が出版されている。その後、米国では、エリアーデがそれまでフランス語で出版していた著作が次々と英訳され刊行されてゆく。また一九六一年には、ジョセフ・M・キタガワ（北川三夫）、チャールズ・H・ロングとともに学術誌『諸宗教の歴史（*History of Religions*）』を、シカゴ大学出版局より創刊した。

一九五〇年代後半から六〇年代にかけて、シカゴ大学での学生の指導、同誌やその他の学術誌における論文刊行、その他、各種学会・学界での研究発表や講演をとおして、エリアーデの「宗教学（*history of religions*）」の成果は、着々と世に問われていった。さらに一九七〇年代になるとエリアーデの関心は、『世界宗教史』（原著一九七六、七八、八三年刊、荒木美智雄他訳、最新版は「ちくま学芸文庫」全八巻、二〇〇〇年）の刊行に向けられてゆく。その点もふまえると一九六〇年代は、エリアーデが自らの学問の集大成を目指す、その前段階の時期に当たっていたと考えることができよう。その間の重要な著作としては、一九六三年刊行の『神話と現実』（中村恭子訳、せりか書房、一九七三年）、一九六九年刊行の『宗教の歴史と意味』（前田耕作訳、せりか書房、一九七三年）がある。

この時代に、神話に関する研究を展開し、宗教学の学問としてのあり方についての主張を明確化していく一方で、エリアーデが新たに取り組んだのが、オーストラリアと南アメリカの先住民の宗教に関する研究だった。オーストラリア人の宗教に関しては、『諸宗教の歴史』に一九六六年から六八年に連載され、南アメリカの高神については、同誌の一九六九年、七一年の巻に掲載された。前者はモノグラフとしてのちに刊行されるが（仏語版＝一九七二年、英語版＝一九七三年）、後者は雑誌論文のままで終わった。本書、エリアーデ『アルカイック宗教論集』にはエリアーデの一九四〇年代の著作の邦訳とともに、その両方が訳出され収録されている。

二　論述の特徴

奥山史亮氏によって訳出された本稿は、第一部において、「フエゴ島の高神」「キナとクロケテン」「比較分析」「歴史的諸問題」「アラウカノ族――神々と儀礼」と掲げた節ごとに論じられ、続く第二部においては、「ボトクド族からムンドゥルク族まで」「プラとその同族語」「意味上のひとつの難問」「超自然的存在の運命」「タカナ族の事例」「大女神と高神」「コギ族の宇宙母」「太陽神」と叙述が続いていく。

エリアーデは現地でのフィールドワークに携わる人類学者ではないし、また特定地域の研究に専心する地域研究に携わっているのでもない。彼自身の学問的アイデンティティは、自らがその樹立に取り組んだ「宗教学」にある。したがって、南米低地インディオという特定の対象を主題とする本稿における研究も、それら既存の研究に依拠した文献研究と言うべきものである。そこで主たる関心が向けられるのは、現地の伝承において語られる神的諸存在の特性――宇宙の起源（宇宙創成論《コスモゴニー》）との関係、人間の起源（人類創成論《アンソロポゴニー》）との関係、人間生活の諸側面との関係、イニシエーションやその他の儀礼のなかでの役割、等々――である。彼は、米国スミソニアン博物館から一九四〇年代に刊行されたジュリアン・H・スチュワード編『南米インディアン・ハンドブック（*Handbook of South American Indians*）』や、それ以降の諸研究を渉猟しつつ、南米の神々の神話と儀礼を描き出そうとした。

なおエリアーデの宗教学が「ヒストリー・オヴ・レリジョンズ」という英語の名称を掲げていたことは、オーストラリア人の宗教に続いて南アメリカの宗教に、彼が関心を向けていく上でもひとつの示唆を与えてくれる。アンデス文明からの周辺地域への影響の伝播に加え、ヨーロッパ人の侵入、定着に伴い、キリスト教も伝播・拡大していくことから、南アメリカにおける自生的・土着的な神話伝承は変容していくこともあれば、消失していくこともある。こうした人類史上の大変化を背景に、十九世紀から二十世紀前半の現地からの諸報告（宣教師、旅行者その他による）が位置づけられることを、エリアーデは強く意識している。これはすなわち、宗教の「歴史」の問題であるとともに、資料自体の歴史性の問題でもある。こうした歴史のなかにおける文化変容の問題を意識した上で、エリアーデはそうした変化の過程を遡及したところにかいま見えるかもしれない、神話・儀礼におけるアルカイックな諸要素に視線を凝らしている。

三　南アメリカ先住民の宗教のその後の研究

今日、南アメリカ先住民の宗教に関する研究史について概観を得ようと思えば、ローレンス・E・サリヴァンの『イカンチュの太鼓（*Icanchu's Drum*）』（一九八八年）の序論や、『宗教百科事典（*Encyclopedia of Religion*）』（第二版、二〇〇五年）に収録のデボラ・A・プールによる「南米インディアンの諸宗教―研究史」をひもとくことになるだろう。このうち前者は、シカゴ大学でエリアーデとキタガワの指導を受けたのち、長くハーヴァード大学世界宗教研究センター長を務め、現在は米国ノートルダム大学に所属している。後者は、現在、ジョンズ・ホプキンズ大学で人類学の教授を務めている。

サリヴァンによる研究史の回顧は長大なもので、詳しく論じることはできない。ここで手短に言及すべきは、彼の研究が示す資料の構成と提示の手法である。『イカンチュの太鼓』は、四部構成であり、それぞれの主題は以下のとおりである。

アルケオロジー――宇宙創成論が描く始まりの状態

コスモロジー――世界における、時間と空間のなかでの人間の経験
アンソロポロジー――人間の条件とその創造性を規定する諸変化の意味
ターミノロジー――重要な存在者に影響を与える終わりの状態

サリヴァンは、通常は「考古学」と邦訳されるアルケオロジーを「アルケーの学」の意で用い、また「専門用語」と訳されるターミノロジーを「ターミナルの学」の意で用いている。それらは彼独自の概念枠組みの提示と言えるだろう。さらにこうした四部構成は、南アメリカ先住民に即して、宇宙の始まりから終わりまでの人間の経験を包括的に把握しようという彼の意図を示すものであり、宇宙創成論《コスモゴニー》から終末論《エスカトロジー》まで視野に入れたエリアーデの研究の枠組みと重なり合って見える。

日本の読者であれば、またドイツ語版『世界宗教史』から翻訳された『世界宗教史』第四巻（「ちくま学芸文庫版」第八巻）に収録の「シャーマニズムと死者の国への旅――南米低地インディオの宗教的表象」（深澤英隆訳）を参照してみるのもよいだろう。この章は、執筆時にチュービンゲン大学講師だったマリア・S・チポレッティの手になる。そこでもまた、宇宙創成論、宇宙論、人間の起源、死後世界、そして世界の終わりといった主題が順次、論じられている。こうしてみると、エリアーデ的な概念構成には、依然として後進の研究を方向づける可能性が秘められていることがわかる。なお本稿をふまえて、「高神」信仰の研究史を跡づける作業も残されているが、それに関してはここで展開するだけの準備がなく、改めて検討する必要があることだけ申し添えておきたい。

エリアーデの「南アメリカの高神」が刊行されたのとほぼ同じころ、フランスではレヴィ＝ストロースの『神話論理』全四巻が発表されていた（一九六四年―七一年）。他方、人類学や地域研究の立場からの、特定社会でのフィールドワークに基づくモノグラフも蓄積されていく。エリアーデの「南アメリカの高神」は小品ながら、その後の南アメリカ先住民宗教の研究の展開を振り返るときに再読してみると、改めて彼の「宗教学」の特質を浮かび上がらせる意義をもっていると言えよう。

『アルカイック宗教論集』解説

奥山倫明

一　エリアーデと日本の宗教学が出会った頃

一九五〇年代半ばにシカゴ大学に留学していた宗教社会学者の井門富二夫（現・筑波大学名誉教授）は、一九五六年以降、日本からの訪問者——宗教学者の岸本英夫、仏教学者の宮本正尊、宗教民俗学者の堀一郎といった学者たち——の来訪を現地で迎え入れたことを記したのち、こう続けている。

今は亡きエリアーデ先生のフランス語か英語か判然としない会話をはじめて耳にしたのも、一九五六年ならば、今や大権威の名をほしいままにするマーテン・マーティらがまだ博士論文と取り組んで苦労していたのもこの頃である。（井門富二夫「岸本先生の副専攻——昭和二〇年・三〇年代の研究室」『東京大学宗教学年報　別冊』V、一九八八年、五頁）

第二次世界大戦中に祖国ルーマニアから離れ、戦後、一九四五年には帰国しないことを決断したミルチャ・エリアーデは、滞在していたパリから一九五六年にシカゴ大学に招聘されて「ハスケル講演」と題された連続講演を行なった。この年以降、先に挙げた日本の学者たちのエリアーデとの直接の接点が生まれていた。

なかでも堀一郎（一九一〇―一九七四、当時、東北大学教授）とエリアーデとの接触は注目に値する。堀はロックフェラー財団による招聘でハーヴァード大学に滞在していたが、のちにまずは客員研究員としてシカゴに移ることになった。堀自身は、当時の様子を日記に記しており、そこには次のように記されている（一部省略の上、抜粋）。

五月二日（木）　ボストンから夜汽車でシカゴに来る。ミードヴィル・ハウスに泊まる。井門富二夫君に案内されて、ちょうどIハウスで行なわれている哲学会の年次大会に出席、ジョセフ・M・キタガワに紹介される。

五月三日（金）　寝坊して一〇時半におきる。一一時五〇分キタガワ氏迎えに来て、ファカルティ・クラブへ行く。しばらくエリアーデ教授の来るのを待つ。一二時一五分ごろやってくる。キタガワ氏の紹介ではじめて会う。エリアーデはシカゴ大学の故ヨアヒム・ワッハの後任として、キタガワ氏がヨーロッパまで出かけて口説きおとしたよし。彼はいまルーマニア避難民のヴィザで米国にいるとのこと。一緒に昼食をくい、主として日本のシャーマニズムのことをいろいろ質問される。

五月七日（火）　急に暖かくなる。午前一〇時半にエリアーデのセミナーに出てみる。近東地方の神話論をやっている。

五月九日（木）　一〇時半にエリアーデのセミナーに出る。神話論のところで、いきなり日本の神話になり、意見をのべさせられる。エリアーデと話しながら宿に帰る。午後又エリアーデのセミナーに。これはシャーマニズムの問題。ちょうどイニシエーション儀礼のことを語っている。日本の東北のイタコの修行と成巫儀礼のことを話す。キタガワ氏も出席している。

（「エリアーデ教授との最初の出会い――一九五七年日記抄」、初出『エリアーデ著作集』第七巻月報1、せりか書房、一九七三年、のち『聖と俗の葛藤』所収〔平凡社ライブラリー版、一九九三年、三一四―三一六頁〕）

こののち、堀は、神話、シャーマニズムなどについてエリアーデと話をする機会をいくどかもった。堀は一九五七年九月から翌年三月まで、シカゴ大学客員教授を務める。エリアーデは五七年の秋はヨーロッパに滞在していたが、シカゴに戻った年末から五八年三月まで堀夫妻とエリアーデ夫妻の交流は続いた。その三月に堀は渡欧するが、その出発の前日に、エリアーデは献辞を記した英訳版『永遠回帰の神話』を堀に贈った。堀は手渡された同書の邦訳を一九六三年に刊行している（未来社）。

一九五八年八月、エリアーデは国際宗教学宗教史会議に出席するため日本を訪れ、堀との旧交を温めている。会議ののち九月下旬に堀はエリアーデを仙台に招いた。塩釜のイタコの家では、エリアーデの兄の霊の口寄せを行なったという。エリアーデ自身の日本についての印象は、刊行された日記、また回想録に記されている（『エリアーデ日記』（上）、未来社、一九八四年、『エリアーデ回想』（下）、未来社、一九九〇年、ともに石井忠厚訳[1]）。

なお、堀がエリアーデとの出会いを振り返った「日記抄」を公表したのは、彼自身が監修の任に当たった、「エリアーデ著作集」全十三巻（せりか書房）の刊行に際してだった。同著作集は、一九七三年四月に刊行が開始され、一九七七年一二月に完結するが、堀はその完成を待たずに一九七四年に死去した。エリアーデの宗教学が日本に紹介される上で、堀一郎が大きな役割を果たしたことが、こうした経緯からは窺えよう。

二　パリのエリアーデ

一九五八年にエリアーデが堀一郎に手渡した英訳『永遠回帰の神話』の、仏語版原著が刊行されたのは一九四九年だった。一九〇七年、ルーマニア生まれのエリアーデが一九四五年九月にパリに到着してから同書の刊行までの時期は、エリアーデが西欧世界の学界に新進気鋭の宗教学者として登場するまでの雌伏の期間と見ることができる。この間の彼の動向を、前述の『日記』『回想』を手掛かりに簡単にまとめておこう。

第二次世界大戦中、リスボンのルーマニア公使館に文化担当官として勤務していたエリアーデは、ソヴィエト陣営に参入した祖国に、戦後も戻ることなく、フランスに滞在することを選択した。一九四五年九月以降、パリで貯金を切り崩しながら――さらに持参品を質入れしたり借金をしたりしながら――、倹しく研究生活を続けてゆく。すでにパリで暮らし始めていたルーマニア人、ウジェーヌ・イヨネスコ、エミール・シオランらと再会したほか、研究者として知己を得ていたジョルジュ・デュメジルらとも再会し、彼らを通してフランスの学者、作家、知識人らの面識を得ていった。

フランス国立高等研究院で比較神話学を担当していたデュメジルから、同じ講座の枠内で講義を担当することを任せられ、一九四六年二月から《アルカイック宗教》にかかわる十回の講義を行なった。これは『宗教学概論』の最初の四章に当たる内容だという(2)。また一九四八年春には高等研究院で、のちに刊行される『永遠回帰の神話』の要点を解説した。

一九四六年夏には、シャーマニズムに関する論文を仕上げ、さらに年末から翌年を通じて『宗教学概論』の執筆を続けた。これは一九四八年一月に一応の完成を見て、デュメジルの仲介もあり、一九四九年一月にパヨー社から刊行されることになる。なおデュメジルは同書の序文も執筆するなどして、エリアーデを支援していた。

エリアーデは、一九四八年春には亡命ルーマニア人の組織化に尽力してもいる(「ミハイ・エミネスク文化協会」の設立とその機関誌の発行等(3))。またその年には博士論文をもとにしたヨーガ研究の改訂版、『ヨーガの技法』がガリマール社から刊行された。さらに、一九四五年三月から書き進めてきた『永遠回帰の神話』は一九四八年一一月に脱稿し、翌年五月、ガリマールから刊行の運びとなった。他方、一九四八年の夏以降、エリアーデはパリに本部を置くユネスコで臨時の仕事を得ることにより、経済的に一息つくことができた。

一九四九年の春には、エリアーデはパリに立ち寄った宗教史家ラッファエーレ・ペッタッツォーニと初めて会う。早くから彼の著書に親しんでいたエリアーデは、このの ち敬愛するこのイタリア人学者との親交を深めてゆく(4)。またその夏をイタリアで過ごしたエリアーデは、同じくイタリア人の民族学者エルネスト・デ・マルティーノとも交流している。一〇月になると、翌五〇年八月のエラノス会議での講演を依頼され、それを見越して、イスラーム学者アンリ・コルバンとの交際も始まった。さらにこの時期には『シャーマニズム』(刊行は一九五一年、現行の邦訳[上・下]＝堀一郎訳、ちくま学芸文庫、二〇〇四年)と、小説『妖精たちの夜』(刊行は一九五五年、邦訳[Ⅰ・Ⅱ]＝住谷春也訳、作品社、一九九六年)の執筆も断続的に進められていた。

こうしてエリアーデは、このパリ滞在の期間中に、研究者として書籍、論文の執筆を進めるとともに、西欧の研究者たちとのつながりも強めていった。その際、彼はヨーガにかかわる著書とシャーマニズムについての研究論文の著者でもあり、『宗教学概論』と『永遠回帰の神話』という独創的な論考の著者としても知られるようになっていたのである。

三　中期エリアーデ宗教学の主題群

一九四五年以来、フランスやイタリアの研究者たちとの交流を深めていったエリアーデは、一九五〇年代から六〇年代にかけて重要な書籍を次々と刊行していく。『シャーマニズム』(一九五一年)以降、六〇年代末までに刊行された主な著書、論集の書名を並べてみよう(書名の表記は邦訳された際のタイトル。原著刊行年に続けて、邦訳の書誌情報を付す)。なおここでは宗教学にかかわる書籍のみを取り上げている(文学先品は扱わないということである)。またその他、数多くの論文も執筆しているが、ここでは触れない。なお前述のとおり、この間にエリアーデはパリからシカゴへと拠点を移し、研究者としてそれまでと比較すると安定した地位を得ていた。

『イメージとシンボル』(一九五二年→前田耕作訳、せりか書房④、一九七四年)
『ヨーガ』(一九五四年→立川武蔵訳、せりか書房⑨⑩［二分冊］、一九七五年)
『鍛冶師と錬金術師』(一九五六年→大室幹雄訳、せりか書房⑤、一九七三年)
『聖と俗――宗教的なるものの本質について』(一九五七年→風間敏夫訳、法政大学出版局、一九六九年)
『神話と夢想と秘儀』(一九五七年→岡三郎訳、国文社、一九七二年)
『生と再生――イニシエーションの宗教的意義』(一九五八年→堀一郎訳、東京大学出版会、一九七一年)
『悪魔と両性具有』(一九六二年→宮治昭訳、せりか書房⑥、一九七三年)
『神話と現実』(一九六三年→中村恭子訳、せりか書房⑦、一九七三年)
『宗教の歴史と意味』(一九六九年→前田耕作訳、せりか書房⑧、一九七三年[5])

『宗教学概論』『永遠回帰の神話』と併せ、これらの著作は全体としてエリアーデ宗教学を特徴づける重要な根幹部をなしていると言えよう。もっとも、彼はすでにルーマニアにおいて――小説家としての名声を得る一方で[6]――研究者としてのスタートを切っており、パリに移り住むまでに何篇もの重要な研究成果を著していた。また一九七〇年以降は、単純化して言ってしまうと『世界宗教史』（原著一九七六、七八、八三年刊、荒木美智雄他訳、最新版は「ちくま学芸文庫」全八巻、二〇〇〇年）の執筆に向かう時期と捉えることができる。こうして考えると、一九四五年以降、おおよそ一九六〇年代までの彼の学問世界を、それ以前、以後と区別して、便宜的に「中期エリアーデ」と呼ぶことも許されるだろう。

中期エリアーデの宗教学にはどのような特徴が見られるのだろうか[7]。これら一連の重要な著作で論じられた主題を全体として簡潔にまとめることはできないが、さしあたり『宗教学概論』の著者として、エリアーデが西欧の学界への華々しいデビューを果たしたときに取り上げた主題、用いた概念等をてがかりに、いくつかの論点を順不同で思いつくままに挙げてみよう[8]。

①ヒエロファニー／聖なるものの弁証法

『宗教学概論』においてエリアーデは、「聖なるものの顕現」を表わすヒエロファニーという用語を導入している。これは、聖なるものが俗的な世界のなか、歴史的な世界のなかで特定の事物を通して顕現するということを指す。エリアーデは、聖なるものが必ず歴史のなかで現われることに着目して、聖なるものの顕現はつねに歴史的な限定を受けるという、一種の逆説を伴うことを指摘する。この逆説を指して、エリアーデは「聖なるものの弁証法」という呼び方も用いている。なお、ヒエロファニーに加えて、「神の顕現《テオファニー》」や「力の顕現《クラトファニー》」といった概念も用いられている。

なおヒエロファニーが、聖なるものの歴史的限定を意味しているということからは、すでに「歴史のなかにおける聖なるもの」へのエリアーデの意識が窺われる。つまりここには、「宗教史学」としてのエリアーデ宗教学の可能性が秘められている。エリアーデ晩年の『世界宗教史』の構想の端緒を、ここに見出すことも不可能ではなかろう。

ヒエロファニーの概念は、「聖と俗」という二分法を前提とした宗教の捉え方である。聖なるものは人を魅了するとともに、畏怖・恐怖を引き起こしもする。ここに聖なるもののアンビヴァレンスという特質が見られる。エリアーデにおいては、さらにここに聖なるものと人間との隔たりが含意されている。本源的に調和的な、人間と聖なるものが一体であった理想的状態——すなわち原初的全体性——を想定すると、歴史のなかの人間は、つねに聖なるものとは隔絶している。そうした歴史内存在の状態を超越することを願う人間の希求は、「楽園への郷愁」と概念化されている。

ヒエロファニーは、いわゆる「聖俗論」を前提としていることから、その議論自体が内包する長所も短所も分かちもつことになる。さらにヒエロファニーに関連しては、「顕現」という現象も検討が必要だろう。さまざまな文化的・社会的状況のなかで聖なるものが「顕現」しているという場合に、当事者にとっての「顕現」と、エリアーデのような研究者、あるいは観察者にとっての「顕現」は、どのような関係があるのか。言い換えると、当事者が体験している「顕現」と、観察者が解釈している「顕現」とは、どのような関係があるのか。エリアーデ自身はこうした方法論的な問題について検討を加えていないが、この概念をただ反復することを超えて、活かしていくためにはこうした点も考える必要があろう。

②始源の神話と儀礼

エリアーデは、宇宙、人間、社会・文化制度の始源、始まりを物語る神話を重視する。たとえば、宇宙の創成を表わす「宇宙創成説《コスモゴニー》」が、繰り返し注目されるのはそのためである。宇宙創成の始点において、水や混沌からの始まりという主題が注目される。創成の始点は、「世界の中心」という（後述の）シンボリズムにも展開していく。

エリアーデは、人間の諸行為が実在性を得る上で、それらの行為の始まりを物語る神話を儀礼において再現することが重要であると指摘する。儀礼において反復される神話的モデルは、「始源型《アーキタイプ》」や「範型《エグゼンプラリー・モデル》」「典型《パラダイム》」などと呼ばれる。『永遠回帰の神話』は、副題が示すよう「始源型の反復」がひとつの主題である（堀一郎訳では「祖型と反復」と掲げられている）。モデルの模倣、反復によって初めて人間の行為は意味あるものとなる。これは独創性、新奇性のみに価値を見出す思考を転換させる思想の提示になっており、その点で伝統的、保守的思想の復権の可能性も秘めている。

儀礼のなかでエリアーデが特に注目するものとして、イニシエーション儀礼がある。伝統社会において、子どもから大人の世界への移行を画すのが、イニシエーション（成年儀礼、加入儀礼）である。イニシエーションにおいて新たな大人に教示されるそれぞれの社会・文化における成人としての知識に、「始まりの神話」も含まれている（「生」「死」「性」の始まりなど）。

イニシエーション儀礼の筋書き《シナリオ》としてエリアーデが抽出するのは、儀礼的な試練・死とその後の再生・復活である。試練を経て新たに生まれ変わるというこの筋書きは、この儀礼それ自体を離れても応用が利く。つまり、人生において人が出会うさまざまな試練は、そのあとの再生・復活のためのものだ、という理解は、その試練を耐え忍ぶ上でひとつの助け、救いとなる考え方となる。これはイニシエーション的試練を経て、人は人生の一段上の階梯へと生まれ変われるという理解である。筋書きとしてのイニシエーションは、エリアーデにおいてはこのように、試練を希望へと転換する解釈枠組みになっている。

③天空神の隠遁

エリアーデが見るところ、聖なるものとしての「天空」は、それが超越性、崇高性、絶対性、普遍性、永遠性等々を帯びることから、人類の宗教史においてもっとも基本的なもののひとつである。ただし彼は、天空のそうした特質から帰結する、宗教史における「聖なる天空」の運命にも、つねに関心を示してきた。すなわち、エリアーデの見立てでは、天空の神的表象としての「天空神（天の神）」は、地上の人類の生活からは、きわめて隔絶し疎遠になっていくために、宗教史からは姿を消していくものと捉えられているのである。こうして人類の宗教生活においては、日常生活により近いさまざまな神々の役割の方が、大きくなってくる。天空神の方はと言えば、宗教生活において直接的な役割をもたない、「ひまな神《デウス・オティオスス》」になっていく。ただし、日常生活において危機的な状況が到来したときに、天空神が思い起こされ、最終的な頼りの綱として祈願の対象となることがある。

なお、天空神は、場合によっては至高の唯一神として宗教史において存在を維持し、新たな展開をもたらすことがある

（ヤハウェその他のさまざまな唯一神信仰《モノシイズム》＝一神教において）。

④中心のシンボリズムと宇宙の構造

人間の文化・社会における空間の構成を、シンボリズム的に捉える捉え方をエリアーデは導入する。特に天空の聖性との媒介となる、垂直方向に伸びる軸、柱、山、樹などは、「世界の中心」と捉えられ、そこが聖との接点となることから、聖地としての都市、神殿・寺院、王宮などの建設が、中心において「始源型」をモデルとして行なわれるという理解が提示される。なお建造儀礼は宇宙創成《コスモゴニー》の反復だが、創成神話として原初の怪物や巨人の犠牲が語られる場合には、建造儀礼においても供犠の儀礼が重要な位置を占めることになる。

また中心の軸は、大地と上方の天空をつなぐばかりでなく、下方の地下世界をもつないでいる。なおこの中心に位置し、上に幹と枝を伸ばし、下に根を広げる樹木は、宇宙を象徴する宇宙樹として象徴されることがある。中心に立つ樹木はまた、永続する生命の象徴、生命の樹にもなる。

この中心の軸（また柱や山など）は、天空、地上、地下という宇宙の三層をつなぐ経路であり、聖なるものの専門家は、この軸をとおって天に昇ることができる。そうした専門家のひとつの類型として注目されるのがシャーマンである。いわゆるシャーマニズムについては、エリアーデ以外にもさまざまな議論がある。しかしながらエリアーデにおいては、こうした宇宙論的世界観を前提に、シャーマンのエクスタシー（脱我）状態における天空上昇（昇天）――さらには天空神との邂逅――が、シャーマニズムという現象を特徴づけるひとつのメルクマールになる。

なお大地の上方と下方、すなわち天と地は、対の関係からさらに配偶関係において捉えられることがある。しばしば、天＝父、地＝母と表象され、天空の父神と大地の母神（母なる大地、地母）、さらに両者の結婚（宇宙的聖婚）という神話的主題が展開されていく。

⑤周期的循環のシンボリズム――農耕・月・女性

人類史における農耕の発見は、エリアーデによると、一連のシンボリズム的総合をもたらすものだった。播種から収穫に至る計画的な行為としての農耕は、自然の循環の過程とその聖性への人間の参入である。春に芽生えて繁茂し、花と実をつけ、やがて枯れ果てるが、翌春また芽吹く植物は、永遠の生命の象徴である。エリアーデは、農耕の発見とともに、循環の法則に従う一連の宇宙的・生物的諸現象、すなわち月の満ち欠け、潮の満ち干、季節の変化、雨季と乾季、女性の月経周期等々が、類比的に「相応」するものとして捉えられるようになったと考えている。とりわけ土地の肥沃・豊饒と女性の多産とが関連づけられてゆく。

さらにこの循環の法則との関係で、先に挙げたイニシエーション的な試練の筋書きも理解しなおされる。満月から新月への過程が示す減衰から消滅は実際には終焉ではなく、そこから新たに月齢を刻んでいく。それと同じく、死（あるいは象徴的な死）も、新生、再生への希望をもたらすことになる。永遠に回帰して復活する生命を象徴することから、月は豊饒、多産の象徴にもなっていく。今や、宇宙自体が、生命を有する有機的全体として見えてくる。

月のシンボリズムは、エリアーデの見るところ、さらに少なくともふたつの象徴論的総合化と関連している。月は、ひとつには生と死、有と無、存在と非在、光と闇といった両極の対立物を相補的に統合する生成の象徴になる。両極の合一、反対の一致というモチーフは、あらゆる二元論を超克する、原初的全体性の回復をめぐる一連の神話的主題につながっていく。またひとつには、月になぞらえて生物的諸現象を捉える、宇宙的生命と人間的生命とを類比的に捉える見方は、大宇宙《マクロコスモス》と小宇宙《ミクロコスモス》の類比という見方をとるさまざまな思想潮流においても展開されていく。

以上、一九四九年刊行の『宗教学概論』をもとに、大きく分けて五つの主題について、簡単にまとめてみた。当然こうした要約は、中期エリアーデ宗教学に限っても、その議論を網羅しているわけではない。たとえば『シャーマニズム』や『ヨーガ』の重厚な議論は、ここでの要約には包含されない多様で詳細な論点を含んでいる。また『宗教の歴史と意味』で展開される学説史と学問論についても、先の要約にはまったく含まれていない。その意味で、これは単なるラフスケッチにすぎない。そうした限定を確認した上で、ここで挙げた中期エリアーデ宗教学との対比の上で、本書『アルカイック宗教論集』の編集の意図を簡単に示しておこう。

四　『アルカイック宗教論集』の構成

前述のとおり、エリアーデの宗教学は特にその中期の著作についてはほとんど邦訳されている。それには堀一郎自身の訳者としての貢献と、また堀が監修を務めた、せりか書房版の「エリアーデ著作集」の企画と刊行が、きわめて大きな意義をもっていたと言える。

この中期エリアーデ宗教学と比較してみると、それ以前のエリアーデの学問については、日本語の読者にとっては依然として不分明なところが多い。またそれ以後の展開についても、『世界宗教史』自体が複数巻の大著として著されたため、その他の著作の検討についてはそれほど重視されていないようである。こうした状況をふまえて、本書はエリアーデの著作・論文を日本語版オリジナルの一巻本として訳出するに当たり、中期エリアーデ宗教学以前の二篇の著作と、中期の末年に当たる一九七〇年前後にエリアーデが連続して論じた《アルカイック宗教》を対象とするモノグラフ二篇を収録することとした。すなわち、次のような構成となっている。

『再統合の神話』（一九四二年）
『棟梁マノーレ伝説の注解』（一九四三年）
『オーストラリアの宗教』（一九六六―一九六八年初出、一九七二年仏語版、一九七三年英語版刊行）
「南アメリカの高神」（一九六九、一九七一年）

それぞれの著作・論文についての紹介については、本書所収の各解題を参照されたい。ここで特筆すべきは、まずひとつに、本書にはエリアーデが一九四九年に『宗教学概論』を発表する以前の、一九四〇年代の著作二篇が収録されていることである。これにより、中期エリアーデ宗教学において展開されていく個性的なシンボリズム論の前史について、一定の見通しを得ることができるようになった。なお『棟梁マノーレ伝説の注解』は、のちの『ザルモクシスからジンギスカンへ』（註5参照）にも収録されている主題にかかわる研究であり、エリアーデが長く取り組んでいたルーマニア・フォークロア研究の早い時期における具体例である。

さらに一九六〇年代後半以降に発表の『オーストラリアの宗教』と「南アメリカの高神」は、エリアーデの《アルカイック宗教》にかかわる考察をもっともよく表わす研究であり、後期エリアーデの大著『世界宗教史』に至る彼の研究歴のなかで、重要な位置を占めている。エリアーデはそれまでの諸研究の蓄積をたどり、また同時代の人類学者たちのさまざまな研究成果も渉猟しつつ、これらのモノグラフの執筆に励んだ。しかしながら今日から振り返ってみると、彼の研究は人類学のその後の進路とは、いささか異なる方向性を示していたようである。そうしてみると、これらの《アルカイック宗教》論には、エリアーデ的な宗教学の特質がはっきりと刻印されているものと捉えられよう。

ルーマニア出身のエリアーデの学問は、西欧の人文学の伝統を汲んでいるとはいえ、その直系の位置を占めているとは言えない。一九三〇年代、四〇年代にはルーマニアのファシズム運動に多少なりとも加担し、第二次世界大戦後には、祖国の社会主義化を国外から批判的に見つめ続けたエリアーデの学問には、そうした経歴も反映した独特な陰影も宿っている。すでに日本にもかなりの程度、紹介されていたエリアーデ宗教学ではあるが、そこに今、このオリジナル編集版『アルカイック宗教論集』をつけ加えることで、改めて再読の機会が与えられたことになるだろう。

本シリーズ「宗教学名著選」の企画実現に際しては、国書刊行会の今野道隆氏、東京大学大学院人文社会系研究科研究員の江川純一氏のご尽力があった。シリーズの第一巻として今回、刊行される本書エリアーデ『アルカイック宗教論集』の編集作業においては、両氏に加え、国書刊行会の伊藤嘉孝氏、東京大学教授・鶴岡賀雄氏から詳細かつ丁寧なご助言を頂戴した。また収録文献の翻訳に加え、索引の作成において東京大学大学院生の藤井修平、小藤朋保両氏には多大な協力をいただいた。これらの方々のお力添えにより、監修者の至らなさを大いに補っていただいたことに深謝申し上げます。

しかしなお誤解、誤訳等が残っている場合には、責任はひとえに監修者にあることを付記しておく。

註

（1）なお翌一九五九年に、まだ東京都立大学の修士課程に在籍していた山口昌男が、『シャーマニズム』に関する書評を発表していたことは、刮目に値する（『民族学研究』二三巻三号）。この書評は、山口が一九七一年に刊行した論文集『人類学的思考』に収録されている（せりか書房）。ただし一九七九年、一九九〇年刊行の同書新編、筑摩書房版には収録されていない。

（2）『宗教学概論』は、堀一郎による抄訳が『大地・農耕・女性――比較宗教類型論』（未来社、一九六八年）と題して刊行されたのち、全訳は、せりか書房「エリアーデ著作集」の第一巻から第三巻として、『太陽と天空神』『豊饒と再生』『聖なる空間と時間』の表題のもと、刊行された（久米博訳、一九七四年）。

（3）亡命ルーマニア人としてのエリアーデの活動については、本書の訳者のひとり、奥山史亮の『エリアーデの思想と亡命――クリアーヌとの関係において』（北海道大学出版会、二〇一二年）が詳しい。

（4）エリアーデとペッタッツォーニ（一八八三―一九五九）との書簡のやり取りは、一九二六年から続けられていた。Mircea Eliade and Raffaele Pettazzoni. *L'histoire des religions a-t-elle un sens ?: Correspondence 1926-1959*, Paris : Cerf, 1994 参照。

（5）ここで挙げたせりか書房の刊行書籍は、すべて「エリアーデ著作集」に収録されたものである。〇付数字は、そのなかでの巻数である。著作集にはここで挙げた書籍のほか、『ザルモクシスからジンギスカンへ――ルーマニア民間信仰史の比較宗教学的研究』（一九七〇年〔二分冊〕、⑪斎藤正二訳、一九七六年、⑫斎藤正二・林隆訳、一九七七年）、日本語版オリジナル編集の『宗教学と芸術――新しいヒューマニズムをめざして』（⑬中村恭子編訳、一九七五年）が収録されている。

（6）代表的なものとしては、邦訳もされている『マイトレイ』が、一九三三年に（住谷春也訳、作品社、一九九九年、また池澤夏樹個人編集世界文学全集『マイトレイ／軽蔑』河出書房新社、二〇〇九年）、『ホーニヒベルガー博士の秘密』が一九四〇年に刊行されている（直野敦・住谷春也訳、エディシオン・アルシーヴ、一九八三年、のち福武文庫、一九九〇年）。

（7）ここで挙げた書籍のなかには、ルーマニア時代の研究の直接の延長にあるもの――『ヨーガ』『鍛冶師と錬金術師』『悪魔と両性具有』――が含まれている。さらに一九七〇年以降の著作のなかで、特に『ザルモクシスからジンギスカンへ』（註5参照）では、後述するように、ルーマニア時代にエリアーデが取りかかっていたルーマニア・フォークロア研究が再説されている。

（8）拙著『エリアーデ宗教学の展開——比較・歴史・解釈』（刀水書房、二〇〇〇年）において、私自身のエリアーデ宗教学に関するひとつの理解を提示しておいた。本稿ではまた改めて現在の視点からまとめておく。

人名索引

あ行

アウグストゥス　Augustus　111
アームストロング　Armstrong, John M.　432
アリストテレス　Aristotelēs　91, 183, 184
アルナウドフ　Arnaudov, Mikhail　93, 101, 102, 104
アールネ　Aarne, Anti　93
アレクサンドロス大王　Alexander the Great (Alexandros)　98, 111, 179, 186
イエス／イエス・キリスト　Jesus　42, 53, 60, 67, 88, 161, 181, 349, 350
イェンゼン　Jensen, Adolf Ellegard　218, 445
イオネスク　Ionescu, Nae　79
イオルダン　Iordan, Alexandru　98
イポリット　Hyppolite, Jean　362
ヴァルデ゠ヴァルデック　Walde-Waldegg, Hermann von　429
ヴァン・ジェネップ　Gennep, Arnold van　240, 362
ヴィーコ　Vico, Giambattista　240
ウィルベルト　Wilbert, Johannes　433
ヴィンクラー　Winkler, Heinrich　43
ウイントハウス　Winthuis, Josef　63, 66
ウェスターマーク　Westermarck, Edvard　128, 129
ウェルギリウス　Vergilius　122
ウォーナー　Warner, William Lloyd　283, 294, 296, 297, 342, 354
ヴォルムス　Worms, Ernest Ailred　248, 250, 279, 357-359
エヴァンズ　Evans, Arthur　39
エヴァンズ゠プリチャード　Evans-Pritchard, Edward Evan　214, 215, 218
エヴォラ　Evola, Julius　80
エズニク　Eznik　40
エッカーマン　Eckermann, Johann　13, 16
エックハルト　Eckhart, Johannes　25, 46
エミネスク　Eminescu, Mihai　54
エルキン　Elkin, Adolphus Peter　209, 242-244, 247, 251, 252, 279, 287-289, 304, 313, 321-324, 328, 329, 340, 360
エレアザル　Eleazar, Jeremiah ben　62
オウィディウス　Ovidius　142, 170
オットー　Otto, Rudolf　34
オドベスク　Odobescu, Alexandru　101
オルスキ　Olschki, Leonardo　187

か行

カー　Curr, Edward Micklethwaite　232
カサミケッリャ　Casamiquella, Rodolfo M.　418, 420
ガステル　Gaster, Moses　41, 136
ガゼダル　Găzdaru, Dumitru　102
カペル　Capell, Arthur　353
カモンイス　Camões, Luis　187

カラコステア　Caracostea, Dumitru　93, 101-107, 136
カラマン　Caraman, Petru　98
ガリアーニ　Galiani, Ferdinando　46
カルトージャンヌ　Cartojan, Nicolae　41
ギアツ　Geertz, Clifford　210
キャペル　Capell, Arthur　279
キャメロン　Cameron, A. L. P.　232
ギル　Gill, Edmund Dwen　353
キルケゴール　Kierkegaard, Søren　186
ギレン　Gillen, Francis James　233, 234, 244, 259, 263, 264, 281, 308, 326, 327
グジンデ　Gusinde, Martin　406-409
クーパー　Cooper, John M.　408, 409, 412, 414, 416, 420
クマーラスワーミ　Coomaraswamy, Ananda　32, 80, 137
クライニク　Crainic, Nichifor　54
クラヴィジェロ　Clavijero, Francisco　111
クラウス　Krauss, Friedrich　103
クラッペ　Krappe, Haggerty　63
グリオール　Griaule, Marcel　218
クルーゼ　Kruse, Albert　425, 426
グレープナー　Graebner, Robert Fritz　236, 241-243, 252, 357, 360
クレメンス，アレクサンドリアの　Clemens Alexandrinus　58
クロウリー，アレイスター　Crowley, Aleister　52
クローリー，アーネスト　Crawley, Ernest　128
クローン　Krohn, Kaarle　93
ケイバリー　Kaberry, Phyllis Mary　306
ゲーテ　Goethe, Johann　11-16, 20, 24, 217
ゲド　Gaïdoz, Henri　128
ゲノン　Guénon, René　80
ゴーチェ　Gautier, Théophile　51
コッパース　Koppers, Wilhelm　407
コッホ＝グリュンベルク　Koch-Grünberg, Theodor　434
ゴールドマン　Goldman, Irving　434
コルバン　Corbin, Henry　213
コンゼ　Conze, Edward　213
コント　Comte, Auguste　215

さ行

サムエル　Samuel, R.　62
ザラスシュトラ　Zarathushtra　39, 40
サルトリ　Sartori, Paul　103, 113, 118-120, 128, 134
サールナガデーヴァ　Sârnagadeva　172
シェイクスピア　Shakespeare, William　217
シャイネアヌ　Şăineanu, Lazăr　93, 103
シャデン　Schaden, Egon　406
シュミット　Schmidt, Wilhelm　214-216, 235-240, 252, 357, 359, 360, 422
シュラデンバッハ　Schladenbach, Kurt　101
シュレーゲル　Schlegel, Friedrich　54
シュワリー　Schwally, Friedrich　62
スウィンバーン　Swinburne, Algernon Charles　51, 52
スウェーデンボリ　Swedenborg, Emanuel　14, 49, 50, 53, 55
スコク　Skok, Peter　93, 101, 102, 175
鈴木大拙　Suzuki, Daisetz Teitaro　213
スタナー　Stanner, William Edward Hanley　209, 250, 251, 263, 303, 360, 361
スタンダール　Stendhal　185
ストジェゴーフスキー　Strygowski, Josef　41
ストラボン　Strabon　418
ストレロウ　Strehlow, Theodor George Henry　245, 246, 257, 258, 260, 263, 264, 282, 291, 308
スノッリ・ストゥルルソン　Sturluson, Snorri　149, 150

スピノザ　Spinoza, De Baruch　16
スフラワルディー　Suhrawardi　56
スペンサー，ハーバート　Spencer, Herbert　215, 234
スペンサー，ボールドウィン　Spencer, Baldwin　231-234, 244, 259, 263, 264, 281, 308, 326, 327, 353
セビヨ　Sébillot, Paul　103, 109

た行

タイラー　Tylor, Edward Burnett　80, 96, 128, 159, 214, 215, 230
ターナー　Turner, Victor　210, 218
タプリン　Taplin, George　227
ダンテ　Dante Alighieri　38, 217, 220
チョバヌ　Ciobanu, Valeriu　109, 110
ツェリース　Zerries, Otto　414, 416, 426, 430, 431, 437, 438
ディエ　Diés, Auguste　183
ディオニシウス，ハルカリナッソスの　Dionysius Halicarnassius　170
ディオニシウス・アレオパギタ　Dionysius Areopagita　25, 46
ティベリウス　Tiberius　111
ティンダル　Tindale, Norman Barnett　353
デュメジル　Dumézil, Georges　176
デュルケム　Durkheim, Émile　239, 353, 361
トゥッチ　Tucci, Giuseppe　213
ド・ガイタ　De Guaita, Stanislas　52
ドストエフスキー　Dostojevskij, Fedor　185
トムソン　Thomson, Donald Fergusson　355
トルストイ　Tolstoj, Ljev　185, 264

な行

ナハマン　Nahaman, C.　62
ニコラウス・クザーヌス　Nicolaus Cusanus　25, 33, 46
ニムエンダジュ　Nimuendaju, Curt　406, 424, 445
ネンニウス　Nennius　110
ノヴァーリス　Novalis　52

は行

パウサニアス　Pausanias　163
パウロ　Paulos　59
パーカー　Parker, K. Langloh　232
パスカル　Pascal, Blaise　218
バセ　Basset, René　42
バセドー　Basedow, Herbert　305
バーダー　Baader, Franz　53
ハートランド　Hartland, Edwin Sidney　230, 231, 234, 235
ハーフィズ　Hafiz　56
バルザック　Balzac, Honoré de　49-51, 54, 55, 185, 264
バルドゥス　Baldus, Herbert　438
ハーン　Hahn, Albert　435
バーント，キャサリン　Berndt, Catherine Helen　209, 242, 255, 270, 288, 290, 294, 306, 342, 360
バーント，ロナルド　Berndt, Ronald Murray　209, 242, 255, 270, 288, 290, 294, 296, 299, 317, 318, 321, 322, 330, 333, 342, 344, 347, 351, 352, 354, 360
ビアンキ　Bianchi, Ugo　214
ピカソ　Picasso, Pablo　214
ヒシンク　Hissink, Karin　435, 437, 438
ピタゴラス　Pythagoras　16, 17, 64, 184
ヒッポリュトス　Hippolytos　58
ピディントン　Piddington, Ralph O'Reilly　282
フィリオザ　Filliozat, Jean　37
フィロン，アレクサンドリアの　Philon

Alexandrinus　59
フォンテーヌ　Fontaines, Halley des　66
ブッダ　Buddha　162
ブラック　Black, Max　209
プラトン　Platon　16, 17, 63, 64, 66, 170, 183, 184, 265, 266, 320
フリケル　Frikel, Protasius　428
プルタルコス　Plutarkhos　16, 130
プルツィルスキ　Przyluski, Jean　130
ブルーノ　Bruno, Giordano　14, 17
フレイザー　Frazer, James George　80, 96, 215, 231, 232, 234, 353
プロイス　Preuss, Konrad Theodor　241, 433, 434
フロイト　Freud, Sigmund　51, 239, 353, 356
フロベニウス　Frobenius, Ferdinand　140
フンボルト　Humbolt, Wilhelm　53
ヘーゲル　Hegel, Friedrich　46
ヘッケル　Haekel, Josef　409, 411, 415, 424, 426, 427, 429-431, 445
ペッタッツォーニ　Pettazzoni, Raffaele　240
ベッヒャー　Becher, Hans　430
ペトリ　Petri, Helmut　209, 277, 279, 281, 344, 345, 348, 349
ペトリ＝オダーマン　Petri-Odermann, Gisela　348, 349
ベーメ　Böhme, Jakob　14, 53
ペラダン　Péladan, Joséphin　50-52
ベロッソス　Berossos　153
ヘロドトス　Herodotos　178, 179, 418
ベンツ　Benz, Ernst　213, 221
ホウイット　Howitt, Alfred William　226-234, 240, 242, 243, 315, 317, 319, 342
ボードレール　Baudelaire, Charles-Pierre　51
ポペスク＝テレガ　Popescu-Telega, Alexandru　110, 113
ホメロス　Homeros　220
ボロガ　Bologa, Valeriu　41

ま行

マシニョン　Massignon, Louis　213
マシューズ　Mathews, Robert Hamilton　284, 331
マッカーシー　McCarthy, Frederick David　353-355
マードック　Murdock, George Peter　219
マニ　Manichaeus　40
マニング　Manning, James　232
マララス　Malalas, Johannes　111
マリノフスキー　Malinowski, Bronislaw　214
マルヴァニー　Mulvaney, Derek John　353, 354
マレット　Marett, Robert　159
マン　Munn, Nancy D.　208
マーンケ　Mahnke, Dietrich　64
マンハルト　Mannhardt, Wilhelm　80
ミュス　Mus, Paul　137, 162, 213
メトロー　Métraux, Alfred　407, 411, 416, 422, 432, 438, 444
モロー　Moreau, Gustave　52

や行

ユイスマンス　Huysmans, Joris-Karl　51, 52
ユング　Jung, Carl　120, 146

ら行

ライプニッツ　Leibniz, Gottfried　46
ライヘル＝ドルマトフ　Reichel-Dolmatoff, Gerardo　422, 447, 451
ラオベシェル　Laubscher, Bernard　66

ラシーヌ　Racine, Jean Baptiste　218, 220
ラドクリフ＝ブラウン　Radcliffe-Brown, Alfred　209, 304, 362
ラング　Lang, Andrew　215, 216, 230-240, 243, 252
リウングマン　Liungman, Waldemar　123
リクール　Ricœur, Paul　362
リッター　Ritter, Johann　53
リーンハート　Lienhardt, Ronald Godfrey　218
ルソー　Rousseau, Jean-Jacques　216
ルノルマン　Lenormant, François　62
ルロワ　Leroy, Olivier　80
レヴィ＝ストロース　Lévi-Strauss, Claude　362
レヴィ＝ブリュル　Lévy-Bruhl, Lucien　214, 239, 361
レオナルド・ダ・ヴィンチ　Leonardo da Vinci　46, 51
ローウィ　Lowie, Robert Harry　214, 445
ローウェンクロウ　Leunclavius, Johannes　98
ロスロップ　Lothrop, Samuel Kirkland　412
ローハイム　Róheim, Géza　66
ロンメル　Lommel, Andreas　272, 344, 347

事項索引

あ行

か行

さ行

た行

な行

は行

ま行

や行

ら行

文献索引

あ行

か行

さ行

た行

な行

は行

ま行

や行

ら行

著者略歴
ミルチャ・エリアーデ（Mircea Eliade）
1907年ルーマニア、ブカレストに生まれる。ブカレスト大学卒業後、1928年より３年間インドに滞在。帰国後は宗教学者として活躍をする一方で、小説『マイトレイ』を発表し小説家としても高い評価を得る。第二次世界大戦後、フランスに亡命。1956年にシカゴ大学に招かれ、翌年、教授に就任。1986年シカゴにて歿。翌年、編集主幹を務めた『宗教百科事典』がマクミラン社より刊行される。

監修者略歴
奥山倫明（おくやま・みちあき）
1963年北海道生まれ。1996年東京大学大学院人文社会系研究科修了。南山大学教授・南山宗教文化研究所所長。主な著書に『エリアーデ宗教学の展開――比較・歴史・解釈』（刀水書房）、翻訳書にミルチャ・エリアーデ『象徴と芸術の宗教学』（作品社）、マーク・C・テイラー編『宗教学必須用語22』（監訳、刀水書房）など。

訳者略歴
飯嶋秀治（いいじま・しゅうじ）
1969年埼玉県生まれ。2005年九州大学大学院人間環境学研究科修了。九州大学大学院人間環境学研究院准教授。主な著書・論文に、『生の可能性を共有する――オーストラリア中央砂漠地帯の先住民アランタ言語集団を中心に』（九州大学）、"Australian Aboriginal Studies in Japan,1892-2006"（*Japanese Review of Cultural Anthropology*, Vol. 7）、「フィールドワークから社会学理論の形成へ」（厚東洋輔・友枝敏雄編『社会学のアリーナへ』東信堂）など。

奥山史亮（おくやま・ふみあき）
1980年山形県生まれ。2011年北海道大学大学院文学研究科博士後期課程修了。日本学術振興会特別研究員。主な著書に『エリアーデの思想と亡命』（北海道大学出版会）。

藤井修平（ふじい・しゅうへい）
1986年生まれ。東京大学大学院人文社会系研究科博士課程。

小藤朋保（こふじ・ともやす）
1988年生まれ。東京大学大学院人文社会系研究科修士課程。

宗教学名著選《しゅうきょうがくめいちょせん》　第《だい》1巻《かん》
アルカイック宗教論集《しゅうきょうろんしゅう》
――ルーマニア・オーストラリア・南《みなみ》アメリカ

2013年8月19日　初版第1刷印刷
2013年8月23日　初版第1刷発行

著　者　ミルチャ・エリアーデ
監修者　奥山倫明
訳　者　飯嶋秀治　奥山史亮　藤井修平　小藤朋保

発行者　佐藤今朝夫
発行所　株式会社国書刊行会
〒174-0056　東京都板橋区志村1-13-15
TEL.03-5970-7421　FAX.03-5970-7427
http://www.kokusho.co.jp

装丁者　山田英春
印刷所　株式会社エーヴィスシステムズ
製本所　株式会社ブックアート

ISBN978-4-336-05688-7　C0314

宗教学名著選【全6巻】

宗教学という学問を作り上げた五人の最重要文献を翻訳。「宗教」という言葉そのものの再考をせまる一大叢書。

第1巻
ミルチャ・エリアーデ
アルカイック宗教論集
――ルーマニア・オーストラリア・南アメリカ
◉監修▼奥山倫明　◉翻訳▼飯嶋秀治、奥山史亮、小藤朋保、藤井修平

第2巻
フリードリヒ・マックス＝ミュラー
比較宗教学の誕生
――宗教・神話・仏教
◉監修▼松村一男、下田正弘　◉翻訳▼山田仁史、久保田浩、日野慧運

第3巻
ラッファエーレ・ペッタッツォーニ
神の全知
――宗教史学論集
◉監修▼鶴岡賀雄　◉翻訳▼江川純一

第4巻
フリードリヒ・ハイラー
祈り
◉監修▼深澤英隆　◉翻訳▼宮嶋俊一

第5巻
エドワード・B・タイラー
原始文化（上）
◉監修▼松村一男　◉翻訳▼長谷千代子、堀雅彦

第6巻
エドワード・B・タイラー
原始文化（下）
◉監修▼松村一男　◉翻訳▼長谷千代子、堀雅彦